愛國愛港
精英壇

中國國家行政學院（香港）工商專業同學會

CAGA

大公報 出版有限公司

　　中國共產黨百年歷史，是中華五千年文明史的1/50，是歷史長河中尤其波瀾壯闊的片段。這一百年來，中華大地天翻地覆，萬里山河煥然一新。2022 年，百年大黨中國共產黨迎來了第二十次全國代表大會，產生了黨的新一屆中央領導機構。2022 年，香港回歸祖國迎來25 周年，香港特別行政區行政長官選舉委員會選出香港第六任行政長官。祖國和香港都將踏上新的征程。

　　作為主要由香港愛國愛港的工商專業精英人士組成的團體，中國國家行政學院（香港）工商專業同學會（CAGA）是國家行政學院學員體系中有獨特影響力、動力澎湃的構成部分。CAGA 同學有一些突出的特點：既有堅定的愛國愛港立場，又是經濟、金融等各行業的領頭人，更具備為港、為國建言獻策的智慧。成立十二年來，CAGA 充分發揮專業跨界精英優勢，為香港和祖國的發展建言獻策，在團結業界、服務社會、支持特區政府依法施政方面做了大量卓有成效的工作，讓 CAGA 成為了專業合作大平台、愛國愛港大舞台和維護「一國兩制」的中堅力量。

　　在 CAGA 開展的眾多活動中，CAGA 精英壇、CAGA

半日壇作為特色欄目和活動品牌逐漸脫穎而出並固化成為優勢常規節目，分別承擔着 CAGA 對外發聲的主渠道和對內交流的主平台，記錄了 CAGA 的發展足跡。

精英壇與 CAGA 同齡，由 CAGA 旗下的 CAGA 智庫主理，成立之初主要目的是擴大 CAGA 的社會影響力。十多年來，CAGA 智庫以填補「政策制定」及「市民大眾期盼」兩者間的缺口為使命，就政府政策的制定提供專業協助，尋找社會共識。CAGA 基於自身豐富實踐，持續提出專業洞見，為社會注入正能量。CAGA 智庫每年為香港特區政府施政報告提交意見書，其中不少富有建設性的意見為政府所採納，為釋放「一國兩制」制度潛能，提升香港在國家經濟發展和對外開放中的地位和功能作出了積極貢獻。

半日壇誕生於 2017 年，以共商共建共用為原則，為同學們搭建了固定的溝通交流平台，通過高密度的活動凝聚和維繫十五個界別同學的情誼，促成了同學間多項合作成果，為 CAGA 自身挖掘了骨幹，也為發現和培養治港人才提供了鍛煉的機會和展示的窗口。在開壇時，主講人既可縱論治國理政、「一國兩制」、社會熱點，亦可以介紹自己的公司、產品、產業、投資，形式靈活，主題多元。半日壇承載着 CAGA 向專業化合作平台、交流平台轉型的努力，在同學中引起了較大反響及一致好評，為 CAGA 今後的發展作了有益嘗試，積累了經驗。

這十二年來，CAGA 組織了大量活動，踴躍參加內地考察團深入認識國情，合作舉辦各種論壇，大力支持青年創新創業，頻繁策劃各種聯誼活動，積極鼓勵同學相互合作開花結果，以及主動應對重大社會事件。其中，反對逃犯條例修訂事件屬於畢生難忘的案例。2019 年因修

例風波而引發暴亂，CAGA 旗幟鮮明反對暴力，通過精英壇發聲、參加「守護香港」和平集會、赴警署慰問警員、發表聲明譴責激進分子等多種方式，支持特區政府依法施政和警隊依法執法，以積極向上的文章引導社會輿論，向特區政府提出施政建議，希望盡快止暴制亂。爾後，中央出台了香港國安法，成為香港的定海神針，讓社會迎來由亂到治的轉折；如今，香港正邁向由治及興的新階段，我們感到非常欣慰。

《愛國愛港——精英壇》收錄了發表於《星島日報》「精英壇」的文章和 29 場半日壇活動集錦，內容涵蓋政治、經濟、社會、民生等方方面面，是凝結 CAGA 眾多同學心血智慧，努力貢獻社會的見證，充分展現了 CAGA 同學憂國憂民的濟世情懷、愛國愛港的赤子之心、精益求精的專業精神。

在這特別的時間節點，CAGA 集結出版《愛國愛港——精英壇》，一方面是對 CAGA 工作成果進行小結提升，激勵諸位同學繼續為香港和國家貢獻智慧，另一方面也藉此機會感謝母校的辛勤栽培，並祝福香港、點讚祖國。

「日月之行，若出其中；星漢燦爛，若出其裏。」我們是長河中的小水滴，百轉千回，千淘萬漉，匯成了滾滾歷史洪流。

本會介紹

中國國家行政學院（香港）工商專業同學會（簡稱 CAGA）成員由香港工商專業及有關行業精英人士組成，於 2011 年 5 月由 115 名同學（來自第一屆至第六屆同學）發起成立。隨着同學會影響力不斷擴大，目前已匯集 619 位曾於國家行政學院修讀的校友，包括香港特別行政區行政會議成員、立法會議員、港區全國人大代表、全國政協及各級政協委員、太平紳士、受勳及獲嘉獎人士等。

CAGA 理事會三年一屆，現屆理事會為「第四屆理事會」，於 2020 年 6 月 27 日宣布就職。2021 年 CAGA 有六名同學當選第七屆立法會議員，有 52 名同學獲委任不同界別選委，分別來自商界（第二）、商界（第三）、金融界、金融服務界、酒店界、保險界、旅遊界、航運交通界、醫學及衞生服務界、科技創新界、宗教界、立法會議員、內地港人團體代表、港區全國人大代表及港區全國政協委員、有關全國性團體香港成員的代表界別。

本會同學可在同學會這個平台上，充分發揮各自行業的優勢，積極與內地及香港特區政府的有關部門溝通，反映工商界立場，發表意見和提出建議，從更宏觀的角度分析和研究內地及香港有關工商及經濟政策的發展方向，從微觀的層面提出具體建議，攜手為香港特別行政區及祖國的現代化建設作出貢獻。

中國國家行政學院（香港）工商專業同學會組織架構圖

會員大會

理事會

專業委員會

秘書處

第四屆理事會組織架構

主　　席：	陳健文
副主席：	沈　華、張寬年、石　柱、謝淦廷、許慕韓
秘書長：	王俊文
副秘書長：	張江亭、鍾鴻興、陳浩華、項慈恩
司　　庫：	陳浩華
義務會計師：	郭志成
義務法律顧問：	甄灼寧、秦覺忠
常務理事：	陳健文、沈　華、張寬年、石　柱、謝淦廷、許慕韓、王俊文、張江亭、鍾鴻興、陳浩華、馮煒能、何志盛、陳國盛、李冠群、王國安、張謙華、馬煜文、鄧子平、蘇　英
理　　事：	項慈恩、楊永東、吳懿容、謝　添、林至穎、黎慧霞、馬琳琳、唐玉玲、簡浩賢、李子楓、鄧聲興、林溢東、裴定安、孫　雯、秦覺忠、胡百浠

註明：以上姓名均按理事會排位順序排序

部分目前擔任政府及相關公職的同學名單

香港特別行政區 政府官員	商務及經濟發展局局長：	丘應樺
	商務及經濟發展局 局長政治助理：	李世華
香港特別行政區 第七屆立法會議員 （按議員的排名序排列）	航運交通界：	易志明
	金融界：	陳振英
	金融服務界：	李惟宏
	旅遊界：	姚柏良
	選舉委員會界別：	陳沛良、譚岳衡
第十三屆港區 全國人大代表	吳亮星	
第十三屆港區 全國政協委員	孔令成、李山、易志明、閻　峰	
香港特別行政區 第六屆 選舉委員會委員 CAGA 選委名單	**第一界別：工商、金融界**	
	商界（第二）：	謝湧海
	商界（第三）：	辛聰金、沈　華、趙　珺、劉　崧、譚岳衡
	金融界：	馬陳志、陳　文、梁嘉麗
	金融服務界：	伍子權、李惟宏、李細燕、李耀新、林向紅、 黃仲文、詹劍崙、鄧聲興、戴志強
	酒店界：	李漢城、呂慧瑜、吳錦鴻
	保險界：	陳沛良、鄧子平、潘榮輝
	旅遊界：	王美嬌（徐王美倫）、李世華、吳熹安、 林浩輝、馬煜文、唐偉邦、蘇子楊、譚光舜
	航運交通界	方智輝、丘應樺、李博恩、陳　杰、 陳國盛、黃文傑、賴永明
	第二界別：專業界	
	醫學及衛生服務界：	李健民（當然委員）
	科技創新界：	李帆風
	第三界別：基層、勞工、宗教等界	
	宗教界（香港道教 聯合會）：	羅清源
	第四界別：立法會議員、地區組織代表等界	
	立法會議員：	易志明、姚思榮、陳振英
	內地港人團體代表：	香港專業人士（北京）協會　馮國佑 上海香港聯會　陳浩華
	第五界別：港區全國人大代表、 港區全國政協委員和有關全國性團體香港成員的代表界	
	港區全國人大代表、 港區全國政協委員：	孔令成、李　山、吳亮星、閻　峰
	有關全國性團體 香港成員的代表：	陳健文

註明：以上姓名均按繁體中文筆畫排序

目錄

經濟篇

民生篇

CAGA 半日壇

半日壇綜述

CAGA 精英壇

CAGA 精英壇綜述

　　中國國家行政學院（香港）工商專業同學會精英壇簡稱「CAGA 精英壇」，是由 CAGA 智庫於 2011 年 10 月創辦，每月兩期在《星島日報》刊登文章，截至 2022 年 6 月已走過 12 載，累計刊文共 260 篇，本書《愛國愛港——精英壇》根據出版社的建議收錄了其中 218 篇文章。CAGA 智庫每年會為特區政府提交施政報告建議書，積極組織本會會員於 CAGA 精英壇發表文章。CAGA 精英壇主要圍繞但不限於政治、經濟、民生、文化、教育、青年等範疇的主題，積極為祖國和香港的經濟發展建言獻策。從宏觀角度分析和研究內地及香港有關工商及經濟政策的發展方向，反映業界訴求，分析香港面臨的挑戰與存在的不足，在發展香港經濟、改善民生、推進民主等方面以工商界的立場提出建議和意見，用專業知識反饋社會，以專業精神服務社會。以史為鑒，可以知興替。在此回顧過往的十二年歷程，用歷史遠觀未來。CAGA 智庫將秉承初心，在「愛國者治港」新時代下，繼續發揮智庫成員的工商界優勢，凝聚愛國者力量，貢獻專業智慧。

備註：「精英壇」文章均曾於《星島日報》刊登，作者均為同學會的成員，集納成書時個別文字有修改，文章均屬於作者個人觀點。

CAGA 精英壇

政治篇

CAGAHK

政府架構重組只是治標
官員決心才是治本

　　香港特區政府近日推出架構重組方案，將原本13個決策局，擴大為15個決策局，同時增設3個副司長，整體政府架構變成「3司15局」。誠然，政府架構重組，的確有需要，從疫情應對所見，政府反應緩慢，屢失控疫時機，香港付出沉重代價；而架構重組也代表政府願意找出問題所在，但是否真的能夠解決，就需要看下屆政府官員的決心。

　　架構重組是治標，從善如流，改變目前的施政盲點，例如運輸及房屋局分拆成為運輸局、房屋局，這兩大香港難題，以往由一個決策局去處理，當然十分困難，而未來就由兩個局去分擔重任。然而，真正為香港「治本」的，是來自官員的「決心」，不能只當治理香港是「打工」，而是由上而下，都要貫徹治港理念，去執行政策。

　　特區政府官員多年來被質疑只有「打工心態」，這也是因為政府內部的「鬆散聯繫」，特首與官員之間沒有共同信念，當要執行政策時，部分官員或因自己理念不同而消極應對，導致香港深層次問題多年不斷積累，無法解決。

　　因此，要解決政府內部鬆散的問題，就要從組班開始。而候任行政長官李家超籌組的問責班子，是否與他有共同理念，非常重要。筆者認為，李家超應加強尋找與自己理念相同的人進入班子，不應拘泥於所謂「經驗」。

　　當班子擁有共同理念，就會團結一致去處理問題，不會再「各

家自掃門前雪」，要將整個政府的問題，都視為自己的問題。這也是政府的「高官問責制」希望做到的。但多年來，「高官問責制」已變成「高官怕事制」，一些官員有「不做不錯」的心態。

這也是新一屆政府要面對的「深層次矛盾」，要解決官員怕事的問題。李家超是首位警務人員出身的特首，在 2019 年的社會騷動事件，李家超作為時任保安局局長，站在前線，亦成為社會焦點，這份經驗也是歷來特首未見。李家超能否將自己「挺身而出」的經驗及勇氣，傳達給屬下的官員，這是新一屆政府能否成功的關鍵。

政府架構重組，無疑為新一屆政府開了一條康莊大道，「硬件」有了，「軟件」就是官員的決心，班子要有共同理念，官員不能怕事，這將會是新一屆政府首要做到的事情。

2022年5月24日

在香港也要
弘揚「主人翁」精神

　　在「同為香港開新篇」的競選口號和「以結果為目標」並能抓住廣大香港市民最關心的若干重大社會和經濟問題的施政綱領的助力下，李家超先生眾望所歸高票當選。在競選期間，李先生廣泛接觸香港社會各界人士傾聽他們的意見和要求，社會各界人士也積極向李先生和他的競選團隊提出各自的建議及要求。在「愛國者治港」原則下，香港社會各界的參與程度可能是香港回歸祖國以來最高的，廣大香港市民也對李先生和新一屆特區政府能妥善解決長期困惑香港社會的幾個老大難問題抱有很高的期望。如何執行並實現施政目標，成為「能辦事、辦成事」的政府，就成為關鍵。

　　好的目標和政策確定後，執行力就成為成功的關鍵，有效率及有毅力的執行團隊更是重中之重。回望香港回歸 25 年來，長期存在的「議而不決、決而不行、行而不彰」的狀況，除了部分是因為思想意識和認識的不同外，相當重要的原因就是社會上特別是公務員隊伍普遍存在的打工心態而導致的。曾幾何時，「打好這份工」成為了特首的競選口號，在這樣的口號引領下，長期以來公務員很多就是抱着打工心態，「事不關己，高高掛起」，遇事相互推諉、明哲保身，只關心自己的薪高糧準和福利升遷，不思考應如何擁有也缺乏應有的引領作用、主動精神、服務意識和協調能力，沒有把為市民服務當作自己的事來做。所以，建議新一屆政府應該在香港社會特別是公務員中大力弘揚「主人翁」

精神，鼓勵和要求公務員把服務市民作為自己的事來做，並且創造不同機會予各種有志服務香港的人才，把愛國愛港落實到行動上，而不光是停留在表演式口號上。

為此，我建議：1）在全體公務員特別是新入職公務員中宣導愛國愛港的「主人翁」精神和為民服務的意識，新成立的公務員學院的培訓課程中要把弘揚維持香港的長期繁榮穩定、服務好市民、創造良好的營商環境為己任的精神作為重要部分；2）在即將進行的政府架構重組中，針對急需解決的房屋、科創、青年和競爭力等幾個問題上成立有權有責有協調力的執行機構，定下工作目標，參考上市公司的要求，定期檢討和向立法會及公眾匯報；3）重新審閱修改公務員獎罰升遷制度，建立更加明確的以執行力和結果為目標的規章制度，使到有為者上、平庸者下；而且也把相關的精神教育和制度適用並延展到其他的法定服務機構。這樣，普通市民、創業人士和其他營商人士才能真正有好的體驗，從而提升香港的競爭力；4）從第五波疫情看出，成立擁有較高的協調權力的應急機構，利用各地區民政網絡，有系統地協調各種民間和慈善機構以補政府及法定機構資源之不足實屬必要；如此，才能更廣泛地提升普通市民的「主人翁」精神，讓更多的大眾同為香港這個家盡力創新篇。

我們相信也期待李家超先生和他的團隊能帶領香港重新出發，為香港開啟新篇章，讓香港在國家發展大局中和國際競爭中發揮更大作用，飛得更高更遠，成為我們更美好的家園。

2022年5月10日

香港國安法頒布實施之隨想

孫雯
（第二十一屆）

　　中央在過去一年為香港做了兩件大事：一是頒布實施香港國安法，成為穩定社會的定海神針；二是完善香港選舉制度，為落實「愛國者治港」原則奠定堅實的法律基礎。法律是治國施政的根本，香港國安法的頒布實施補齊了國家安全機制上的短板，並使得新選舉制度下以愛國愛港為核心的主流價值觀深入人心。香港國安法的頒布實施和「愛國者治港」的全面落實，極大體現了國家治理的智慧和中央的良苦用心，符合香港社會的安全與發展需要，也符合良政與法治必須相得益彰的歷史大勢。

　　由此我突然想到「修道而保法」的國家治理理念。「修道而保法」出自《孫子兵法·形篇》，原文是「善用兵者，修道而保法，故能為勝敗之政」。所謂「修道」的意思，就是通過統治者的仁政和關愛民眾的措施，贏得人心，以達到「上下同欲」「令民與上同意」，使人民信賴政府，上下之間團結一致，以使各項政令得以推行，行動取得勝利。與「修道」對應，「保法」就是健全和嚴格法制，使國家的各項事業有硬性的制度保障。孫子的「保法」主張體現在健全制度、嚴明賞罰、明確許可權分工等各個方面。

　　在我看來，可以將「善用兵者」與時俱進地理解為治國的智慧和策略。國家只有處理好國內事務，保證政令統一、令行禁止，才能保障國家安全。由此可見，香港國安法的頒布實施確實體現了「修道而保法」「上下同欲者勝」自古傳承下來的智慧和理念，

具有深厚的歷史文化底蘊。

香港國安法頒布實施一年以來，其正本清源、撥亂反正的成效有目共睹。香港由亂到治，社會恢復安寧，基本穩定了營商環境，利於香港的長治久安，為經濟發展和社會民生提供了有力保障。現階段是香港邁向由治及興的關鍵階段，國務院港澳辦夏寶龍主任講話中提及的「四個遠景期盼」及「香港在中華民族偉大復興歷史進程中大有可為」傳遞了中央對香港特區政治、經濟、社會、民生的關切。

近期迎來的重要選舉要嚴格落實「愛國者治港」原則，堅決把反中亂港分子排除在特別行政區管治架構之外，並確保選出立場堅定、擔當作為、為民愛民、有感召力、有責任心的愛國者。習近平總書記指出：「香港同胞不僅完全有能力、有智慧把香港管理好、建設好、發展好，而且能夠繼續在國家發展乃至世界舞台上大顯身手。」

我們中國擁有五千年文明史和燦爛文化，且是世界上唯一沒有中斷過文明史的國家，這是中國人自信的一面。我們堅信，有偉大祖國作堅強後盾，有 14 億多中國人民全力支持，全體香港同胞團結一致、和衷共濟、不懈奮鬥，在深入實施香港國安法、落實「愛國者治港」原則的背景下，積極融入國家發展大局，集中精力解決深層次問題，香港在中華民族偉大復興歷史進程中必定大有可為，繼續保持繁榮穩定，寫好「一國兩制」新篇章。

2021年8月20日

謝淦廷
（第十六屆）

新選制令旅遊業邁向新里程

　　2020 年全國人大常委會通過實施國安法令香港重回正常軌道，拯救了香港旅遊業。2021 年 5 月 27 日香港特區立法會通過「完善選舉制度」，維護香港「一國兩制」行穩致遠，確保香港長期繁榮穩定，必定會令到香港這顆「東方之珠」再現光芒，香港旅遊業百分百支持及擁護！

　　從事旅遊業 40 多年，不敢相信會親身經歷 2019 年中開始的這場所謂「社會運動」，一些長久以來對香港回歸祖國不甘心的反中亂港分子，明目張膽勾結外部勢力破壞及分化香港社會，他們破壞霸佔香港國際機場，謾罵遊客使國際遊客不願來港，聞香港而色變，令到同旅遊業息息相關的飲食業、運輸業、酒店業、零售業，都遭到前所未有的打擊，他們更企圖顛覆特區政府。只有國安法在香港實施才成功止暴制亂，香港才能迅速恢復正常，反中亂港勢力才能迅速分崩離析，旅遊業才重回正常，旅客才恢復信心。

　　5 月 27 日立法會通過「完善選舉制度」，有利維護國家主權和安全，確立「愛國者治港」新秩序，確保香港的發展利益和長期繁榮穩定，對香港旅遊業是天大的喜訊！

　　香港吸引國際遊客是由於她多姿多彩的中西文化元素，有東南西北各國美食的吸引力及世界國際品牌匯聚之地，更有優越的地理環境及數不盡的優勢……但更重要的是香港的穩定和安全，回歸祖國後是全世界犯罪率最低的國際大都市！每次我到國外參

加旅遊展覽會都會驕傲地表明：我來自香港！

香港是中國的香港，國家好香港一定好！旅遊業需要有安定環境才會繁榮興旺！才能吸引世界各國的遊客來香港旅遊、觀光、購物，旅遊界支持國安法和「完善選舉制度」是天經地義！理所當然！不容質疑！

目前全世界面對新冠病毒的挑戰，香港也不例外，這次挑戰的時間和困難都是前所未有，旅遊界將積極配合政府展開「全城起動，快打疫苗」的運動，我們有信心能夠經得起這次考驗，一齊渡過難關。

背靠祖國面向世界是香港的優勢，國家富強、安定繁榮，我們才能安居樂業，旅遊業才能有所作為。有祖國堅強後盾的支持，我們對香港的未來充滿希望，對香港旅遊前途充滿信心，讓我們共同努力，提升自我，發展事業，貢獻社會，香港旅遊業一定會再創高峰！香港這顆「東方之珠」一定會更加光芒四射！

2021年7月2日

構建由愛國者主導的核心價值觀闡釋體系

裴定安
（第二十屆）

日前，美國前總統特朗普首位白宮法律顧問麥加恩（Don McGahn）就「通俄門」事件到國會閉門作供八小時，這也是事關通俄調查中的一環。此處無意討論美國黨爭問題，但至少說明一點，在美國，勾結海外勢力影響本國政治是違法的。此外，美國還出台了「愛國者法案」（USA PATRIOT Act）來阻止恐怖主義並團結與強化本國法律作用。包括美國在內，英國、法國、德國、加拿大、澳大利亞甚至日本等傳統發達國家，均對本國公職人員的愛國立場和相應政治資格作出嚴格要求。

反觀近年來的香港，可以看到有一些立法會議員、公職人員公然與境外敵對勢力相互勾連，通過香港特別行政區選舉平台、立法會和區議會議事平台或者利用有關公職人員身份，利用法律漏洞，肆無忌憚進行反中亂港活動，詆毀香港核心價值，極力癱瘓香港特別行政區立法會運作。這些行為和活動，嚴重損害香港特別行政區的憲制秩序和法治秩序，嚴重挑戰憲法、香港基本法和香港國安法權威，嚴重危害國家主權、安全、發展利益，嚴重破壞香港社會大局穩定。

香港作為中國的一部分，無論採用何種制度進行管治，參照國際標準，強調「愛國者治港」這一基本原則無庸置疑。在當下，香港如果要繼續發展，實現自身價值與使命，只有一條路徑，那就是撥亂反正，確立底線，重新建立「愛國者治港」的政治秩序。而在立法會 5 月 27 日三讀通過《2021 年完善選舉制度（綜合

修訂）條例草案》將從根本上堵塞漏洞，為「愛國者治港」提供堅實和全面的制度保障。

但要真正落實「愛國者治港」原則依然任重道遠，面臨着海外以及本地反動勢力的瘋狂詆毀，市民對政府缺乏信心，以及社會發展缺乏共識等各種考驗。我們期待香港政壇能由此出現一大批有能力、有魄力、有毅力的愛國者，讓未來的施政過程有智慧，有遠見，有策略，有力度，有效率。秉持「民生是最大的政治」的施政原則，團結所有愛國愛港的團體與市民，積極融入國家發展大局，有效獲取大灣區資源，創新施政，銳意進取，突破歷史藩籬，逐步解決積弊已久的各項民生問題，以實際行動重拾香港市民的信心與社會發展的戰略主動。

與此同時，香港社會還需要建立清晰明確的核心價值觀闡釋邏輯體系並積極加以宣傳引導，這種核心價值觀闡釋體系立足新時代，基於摒棄被反動勢力歪曲且詆毀的錯誤內涵，基於對國家四十多年來改革開放所取得成就的大力弘揚，基於對香港在國家和國際上定位、角色及使命的準確描述，基於幫助市民找到國家發展、香港發展與自身發展的核心利益點。上述工作將有助於凝聚香港市民的共識，團結社會各界力量，為香港的明天共同努力，讓「東方之珠」重現輝煌。

2021年6月18日

民主黨選與不選

　　據報，民主黨尚未決定是否參加下一屆的立法會選舉。現時的取態是傾向不參選。選與不選是一個大課題，只能由民主黨自己及其支持者作出決定。作為一個土生土長的香港人，見證了民主黨的創立、壯大以及最近這幾年的發展，民主黨今天所面對的困境，筆者認為是可以避免的。

　　民主黨最近這幾年所走的路線，明顯地偏離了創黨的初心。因為立場不堅定，民主黨一直被其他更激進的政黨及本土派騎劫，令自己變得左支右絀，進退不得。筆者參考了民主黨的政策總綱，及其基本信念，其中有幾條很值得跟大家分享。民主黨的基本信念包括「香港是中國不可分割的一部分，我們支持香港回歸。回歸中國後實行『一國兩制』，高度自治……」；「民主黨堅決支持香港回歸中國，反對疏離，以至隔離的傾向。」「民主黨承認中華人民共和國憲法和香港特別行政區基本法……（但同時亦主張對其進行必需的修改）」；「香港是中國的一部分，中國內地和香港應發展多方面的關係，包括建立在經貿、科技、文教、康體、環保及其他方面廣泛的交流合作。」

　　民主黨過去幾年的行為，可有體現上述的基本信念？答案必然是否定的。於立法會內民主黨幾乎是逢中必反，為反對而反對。2019 年的大規模修例風波，明顯具有推動「港獨」的政治傾向。可惜，民主黨似乎不想落後於形勢，矢言「不割席，齊上齊落」。對於民主黨在「中國、香港」這個大是大非的議題上，未能堅持

自己的信念，筆者感到惋惜。

　　中央推動的完善選舉制度，其背後的一個重要的主導原則是「愛國者治港」。所謂愛國者，不就是承認「香港是中國不可分割的一部分、承認中國憲法及香港基本法」？筆者想問一聲：民主黨的基本信念與「愛國者」這個概念，可有相違背？是否水火不相容？這方面民主黨的成員及其支持者應該細心思考一下。直選的議席無疑是減少了。如果純是因為減少了議席便要退選，筆者認為這是違背了民主黨的基本信念。另一方面，最近公民黨的楊岳橋亦建議解散公民黨，因為公民黨的「歷史任務已經完結」。筆者感到大惑不解，公民黨的歷史任務是什麼？難道是要立法會停擺，否決預算案及逼特首辭職？公民黨的創黨初心又是什麼？選與不選，可謂「一念天堂、一念地獄」。筆者希望有民意支持的議員能夠擇善固執。

2021年5月7日

張江亭
（第十四屆）

「愛國者治港」
怎樣解決香港房屋問題？

　　香港總土地面積有 1,106 平方公里，已發展及建設土地 270 平方公里不足四分之一，其餘四分之三的土地則未發展。香港不是沒有土地，而是「治港者」有意不開發。土地政策制度由官商巧妙地合作操作，令到有地不能用，庫房可以不思進取地通過高地價獲得每次交易的稅收，透支本地市民的勞動成果。

　　香港土地供應研究及政策推行由多個政府部門負責，主要由土木工程拓展署拓展土地及由地政總署批准土地用途，相關部門就補地價及批准圖則有意拖慢進度。香港土地供應方式主要包括釋放工業用地、進行填海工程、透過市區重建計劃、發展岩洞及地下空間、檢討綠化地帶、政府、機構或社區用地，以及檢討北區及元朗作為工業用途、臨時倉庫或者已經荒廢的農地等。另一方面，囤地不開發或有意拖慢開發的地產商以低資金成本養地，刻意壓抑房屋落成量，繼而推高樓價，當然，這是商業考慮，私有產權理應受到尊重及保護。不過擁有絕對財力及影響力的企業更應該考慮社會責任，不能取之太盡，否則，貧富懸殊會導致社會分化，讓外國敵對勢力乘虛而入引致暴動，造成香港今日的苦果。

　　政府對建造業愛理不理，投入大量資源卻無實質提高建造業的生產力，更無意推動業界採用先進設備施工，回歸後整體行業沒有創新及進步，更令人奇怪的是，施工過程中經常性更改圖則，發展商及大判可以聘請專業測量師「QS」，二判有錢也沒資格請

「QS」，引起不公平合作，以大欺小，紛爭不斷，引致部分施工隊偷工減料，大判則拖欠工程款，如此惡性循環成為行規常態，引致工程往往延期，建築成本嚴重超支，例如政府或公營項目工程的港鐵沙中線、高鐵站、金鐘政總及立法會大樓等。發展局2015年推出工程付款保障條例諮詢，為了解決二判的工程款回收保障問題，至今6年，更是不了了之。「治港者」沒有過問，亦沒有人問責。

香港人口及家庭住戶數目受兩大因素影響，包括被動性的自然增長及移民進出，主動的規劃吸引高質素人才帶動香港整體水平的提高。假設香港未來人口持續增長，到2047年大概有800萬至830萬人口。家庭住戶數目較人口的增長預計由2016年的251萬升至2046年頂峰的300萬（參考政府統計處在2017年推算）。但土地發展滯後，自2000年以來，香港的土地發展速度放緩，使得可發展土地、住宅單位及經濟活動空間的增長，均落後於人口及住戶數目的持續增長。住屋供應不足問題是「愛國者治港」中的一個重要任務。

既得利益者不要太貪，官商應協商好，構建香港地產市場「一港兩制」，本地中基層市民的居所是居住為主，參考新加坡模式，其他豪宅可以接受外商自由買賣，也是一個投資產品，保持原有香港模式，香港只要經濟好，機會多，不介意外商來炒高，那就不需要所謂「辣招」抽高稅去窒礙正常物業交易。

如何分辨是否愛國的治港者，住房問題是愛國的治港者必修課，愛國必須愛港，因為香港是中國的一部分。愛國一定要愛市民，要令市民安居樂業，社會才能穩定，有能者付出努力地向上游，成為社會富裕及權力階層，享受繁榮及名利成果。這成功階層更能問心無愧地得到基層市民的尊重及愛戴，這也是愛國愛港愛家愛自己。

2021年3月19日

政治和生活

張江亭
（第十四屆）

　　大部分市民回歸前對政治不感興趣，亦沒有機會參與，生活都集中在經濟活動上，工餘持續進修，增強競爭力。娛樂方面，當時香港電影、電視劇及歌曲是一種香港文化，影響內地、東南亞及華人世界，發展非常蓬勃，香港極具特色及吸引力，市民在拚搏節奏中自信地生活。

　　英國人撤離香港前，一改過去殖民統治者的身份及立場，立刻推行各級選舉制度，允許市民參政，鼓勵民主，強調自由。中國當年改革開放不久，在經濟、金融及企業運作方面的經驗未成熟，為照顧香港市民感受，承諾香港回歸後實行「一國兩制」，放手給香港人自行管理特區，強調「港人治港」，高度自治，繁榮穩定，「50 年不變」，更通俗生活化地表態「馬照跑，舞照跳」，照顧社會各界別、各階層的生活習慣，使市民可以安心在這個「東方之珠」、購物天堂，繼續生活下去。隨着內地經濟發展，香港近水樓台，中央特別照顧，政策傾斜，把香港資本市場、旅遊消費拉動起來。大家都覺得香港是一個人間天堂，極適宜居住的城市。

　　與此同時，過去糖衣炸彈式的埋雷，開始倒數地引爆，政府保持高地價政策，集中照顧小部分大企業及家族，市場被壟斷，寡頭企業佔據市場大部分份額，造成貧富嚴重懸殊，年青一代上樓無望，生活壓力不斷增加，教育系統官僚，引入荼毒人心的通識科，內容嚴重偏頗，教導學生歧視祖國，甚至有叛國思想，政

府傳媒利用公帑，傳播亂港反中思想，抹黑及攻擊政府官員及領導人，宣傳「港獨」思想，引發 2014 年的「佔中」及 2019 年的黑暴。更甚之，控制疫情政策方面，官員、醫療專家及醫護人員各有各說，前言不搭後語，施政中出現對立性及泛政治化，不同政治立場引致紛爭不斷，政策實施效率下降。但是，政府高層又經常叫市民不要對政府施政作政治化討論，這個到底是什麼原因？市民對「政治」又怎麼理解？

政治是由各種團體進行集體決策的一個過程，也是各種團體或個人為了各自的領域所結成的特定關係及利益，對於社會群體的統治。社會學家也用來指涉包括各種利益機構、學校、宗教機構在內的相互之間的關係。從人類社會學來講，政治是人類社會中存在的一種非常重要的社會現象，它影響到人類生活的各個方面。而且政治內涵的本身也在不斷變化，因此對政治的闡釋也充滿了爭議，始終沒有一個公認確切的定義。

簡言之，市民追求安居樂業，財富相對均衡分配，這個需要有能力及擔當的領導者，減少社會爭論，提高施政效率，促進經濟發展。政治其實是政府運用政策，推動措施去平衡市民的利益，從而治理日常生活的措施。治國如治水，市民如水，水能載舟，亦能覆舟，所以水要疏導，亦要平衡，否則暗湧處處，在外國勢力的敵意挑撥離間之下，內外勾結，即出現海嘯式的衝擊。所以，我們要面對政治，學習政治，了解政治，政治就是生活，當明白之後，就可以放下成見，市民就可以繼續集中大部分精神及精力去提高自己競爭力，發展經濟，並且懂得忠於國家及愛護香港特區，重建一個合適自己居住的城市。

2021年2月19日

革故鼎新日月明

陳健文
（第四屆）

2020 年春節前後，全世界只有中國處於新冠肺炎的肆虐之中，僅僅幾個月之後，卻已呈現截然不同的景象，當前的中國內地已是「風景這邊獨好」，香港疫情仍反反覆覆，其他地方則仍在暴風驟雨中。

雖然香港仍然籠罩在疫情的烏雲之中，天災仍未退卻，GDP 繼 2019 年之後繼續萎縮，但正如本人於去年此時所希冀的，香港迎來了歷史的轉捩點，隨着香港國安法的出台，已經「穿雲破霧再出發」，曾經風高浪急的香江逐漸風正潮平，回歸正軌。

疫情受控之秋，國家已按其既有節奏，於中國共產黨第十九屆中央委員會第五次全體會議通過了《關於制定國民經濟和社會發展第十四個五年規劃和 2035 年遠景目標的建議》，為接下來五年乃至十五年的發展繪就了發展藍圖和行動指南。

國家制定和實施「五年規劃」已有近七十年的歷史，中間六十年代和七十年代規劃執行不夠理想，其他規劃基本體現了「一張藍圖繪到底」的氣勢和特質，所規劃的目標一般能全面達成，兌現了中央對這張藍圖的莊嚴承諾。

在「十四五」規劃和 2035 遠景目標新藍圖中，在保證國家主權和安全的前提下，中央明確支持香港「鞏固提升競爭優勢，建設國際創新科技中心，打造『一帶一路』功能平台」，支持香港「更好融入國家發展大局，高品質建設粵港澳大灣區，完善便利港澳居民在內地發展政策措施」。如果說國際金融中心是香港

的「倚天劍」，那麼國際創新科技中心就是香港的「屠龍刀」，刀劍合璧才能找到百勝兵法《武穆遺書》和武林絕學《九陰真經》，這是中央為香港繪製的宏偉願景。

從 2020 年新冠疫情處置、出台香港國安法、制定「五年規劃」這三件跟香港密切相關的工作可窺一斑而知全豹，我們國家的領導層秉承「人民至上」的一貫宗旨，胸懷復興中華的高遠追求，秉持經受實踐檢驗的道路自信、理論自信、制度自信和文化自信，才能帶領國家越過急流險灘，穿過驚濤駭浪。

香港的有識之士，不妨再仔細思量，中央出手頂層設計，為香港量身定制了國安法，我們怎麼樣借這個機會破除思想包袱、體制束縛，怎麼樣從中央成功應對方方面面挑戰和國家發展壯大中啟迪思維、借鑒經驗，怎麼樣才能確保國家主權不受挑戰，國家安全固若金湯，怎麼樣才能將中央描繪的美好願景變成現實，怎麼樣才能讓自己名副其實坐擁中國的國際金融中心和國際創新科技中心雙桂冠？

任何制度的運行就像電腦的操作系統一般，無論起初多麼迅捷有力，時間長了總會產生垃圾，運行速度越來越慢，如果不加裝防毒軟件，不定期清理，不重裝系統，哪一天電腦宕機也是很自然的結果。筆者以為，堅持「解放思想，實事求是」，合理揚棄港英時期留下的管治理念、治理模式，撥亂反正、正本清源是香港當前的迫切任務，只有革故鼎新才能迎來「日月明」，無愧於國家所賦予香港的歷史使命。

2021年1月15日

勞玉儀
（第十屆）

國安法立法刻不容緩，重在行「義」

香港經濟自去年 6 月修例風波以來，遭受前所未有重創。社會陷入非藍即黃、對立仇恨的境地，暴力破壞隨處可見，再加之去年底爆出的新冠肺炎疫情，旅遊業、酒店業首當其衝，隨後連鎖反應，食店商舖紛紛陷入倒閉潮，大中小型企業減薪、裁員浪潮不斷，失業率高企。

政府更被迫出手過千億元救市，現時疫情剛剛向好，社會元氣亟待修復，絕對無力承受再多一次社會動盪。

在修例風波中，一小撮極端人士宣揚「港獨」，侮辱、踐踏、焚燒國旗。更有政治人物在國際舞台喧鬧，美國國會通過所謂《香港人權與民主法案》，部分國家和地區亦藉機「抽水」，對這個毫無疑問是中國內政的問題上，指手畫腳。「運動」中使用的暴力亦逐漸升級，由擲水樽、雜物變為擲汽油彈、腐蝕性液體，及至用真槍實彈及爆炸品，本地恐怖主義變本加厲。

在這樣的背景下，香港國安法應運而生，為香港有法可依，恢復正常社會秩序助力。

5 月 28 日，十三屆全國人大三次會議以高票表決通過《全國人民代表大會關於建立健全香港特別行政區維護國家安全的法律制度和執行機制的決定》，主要針對四項行為：分裂國家；顛覆國家政權；組織實施恐怖活動；外國和境外勢力干預香港特別行政區事務的活動。隨後全國人大常委會將開啟具體立法工作，預計在本港直接宣布實施。

商界普遍認為，國安法為香港的未來帶來穩定預期，長期有利於香港。「四大家族」長江集團創始人李嘉誠、恒基兆業集團主席李家傑、新地集團主席郭炳聯、新世界集團主席鄭家純均表態支持國安法立法，外資金融機構滙豐及渣打亦表態支持。

筆者亦認為，國安法是治癒香港混亂局面的良方，立法刻不容緩，但卻被部分別有用心的政客過分解讀，未來政府應更積極推動，讓更多市民了解法律實質內容，釋除疑慮。

其中美國詆毀國安法違背「一國兩制」，說白一點，根本是欲加之罪。國家安全屬於中央事權，國家安全立法屬於國家立法權力。此外，維護國家安全是「一國兩制」賴以生存的基礎，中央有責任維護在香港的國家安全。國安法合情、合理、合憲。

反觀美國，作為世界最早進行國安法立法，且國安法條文最多、最嚴苛的國家，有何立場譴責中國？且今次美國種族示威遊行中，美國政府採用強硬手段，以國家安全為理由，出動國民警衛軍鎮壓普通市民，赤裸裸雙重標準，令人啞然。

總之一句：軍隊可以有、國安法可以有，重在行「義」便無事，「行不義」一定出事。

2020年6月19日

民主vs民生　人權vs人命

繆英源
（第一屆）

　　全球疫情對各國猶如一面照妖鏡，有主動應戰，有被動防守；有默默耕耘，有自吹自擂；有勇於承擔，亦有委過於人；有積極抵抗，更有消極放棄。人權人命誰重要？危急關頭要民主協商還是專業判斷？西方講人權自由，強調自我；東方講社群利益，強調集體。

　　如何對待生命？如何保護市民？如何保障民生？平日說得多動聽，現在言行是否一致？聽其言不如觀其行，還看人流和資金流向。股市比政府誠實，今年截至 3 月 24 日，道指跌 35.6％，倫敦富時跌 28.4％，德國 DAX 跌 27.5％，台灣加權跌 23.3％，日經跌 22％，恒指跌 20.6％，滬深 300 跌 12.7％，看來亞太地區風險較小。資金往哪處跑？今年截至 3 月 24 日各國對美元匯率，英鎊跌 12％，日圓跌 10％，歐元跌 4.7％，新台幣跌 2％，而人民幣只跌 1.8％，結合股市和匯市數據，投資大中華市場最安全。

港趨台灣化　步入死胡同

　　惟從兩岸三地過往關鍵時刻至今數據看經濟發展，2019 年中國內地 GDP 人民幣總量 99.08 萬億，香港 2.52 萬億，比深圳 2.69 萬億低，比廣州 2.36 萬億高，但廣州經濟增速比香港高，香港早晚被廣州超越；1997 年回歸時香港 GDP 佔中國 18.4％，到去年底已降至 2.5％。同樣，台灣在 2000 年政黨輪替時 GDP

佔中國 29.7％，但到去年底只有中國 4.25％；2019 年台灣 GDP 總量 4.21 萬億，大灣區廣深港任何兩市總量便已超越台灣。從人均 GDP 美元看民生水平，澳港台位列前三，澳門 2019 年人均超 8 萬，香港人均 4.8 萬，台灣人均 2.59 萬，而北京和上海分別是 2.38 萬及 2.28 萬，按歷年增長數據，台灣早晚亦會被北京、上海趕上。大灣區內，台灣已被深圳 2.91 萬超越，與廣州人均 2.24 萬亦差距甚少。受動亂和疫情雙重影響，香港雪上加霜，主要產業面臨巨大挑戰。罷工罷課令醫療教育專業受損，海外訪港尤其內地旅客大減重創旅遊酒店業，而經濟和遊客量下滑均打擊零售餐飲，自貿和免稅區如南沙、前海、橫琴及海南都對貿易物流業構成重大競爭；金融產業亦會隨着人民幣國際化和外匯管制放鬆而進一步削弱。香港屬外向經濟，第三產業佔 93％，如不反省發憤，繼續自我膨脹，前景令人擔憂。政治影響經濟，經濟影響民生，台灣自政黨輪替後，兩黨不斷相互攻擊，妖魔化大陸，仇視或避談兩岸合作，言行民粹，以影響和取悅選民為主，反對兩岸各類交流合作，令經濟增長放緩，市民收入下降，畢業生就業困難，外來投資減少，產業升級困難，未來發展極不樂觀。

　　經過兩個多月高效管控，中國內地已控疫，社會逐步回復正常，預計內地經濟將是最快走出困境，但世界各地疫情尤其歐美仍然嚴峻。從內地和港台三地歷史數據顯示，政治穩定對經濟民生發展有好處，政治紛爭只會帶來經濟滯後，民生發展受阻。到底怎樣的政府管治和政治制度對民生經濟發展有利？只有經過實際考驗才知道。潮退才知誰在裸泳，各國在危難緊急時向誰求助？空談誤國，實幹興邦，假如有機會進行投資，本人會一如近期世衛專家所言，我希望是在中國！

2020年4月3日

穿雲破霧再出發

　　去年此時，全港上下仍在熱烈討論粵港澳大灣區，我還在專欄講大灣區乃香港青年大舞台，呼籲香港年輕人融入大灣區，從局促一隅轉到廣闊天地。沒成想，短短幾個月即畫風突變爆發了修例風波，造成了重大社會危機。

　　香港經濟在 2019 年遭受到「內憂」和「外患」夾擊陷入十年來的首次負增長，修例風波是引發經濟衰退的直接和主要原因，重創了零售、旅遊、餐飲等行業，嚴重消耗了香港的軟實力，並將是困擾 2020 年香港經濟和社會的最大變數。

　　2020 年將迎來香港特別行政區第七屆立法會選舉，是香港政治日曆表中的大事，相信反對派不會放過大好機會搞事。

反對派樂此不疲「搞事」

　　修例風波所造成的香港社會嚴重撕裂與對立，或者說修例風波之前香港社會本身就有的隱性裂縫，就像地殼斷裂帶，底下的岩漿熱能積累到一定程度就會噴發。中央和特區政府如果不直面這個問題並下大力氣解決，香港也許會成為中長期內的活火山。經由違法「佔中」到修例風波的經驗，可以合理推斷未來類似事件有再爆發的可能，事實上筆者認為區議會選舉之後「民陣」仍樂此不疲地組織遊行活動，就是為了將這「革命浪漫主義」進行到底，避免「運動」偃旗息鼓。

　　另邊廂，粵港澳大灣區各大城市百舸爭流，建設如火如荼。

深圳正沿着建設中國特色社會主義先行示範區的道路闊步前進；廣東省委全面深化改革委員會 2019 年 10 月份印發廣州市推動「四個出新出彩」行動方案，要求廣州充分發揮好粵港澳大灣區和深圳先行示範區「雙區驅動效應」，不斷強化廣深「雙核聯動」；澳門在展示「一國兩制」成功實踐的同時，正聚焦「發揮澳門所長、服務國家所需」的嶄新定位，以更大的胸懷和熱忱點亮「小城大志」。

大灣區四個核心城市唯獨香港困於「社會運動」，在這方面進展緩慢。而國家當前正全面深化改革，依託中心城市和城市群構建面向全球的競爭體系，承接國際產業重心東移的大趨勢，粵港澳大灣區是其中的主角。

警隊士氣高昂策略到位

「沉舟側畔千帆過，病樹前頭萬木春」。我們欣喜地看到，雖然黑衣暴力烈度仍未明顯收縮，暴動轉入分散化、快閃式，暴徒人數目前已明顯下降，網上輿論對於黑暴的關注已日漸稀少，愈來愈多市民認清了黑暴的本質，對沒完沒了的暴亂感到厭煩，證明特區政府止暴制亂的工作取得階段性成效。依個人觀察，歷經長達半年的艱苦奮戰，警隊當前士氣仍然高昂，策略比較到位，措施足夠堅決，應該已經較好地掌握了對方的策略和心理，可以敏捷反應，相信最終有望止暴制亂。

辭舊迎新之際，也是香港處在歷史的轉捩點。中國國家行政學院（香港）工商專業同學會一如既往堅定支持香港特區政府及警方繼續努力止暴制亂。

同時呼籲社會各界，繼續支持特區政府依法制暴，全力支持警方嚴格執法，一齊譴責暴力活動，讓香港盡快恢復成為和諧美麗的家園，繼續之前積極融入大灣區、爭當灣區龍頭的良好發展態勢，在國家新一輪區域經濟布局中勇立潮頭，為民族復興作出無愧於時代的貢獻！

祝福香港，祝福中國！

2020年1月17日

回歸法制　止暴制亂

街頭暴力示威，在特首宣布「禁蒙面法」之後，進入了一個新的階段。暴力升級，但追隨者明顯減少，顯示了廣大市民意識到政府「止暴制亂」的決心，開始和暴徒「割席」，思考、尋求合適的訴求方式和管道。

但是過去這兩周的油尖旺以至太子，都到處放火、掟磚、掟汽油彈，有些已然關閉的地鐵站都被暴徒撬開，入內縱火！中資、愛國、撐警的門面舖頭被砸被燒，甚至議員辦事處都被打砸破壞，消防人員竟然不敢即時滅火，而是選擇在人群外等待觀望。

行為藝術家險死槍下

1974年，知名跨界藝術家、行為藝術之母瑪麗娜・阿布拉莫維奇為了測試觀眾與表演者關聯性的極限，在意大利那不勒斯表演《韻律0》這部作品。該作品意義重大，影響之深遠，不僅體現在藝術理論界，更是人類學、倫理學、群體生態學、行為心理學、認知心理學和政治社會學中的經典範本。

她貼出告示，准許觀眾隨意挑選包括剪刀、匕首、灌腸器，甚至有一把裝有一顆子彈的手槍等72種物品與藝術家進行強迫性身體接觸。在整個表演過程中，瑪麗娜把自己麻醉後靜坐，讓觀眾掌握所有權力。

在歷時6小時的過程中，觀眾發現瑪麗娜真的對任何舉動都毫無抵抗時，便漸漸大膽行使起了他們被賦予的權力，藝術家的

衣服被全部剪碎，有人在她身上劃下傷口，有人將玫瑰猛然刺入到她腹中，有位觀眾甚至拿起那上了一顆子彈的手槍，放入她的嘴裏，意欲扣下扳機——直到另一位觀眾將手槍奪走。在施暴的過程中，她清醒地意識到：這些沒有任何約束的看眾，真的可以對她做出任何事情！

瑪麗娜在後來的訪談中說道：「What I learned was that… if you leave it up to the audience, they can kill you.」

回歸法制　浴火重生

香港，現在就像個大試驗場，任由一幫毫無約束的「觀眾」恣意妄為，他們利用傳媒、學校教育等各種手段，偷換概念，賦予了街頭示威活動的規則，取代了香港的法律權利。迄今，這場風波將香港社會割裂得遍體鱗傷，奄奄一息！

香港要浴火重生，最關鍵一點，就是回歸法制——政府依法行政、警方依法執法、法官依法審理，市民依法行使權利。清醒認識和評估後果，找出建設性的解決方案。只有這樣，香港才能渡過劫難，在「一國兩制」之下，繼續得到中央政府、十四億國人的呵護和支持，轉危為機，再創新輝煌。

2019年11月1日

運用一切手段止暴制亂

陳兆周
（第十八屆）

　　本次持續暴亂的四個多月中，可以清楚看到，暴徒配備精良，組織嚴密，前線攻擊、掩護、撤退井井有序，都顯示暴亂分子是經過嚴格訓練，有備而來。而暴徒任意攔路查車，暴打市民，破壞公共設備，掠奪私有財產，攻擊警察，是有意製造黑色恐怖，與恐怖分子沒有分別。

修例風波完全變質

　　特別是過去兩個周末暴力升級，遍地開花，甚至發生兩例警察遭割頸事件，集中針對警察的案例此起彼伏，針對中資企業的破壞和針對愛國愛港人士的人身傷害正在如火如荼地上演。暴徒企圖謀殺警察的惡劣行徑，個人認為只是開始。

　　正如國務院港澳辦發言人所言，香港局勢發展越來越清楚地表明，圍繞移交逃犯條例修訂出現的風波已經完全變質，正在外部勢力的插手干預下演變為一場「港版顏色革命」，某些街頭「抗爭」正在向有預謀、有計劃、有組織的暴力犯罪方向演化，已經嚴重威脅到公共安全。當前香港面臨的最大危險是暴力橫行、法治不彰。事件性質早已不是社會治安問題，而是一場「顏色革命」，要應對這些暴恐分子，必須採取更多的手段。

　　面對當前的局面，根據「緊急情況規例條例」即「緊急法」推出「禁蒙面法」走出了有效的第一步。筆者以為，當前特區政府還需要堅定信心，拿出決心，嚴格執法。既然已經頒布「禁蒙

面法」，則應堅持對黑衣暴徒零容忍的態度，不能退縮猶豫，對骨幹人員一定要嚴正執法，否則「禁蒙面法」的效力將大打折扣，甚至成為一紙空文。

與此同時，應立即準備「緊急法」之下的系列措施，如發現有跡象顯示「禁蒙面法」不足以止暴制亂，則立即推出儲備的系列措施，運用一切方法，打擊暴徒氣焰，維護全體香港市民免受暴力恐懼的自由，盡快恢復社會正常秩序。

「緊急法」下仍有後着

特區政府宣布實施「緊急法」，具體規例條例可包括（僅舉例如下）：

（1）對刊物、電台、電視台、通信及網絡的檢查，管制；

（2）對海、陸、空交通管制；

（3）修訂成文法例，包括土地回收，法官國籍問題，國家分裂法等；

（4）逮捕，羈留，審訊及懲罰今次「顏色革命」的暴徒；

（5）暫停實施帶有殖民色彩的法規；

（6）沒收支持本次暴動的機構或個人的財產；

（7）賠償因被破壞而蒙受損失的機構或個人。

實施「緊急法」的時間，以特區政府肅清施政絆腳石，社會恢復安定為準。

正如國務院港澳辦要求的「香港當前亂局不能無休止地持續下去，現在已經到了以更加鮮明的態度、更加有效的舉措止暴制亂的重要時刻。」

同時呼籲社會各界，支持特區政府依法制暴，全力支持警方嚴格執法，一齊譴責暴力活動，以堅定意志同暴徒割席，讓香港盡快恢復成為可以暢所欲言、暢快呼吸的和諧家園。

2019年10月18日

要面子更要裏子

　　提升民主自由程度是香港歷次大型遊行示威的基本訴求，這次歷時三個月的抗議及暴力活動，其第五大訴求盡快落實「雙普選」也與此有關，到近期甚至變成了核心訴求，似乎有了「普選」這種直接民主，香港便抓住了解決深層次矛盾的牛鼻子，一切都迎刃而解了，事實是否真的如此？

　　中國新文化運動時，Democracy 與 Science 被看作西學精華，然而，在古老的東方文化中，找不到相對應的詞，就直接音譯為「德謨克拉西」和「賽因斯」，簡化成「德先生」和「賽先生」。然後，有人發現日本將 Democracy 翻譯成「民主」就直接拿來使用，或許包含了「人民當家作主」的期盼，不知不覺間融入了價值判斷，到後來，你是否民主更變成了在西方世界生存和交際的顏面。Democracy 這個詞嚴復在翻譯 In what Liberty consists 一文時譯作「庶建」，「庶建」用詞比較中性，能傳遞其背後的真實意思，而非價值判斷，但沒那麼容易引起聯想和共鳴，不容易傳播，沒有流行開來。

　　按香港科大教授雷鼎鳴的說法，經濟學家通常把民主視為奢侈品，是指在人民收入上升後，對這「物品」的需求量會以更大的百分比增加。通常民主是經濟發展的結果，而非原因。

　　《大國崛起》記錄了全球九個世界大國相繼崛起的過程，沒有一個國家是在直接民主政體下崛起的。而 2010 年前後爆發的歐債危機國家囊括了歷史上曾經稱霸四方的葡萄牙和西班牙，被

戲稱為「歐豬五國」。輝煌歷史和當時困境比較，讓人深思。民主政體在歐洲這些向福利國家寅吃卯糧的轉換進程中扮演了關鍵角色。民主導致福利制度，而福利有制度剛性，只許增加不會減少。特別是一人一票的民主選舉制度下，每個人不論有無參政議政的知識能力投票權一模一樣，投票沒有成本只有收益，花別人的錢不心疼，投票自然選擇對自己最有利的方案。而從長遠看，過度福利消磨人的意志，讓人習慣不勞而獲，失去動力，勤奮工作的人越來越少，最後整個國家積重難返。可以說民主政體這一軟件運行環境，對機器配置要求很高，運行成本很高。

香港當前的主要問題包括：樓市嚴重扭曲導致有房階層與無房階層利益分化，無法凝聚社會共識增加土地供應從而降低房價；貧富差距不斷擴大，兩極分化嚴重，貧窮人口有蔓延趨勢；香港產業單一，競爭優勢下降，青年難以向上流動看不見未來；香港回歸之後沒有推行「去殖民化」教育，沒有在青年一代中建立國民身份認同，導致青年人身份迷失，政治爭拗不斷蹉跎歲月。筆者以為，應該多探討些建設性的舉措，聚焦改善裏子。比如是否與深圳、粵港澳大灣區內地城市加強融合，形成區域產業集群，拓寬青年職業路徑？是否應實施以公民國家認同和實現全人發展為核心的教育改革？是否可以設想構建有香港特色的資本主義體系，打造全球資本主義示範區？

社會各界須以務實理性的態度看待香港當前面臨的種種困境。奢侈品是用來裝點門面的。香港經濟發達，按照大部分人的想法，享用一下民主這一奢侈品亦屬人之常情，但也不要過於計較奢侈品夠不夠檔次，夠不夠純粹，更不要以為，有了面子，裏子也會直接改變。

2019年9月20日

是時候收手了

石柱
（第十五屆）

崔孫飛躍
（第十八屆）

香港由修改逃犯條例引起的示威遊行截至目前已舉行多次，有全面開花之勢，抗議活動不斷升級，激進示威者肆無忌憚地使用具殺傷力的武器，暴力砸破立法會大樓玻璃，衝進立法會大肆破壞，甚至發展到群毆警員。暴力事件已經嚴重衝擊香港社會的正常秩序，打擊香港的旅遊和經濟，損害香港作為法治社會的形象，影響外界對香港的信心。

修例風波是香港回歸以來的一次嚴重的社會挫敗。個人以為，從歷史的角度來看，偶然中有必然。香港被英國殖民統治一百五十餘年，回歸才短短二十餘年，而回歸又是非常特別的「一國兩制」模式，香港實行與內地完全不同的政治制度、法律體系，兩地在文化和價值觀方面存在巨大的差異，這就決定了香港與內地必然會出現持續不斷的磨合。

社會矛盾累積已非常危險

兩地關係在不斷的磨合中實現交流和融合，「一國兩制」內容也在此過程中得到不斷的豐富。我們不必因此次風波對香港及兩地關係的明天太過悲觀，中華民族長期形成的民族秉性有巨大的包容性和適應性，我們要多些信心和耐心。

這次修例，整體操作上感覺比較突兀，有些急躁冒進，缺少廣泛、深入的對民眾的宣講和解釋。如果上述這種歷史必然存在，那麼特區政府在做出有關涉及敏感問題的決策時，是不是就可以

不要太過急於求成，而是在時間節點和具體安排上做出更適宜、更有智慧的選擇？

另一方面，這次風波給我們敲響了一個警鐘，香港社會矛盾的累積已經到了非常危險的程度，這些矛盾包括政改的分歧、房價的高企、社會資源的壟斷和青年的無助。香港如果不在解決上述最尖銳的矛盾方面做出實效，恐怕任何一個小的導火索都會引爆整個社會！

這次風波從民眾角度感覺來得太過突然，好像一場大地震沒有預警突然爆發，但從政府角度應該有預警系統、事件評估和對策，但對事件是否有科學合理的預判以及備選方案？相信政府有空間需要改善。

停止內鬥　經濟民生重回正軌

對修例有不同意見的香港民眾，很多是熱愛香港的，如果您真的愛香港，是時候收手、停止激進暴力了，繼續下去只會讓香港走向動亂、衰落、崩潰。法治是香港的基石，我們呼籲停止激進暴力的方式表達訴求，一些示威者的初心是停止逃犯條例修訂工作，目前政府已無限期延後修訂條例，遊行目的已經達成，激進行動已令市民極度反感，繼續下去只能說明反修例行動已經變質。

環球經濟風高浪急，香港如汪洋大海中的一葉孤舟，經不起風吹浪打。我們呼籲香港各界，挺身揭露暴行，全力支持政府依法施政，義無反顧聲援警方執法，讓香港社會盡快平息風波，放下政治紛爭，重回經濟民生發展正軌，避免香港繼續在內耗和內鬥中沉淪。

2019年7月19日

稅務大樓升降機短片的隱喻

楊田田
（第十五屆）

　　以 6 月 12 日反修例集會為起點，陸續有所謂支持反修例者用各種方式擾亂民生，包括圍堵政府總部、封鎖警察總部、阻撓地鐵運行、阻擾稅務大樓和入境事務處運作等。近日流傳一則攝於稅務大樓內的短片，片中一群「口罩男」屢次用手阻礙升降機門關上，升降機內眾人一直沉默，直到一名「眼鏡哥」勇敢地出來用手臂頂住「口罩男」的手，幫助升降機門關上。但「眼鏡哥」卻遭到「口罩男」們的圍堵和謾罵。甚至「眼鏡哥」對不慎撞到「口罩男」鞠躬道歉，「口罩男」們還不依不饒，並甚為得意地對着攝像機說「我中意做小學雞嘅事」。

　　看完這段短片，我相信任何能辨別是非的人都會感到十分憤怒。事實上，我覺得這段短片是一個絕妙的隱喻。我們普通市民就像坐在升降機裏的乘客，我們的緘默就是對擾亂秩序的暴徒的縱容，以至於挺身而出的人反而被圍攻和責罵，代價就是我們的社會（升降機）難以運作。

　　我們所珍愛的香港，怎麼可以變成這樣？我們的香港，是一個崇尚法治、是一個追求效率、是一個重視安全、是一個注重禮儀到在地鐵上不小心輕碰到別人都會馬上講一句「唔好意思」的社會，怎麼可以以「民主、自由」為擋箭牌，變成以阻礙社會運作、嚴重影響他人生活為榮的社會？當初示威者們的核心訴求之一，不就是捍衛香港法治嗎？

　　正如《南華早報》首席新聞編輯 Yonden Lhatoo 在 6 月

22 日寫道，香港示威者正在持續模糊人民力量和暴民政治的界限（Hong Kong protesters continue to blur the line between people power and mob rule），有陷入無政府狀態的風險。以圍堵警察總部當天為例，暴徒們一邊用雞蛋投擲警察總部、在總部外牆塗鴉、遮擋攝像頭、拿鐳射筆照射警員的眼睛，一邊呼籲美國和英國政府幫助阻止「在香港進行鎮壓」的人。Yonden Lhatoo 提醒讀者注意示威者的荒誕邏輯：想像一下他們所欽佩的國家的警員如何應對他們家門口的暴徒。

我們所珍愛的香港，正在被一部分以「民主、自由」為護身符的暴徒、流氓傷害。香港在流血！政府總部、立法會、警察總部、稅務大樓、入境處、郵局等政府機構不能正常運作，連出行甚至搭升降機都受阻，誰是輸家？

從更宏觀的視角來說，作為高度開放的經濟體，流血的香港正毫無疑問地吸引着資本市場上嗅血而來的鯊魚。短期內港股被做空風險將上升，且不說香港經濟底子不算好，2019 年一季度香港的 GDP 增長率只有 0.5%，幾乎沒增長。對比一下，同期深圳增長率為 7.6%，上海增長率為 5.7%，北京增長率為 6.4%，廣州增長率為 7.5%。「內地一線城市全部在穩定增長，只有香港掉隊」就是現狀。如果市民大眾再保持緘默，繼續被一部分暴徒流氓騎劫，不剎住禍港不正之風，香港未來堪憂矣！

2019年7月5日

反「港獨」的經典案例

今年 11 月 7 日全國人大常委會釋法和 11 月 15 日香港高院對宣誓案司法覆核的裁決，這兩個事件無疑將載入史冊。其重要而深遠的意義在於，它們為香港反對「港獨」和從公職人員中驅逐「港獨」分子分別立下了規矩、提供了案例。

根據普通法，高院今次的裁決已成為案例（除非今後被更高一級法院推翻）。根據該裁決，梁頌恆、游蕙禎二人宣誓無效、禁止立法會主席為梁游二人再次監誓、梁游二人喪失議員資格並需相應退還從立法會領取的各項經費和工資。他們兩人還將承擔五分之四的訴訟費。

「一國兩制」與「司法獨立」

透過人大釋法和高院裁決，我們不僅看到「港獨」和辱國辱華分子的下場，更重要的是，我們深刻理解到什麼是真正的「一國兩制」和「司法獨立」，什麼是所謂的「三權分立」原則。

香港回歸祖國後成為中華人民共和國的一個特別行政區，並實施被稱為「小憲法」的基本法。基本法經由全國人大批准，其解釋權在全國人大常委會。以往全國人大常委會曾有過四次主動和應邀釋法，釐清了相關法律問題，有效維護了香港法治。

這次梁游挑起的宣誓風波關係到國家領土完整和主權安全，涉及中央與香港的關係事務，屬中央事權，並非特區政府自治範圍內的事。故全國人大常委會依據基本法第一百五十八條賦予的

權力，對基本法第一百零四條進行解釋，這是天經地義的，且該解釋對香港所有法庭均具有約束力。釋法既體現了「一國兩制」下中央與香港之關係，又再次釐清了基本法條款中的法律問題，維護了香港的法治。由此可見，釋法不僅沒有干預香港的司法獨立，還強化了香港的法律制度。

梁游二人自恃民選勝出，進行了「冒天下之大不韙」的「宣誓」，激起包括港人在內的全球華人憤慨。他們或許以為在「三權分立」之下，議員有「言論自由」，法律不可將他們治罪。但是他們錯了。

「三權分立」原則

人大釋法和高院裁決明確表明，任何公職人員宣誓必須嚴格依法進行，否則，宣誓無效、不得重誓、喪失資格。首先，宣誓完成前，梁游二人尚未正式成為議員。其次，即使其成為議員後，其違反基本法的言行，法院一樣可以進行司法覆核，因為基本法作為「小憲法」，其地位是高於立法會的。立法會議員享有的豁免權是有條件的。

梁游假「宣誓」為名，行「港獨」之實，雖在人大釋法和高院裁決之下「一鋪清袋」，但是他們及其代表的那些人決不會就此罷休。未來，這場鬥爭仍有可能換一種形式死灰復燃，全體港人對此要有充分的思想準備，正所謂「樹欲靜而風不止」。

我們要珍惜「一國兩制」為香港創造的大好環境和獨特優勢，發展經濟、改善民生；要維護香港的法治尊嚴，這是香港立足於世界之林的一張「名片」；要維護國家統一和主權安全，這是香港繁榮穩定的最重要基礎和根本保證。

我們更要提高對「港獨」危害性的認識，增強反對「港獨」的法治意識。任何分裂國家、損害香港和國家利益、破壞法治的人都不會有好下場！

2016年11月18日

立法會選舉
居內地港人有責

馮國佑
（第三屆）

　　立法會選舉在即，眼見過去一屆立法會亂象頻生，許多關乎香港重大利益的事情議而不決，一些議員以個別政治利益為先，置經濟民生於不顧。部分議員更以拉布為榮，把議事堂變成表演場地，該出席時不出席，該表決時不表決，濫用議事規則，浪費公帑，嚴重影響香港的社會、經濟和民生，甚至影響下一代的價值觀，惡果顯現，實在令人憤怒。如果再這樣下去，恐怕市民的日子更難過，香港的競爭優勢大大削弱，法治精神和社會秩序繼續受損，最終受害的是默默耕耘的大多數市民。

親自投下神聖一票

　　經常身在內地但心繫香港的內地港人，包括在內地工作、居住或長期頻繁往返兩地的香港人，極為擔心香港和內地的矛盾日益加劇，妨礙「一國兩制」的微妙平衡，影響香港與內地優勢互補的關係，讓香港漸漸喪失國家發展帶來的各種機遇，窒礙港人特別是年輕人到內地發展的機會。作為香港與內地重要橋樑的內地港人，我們認為議會亂象必須停止，要選出真正能代表香港大多數市民利益的議員，不要空談政治，無視實實在在的社會經濟需要。我們需要做實事、講道理、重和平、關心業界利益，並能與政府及各界作建設性溝通的議員。停止那些例行公事的謾罵，減少那些缺乏事實根據的指控，讓立法會有效運作，在香港還沒有因內耗而燃燒殆盡之前，盡快重回正軌。

立法會選舉，內地港人有責！我們大力呼籲在地區直選和功能組別有選民資格的內地港人，務必在立法會選舉當日，親自為香港的前途投下關鍵而神聖的一票。不能在選舉當日在香港投票的人，也務必盡一己的力量，呼籲其家人或朋友踴躍參與投票，選出為香港帶來正能量、致力建立香港與內地互信互利關係的議員，把力量放在共同解決問題之上，多走一步是一步！

我們強烈要求各候選人作出公開承諾，表明不會組織或參與各種形式的拉布，應該簡單地根據少數服從多數的直接民主原則，準時出席各立法會會議，及時就各重要議題表決，向廣大市民交代，讓議會和政府正常運作，讓做實事的人做事，不要罔顧市民的重大生計和社會發展的急切需要。藉着這個機會，我們也要求各候選人就內地港人投票便利的訴求和政改方案的態度公開表態，讓有投票權的內地港人認真參考，以便我們投下自己關鍵的一票。

正視內地港人投票便利

什麼時候才能正視內地港人的投票便利呢？我們過去一直要求政府，要為數目不下百萬的內地港人，提供各種選舉方面的便利安排，讓身在內地工作居住或經常頻密往來兩地的香港永久居民，能夠在基本法賦予的權利和「一國兩制」的原則下，參與重要的香港選舉，成為香港持續發展和香港內地關係融洽的正面力量。我們亦曾大力支持上次的政改方案，希望讓香港往前多走一步。

本次立法會選舉的結果，將大大影響香港往後的發展和市民的日常生活，希望大家盡市民應有的義務踴躍投票，選出心目中為香港帶來希望的議員。

2016年9月2日

反對南海仲裁
支持守護國土

楊田田
（第十五屆）

上月，南海仲裁庭作出書面裁決，指中國劃設南海九段線沒有法理依據，否定了我國在南海的歷史性權利，而我國表明不會接受及不承認仲裁結果。作為一個中國人，我反對南海仲裁，支持我國政府維護國家主權及領土完整。

九段線長期獲認可

南海自古以來就是我國領土。自秦漢起，我們的祖先在南海就有漁業生產活動和航路開闢；而從唐代開始，我國對南海就有了主權管轄。新中國成立後，我國用九段線確定了對南海及其島嶼的主權範圍，長期得到世界認可。

近十幾年來，一些國家在南海問題上挑釁、製造事端，從根本上來說是因為海洋利益越來越受到各國重視，成為爭奪對象。宏觀上，海洋利益涉及政治、經濟、文化、軍事等方面；微觀上，涉及到海岸、海島、海空、水面、水下這幾個空間。因此，我國南海是一個寶藏，或許我們現在還不能發掘其全部價值，但萬不可拱手讓人。

寶藏絕不能拱手讓人

長期以來，我國的立場是「堅定不移地捍衛領土主權和海洋權益」，同時又「堅持與地區國家共同維護南海和平穩定，堅定維護各國依據國際法在南海享有的航行和飛越自由」。為了維護

南海和平穩定，我國多次與相關國家進行談判，比如今年 6 月召開了中國與東盟外長特別會議。雖然談判不易，但亦在緩慢推進。反觀菲律賓，總是激化矛盾，製造緊張氣氛。這次菲方單方面策劃南海仲裁，通過物色仲裁庭成員、支付仲裁相關費用，直接操控仲裁結果。這種仲裁結果的公正性不言而喻，這種調撥地區關係的行為不能提倡。

面對菲律賓的挑釁，我國有理有節地回應。針對南海仲裁案，我國立場一直為：不接受、不參與、不承認、不執行。7 月 13 日，我國政府發布《中國堅持通過談判解決中國與菲律賓在南海的有關爭議》白皮書，進一步闡述了中國在南海問題上的政策立場。在南海，我國政府也採取多種舉措，切實維護國家主權。7 月 12 日，中國南沙美濟礁渚碧礁新建機場試飛成功；同日，我國新一代遠洋航太測量船 —— 遠望七號船正式入列中國衛星海上測控部；同日，我國自行設計製造的導彈驅逐艦銀川艦正式加入人民海軍戰鬥序列；也是同日，中國新銳戰艦三千噸級護衛艦圓滿交付。中國移動、中國聯通的信號已經覆蓋到南海諸島，中國南方電網的供電服務已至三沙。從各個方面來看，南海和祖國的聯繫都更加緊密。

有人說，香港社會還有很多問題，為何要關心南海。我覺得，不能這麼認為。南海之於我，是我們祖先擁有的，也必將留給我中華民族後代的美麗國土。我們這一代人，務必守護它。

2016年8月5日

「『港獨』三無產品」的背後

謝湧海
（第二屆）

　　在慶祝回歸19周年之際，香港竟有一小撮人別有用心地成立所謂的黨派，公然打出「民族自強　香港獨立」的旗號，要求廢除基本法和「一國兩制」，制定「香港憲法」，企圖將香港從祖國分裂出去。

　　首先，「港獨」根本就是個偽命題，它只是香港極少數分裂勢力的癡心妄想，更是個典型的「三無產品」。一是無法律基礎，鼓吹「香港獨立」的行動嚴重違反國家憲法和基本法。二是無政治基礎，香港自古以來一直是中國領土不可分割的一部分，並非獨立政治體。三是無社會基礎，香港回歸後經濟社會與內地不斷融合，實現轉型發展，民生大為改善。為此，商界和民意紛紛站出來譴責「港獨」。總之一句話，「港獨」不可能成事。

美國早有圖謀

　　其次，「港獨」的出現並非偶然，它與美國對香港長期戰略和企圖是一致的。香港作為中國對外經貿交流的重要戰略平台，在國家經濟發展、特別是改革開放中發揮了重要的作用。美國對港早有圖謀，在香港回歸前已開始部署針對中國的所謂「亂港擾中」計劃。他們打着「民主」旗號，插手香港事務，力圖搞亂香港，干擾中國經濟的發展步伐。

　　美國國會在香港回歸前夕通過了《美國香港政策法》，該法案將香港作為一個獨立政治實體，並公開表明「支持香港民主

化」，該法案還要求美國政府定期向國會報告「香港的民主進展」。

1997 年，美國國會又通過了《香港回歸法》，進一步為美國政府插手香港事務提供了法律和物資保障。該法案通過後，美國政府官員、國會議員、駐港領事館及美國非官方組織等與香港有關人士的會晤成為常態，時而主動召見，時而聽取「匯報」。美國「關心」香港事務之心「路人皆知」。

第三，近幾年隨着中國經濟持續以中高速增長，並積極推動人民幣國際化和「一帶一路」規劃。美國在香港的布局也越加緊鑼密鼓，打出臭名昭著的民粹主義旗號，誤導和誘導青年對社會和政府的不滿，嚴重擾亂香港的社會和經濟秩序，導致香港接二連三出現前所未有的「佔中」、「驅蝗」、「暴亂」、「港獨」等破壞香港繁榮穩定的事件。這一系列事態的發生或許有多種原因，但不能排除美國在背後作祟。

美國為了自身的全球戰略利益，曾一而再、再而三地不擇手段打擊它自認為對美構成威脅的國家，哪怕是盟友都不放過。歷史資料顯示，它曾夥同西方盟友用盡伎倆促使前蘇聯解體，實現北約向東歐擴張。它曾利用《廣場協議》吹大當時的第二大經濟體日本的泡沫，然後出其不意地將泡沫捅破，使日本經濟跌入冰窟。在歐元問題上美國不斷明爭暗鬥打擊歐盟，甚至連德國總理的電話都竊聽。在中東問題上更是打一派拉一派，設立雙重標準，順我者昌，逆我者亡，造成該地區戰火不斷、民不聊生和大批難民潮。

現在美又將戰略目標鎖定亞太區域，其用心昭然若揭。對此，我們港人必須有心理防範。我們可以藐視「港獨」，但必須重視和警惕「港獨」背後之勢力與企圖及其危害。

2016年7月1日

消「獨」去病　重獲新生

李毅立
（第二屆）

　　無論是講法理、情理還是看現實生活，「港獨」都是行不通的。

　　從法理上講，中英兩國政府經過二十二輪談判後於1984年簽署聯合聲明，確認中華人民共和國政府於1997年7月1日對香港恢復行使主權。「恢復」意味着因腐敗落後的滿清政府所簽訂的一系列不平等條約而被殖民統治的香港，重新回到祖國的懷抱。隨後依據中國憲法而制定的基本法，更明確規定在香港設立特別行政區，直轄於中央人民政府。「直轄」即直接管轄，因此香港的管治權屬於中央。部分宣揚「港獨」的勢力，其實是在爭奪香港的管治權。所以，任何直接或間接、明言或暗示脫離祖國、脫離中央人民政府的行為都是違反國家憲法、違反香港基本法的。

　　從情理上講，香港是以炎黃子孫為主體而組成的一個自由開放多元的社會，是中外交融的國際商業都市。絕大多數香港人與其他十三億中國人一樣同根同源，港九新界這片熱土本來就是中國的領土，是祖國神聖不可分割的一部分。在港英時期，在內地經濟還十分困難的時候，內地為確保香港同胞的日常生活提供的「東江水」、「三趟快車」等，正是兩地水乳交融的寫照。在內地改革開放、經濟騰飛乃至慈善賑災等許多方面，香港同胞更是展現出獨特的愛國情懷。

徹頭徹尾違憲違法

自非法「佔中」以來，大家有目共睹，香港的路越走越窄。祖國目前是世界第二大經濟體、第一大國際貿易體，全世界其他國家和地區都擠破頭要跟中國做生意。但是一小撮人從一己私利出發，置全體港人福祉和香港未來於不顧，不僅處處製造與內地的對立，甚至進一步妄稱「港獨」。當所有的生意夥伴都在談優惠條件的時候，香港卻不要內地的支持和優惠；本來可以事半功倍，卻被一小撮人變成了事倍功半，這難道不是自殘嗎？

從現實生活看，如果我們能夠認清「港獨」的本質、把握當前的發展機遇、聚焦香港的民生福祉，就能使得香港在中央政府的有力支持下，繼續發揮「窗口」平台的作用，讓香港重新回到上升軌道，讓全港市民安居樂業。基本法所規定的「五十年不變」也不等於五十年以後就一定要變！這才是確保香港繁榮穩定的前提！

針對近期一小撮人在不同場合有關「港獨」的鼓噪，律政司司長表示，特區政府正循四個方面處理「港獨」問題，包括《公司條例》、《社團條例》、《刑事罪行條例》以及其他刑事罪行。伴隨着新一屆立法會選舉進程，部分極端人士可能會再次跳出來，而「港獨」言行也有可能會像病毒一樣傳播，荼毒青少年一代。

宣揚「港獨」已經超越了正當的言論自由底線，而是徹頭徹尾的違憲違法行為，甚至嚴重到損害國家的主權和安全，我們必須堅決反對！

2016年5月6日

「港獨」違憲違法須制止

「港獨」從來在香港都是沒有市場，因為大多數港人都明白我們在日常生活、經濟及發展等各方面都與祖國不可分離。今年3月底為數幾十人宣布成立的「香港民族黨」鼓吹「香港獨立」、企圖建立「香港共和國」。這已不是單純的意見表達，而是明顯的分裂國家的意圖。宣揚「港獨」不但危害國家的主權，亦危害香港的繁榮穩定及根本利益，所以必須及早制止。

「一國兩制」以統一為基礎

須知道「一國兩制」並不表示香港特區是獨立或半獨立的政治實體，它是以一國統一為基礎的。1984年6月，鄧小平先生指出：「要相信香港的中國人能治理好香港。……凡是中華兒女，……不管是什麼立場，起碼都有中華民族的自豪感。香港人也是有這種民族的自豪感。」從這個意義講，內地及香港所擁有的中華民族自豪感是「一國兩制」、「港人治港」的基礎。港大法律學院陳弘毅教授在其著作《「一國兩制」下香港的法治探索》內提及，「特別行政區不是獨立或半獨立的政治實體，它是中央國家機構設立的地方行政區域，直轄於中央人民政府。」

《中華人民共和國憲法》「序言」宣告：「中華人民共和國是全國各族人民共同締造的統一多民族國家。」第一章「總綱」各款規定：「一切法律、行政法規都不得同憲法相抵觸。」「一切違反憲法和法律的行為，必須予以追究。」全國人大制定的憲

法不但在全國範圍內適用和具約束力,亦適用於並約束港澳兩個特別行政區及其官員和人民。因此,「港獨」這種違反國家統一的行為即是違憲。

　　根據基本法第一條規定:「香港特別行政區是中華人民共和國不可分離的部分。」而第二十三條規定:「香港特別行政區應自行立法禁止任何叛國、分裂國家、煽動叛亂、顛覆中央人民政府及竊取國家機密行為……」。因此,「港獨」亦是違反基本法。

言論自由要保障國家安全

　　有人以人權法、公民權利和政治權利來作為「港獨」擋箭牌,從而恣意妄為,應知這也是違反法律的。事實上,根據《公民權利和政治權利國際公約》第十九條,在行使言論自由權利時,既要尊重他人權利或名譽,也要保障國家安全或公共秩序,或公共衛生或風化。因此不能以「絕對」自由的權利,而提倡「港獨」作出分裂行為,這種危害國家安全或影響公共秩序,而作出一些具煽動性、「港獨」的言論和行為,將涉嫌違反香港法例第二〇〇章第九條和第十條,即「任何人作出、企圖作出、準備作出或與任何人串謀作出具煽動意圖的作為;或發表煽動文字……引起憎恨中央或港府;或激起對其離叛,或激起中國人民或香港居民企圖不循合法途徑改變在香港依法制定的事項,即屬犯罪。」

　　總之,如「香港民族黨」般正準備以實際行動成立政黨以達至「港獨」為目標,則肯定是觸犯法津。特區政府有權而且應該及時禁止這類社團的成立及運作,將其取締,制止其分裂、分化的行為。

2016年4月15日

激進催生暴亂
須嚴懲護法治

李耀新
（第二屆）

　　儘管農曆新年本是祝福、祥和及家庭團聚的日子，旺角卻出現了嚴重的暴亂事件，事件起因被誤導為食環署執法人員制止無牌小販佔路擺賣，而一些外國傳媒更有這樣的報道：「特區警察變成了內地城管，甚至比內地城管還沒有人情味兒（在大年初二『嚴厲執法』驅趕攤販）」。

　　事實上，據高永文局長於2月9日的聲明表示：「小販管理隊只是執行一般的巡邏工作，並沒有對在場進行非法售賣熟食的小販作警告或採取拘控的行動，因此並沒有進行『掃蕩』，卻遭一幫為數五十多人包圍。」最終向警方尋求協助。對這幫人來說，警方的出現反而正中下懷。

警方出現正中下懷

　　「本土民主前線」召集人黃台仰接受傳媒查詢時表示，掟磚頭不算十分激烈，不介意外間標籤他們為暴徒。這些香港近年出現的激進組織一直推動「以武制暴」的口號，加上一些不負責任的傳媒不斷吹捧，更製造「公義對抗強權」的鼓動口號，煽動人們應站出來對抗「強權」，而香港警察肯定被這些激進組織定性為「強權」之一，最終便發生當晚旺角襲警暴動。暴徒以磚頭、銳利的竹枝及自製盾牌等武器衝擊警方防線、並襲擊警務人員，令125人受傷（包括近90名警察及5名記者）。香港亦成為暴力之都和國際新聞焦點。

部分反對派立法會議員及外國傳媒混淆是非黑白，將事件定性為「民眾對政府長期不滿，而政府管制日益趨緊，是騷亂的根本原因」，想將激進組織的不軌圖謀「美化」成是香港民眾的意願。事實上，香港絕大部分市民都是和平守法的，就算對某些政策不滿，亦不會採用暴力行為來爭取，因為這大大偏離了香港的核心價值，即保持社會穩定、維護自由和尊崇法治等！

襲警是激進組織發展手段

暴力襲警是極愚蠢和危險的行為，但卻是極端思想和激進組織的重要發展手段，因為他們將暴力行為包裝成「以武制暴」便可製造極大的仇恨和對立，將仇恨和對立交纏和升級，會令極端思想更「升呢」，以為極端思想便是「正義」的化身。對於所謂「以武制暴」，印度聖雄甘地曾說了一句相當有智慧且發人省思的話：「以眼還眼只會使整個世界都盲目。」而當你聽從這種鼓動及號召，而不假思索任由情緒牽動，你會變成是盲中之盲，成為僵屍一樣，任人指揮，是極為可悲的。

中華文化以和平、共融為依歸，正如《禮記·大學》八目——格物、致知、誠意、正心、修身、齊家、治國、平天下。但可惜的是，現時香港部分年輕一代，連最基本的格物、致知都欠奉，只有盲從、乃至偏激。

更可恥的是那些在背後鼓動及驅使這些年輕人的極端思想和激進組織，企圖將我們年輕一代帶入仇恨和對立的不歸路。但經此旺角暴亂事件後，我相信大部分的香港市民都強烈要求嚴懲所有暴徒，好讓香港可回復法治和安定。

2016年3月18日

救救孩子！

CAGA精英壇　政治篇

杜勁松
（第三屆）

　　猴年初一旺角暴亂事件，目前已經進入司法程序，我們拭目以待。然而港大學生會宣稱「永遠站在反抗者一方」，包括隨後幾間大學學生會支持暴亂的聲明，令人驚詫！其雖言「絕不冷血割席」，實則字裏行間充滿冷血狂妄，筆者心中不由得呼喚：救救孩子！

　　大學時代，是一個人的黃金時代，應該充滿夢想、充滿激情、敢愛敢恨！青春的衝動，不僅是熱血的沸騰，也是責任的延伸。青年學子沒有生活的羈絆和職場的壓力，可以讓理性思維的野馬不受拘束，可以為社會的進步與繁榮出謀劃策。即便是某些想法天馬行空，也不會受到責難，因為他們是我們的孩子！

「抗爭」謬論　親痛仇快

　　也許會有一些學子，他們可能已經直接或間接地感受着生活和工作的沉重壓力，他們希望改變社會、甚至是某些劇烈的改變。只要他們的出發點是善意的、他們的行為是理性和文明的，社會各階層是願意聆聽與探討的！因為他們是我們的孩子！我們愛他們，也相信他們與我們一樣，關愛他人、關愛社會！

　　但如上述這些聲明中所鼓吹的「全民起義」、「抗爭」等暴力「革命」謬論來誤導我們的孩子，這類行為只能使親痛仇快，迫使我們為下一代擔憂！

　　正如筆者開篇所言，目前案件已進入司法程序，法庭將會明

斷是否有人事先組織相關活動、是否有人預先安排攻擊性武器、是否有人阻撓並攻擊警察正常執行公務，並最終決定相關人士是否構成暴亂罪。這幾間大學學生會的聲明書不僅缺乏對香港司法制度的基本尊重、繼續為暴力行為開脫，而且鼓動進一步的暴力行為，他們其實在繼續滑向危險的深淵！

其次，聲明宣稱「專制政權壓迫實為元兇」，則是罔顧歷史與現實。以「英皇制誥」對香港進行殖民統治才是名副其實的專制政權。「一國兩制」、「港人治港」、高度自治，才真正開啟了香港民主政制的新篇章。目前的大學生中，有許多孩子是1997年以後才出生的，更需要多讀點歷史，以免被人誤導。

多讀歷史　免被誤導

第三，聲明鼓吹「甘冒性命之虞和刑責風險，赤身對抗員警血腥暴行」，更是挑唆孩子們挑戰現代社會法治之底線、愚弄乃至犧牲孩子們的生命。多元化的社會自然有多元化的管道，可以允許不同人士發表不同的意見。而任何公然煽動以暴力行動對抗社會的人士，往往背後有不可告人之目的。身體髮膚，受之父母；而這些人公然以違反法律、犧牲他人生命為代價，他們缺乏對生命和家庭的擔當和責任，更何況對社會的擔當和責任！孩子們一定要當心！

人事有代謝，往來成古今。孩子們，唯有樹立「願乘長風破萬里浪」的雄心，才能成就一番事業！當前，最為關鍵的是邁好大學生活這第一步，不要為他人所蠱惑。

2016年3月4日

暴亂禍港須嚴懲

　　大年初一晚尖沙咀新春花車匯演剛完結，一小撮滋事分子，藉口聲援小販擺賣，在旺角街頭發動暴亂。從媒體多處鏡頭顯示，一群群身穿深色衣褲，藏頭掩面，戴着手套的兇徒，手拿棍棒鐵通，更投擲地磚、石塊、卡板、玻璃樽，追襲警察，場面兇殘血腥，欲置警察於死地。他們徹夜在旺角街頭搗亂，以致滿目瘡痍，九十多名警察及多位記者被打傷，個別傷勢甚為嚴重。

　　滋事分子藉詞「捍衛本土價值」，做的是破壞社會秩序和法治的事，明顯是一次有組織、有預謀的行動，是一起旨在破壞社會的暴亂。正如報道所言，一小撮激進分離勢力藉新春期間、警力調配於維持大型慶祝活動之際而趁機發難。

挑動兩地矛盾其來有自

　　根據年前英國廣播公司報道，在挪威舉行的奧斯陸自由論壇曾披露，逾千港人在「佔中」前受訓，包括如何應對警方及行動管理等。這些分離組織早已鼓吹「港獨」，挑動香港和內地矛盾，「佔中」、「鳩嗚團」、趕客踢篋等一連串紛爭衝突愈演愈烈，顯然是其來有自。雖然本港存在法治，但連串破壞惡行又未能有效遏止，如今更明目張膽、窮兇極惡地肆意搗亂。

　　回歸以來，社會一向安定，經濟保持繁榮，法治仍屬彰明。然而，近年的議會爭鬥不絕，外國黑金入侵，反對派多方打擊政府施政；甚至蓄意違法，衝擊法治，挑動內地和香港矛盾，製造

社會分化、混亂，至今更公然發起暴亂。這會帶來什麼結果呢？香港營商困境漸現，就業前景漸變黯淡，民生受影響持續不振，安居樂業難有保障。

最新訊息顯示，本港經濟四大支柱之一的旅遊業去年表現已持續倒退，整體訪港旅客按年下跌 2.5%，過夜旅客人均消費更大跌 9.1%，金融業亦出現不景氣。金融、旅遊業情況難免輻射到零售業及其他服務業。近年各種亂事之遺禍，已漸次顯現。

香港的所謂「本土主義」組織，是一幫激進的政治力量，強調「本土」而實質想將香港從祖國母體分離出去。他們針對青少年，着力抹黑內地政經文化，破壞香港和內地融合的趨勢，什麼國民教育是洗腦教育，認讀簡化字、推行普教中就是「赤化」，香港爭取加入「亞投行」、參與「一帶一路」就是「擦阿爺鞋」，要統統反對、事事搞亂。如今嚴重踐踏香港法治，做出破壞香港安定的暴行，廣大市民絕不能容忍，發出強烈譴責。我們堅決支持警方嚴正執法，懲惡除奸，維護香港的安定繁榮。

2016年2月19日

港人須自重而後人重之

文思怡
（第七屆）

　　古語有云，「人必自侮而後人侮之，人必自重而後人重之。」如今，看到部分港人高舉港英時期的旗幟、對自己國家的國歌抱以噓聲，甚至做出一些污辱自己國家的行為，實在令人深感痛心。

殖民政策影響　缺國家觀

　　由於歷史原因，一些港人受殖民政策影響，缺乏世界觀，也沒有國家觀，只有香港觀，他們國家的觀念模糊，更不知為什麼要「愛國」；在上月的城市論壇裏，個別反對派議員甚至問為什麼我們要「愛國」？是的，香港的教育體系沒有「愛國」這一課，也沒有人告訴我們為什麼要「愛國」，但請到世界各地問一下不同國家的人。「愛國」對香港人可能比較陌生，但這本來就是普世價值。

　　我曾在網上看到一篇文章，一個非常嚮往外國生活的中國人終於拿到他夢寐以求的綠卡，有一份很好的工作，生活美滿。他高興地告訴自己他已經是美國人了。但是他身邊的所有人沒有這樣想，他的頭髮、皮膚與眼睛的顏色沒有因此而改變。他可以淡忘中國的一切，可以對中國的人和事漠不關心，但是他的同事每每談到中國新聞時總是看向他，諮詢他對中國種種事情的看法與感受，時時刻刻提醒着他是一個中國人。

發展不理想　愛國成貶義

一次在街上他碰到個中國人因偷竊而被抓，警員看他的眼神透露了他也被懷疑是同黨的資訊。這件事終於令他明白就算他多麼努力也不可能成為美國人，因為他是一個中國人，中國與他根本就是榮辱與共的團體，不可分割，並且永遠不可能改變！

雖然此篇文章之真實性無從稽考，但一個中國人就算換了國籍，他也是華裔，他身體內是流着中國人的血則是不用做任何盡職調查就可以得到的結論。這個事實告訴了我們為什麼應「愛國」，我們「愛國」不是毫無理由的，而是因為國家與我們是血脈相連、榮辱與共的。

金融風暴後，香港經濟及很多方面發展不理想，可能促使部分港人對香港回歸感到不滿，把種種不忿歸咎在回歸上。

有些人甚至因而蔑視國家的一切，將「愛國」變成貶義詞。此狀況當然有它產生的原因，可以理解，但如抽離香港，放眼世界，就會知道這種背離國家的想法是根本不會得到認同的。

噓國歌是侮辱自己

香港是中國的一部分是舉世公認的，可能部分香港人不認同，但大部分世人卻是這樣想。香港人可能對近期「香港球迷世預賽再對國歌抱以噓聲恐遭 FIFA 重罰」的新聞感到奇怪，但是在世界層面上，對任何國家的國歌抱以噓聲都是對其國民極大的侮辱，是絕不可接受的行為，而香港人竟然對自己國家的國歌抱以噓聲，更是匪夷所思的事。

故此，請不要再對自己的國歌抱以噓聲，因為這種行為只是在侮辱我們自己，只會令世人看不起我們！

2015年12月18日

均衡參與助港繁榮穩定

杜勁松
（第三屆）

違法「佔中」激發民怨，已是不爭的事實。莘莘學子須知，民主是一個進程，而不是一個終結。每個國家和地區民主政治制度的發展，都不可能脫離其所在的特定歷史背景和現實基礎，也不可能有所謂唯一的、抽象的國際標準。例如，港人較為熟悉的英美兩國，一個是君主立憲制、一個是聯邦總統制，政治體制和民主程序差異很大，究竟誰是國際標準？儘管如此，不可否認英美兩國都是現代民主政制的典型代表，因為它們都包含民主政制的兩個核心要素：一是代議制，二是均衡參與。

英美制度有差異

事實上，國情歷史和具體現實的差異，可以決定上述兩個要素的不同表現形式。例如，兩國都是實行兩院制，英國的上議院並非直接選舉，而美國的參議院卻是經直接選舉。兩國都是實行代議制，美國各州在眾議院席位的比例以各州人口為基數（各州至少一名），但參議院議席則實行絕對平均、與人口無關，每個州佔兩個席位；兩院議員的任期也不相同，眾議院是兩年，參議院是六年。作為近代資本主義國家中的後起之秀，美國民主政制的設計在很大程度上受到英國和歐洲大陸民主政制發展的影響；同時由於其殖民地歷史原因，當時加入聯邦的各州人口規模和綜合實力大小不一，所以突出均衡參與的原則（而不是嚴格以人口為基礎、一人一票、絕對多數制）一直延續至今。

基本法第四十五條所規定的「一個具有廣泛代表性的提名委員會」和「按民主程序提名後普選產生」，體現的就是均衡參與的原則。2004 年 4 月 26 日，全國人大決定指出：「有關香港特別行政區行政長官和立法會產生辦法的任何改變，都應遵循與香港社會、經濟、政治的發展相協調，有利於社會各階層、各界別、各方面的均衡參與，有利於行政主導體制的有效運行，有利於保持香港的長期繁榮穩定等原則」。今年 8 月 31 日，全國人大的決定重申了這一原則：「制定行政長官普選辦法，必須嚴格遵循香港基本法有關規定，符合『一國兩制』的原則，符合香港特別行政區的法律地位，兼顧社會各階層利益，體現均衡參與」。

港英時代毫無民主

歷史地看，香港在港英統治的大部分時期幾乎毫無民主政治可言。港督以「英皇制誥」統治香港，佔人口絕大多數的華人被排除在民主政治之外。直至港英時代後期，才逐步引入立法局的間接選舉和部分席位的直接選舉。香港回歸祖國後，民主政制按照循序漸進、均衡發展的路徑推進，例如目前立法會的直選議席已佔一半、達到 35 席。

現實地看，香港是中國的特別行政區，保持香港的長期繁榮穩定既是香港的根本利益也是國家的根本利益，而繁榮穩定的基礎是通過均衡參與、尋求社會各界的最大公約數、凝聚最廣泛的共識。任何破壞均衡參與的做法，必然會打破香港社會固有的平衡基礎、造成社會動盪與割裂，最終破壞香港的長期繁榮穩定。每一個從心裏深愛香港的人，都不會願意看到這樣的結局！

2014年11月7日

杜勁松
（第三屆）

覆巢之下　安有完卵

　　違法「佔中」已經多日，學生返學和普通市民返工受阻，勞工階層「手停腳停無糧出」，小商家慘淡經營、特區政府施政維艱，說民怨累積乃至沸騰一點也不為過。期間筆者親歷的兩個小插曲，觸動筆者心痛，也讓筆者沉思。

　　第一件事，是不久前金鐘道特區最高法院大樓發生火警，最近的政府消防車需從紅棉路出發。當日筆者見到個別「佔中」者儼然以「交通警察」自居，短暫開放非法設置在金鐘道上的重重路障，他們待消防車通過後再次搬回路障以阻塞道路。這個場景確實叫人捏了一把汗。

　　第二件事，是「佔中」主腦之一的「學聯」周永康，一邊着攝影鏡頭呼喊「政治問題要政治解決」，一邊卻表示「佔領者聲音非常清晰，就是不會輕言撤退」。這個場景令人感覺既好笑又可氣！

　　在一個成熟的、民主的社會中，不同人士具有表達不同觀點的自由。但是，這種自由是建立在尊重法治社會、合乎文明世界規則的前提下。「佔中」者未經批准聚眾集會、私自動用特區政府的「鐵馬」等公共財物、擅自阻塞香港重要區域的公共交通、非法組織相關人員管控特區政府公務用車和市民車輛的正常通行……所有這些行為都已涉嫌嚴重違法。事實上，部分「佔中」者表達的政治訴求，早已為更廣大的普通市民所知悉、為特區政府所知悉、為中央政府所知悉。但是，「佔中」者連續多日冒天

下之大不韙，以非法阻街的手段、以犧牲普通市民的利益為要挾，這些倒行逆施難道是周永康等人所說的「政治解決」？

法治精神　不容破壞

回歸以來，香港能成功抵禦各種風風雨雨，得益於港人的勤勞與智慧、得益於中央政府和全體中國人民所提供的堅強後盾、更依賴於來之不易的法治精神與傳統。無論是關於政府施政，還是選舉事務抑或是商業糾紛，香港所擁有的獨立、完善的司法體系能為爭議各方提供追求公平與正義的平台。但是，我們必須清醒地認識到，一旦法律的尊嚴遭到踐踏，個人的民主權利與尊嚴也將蕩然無存。當香港社會最寶貴的法治精神被破壞，香港保持繁榮穩定的基礎就會被損害。覆巢之下，安有完卵乎？在一個動盪不安的社會之中，我們每個人怎麼可能實現個人夢想、怎麼可能追求家庭幸福？

痛定思痛。我們呼籲「佔中」者盡快回歸理性，遵守香港特區的法律、遵守成熟和民主社會的政治遊戲規則！我們呼籲社會各界冷靜思考、沉着應對！我們呼籲特區政府用決心、勇氣和行動，捍衛特區法治，保護我們的家園、保護我們的城市！

2014年10月17日

依法政改
均衡參與
愛國愛港

　　本人有幸在 9 月 22 日下午隨香港工商專業代表團訪京，獲國家主席習近平親切會見，並聆聽習主席座談會上的重要講話。我想與大家分享幾點體會。

　　首先是依法政改。中央政府一再強調，對港堅持「一國兩制」政策不變。我認為「一國」與「兩制」中，首先是一國，其次才是兩制。絕不能只談兩制而忽略了一國，更不能片面強調香港的一制，而不顧及內地的制度。「一國兩制」之下，既體現香港的自治權，也必須體現中央對香港的管治權，這才是「一國兩制」的本意。

　　中央政府真心誠意希望香港在「一國兩制」下，按照基本法和人大決議推動民主進程，在 2017 年實現一人一票普選特首。基本法是「一國兩制」的法律保障，保障了「一國兩制」下港人的自治權。離開基本法，「一國兩制」便成為空中樓閣；否認基本法，等於否認「一國兩制」；違反基本法，即屬違法行為，必須受到處罰。

破壞資本主義損評級

　　其次是均衡參與。基本法規定香港「不實行社會主義制度和政策，保持原有的資本主義制度和生活方式，五十年不變」。我認為，資本主義與社會主義最大的區別在於所有制不同，社會主義是以全民所有制為基礎的制度，而資本主義是以私有制為基礎

的。資本主義社會中，私人資本投資與否，一看投資回報，二看投資風險，三看營商環境。

香港一直以其沒有外匯管制、良好的法治和營商環境著稱，成為了國際大都市和國際金融中心。這些成就來之不易，全體港人為之付出了辛勤的勞動。其中，香港能吸引全球投資的另一個重要因素，是企業家、專業人士和政界人士對香港事務的均衡參與。這種專業化的社會管理大大改善了香港的營商環境，吸引了來自全球的資本投資。

奇怪的是，在政改中有人要破壞這種均衡參與制度，大打民粹主義旗號，稍不如意，便發動「佔中」等。這些人的做法既從根子上破壞了資本主義的基本制度，又從事實上破壞了香港的國際形象和營商環境。多家國際評級公司聲稱，這種事態如進一步發展下去，有可能調低香港的評級。

最後，也是最核心的是愛國愛港。在香港政改中，有人對行政長官候選人必須愛國愛港的標準提出疑義。本人查閱了西方國家對公民的愛國教育。據一項權威調查顯示，在歐美十八個發達國家中，美國人對國家的認同感和自豪感最強，這與美國系統的愛國主義教育密切相關。

美國人從小培育愛國心

在美國，孩子從幼兒園就開始學習畫國旗、唱國歌，到中小學期間，幾乎每個班級教室都懸掛美國國旗和美國總統的畫像，學校每天都有一種宣誓儀式，學生在老師帶領下，面向國旗唱國歌，同時宣誓「我宣誓忠誠於美利堅合眾國國旗和國旗所代表的國家」。美國歷任總統在就職演說時，都會有些喚起美國人愛國主義精神的警句，甘迺迪的「不要問國家為你做了什麼，而要問你為國家做了什麼」的經典名句，在美國膾炙人口。新移民必須宣誓效忠美國才能取得移民資格。

愛國是任何一個主權國家公民對自己國家的責任和義務。香港回歸祖國已十七年，與祖國同呼吸共命運、相互融合、社會穩定、經濟發展，香港行政長官候選人由愛國愛港者擔任是理所當然的。

2014年10月3日

認清時局
對極端民主說「不」

近一時期，香港出現一股「極端民主」勢力，少數人唯恐天下不亂，明知「公民提名」不合法而為之，明知「佔中」擾亂香港經濟金融秩序，卻鋌而走險。這種無視法律，罔顧經濟發展的極端民主，並非絕大多數香港民眾願意看到的民主。他們的行為令親者痛，仇者快！

美國戰略東移

縱觀全球，以美國為首的西方國家曾通過陰謀瓦解了原蘇聯，從而消除了他們的最大政敵。前不久，俄羅斯總統普京感慨地說，如果能給我二十年時間，我將還你一個強大的俄羅斯。其語氣中充滿了悲傷和激情。

現在中國已被美國列為其最大威脅國。美國憑藉其大批量頁岩氣開採之後，提出了所謂的戰略東移，將矛頭直指中國。一方面美國來到亞洲攪局，牽制中國，其在政治上打着民主旗號；經濟上給中國製造困局；軍事上支持部分國家挑起南海和東海爭端，增加中國戰略壓力，其險惡用心昭然若揭。

另一方面美國通過一系列所謂的反恐戰爭，搞亂了中東，造成中東政局動盪，民族矛盾加劇，內戰頻頻爆發。然而美國卻想撒手不管，給其他中東投資者留下戰亂和廢墟。眾所周知，中國已成為全世界最大能源進口國，事實上，中國近幾年來已加大了對中東的投資。上述國家的動亂，令中國不得不終止在這些國家

的生產建設，大批經貿和工程人員被迫撤離回國，造成巨大經濟損失。而不久前，越南也出現類似事件，不少港商也同樣深受其害。

中國作為一個 13 億人口的經濟大國，其經濟經歷了三十多年的高速發展，經濟規模穩居世界第二位，人均 GDP 正在由中等向高等收入邁進。我們需要一個和平的外部環境與和諧的內部條件。由於中國經濟增速超過發達國家，因此，時間機遇在中國一邊。

中國政府正一方面以擴大對外開放來促進各項改革，以改革推動經濟發展。另一方面，採用靈活多面外交政策，爭取外部和平機遇。香港是中國重要的對外平台。在中國改革開放、經濟金融等方面發揮了極其重要的作用。內地與香港唇齒相依。香港好，祖國好；祖國好，香港更好！

法治是香港民主基石

香港是世界上最民主的社會，並一向以法制健全著稱。法治加民主構成香港社會的長期穩定和經濟繁榮。法治是民主的基石，也是民主的保障。香港已具有足夠合法管道保障公民的言論自由，因此，完全沒有必要通過非法途徑表達民聲。任何企圖超越和背離法治的民主屬極端民主，它勢必造成社會無序失控，令真正的民主根本無法實施。換言之，少數人以違法的民主，剝奪了多數人的合法民主權益。

但是，香港少數激進人士將自己擺在了法治的對立面，並試圖將盡可能多的香港市民綁架到他們的戰車上。他們信奉的是你死我活的法則，嚴重破壞了民主社會的基石，令社會喪失了在重大問題上達成共識的能力，這將對香港的法治民主和經濟發展造成長期的傷害。

前蘇聯解體和中東目前的戰亂，以及更多的歷史經驗和教訓告誡我們，任何時期的社會動亂遭受其害最深的永遠是廣大的平民百姓。所以我們必須認清時局，即香港絕對不能成為國外反華勢力的平台，必須自覺維護國家主權和領土安全，堅持民主與法治並舉，維護香港長期穩定和繁榮，對極端民主說「不」。

2014年7月4日

「6・22公投」騎劫民意

杜勁松
（第三屆）

日前，戴耀廷在報章撰文，聲稱香港的「民主運動」由三股力量組成。第一股是民間團體力量，包括部分學生、婦女、勞工、基層及「社會公義」的團體。第二股力量是「泛民」的政黨。第三股力量是不屬任何民間團體或「泛民」政黨的普羅市民。這種分類既曲解了民主的真正含義，也否認了香港民主進程的真正動力，更凸顯了其「佔領中環」之倒行逆施的本質。

回歸前無真正民主

按照維基百科的解釋，民主通常被人與寡頭政治和獨裁政治相比較，在這兩種制度下政治權力高度集中於少數，而沒有如民主政治由人民控制。香港回歸祖國之前，香港總督以「英皇制誥」統治香港，真正是一人之下、萬人之上，香港豈有真正民主政治可言？香港回歸祖國之後，中央政府支持特區政府依法施政，全體港人、特區政府、立法會在基本法框架下循序漸進推進民主政治，例如逐步擴大直選立法會議員的名額、擴大特首選委會的名額等，成就斐然、舉世矚目。

基本法保障民主運動

歷史已經昭示，香港的民主發展和成就，其實質是在擁護基本法、以及在基本法的堅強保障下，全體港人的共同努力而得來的，絕不是戴耀廷所指的第一股力量（其中甚至可能包括踐踏法

制、擅闖軍營的違法人士），也不是其所指的第二股力量（其中包括部分在立法會
拉布、阻撓預算案通過，以犧牲民生利益來賺取其個人及政黨曝光度的人士）。

在民主的具體形式方面，理論上分為直接民主，又稱為純粹民主，以及代議民
主。但是在歷史上，純粹民主形式的政府相當少見，「因為在實踐上要將人們全部
聚集起來投票相當困難，所花費的成本和時間都非常高昂」。代議制則是較常被採
用的制度，許多代議民主制也結合了一些直接民主的成分，例如公民投票。現實中，
民主與法治不可分離。筆者特此引用維基百科一段文字如下：「在今天，民主通常
用以稱呼代議民主制的其中一種形式 —— 自由民主制，在自由民主制裏被選出的
民意代表、以及多數人的民意在行使決策權力時必須受到法治的限制，通常是用一
套憲法加以管治，以強調對於個人和少數派的自由和權利的保護」。

阻撓民主進程依法推進

上述所謂「三股力量」大概也是戴耀廷發起「6‧22」電子「公投」的底氣所
在。然而，即使這三股力量在香港也屬少數。施永青先生指，公投是要了解而非左
右人民的意願，「6‧22」電子「公投」的三種特首候選人產生模式都是公民提名，
結論早已被預設。

而且，並非所有民主國家都接受公投，接受的國家大多要求投票率超過 50%，
但「公投」的搞手設定的 10 萬人投票的標準連全港 600 萬可投票市民的兩個百分
點都不到，這樣低的投票率，竟想強加於市民，豈不是騎劫民意，干擾民主發展？

2014年6月20日

香港的政治基石

　　1997年7月1日香港回歸後，港人能享受今天的生活方式，全憑當年鄧小平智慧地提出「一國兩制」偉大構想，而「一國兩制」的實施全賴於對基本法的遵守及執行，基本法充分保護港人的基本權利及自由，基本法更明確規定了中央與香港特區的關係，規定了香港特區的政治體制，中央和香港特區都按照基本法的規定行使權力，香港特區的管理完全在法治的軌道上進行，因此任何香港特首的最重要的基本條件，是要全力擁護「一國兩制」及基本法，因為這是香港特區的政治基石，亦是港人的福祉所在。

違法方案延誤政改機會

　　假如香港特首並不擁護「一國兩制」及基本法，「一國兩制」將變成形同虛設，在充分保護香港居民的基本權利和自由方面，亦會無法可依，中央與香港特區的關係將變得混亂。所以如果香港特首不擁護「一國兩制」及基本法，不但無法建立香港特區的民主制度；更重要的是，這將嚴重傷害香港特區和中央關係，給香港特區及港人帶來災難性的後果，因此任何香港特首或特首候選人，必須全力擁護「一國兩制」及基本法。

　　既然基本法對港人如此重要而法治是港人重要的核心價值，尊重及遵守基本法就是香港公民的責任。但現時針對《2017年行政長官及2016年立法會產生辦法》的討論，社會上引起了廣泛的關注，不同層面和界別提出不同意見，不過部分人士提出一

些違反基本法的方案，如果任由這些違法方案成為主導產生辦法的討論，這樣將對香港的政改產生負面的作用；首先可能引領社會上的討論走上對立和偏激化，最終令產生辦法沒法落實，因而令香港延誤了政改的機會。其次，如果社會聚焦於這些違反基本法的方案，必會浪費了完善方案和凝聚共識的時間及機會。

基本法框架內落實民主

事實上，基本法已規定了香港特區實行的各種制度，包括特首和立法會的產生辦法：基本法第四十五條和第六十八條分別規定，根據香港特區的實際情況和循序漸進的原則，最終達至特首由一個有廣泛代表性的提名委員會按民主程序提名後普選產生，及立法會全部議員普選產生的目標。此外，根據基本法第一百五十八條，全國人大常委會擁有對基本法的最終解釋權。因此，產生辦法的討論有兩個重點，第一是法律上是合法，必須按照基本法及全國人大常委會解釋的框架下進行；第二是政治上合理，候選人必須擁護「一國兩制」及基本法。與其被一些違反基本法的方案牽着鼻子走，不如依法在基本法的框架內落實香港特區的民主。

2014年1月17日

十八屆三中全會
延續「中國奇跡」

鄧雲
（第九屆）

　　內地改革開放 35 周年創造了一個又一個經濟奇跡，而驅動經濟突破的重大政策轉折均是在各次三中全會上確立，最具標識意義的包括十一屆、十二屆、十四屆和十六屆三中全會。四次會議分別標誌着市場經濟體制改革從啟動、展開，到建立和完善的發展進程，這是對市場經濟的理解深化的過程，也是政府逐漸向市場放權的過程。

　　2008 年金融海嘯爆發以來，經歷了近三十年的高速發展的中國經濟開始止步，中國 GDP 增速從 2007 年的超過 14% 降至去年的不到 8%，五年間下降了 6 個百分點以上，經濟放緩會帶來的就業困難、地方債危機、財政收入不足、金融系統風險和產能過剩等問題層出不窮，「人口紅利」和「WTO 紅利」使用殆盡。時至今日，經濟增長方式必然要求轉變，「開車換檔」勢在必行，人們對新一屆政府能否在 11 月將舉行的十八屆三中全會上給中國帶來新的方向倍感期待。

放權意味利益轉換

　　經過往屆三中全會的努力，市場經濟的地位與發展的路線已經清晰，進一步釐清政府與市場的關係，正確處理好政府與市場的角色區分，將是本屆三中全會的焦點。在保證經濟平穩運行，社會穩定發展前提之下，通過進一步深化行政管理體制改革，減少和取消核准審批，實現政府向市場極大的放權，使得企業和市

場主體的活力更好地被激發。

目前阻礙經濟發展，急需放權的領域包括：金融領域，央行向商業銀行放權，啟動利率匯率市場化改革，放鬆跨境資本流動管制；稅收領域，中央向地方放權，減少對土地財政的依賴；土地領域，政府向農民放權，給予更大的土地經營自主權，啟動農村經濟；人口領域，戶籍制度改革，促進人力資源合理分配；行政領域，政府轉變思想，從經營型向服務型實現行政職能轉變。

中央對港委以重任

毋庸諱言，放權就意味着利益轉換，必然會遇到來自既得利益者的頑固阻力。鄧小平當年提出成立經濟特區，帶領全中國向市場經濟轉變；而新一屆中央政府將以剛成立的上海自貿作為破冰石和試驗田，啟動新一輪改革。自貿區的一連串開放舉措中，負面清單管理模式，即將清單以外的投資領域由核准制改備案制，是中國行政管理體制改革中的重大突破，也是放權改革思想的集中體現。對於上海自貿區的成立，香港社會內部反響不一，有人認為將對香港的金融、航運產業產生巨大的衝擊，而更多的人看到了共同發展的機遇。實際上，從「十二五」發展規劃首次將香港納入，到 CEPA10 的簽訂，中央政府從未將香港撤除在中國高速發展的藍圖之外。

恰恰相反，香港因其經濟和法制等各方面優勢，屢屢被寄予厚望及委以重任。從開放之初引進外資開辦工廠到最近人民幣國際化進程，香港無一不充當排頭兵的角色，為中國的經濟建設做出貢獻的同時自身也得到了發展。

中國能否避免「中等收入國家陷阱」，「中國奇跡」能否持續，人們對十八屆三中全會帶來的改革舉措拭目以待。香港此刻最需要的是清晰而有力的領導及團結的民眾，不應浪費時間精力和社會資源在所謂的「佔中」問題上糾纏，更不可掉入將香港與內地的利益對立的爭論陷阱。

2013年11月7日

李耀新
（第二屆）

「拉布」非民主
西方亦不容

　　新一屆立法會選舉已啟動了，寄望這次當選的議員不再重複施展「拉布」這個手段。我會上月刊登公開信批評「拉布」，期間做了一些資料搜查，發現「拉布」並非民主！崇尚民主的西方社會亦對此不容。

　　「拉布」就是議會內少數黨派的拖延戰術，務求阻延法案被通過。今天，「拉布」在大多數西方民主國家並不常見，澳大利亞、新西蘭是不容許的，德國就從來沒有發生過，加拿大的國會亦沒有。雖然加拿大安大略省於上世紀九十年代曾有政黨用數以萬計的「修訂」來試圖阻撓法案通過，但最終被議會修改了議事規則後而不再出現。法國的類似「拉布」最後亦在協商下終止了。

　　英國的個案以十九世紀期間為代表，當時代表權貴利益的上議院經常阻礙民選的下議院通過法案，最後由下議院提出的特案聯同英皇訓令，才制止了上議院的阻撓行動。事實上，英國的下議院並沒有限制辯論及議員發言的時間，議員確實可以發動「拉布」戰。但是，下議院是可「動議」限制辯論的時間，並可在辯論時「動議」中止辯論。雖然正在發言的議員是可以基於侵犯少數權益為理由而否定「動議」，但重要的是英國人比較務實，對民主認識更為成熟，並遵從「審議式民主」（Deliberative Democracy），即「主要以公眾的整體利益為依歸」。由於英國議會有關閉動議（Closure Motions）、斷頭動議（Guillotine Motions）及程序動議（Programme Motions）等工具來控制立法

的時間,所以英國雖然仍有「拉布」,但整體上不太影響立法。

現時經常出現「拉布」行動的竟是美國參議院。其眾議院早於 1842 年已限制辯論時間來避免「拉布」,但參議院卻一直未完全堵塞這漏洞。就算在 1880 年,當威爾遜總統以商船抵禦德攻擊的法案被「拉布」行動阻撓後,曾引發公憤而抑制「拉布」,奈何措施並不全面。稍為理想的修改是 1917 年實施的「擁有機制」(Cloture),獲三比二的大多數議員同意便可終止「拉布」。

至 1975 年,情況進一步改善,僅需五對三的比例便可。從另一角度來說,「拉布」在參議院仍未廢除,其帶來的破壞力並未終止。

令多數服從少數

參議院的「拉布」行動已被眾多美國學者批評為「違憲」,皆因其帶來的結果並不合乎「民主」精神,因多數人民的最終意願卻被少數人操控了,僅代表美國一成一選民的參議院竟可阻撓眾議院代表美國所有選民的法案,「拉布」變成了政黨阻撓法案的通過,從而可令其與其他政黨和總統討價還價的工具,法案是否代表大多數人民的最終意願已不重要。

綜合而言,絕大部分的西方民主國家均不容許「拉布」行動,修訂機制以限制其出現。皆因這不是民意所依,「少數人」竟可阻撓並改變了代表「大多數人」贊同的想法,變成是多數順從少數;同時法案被阻撓亦令現今眾多的社會問題無法得以改善,民怨增同時亦令人民對立法機構失望。

在邁向全民普選立法會的道路上,現時香港仍是學習「民主」的階段。有建設性的辯論應受到鼓勵,但為了阻撓法案的「拉布」行動並不是真正的民主,所以不應支持。

誠然,現時立法會是沒有限制辯論時間的機制,以及防止提出眾多無聊修訂的機制。因此,日後立法會實應在議事規則內加入相關防止「拉布」的條款。

2012年8月2日

CAGA 精英壇

經濟篇

CAGAHK

數碼時代，央行數碼貨幣
助力香港金融基建「再出發」

孫雯
（第二十一屆）

　　香港回歸 25 年來，在「一國兩制」的框架下，經濟發展繁榮穩定，國際金融中心地位持續增強。根據瑞士洛桑管理學院（IMD）於 2022 年 6 月發表的全球競爭力報告，香港位列第五名。2022 年 3 月最新一期「全球金融中心指數」顯示，香港在全球金融中心中排名第三，僅次於紐約和倫敦。

　　香港回歸 25 年來，也遇到了一系列挑戰，包括 SARS、新冠疫情、2019 年的政治動盪等。今年，香港的金融服務業外部環境不確定性依然走高，信貸環境瞬息萬變，通脹高企催使全球貨幣政策收緊，加之全球經濟增長放緩和新變種病毒出現導致的疫情反覆。

　　在數碼化趨勢下，金融科技的促進採用及持續創新，將會成為疫情後推動經濟增長的主要引擎，日前正是加速推進科技在香港金融服務領域應用的重要契機。加深央行數碼貨幣的研發和應用，將助力香港金融基礎設施建設「再出發」，事關香港從傳統國際金融中心轉型為數字國際金融中心。

　　近年來，全球央行加快「央行數碼貨幣」探索，國際結算銀行最新調查顯示，全球約 86% 的央行或貨幣當局開始研究央行數碼貨幣，約三分之二的央行正在進行數碼貨幣試驗或試點。隨着全球經濟聯繫日益緊密、跨境交易日益頻繁，央行數碼貨幣長遠可以為國際支付體系創造一個新的格局。香港金融管理局應把握先機，與國際結算銀行創新樞紐轄下香港中心合作，着力研究

央行數碼貨幣在跨境支付的相關應用，解決長期以來跨境支付的痛點。

央行數碼貨幣的發展極具潛力，無論在批發還是零售層面的應用，都必須提早做好技術及政策研究，為未來有可能的發展做好準備。積極探討在香港發行「數碼港元」（e-HKD）的可行性。此外，考慮到內地及香港的市民有跨境支付的需求，應盡早支持「數字人民幣」（亦稱 e-CNY）的應用測試工作。可在金融科技監管沙盒 3.0 框架內，向金融科技企業開放試點機構資格，為合資格金融科技項目提供資助及支持，加快推出「央行數碼貨幣」框架下的創新金融產品及方案。在消費者需求、應用場景、隱私保護、反洗錢要求、系統安全以及其他政策或法律方面做好頂層設計和政策安排，以保持香港在央行數碼貨幣發展方面的領先優勢。

從區位分布來看，香港是中國內地國際貿易和投資的重要門戶。作為金融中心，香港在大中華區的地位至關重要。新加坡也同樣是亞洲的金融中心，但主要扮演東南亞地區的樞紐角色，同樣也和中國有着非常密切的投資和經貿關係。新港兩地有各自的優勢與地區角色，可發揮互補作用。

因而，從央行數碼貨幣項目的發展來看，香港的「數碼港元」（e-HKD）除了與泰國央行、中國人民銀行、阿聯酋央行這三個目前央行數碼貨幣橋聯項目的相關合作之外，建議金融管理局進一步拓展與新加坡、馬來西亞、澳大利亞等央行的國際經驗分享與溝通合作，立足大灣區輻射東南亞及周邊地區，提升跨境支付結算和流動性管理效率，鞏固香港「超級聯繫人」的角色定位。

在數碼化時代浪潮下，通過央行數碼貨幣的研究和應用，打造香港在數碼化時代新的國際競爭優勢，努力把握新技術浪潮下經濟社會數字化轉型大趨勢帶來的新發展機遇，將香港打造成為面向未來的央行數碼貨幣重要結點。

2022年6月21日

經濟颶風來臨的時代？
後疫情時代的居安思危

隨着世界發達經濟體已從新冠病毒陰霾中走出，經濟大都恢復甚至超過疫情前水平，多國卻面臨着另一個危機。

近 30 多年來最高 8.3% 的通脹正每天困擾着美國民眾，其中不乏建基於特朗普時期偏離傳統共和黨政策路線的中美關稅戰惡果，為現任美國藍紅陣營理下的政治地雷。早於 2019 年 6 月筆者曾指出中美各自堅持貿易壁壘只會導致雙方自傷元氣。同時世界多地已落入 Thucydides Trap 的歷史性漩渦，致歐盟本年 5 月總體通脹指標高達 8.1%，個別國家如斯里蘭卡更達 40%。全球供應鏈及運輸鏈遲滯大大加速了供應鏈的地區化進程。

值得留意的是，鷹派聯邦儲備銀行行長 Mary Daly 曾表示應該持續加息直至通脹下降至 2%。基於憂慮情緒升溫，S&P 500 已於 5 月底急速回吐進入熊市區間。摩根大通主席 Jamie Dimon 最近所提及的「經濟颶風」也許並非空穴來風。誠然面對居高不下的通脹率，所留給美聯儲的選擇與可以等待的時間並不多，而所將會產生的政策漣漪也許取決於「是否」和「何時」界定為滯脹、採用適應性預期進行加息步伐與 QT 的幅度等。

我們留意到疫情之下，中國美國商會、中國歐洲商會於 5 月份發表較悲觀的看法與會員決策趨勢。花旗銀行主席 Jane Fraser 於同月的專訪中也表達正按財富 500 強客戶的要求落實其重新配置全球長期供應鏈份額的有關工作。姑勿論中西方於文化與體制上存在着較大的差異。國際社會對中國存在着一些誤解，中國雖

高居世界第二大經濟體，但作為發展中的人口大國，城鎮間醫療配置及衛生意識差異較大；儘管在發展的進程中不斷提升了人民的生活水平，但至今也有農村於村醫與醫療設施相對匱乏。根據衛生官員於本年 3 月的發布，中國雖有 87.9% 人口已接種過兩劑新冠疫苗，但 60 歲以上人口中未完全接種者尚有 5,200 萬。

黑貓白貓論開局

　　具備中央援港抗疫的最堅強後盾及國際頂尖醫療水平，香港作為已發展的成熟對外開放小型經濟體也許可作國家連通世界、同時作為世界無縫連通中國的重要橋樑。筆者暫以區域連通行動計劃作墨，香港與世界各地重新接軌的同時，是否可嘗試免檢疫無限次往返幾個與香港聯繫較頻繁的中國內地城市城區作為最低檢疫支點的緩衝區，可研究定於上海市的浦東新區、深圳市深南大道以南的福田區、珠海市九洲大道以南的香洲區等，境內緩衝區與非緩衝區進出則參考現有出入境檢疫安排。如來自世界各地的投資者、政商務人士、旅客可透過此安排進出內地，應可解決基於「兩制」異同而導致的通關痛點，同時可更快地刺激國家經濟，有利於各國外資有效管理境內項目以爭取繼續投資，成就設施、貿易、資金、民心皆通。

　　作為世界最自由經濟體，香港有條件亦有能力更好地發揮「超級聯繫人」的關鍵作用，讓這顆「東方之珠」為國家為世界繼續發光發亮，同心創建。藉此我們恭祝李家超先生當選並獲中央任命為第六任香港特區行政長官。

2022年6月7日

直升機助建國際樞紐
空側「一地兩檢」成關鍵

　　同樣的方法就會得出同樣的結果，凡事要求突破，就必須從方法的根本去改變、去創新。好比香港的金融業，當有「深港通」和「滬港通」的政策突破，整個行業因此而躍進一個新台階。然而，香港其他核心產業又該何去何從呢？事實上我們的航空及旅遊業也同樣需要仰賴政策的突破去持續發展及維持競爭力。

　　在上個月剛剛閉幕的兩會，筆者欣悉全國政協常委唐英年先生提出在香港國際機場實施「一地兩檢」的提案，透過與更多的內地城市開拓定期航班來鞏固香港國際機場的樞紐地位，在「三跑」即將投入服務的時刻，這個提案更具意義。筆者認為提案的方向正確，但實施卻有一定難度，尤其是此刻與內地鄰近機場的分工尚未明確，盲目與內地不同城市開辦定期航班，不見得可以馬上刺激香港機場的使用率或吞吐量，尤其是深圳機場之內陸線網絡及航班頻密度都比香港機場來得有優勢時更是如此。所以，想要透過機場「一地兩檢」方案來刺激往來內地的航班量，恐怕非一時半刻可以達到。

　　然而，當下我們應該捨難取易，以空側「一地兩檢」的政策突破，把整個大灣區旅客都視為「本地」旅客，首階段先以直升機網絡的開拓來鞏固香港的航空樞紐地位。香港國際機場的優勢在於國際航線的網絡與密度，整個大灣區的蓬勃發展孕育出一批追求時效而且消費力極高的企業家，他們穿州過省打拚事業，不想過度浪費時間在交通運輸上，直升機服務正正滿足了這一高端

市場。

　　直升機無需跑道升降，技術上可以在高爾夫球場的平地或建築物頂層作升降，如果香港國際機場提供「一地兩檢」服務，理論上大灣區的高端旅客無需提前幾小時在公路及關口折騰，他們可以在球場揮桿後，或在辦公室開會至最後一刻，然後輕鬆地就近登上直升機來到香港機場，直接辦理出入境手續並中轉至國際航點。

　　由於幾乎所有軟硬件都是現成的，無需過度的基建投入，所以筆者的這個構思能夠以最快的速度啟動香港國際機場的「一地兩檢」方案。舉例來說，航路可以使用現有航路，內地飛來的直升機可以沿用港澳直升機的航路，由大嶼山沿岸，經分流、大澳、沙螺灣飛抵機場，停機位置可以考慮現時飛行服務隊的停機坪附近，由於直升機不會在同一時間帶來上百數千的旅客流量，所以「一地兩檢」設施無需佔用很大場地，現有的商用航空中心或許已可提供邊檢服務，而駐守的內地執法人員數目亦無需太多，便於起動和操作。

　　至於以香港為目的地的直升機旅客，只要空側「一地兩檢」政策落實，目前在港澳碼頭的直升機出入境設施，配上內地出入境執法部門即可成事，為香港的旅遊業、酒店業、零售業和餐飲業引入大灣區高端旅客。

2022年4月26日

持續發展香港國際金融中心優勢
促進中國與世界資本的接軌

　　香港作為中國內地與全球市場的「超級聯繫人」，港交所集團行政總裁歐冠昇（Nicolas Aguzin）於 3 月 29 日為港交所未來發展提出三大關鍵戰略，分別以 1）中國優勢為基礎（Build on China Strength）、2）提升市場活力（Enhance Market Vibrancy）和 3）為未來發展定位（Position for the Future）。

　　以中國優勢為基礎的戰略中，港交所將重點從四方面入手，包括擴展和提升互聯互通、成為中國的離岸風險管理中心、中國離岸集資中心，鞏固作為為新經濟和創新企業提供融資需要的國際發展平台。例如自 2018 年推出的上市改革以及近期引入新的 SPAC 上市機制，均促進香港作為創新企業的集資中心角色。

　　在提升市場活力策略方面，港交所將會進一步提高一級市場的吸引力、深度、活力和多樣性，重點改善市場結構，提升交易、結算、交收及風險管理的效率。為國際投資者提供更多不同資產類別的產品及增值服務，拓展更多中國相關的產品，如最近推出的 MSCI 中國 A50 互聯互通指數期貨，協助人民幣加速國際化。

　　在為未來定位的策略，港交所將會優化其基礎建設，由過往以金融基建為導向的發展模式，轉為以客戶為導向的發展模式，加強數據基礎，持續發掘數碼化資產，推動上市公司環境、社會及公司治理（ESG）的發展及其他新興領域的機遇。

　　相信隨着國際市場對人民幣的貿易結算和跨境投資需求持續增加下，國際投資者將會更加重視一個離岸人民幣市場的深度和

流動性，香港作為連接內地與國際市場的橋樑，一直擁有這方面的獨特優勢。因此在國際地緣政治局勢日趨複雜的環境下，「超級聯繫人」的角色將顯得比過往更加重要。未來香港國際金融中心的內涵，應不止於國際的香港金融中心，更要成為中國的國際香港金融中心。

積極吸取倫敦金屬交易所經驗

俄烏在開戰前，國際鎳價在 3 月之前不曾超過每噸 2 萬美元，由於俄國產鎳佔全球一成，因此在俄烏開戰後導致交易價開始攀升，3 月 4 日價格攀至每噸 2.9 萬美元，3 月 7 日越過每噸 4.8 萬美元，3 月 8 日更升至歷史高點每噸 10 萬 1,365 美元，創造了倫敦金屬交易所（LME）成立 145 年來的價格飆升紀錄。其後 LME 決定取消部分交易並一度暫定鎳交易，因而導致國際市場各個不同參與者對 LME 的決定感到失望，認為相關決定可能損害市場的系統性完整和市場參與者的信心。在作為中國與全球市場的「超級聯繫人」的角色時，國際市場上參與者的信心至關重要，因此港交所應積極吸取 LME 是次經驗，極力避免同類或類似事件發生，確保中國香港金融中心的國際內涵不變。

2022年4月12日

全球去美元行動持續

繆英源
（第一屆）

隨着俄烏衝突和一連串的相互制裁、封鎖、凍結和沒收行為，筆者去年提及國際貿易 SWIFT 和非美元趨勢，現已演變為去美元行動。不論政府或官商百姓，就算是歐亞非南美拉美等全球各地，也不得不考慮其資產未來的安全性、流通性、認受性和真實價值。

3 月 15 日《華爾街日報》稱沙特阿拉伯擬用人民幣而非美元向中國出售部分石油，這全球最大原油出口國舉動將削弱美元在全球石油結算的主導地位。俄羅斯、烏克蘭、北約與美國的衝突就是俄歐能源戰略及非美元化結算損害了美國核心利益。俄羅斯石油主要出口歐洲，當俄羅斯和歐洲計劃在北溪 2 號天然氣管道使用歐元而非美元進行結算時，麻煩紛至，北約烏克蘭矛盾、俄烏衝突、制裁充公、SWIFT 踢走俄羅斯、使俄歐其難以進行石油天然氣和其他商品貿易結算，招招致命。

去美元已成為新興及發展中國家尤其是資源類出口為主的國策，中東各國被美歐西方國家不斷挑撥，引發內外戰爭，死傷無數、元氣大傷，早對美元壟斷的能源結算敢怒而不敢言。俄烏衝突引發以美國歐盟對俄羅斯制裁、退群、凍結和沒收行為，令這些以油元收入為主的國家不得不加速其去美元行動。

中國是世界原油第一大進口國和第二大消費國，去年中伊二十五年全面合作協議伊朗接受人民幣向中國提供石油，開啟了非美元能源結算重要一步。而早於伊朗前的 2015 年，中國和阿

聯酋就達成了人民幣結算協議，可見去美元行動已在不斷進行。

為促進人民幣國際化和避免過分依賴美元，中國近年也分別與日本、印尼、泰國和馬來西亞簽訂人民幣與當地幣的雙邊結算協議。今年冬奧期間中俄能源購銷協議亦以歐元作為結算貨幣，俄羅斯是中國第一大能源進口，第二大原油進口和第一大電力來源國，歐元結算對中俄以至歐盟都有利，除自由兌換和流通性強外，歐盟是俄羅斯第一大貿易夥伴，也建立了歐元 INSTEX 國際結算機制，彌補了目前人民幣 CIPS 和盧布 SPFS 國際結算的不足，最重要是繞開美元，因 SWIFT 中美元結算受制於美國本土 CHIPS 而不能獨立自主。

中國和沙特阿拉伯使用人民幣進行石油交易結算，將帶動整個中東以至其他地方更多更快地推行去美元化交易。3 月 18 日《金融時報》透露俄印正擴大盧布盧比相互兌換體系的結算，印度這世界第三大原油進口國在能源和國防等交易上已在去美元化路上。

貨幣與能源息息相關，近日又傳出俄羅斯擬宣布美元為非法貨幣，連土耳其這歐盟成員也透露接受盧布貿易，越來越多國家採用非美元結算交易，美元認受性和流通性必然受到重大挑戰，俄烏衝突影響了全球能源格局，去美元將成為大家秘而不宣的重要策略。

2022年3月29日

2022年香港經濟穩中求進

謝湧海
（第二屆）

　　告別了跌宕起伏的2021年，迎來充滿不確定性的2022年。香港作為自由開放的小型經濟體，在新的一年裏，將面臨哪些挑戰？存在什麼機遇？經濟前景如何？

　　2021年首三季，香港經濟同比增長7%，基本收復了因2019年動亂和2020年疫情所造成的經濟失地。據香港特區政府預測，2021年香港全年經濟可實現6.4%的增長，失業率由年初的7.2%下降至4.3%。

　　從內部環境看，隨着香港國安法和新選舉制度的正式落地實施，香港的社會秩序日趨平穩，政治生態明顯改善，社會各界重新聚焦經濟民生。香港與內地免檢疫通關相信很快就可以落實。這些都有助於香港經濟的發展。

　　從外部環境看，2022年香港經濟仍將受到眾多不確定因素的影響：

　　1.新冠病毒不斷變異，將繼續影響人流和物流，阻礙經濟增長。目前，全球呈現三類場景，第一類是中國內地對病毒有效實施「清零」的管控政策，成為全球生產和供應基地。第二類歐美等發達國家，醫療條件好，但管控失當，疫情起伏，經濟活動受阻。第三類除中國以外的發展中國家，深受疫情之苦，他們醫療條件不足，經濟停滯或衰退。香港經濟在2021年下半年出現明顯復甦，但其航空、旅遊、零售、酒店及膳食業繼續受到疫情困擾，失業率仍然高企，這些領域的恢復將取決於全球疫情的受控

程度。

2.美國作為世界第一大經濟體，2021年4月以來，因寬鬆的貨幣政策和巨額財政赤字，造成國內通貨膨脹高企，去年11月升至6.8%，為四十年之最。12月15日美聯儲改變了其對通脹「屬暫時性」的看法，加速減少買債，由原先的每月減150億美元改為減300億美元，並宣布到2022年3月停止買債。大多數聯儲官員提議2022年美元加息3次。以往經驗告訴我們，每當美國收水，全球金融市場，特別是發展中國家經濟都會受到或大或小的衝擊。香港金融市場已感受到這股寒氣逼人，投資者和監管機構都已嚴陣以待。美國政府是否有能力在管控通脹的前提下確保經濟增長，防止出現「經濟滯脹」，大家都拭目以待。

3.面對百年未有之大變局，國家「十四五」規劃提出了「雙循環」戰略，即以國內大循環為主體，促進國內國際雙循環。圍繞「雙循環」戰略，中央將實行穩健的貨幣政策和積極的財政政策，確保2022年經濟穩中求進。積極支持科技創新、綠色經濟、區域合作，以及中小企發展。香港特區政府正在與內地積極商討和逐步落實大灣區的融合與合作，並且規劃建設「北部都會區」，為香港開創源源不斷的經濟發展動力。「十四五」規劃明確提出，香港要鞏固國際金融中心、航運中心、貿易中心和專業中心外，還要發展成為創新科技中心、文化交流中心、知識產權交易中心和國際航空樞紐地位。香港經濟未來在與內地的融合中獲得巨大發展機遇和動力。

2022年，國際貨幣基金組織（IMF）預計全球經濟將增長4.9%，其中美國5.2%、歐元區4.3%、日本3.2%、中國內地5.6%。香港經濟將在全球眾多複雜因素下，積極管控疫情，力爭早日與內地恢復正常通關，更好融入國家發展大局，調整產業結構，改善民生，令經濟穩中求進。

2022年1月4日

香港要發展才是硬道理

葉海京
（第四屆）

　　「發展才是硬道理」是鄧小平在 1992 年深圳特區南巡談話時提出的經濟發展思想。俗語「橋不怕舊，最緊要受」，我們可學習鄧公智慧，上下一心，全力以赴，審時度勢，認清內外大局趨勢，客觀地查找不足，彌補自身短板。目前香港迎來新時代，要好好把握天時地利人和的機遇，大膽創新，猛力發展，制定目標戰略藍圖，多管齊下，有效執行，融合國內國際資源，築巢引鳳，百花齊放。以有利於加強社會和諧及整體生產力、有利於增強營商環境及可持續發展力、有利於改善民生及提升人民幸福指數為本，必定重現光輝！

兩業融合，再造，突破

　　香港具有優越外貿經驗，與各個環節的生產商及服務供應商建立了可信靠的關係，獲得國際青睞的服務承諾及與國際接軌的軟實力。在推動先進製造業和現代服務業深度融合方面，可以聯手國內生產商拓展製造業發展優勢，研發設計、市場行銷、品牌管理等短板環節，加快提高產業鏈水平，增強製造業核心競爭力；可以促進傳統製造模式向兩業融合的新型製造模式轉變，增加產品附加值，開拓新市場，重塑產業競爭新優勢，培育持續發展新動能，釋放轉型發展新空間。

　　借助「北部都會區」與粵港澳大灣區的政策地沿經濟疊加效應，香港位處亞洲中心，擁有地利和國際貿易優勢、一流運輸設

施和交通網絡，是區內理想的物流及航運樞紐。內地西南省市及東盟國家的貨物更能善用香港的國際機場和貨櫃碼頭，更好地利用香港作為貿易和物流樞紐的功能。

隨着香港機場第三條跑道將在 2024 年啟動，香港在區域空運樞紐的優勢得以鞏固，相反香港海運面對不可逆轉的趨勢是每況愈下。政府和業界持份者應抱着更客觀理性的態度，揚長避短，筆者個人立場是支持把葵青集裝箱碼頭港區遷移至北大嶼山，配合「北部都會區」的規劃和構思中的西部鐵路延伸線，隨着客運人流以外，物流貨運也至關重要。香港和大灣區其他城市共同建立全方位海陸空鐵交通大建設。

新冠肺炎疫情長期影響，已成為常態化，嚴重引致國際供應鏈失衡，海運國際班輪航次大幅減少引致運費價格高昂，故此香港中轉及東南亞出口去歐洲的貨物，不能完全依靠海運，近年來中歐鐵路班列在內地發展蓬勃，但香港在這板塊是斷鏈的。

香港除了本土市場以外，大灣區內有超過 8,000 萬人口，輻射廣東及西南地區等龐大市場，而且中產需求都是中高檔商品，香港在這方面更應發揮我們的金漆招牌，在國際優質商品採購，特別是保健醫療，食品食材，品質控制，全程供應鏈管理，增值服務，打造進口貨物分銷聯運功能平台。

2021年12月3日

中美博弈下
共同富裕的國家戰略

　　2020年以來，中國發生了很多超乎改變歷史級別的大事件。經濟上，曾經被認為難以調控的房地產行業被國家強行按住，緊接着螞蟻金服的香港上市被緊急叫停、滴滴偷步美國上市被嚴格追責、騰訊和阿里的二選一平台壁壘被強行打破，再接着將規模近四千億的校外學科培訓市場全面取締。

　　如此大手筆的整頓市場，很多解讀認為是國家在劫富濟貧。但一系列大事件背後的本質和邏輯，需就目前中美之間的博弈進行分析。

　　中國已經成為世界上第二大經濟體，超越美國已是指日可待。而美國肯定不會和平接受被超越的事實。因此，美國現正全力以赴對付中國，務求以維持美國霸主地位的國際金融體系、軍事威懾體系、科技領先地位、美國主導的全球盟友體系等等得到支撐。其中，美元潮汐的操控，是限制中國上升空間的最大武器。美國增發美元購買中國的優質產品及資產（資產包括上市公司股票、房產及優質企業的股票）。中國的企業到美國上市，又能為美國的投資機構賺取高額利潤。反過來，中國企業及政府所得的外匯則用以購買美元債券及美國有限的產品。中美之間的這種周而復始的經濟循環關係，讓中國製造只能在美元霸權設置的循環困局中為美國政府及投資機構打工賺錢。

　　看清美國的套路，同時也要認清自己的短板與不足，這便是以上這些重大政策出台的根本原因。首先，國家需要突破某些經

濟怪圈，如房產經濟、資本經濟、科技壟斷經濟和應試教育系統等等，務求以實業立國、數字人民幣為主體的新金融體系、可持續發展及共同富裕的模式得以生根。

實業立國，就是中國要成為全產業供應鏈的製造強國，而且是能把每一個製造生產環節都控制在自己手中，避免因生產外包而造成實業空心化及被卡脖子，在中美博弈的大棋局中得以佔據主動權。

數字人民幣，是繞開美元結算體系的新的跨境支付平台和金融體系。一旦成勢，各國和中國做生意將直接用數字人民幣結算，不再受制美元 SWIFT 結算體系，那到時還會怕受到美國無理制裁嗎？

可持續發展，以碳中和為焦點。碳中和不僅是環境保護，更是去石油美元化的推手。當全世界都在用新能源，各國對石油的依賴自會降低，石油美元也就不攻自破。

共同富裕，是要形成以中產階層為主的橄欖型的國民收入結構。當絕大多數國人的收入與資產充盈，國內人均的消費體量及內循環才得以有效啟動，這亦是支撐國家「雙循環」戰略的根本保證。

中國正在制定的這套全新的合作規則，以實業立國為核心的中國製造能為世界提供最好的產品；以數字人民幣為核心的結算體系能成為全球貿易的重要結算體系；以碳中和為核心的新能源體系代替以石油為核心的舊能源體系；以共同富裕為目標的「雙循環」體系能讓中國成為世界最大的消費及貿易大國。這些目標的逐一開展及落實，是確保國家在與美國的博弈中能掌握主動權的核心。

2021年11月19日

「十四五」規劃
香港機遇何在？

十三屆全國人大四次會議今年 3 月 11 日通過了《中華人民共和國國民經濟和社會發展第十四個五年規劃和 2035 年遠景目標綱要》（下稱「十四五」規劃）。編制和實施國民經濟和社會發展五年規劃是中國共產黨治國理政的重要方式，敏銳的商界朋友亦不難從中發掘商機。

為了更好地對接國家五年規劃，同為特別行政區的澳門在 2016 年就主動發布了首份澳門特區五年發展規劃。香港歷來較少出現關於國家五年規劃的討論，中央宣講團近期來港向各界介紹「十四五」規劃顯得別具意義，有助香港更好地掌握國家發展戰略和國家對香港不同範疇的支持。

確立香港重要功能定位

「十四五」規劃的涉港部分確立了香港在國家整體發展中的重要功能定位。港澳專章一如既往支持香港提升國際金融、航運、貿易中心地位，並新增了支持香港提升國際航空樞紐地位、建設國際創新科技中心等。

細數新增的內容，特區政府近年已有相應配合工作。香港機場管理局未來十年將逐步落實「機場城市」發展藍圖，而隨着資金和精力的投入，近年香港創科發展亦蒸蒸日上。

由此不難發現，物流業、航空貨運及相關服務業、高科技行業等前景可期。事實上，香港在這些行業已有既定的優勢和基礎，

香港國際機場的貨運量長期在全球領先，而香港高校擁有的卓越科研實力是發展高科技行業的源頭推力。需要思考的是如何進一步實現高增值發展和如何與周邊城市實現互補共贏發展。

支持香港融入國家發展大局

支持香港鞏固提升自身競爭優勢之餘，「十四五」規劃亦着墨於支持港澳更好融入國家發展大局，並首次將深港河套地區納入粵港澳重大合作平台建設。港澳專章以外，「十四五」規劃的粵港澳大灣區建設章節亦有涉港內容，提出要深化通關模式改革等。

國家五年規劃往往「惜字如金」，字字簡練斟酌。自國家「十二五」規劃首次設立港澳專章，五年規劃涉港部分的內容和篇幅逐漸增多，足見中央對香港融入國家發展大局的重視。而發揮香港之長、貢獻國家所需，必定是特區融入國家發展的最佳模式。

強調創新值得香港借鑒

雖然近年新冠疫情重創全球經濟，「疫下狀態」亦讓香港和內地無法正常通關。但國家控制疫情在全球經濟體中表現尚佳，因此也最早迎來經濟的疫後復甦，當中給予香港的機遇，有抱負的有心人不可不察。而要全面洞察「十四五」規劃蘊藏的機遇，涉港內容以外的部分不可忽視。

「十四五」規劃提出構建以國內大循環為主體、國內國際雙循環相互促進的新發展格局，並首次沒有明確設定 5 年 GDP 年均增速預期性指標，重點突出創新在國家現代化建設全局中的核心地位。這樣的新發展理念對亟需促進經濟多元發展的香港而言亦不能說沒有啟示。

2021年9月17日

新冠疫情長期陰霾下的投資新環境

翁狄燊
（第十六屆）

自去年自然界一直執行着其人類削減計劃，至今全球 2 億人感染 SARS-CoV，2,400 萬人因此喪命。就如筆者年前所言（參看 2020 年 7 月「新冠肺炎後的世界新秩序」），至今沒有國家能倖免於難。

疫情下的微觀政治經濟博弈

國與國之間正競賽建立免疫屏障，但政客們累積政治資本之心過急導致一波三折。在初期因社交隔離初見成效並為疫苗代產國的印度，今年 5 月在國內需求未滿足時捐贈過百萬劑用以疫苗外交備受質疑，更於疫情高峰不當頒布氧氣分配改革導致 42 萬人供氧不足而死亡。零病例國家如澳大利亞因過分依賴社交距離措施導致接種率至今只有 18.2% 遠低於 G20 水平。歸根於特朗普在權力更替前形成的民意屏障導致紅營州份拖慢接種進度，美國 52.3% 接種率落後排名首兩位的英國與加拿大。

據約翰斯・霍普金斯大學統計，全球約有 40 億劑新冠疫苗被接種，撇開成本最少需要 6 個月達至環球 75% 人口第一次接種覆蓋。各國本對始於達佛斯的 COVAX 計劃抱有共同願景，但筆者只能以叔本華思維判斷各國的 rational egoism 對疫情發展的影響，也許像烏托邦的公平分配都是偽命題，全球疫苗分配直接影響受助國的長期經濟增長與生產要素，從而可能出現部分疫苗生產國按照雙邊貿易額及外交因素決定疫苗分配的次序和數量。

以中國國家主席習近平提出構建人類命運共同體的宏念為藍圖，我國已無私地向國際社會提供 5 億劑新冠疫苗，佔全球產量 16%。

最佳經濟刺激政策及資產配置方案

據 BioNTech 和 Pfizer 的研究，疫苗有效率平均每兩個月下降 6%，這意味已接種人士極可能需每年加種增強劑以產生足量 T 細胞，故為全球人口建立免疫屏障將是巨大的滾動成本。面對 Delta 病毒對人類細胞蛋白 ACE2 的影響而提升感染率，而 Lambda 變種還在未知領域，筆者認為近日新加坡衛生部長王乙康所提出的防疫政策較為務實；在變種病毒的陰霾下達至群體免疫極可能需 95% 接種率，但以新城為例能達到 80% 已是極限，故當新冠肺炎致命率等同或低於一般流行病則應逐步降低社交隔離要求以保經濟持續對外開放。

在環球疫情持續多變、供求暫時失衡等態勢下，多國持續保持低利率甚至負利率、量化寬鬆、財政刺激等政策手段，無論是 QE 或 APP 都有可能調整其資產續購比例以至換步調整，因大家都很清楚過早退出擴張性政策對經濟所可能帶來的負面影響以及蕭條時那可怕的通縮區間。在負實際利率下的資本狂歡、所謂 PTSD 產生的行為金融因素等，市場上絕大部分基本與相對估值都被植入未充分反映 COVID 較長期影響的可能性參數導致普遍偏高，截至 2021 年 6 月 MSCI 全球指數年回報率達 39% 至 308.02。最近僅近兩個季度，恒生科技指數最大上下波幅達 42.9%，導致全球規模性崩盤近一萬億美元。面對貝塔系數與尾端風險越發偏高，專業投資人更應獨立判斷、預判、不斷更新自有資產配置模型跟進震盪，並根據市況及時作出主動管理，護盤並憑藉一切手段為客戶資產充分增值。

2021年8月6日

善用香港作為
國際金融中心的優勢，
貢獻國家綠色發展

陳俊榮
（第十四屆）

　　在氣候變化及疫情威脅的大環境下，相信在疫情過後的經濟復甦期，構建一個更具綠色和可持續性發展的全球經濟體，將會是各國政府及企業的共同願景。因此，促進綠色金融發展對建設這個共同願景也將發揮關鍵作用，有助引導資金流向電動運輸、再生能源、綠色建築和基礎設施等環保項目。此外，在當今嚴峻的疫情下，估計各國政府也將發行更多綠色債券來為可持續投資項目融資，協助於疫情後重啟經濟。僅 2021 年第二季，歐盟已經開始發行 2,250 億歐元的綠色債券，為疫後復甦計劃提供資金。香港方面，疫情期間至少 5 家房地產發展商獲得總額數十億港元的可持續發展表現掛鈎貸款，包括領展房託、置地公司、陽光房地產基金、恒隆地產和太古公司。如置地公司若可達成預先協定的可持續發展目標如溫室氣體排放、太陽能發電、耗電量等持續得以改善，並且一直保持綠色建築認證資格，便可就該筆貸款享有分層優惠貸款利率。

　　在亞洲，中國內地一直處於綠色金融發展的前沿。中國內地早於 2012 年已經頒布《綠色信貸指引》，並在 2016 年發布《關於構建綠色金融體系的指導意見》，以便制定支持綠色信貸的全面政策框架。目前中國內地是全球第二大的綠色債券市場。2019 年，中國內地的綠色債券發行額達 300 億美元。在《粵港澳大灣區發展規劃綱要》中，中央明確支持香港發展成為大灣區指定的綠色金融中心，建設國際認可的綠色債券認證機構。香港

作為國際金融中心，一直與內地及國際的資本市場緊密聯繫，因此大灣區內的綠色發展項目可以充分借助香港的金融平台，籌集綠色資金，此外國際投資者也可以通過香港完善的金融體系及基建，尋求內地的綠色投資機會，例如國際投資者可以通過「債券通計劃」，讓更多的外國投資者通過香港參與中國的境內債券市場，從而將全球資本帶入中國內地。本港應善用本身國際金融中心的優勢，貢獻國家綠色發展。

鼓勵產品創新及研發，加強區域及國際聯繫

鑒於綠色金融的未來發展潛力，而香港金融市場一直是資本進出中國內地的主要管道，過往在綠色和可持續金融發展方面的市場推廣力度一直較為失色。未來本港一方面可以加強與大灣區其他城市的合作，增加社會上各持份者對綠色和可持續金融的認知和關注，鼓勵更多的內地企業選用香港的資本市場進行可持續項目的投融資及獲取產品認證，促使資金流向綠色和可持續項目，以便協助國家構建綠色可持續金融生態系統，另一方面應積極充當聯繫及協調世界各地地區組織、科技公司、金融機構的角色，以便探索本港市場發展、拓展本港市場的深度和闊度，完善綠色和可持續金融產品的上市及交易平台，讓本港在中央的支持下成為亞洲及全球領先的綠色和可持續金融中心和風險管理中心。

2021年6月4日

國際貿易非美元化趨勢

繆英源
（第一屆）

俄羅斯近日稱將採取措施逐步脫離美元為中心的世界貨幣結算體系，作這決定是因為歐美國家長期對俄經濟制裁，必須尋找新的貨幣結算機制，擺脫對美元依賴，減低美國對俄羅斯經濟的傷害。

目前國際結算體系主要是通過 SWIFT，環球銀行金融電信協會的一種電文傳送網絡系統，協會總部在布魯塞爾，全球 200 多個國家和地區的 11,000 多家銀行、證券機構和公司客戶，都使用 SWIFT 傳遞資訊，再按個別貨幣分別通過不同國家的結算系統處理，如美元就再經過美國 CHIPS 系統（紐約清算所銀行同業支付系統）進行淨額清算和資金劃撥。全球約 80% 跨境支付交易資訊傳遞是通過 SWIFT 網絡進行，雖然 SWIFT 是國際性組織的通訊系統，但因美元結算常年佔貿易額 85% 以上，這都要通過 CHIPS 清算，故美國在 SWIFT 有不小影響力。另外 SWIFT 在紐約有資訊交換中心，故美國對各地的跨境交易數據瞭如指掌。

若一個國家不能使用 SWIFT 系統，那就停止了和其他國家的大部分的貨幣交易，對進出口貿易影響極大，如美國禁止朝鮮、伊朗使用 CHIPS 進行美元交易結算，迫使歐盟和 SWIFT 禁止其使用 SWIFT 通訊系統。為防美國制裁以致外貿中斷，歐盟、俄羅斯及中國等都推出自身的國際支付系統，鼓勵非美元貨幣交易。2019 年英法德創建的一個與伊朗進行以歐元計價結算的機

制 INSTEX，令歐洲企業可繼續與伊朗貿易往來。而俄羅斯央行被美國制裁後，因禁止使用 CHIPS，提升了俄羅斯銀行金融報文傳送系統 SPFS 的結算功能規模，並加入了 INSTEX 系統。

任何國家都不想本國的國際支付交易受制於他國，中國在國際貿易主要通過美元支付系統，容易受到美國可能施加制裁的影響。國內金融機構和企業開展國際業務亦依靠美元支付體系，安全性值得擔憂，必須提防系統剔除、資產凍結和營運制裁等風險。因此，國家在 2015 年推出人民幣跨境清算系統 CIPS，為全球人民幣清算實現資金實時轉移和數據安全管控，系統 24 小時運作，覆蓋全球所有時區的金融市場。截至 2020 年底，CIPS 已吸引全球 99 個國家和地區 1,092 家的參與者，分別通過專線和 SWIFT 連接，長遠目標是覆蓋更廣、更安全便捷的人民幣跨境支付網絡和通道，建立強大的跨境人民幣支付清算機制，促進人民幣的通用性和國際化。

作為全球製造業中心，我國每年進口大量能源礦產，其中油氣均居全球第一。中國與俄羅斯已在原油和天然氣交易主要以人民幣結算支付，亦與伊朗及阿聯酋議定了人民幣結算支付，寶鋼與全球三大鐵礦石供應商也開始實現人民幣跨境結算。中國是世界第一大貿易國和第二大經濟體，如能在各類大宗商品和進出口貿易以人民幣定價和結算，有機會挑戰美元地位。隨着人民幣使用頻率和數量的逐步增加，我們更要積極推動人民幣國際化，提高人民幣在全球外匯儲備和貿易結算的比例，為其他國家「非美元化」提供一個可行選擇。

2021年5月21日

區塊鏈是一場泡沫嗎？

黃晞雅
（第十七屆）

在各界對比特幣將獲得更廣泛應用的樂觀預期下，比特幣的漲勢再度加速，近日衝破 6 萬美元大關，再度創下歷史新高。

區塊鏈並不等同於比特幣，而是比特幣及大量加密數字貨幣底層的技術體系，區塊鏈技術具有高度透明、可追溯、不可篡改、高安全匿名性以及高自治不可逆等性質，以上眾多優點奠定了區塊鏈技術在各行各業廣泛應用的基礎。

從 2020 年下半年興起的 DeFi 熱潮，到今年年初的 NFT 以及 NFT+DeFi 概念，曾經以國家科研面貌示人的「高冷」區塊鏈技術，隨着這幾年的發展已經逐漸進入了各行各業，它將成為繼大數據、人工智慧後的又一顛覆性技術。

而 NFT（Non-Fungible Token）被稱為非同質化代幣，與我們日常接觸到的同質化加密數字貨幣（例如比特幣）不同。每一枚 NFT 具有不可替代、獨一無二的特質，由於有區塊鏈技術的鑑定認證，每個有形、無形的資產都可以用一枚非同質化代幣去代表，而每枚非同質化代幣的所有權都記錄在區塊鏈上，區塊鏈技術透過 NFT 應用範圍就更為廣泛，可作資產投資、抵押借貸、擁有權轉讓、IP（知識產權）保護、商品防偽、遊戲道具交易等，逐漸走入我們的日常生活。

NFT 在國家政務上的應用

電子發票：早在 2018 年 8 月，區塊鏈電子發票項目就已經

在深圳落地，而截至 2019 年 10 月 30 日，深圳市開出的區塊鏈電子發票數量就已經突破 1,000 萬張！為什麼區塊鏈電子發票的推行速度如此迅猛？因為區塊鏈電子發票能讓經營者在區塊鏈上實現開發票、查驗、鏈上儲存、報銷等一系列流程，省時又省力。而對於稅務部門而言，則可以實現全流程監管和無紙化智稅：由於企業經營數據的整合「上鏈」使其成為一枚 NFT，從開發票到報銷全流程完整可追溯，並且不可篡改，這樣可以追溯到發票的來源、入賬等資訊，從而辨別發票的真偽，在利於監管的同時提高了造假的成本，使發票造假幾乎變成不可能。

公積金：2018 年 10 月，海南省採用了螞蟻金服區塊鏈和華信永道研發的「聯合失信懲戒及繳存證明雲平台」，實現了公積金黑名單及繳存證明的跨中心、跨地域共用。如今，繳存證明編碼上鏈，真實可溯源。市民辦理買房屋手續不再需要列印繳存證明，只需要支付寶上開通，簡化了整個流程，提高了效率。

海關：2019 年 4 月 17 日，天津口岸上線區塊鏈驗證試點項目，這是內地第一個海關的區塊鏈驗證系統，服務範圍涵蓋天津海港口岸和空港口岸的監管部門、廣大進出口企業、物流、認證及金融行業。在報關環節的應用主要體現在企業報關時，提交運單資訊和商品的資料，例如收貨人的發票、裝箱單、商品名稱、單價、數量等資訊。只要境內上鏈的企業如實上傳這些資訊後，海關便可以透過每枚 NFT 從企業生產製造商、以至上下游合作方獲得企業材料和信用數據，能夠快速地追溯貨物的來源，有效提高清關效率。

2021年4月2日

需求側改革的一體兩翼

謝湧海
（第二屆）

2020 年 12 月，中央政治局會議在分析 2021 年經濟工作時，提出政策着力點將注重「需求側改革」，並指出要「形成需求牽引供給、供給創造需求的更高水平動態平衡，提升國民經濟體系整體效能」。由此可見，需求牽引供給和供給創造需求將成為需求側改革的一體兩翼。需求側改革的目的是促進內循環，應對當前複雜的國際大環境。

第一翼，「需求牽引供給」將包括三方面內容：1、增加居民消費。例如，保障居民就業，提高居民收入，進行個稅改革、增加社會保障、穩定房屋價格等。2、改善消費環境。例如強化市場監管、提升產品質量、完善產品標準、改進售後服務、加強消費維權等。3、政策優化。政府對一些特定的產品實行財政補貼或減稅、鼓勵消費金融創新、嚴防市場壟斷，進一步對外開放市場，引進更多更好的商品等。

第二翼，「供給創造需求」也包含三方面內容：1、擴大消費供給，除高技術高質量商品之外，政府應積極推動體育、文化、養老、保健、旅遊等行業的發展。2、加速「新基建」建設，例如 5G 網絡、物聯網、大數據、人工智慧等在消費領域的應用。3、鼓勵消費模式創新，令社會出現多元消費模式（新場景、新業態、數字消費、資訊智能消費等），完善對互聯網和物聯網的立法工作，使銷售和消費都有法可依。

面對當前嚴峻的國際大環境，中央提出「雙循環」和「需求

側改革」，構建以國內大循環為主體、國內國際雙循環相互促進的新發展格局，堅持擴大內需戰略，推動需求側改革，以需求牽引供給，以市場倒逼企業改革，從而強化國家戰略科技實力，增強產業鏈供應鏈自主可控。

新冠疫情是百年一遇的全球公共衛生危機，儘管各路疫苗已分批投入使用，但疫情何時結束仍不確定，疫情對全球經濟造成的破壞有多大，對產業鏈和供應鏈影響有多深，恐怕一時難以判斷。但有一點是可以肯定的，疫情過後，一些國家會將供應鏈上升到國家安全層面考慮，因此，現有的供應鏈有可能被一些人政治化、區域化和圈子化。特別是以美國為首的發達國家將進一步實施科技逆全球化政策，對我國的技術封鎖更加明顯。

面對當前複雜而充滿不確定性的外部環境，我們必須扎實做好四個堅持：一、堅持發展經濟、改善民生。二、堅持科技強國，確保產業鏈自主可控。三、堅持從一體兩翼維度開展「需求側改革」。四、堅持擴大對外開放，嚴密防範出現系統性風險。

「需求側改革」是 2021 年一項重要任務，如果不出意外的話，我國經濟增長將高達 8%，其中消費將佔 GDP 的 60%。

2021年1月1日

香港、澳門施政報告的異同

張宏業
（第十五屆）

　　香港和澳門特首於 11 月中下旬前後發表明年施政報告，對來年施政譜出藍圖！兩份施政報告離不開如何逆轉衰退經濟的基調、如何振興本土經濟和如何解決「深層次」的問題尤其房屋問題。

　　面對世界經濟不明朗，獨是祖國經濟先行復甦，港澳必須着力使用兼備國內循環與國際循環的雙優勢。香港特區政府更提出深化其帶路的中介角色、主力協助內地與港澳企業進軍東盟地區、開創廣泛地區整體協作。

　　在經濟發展領域上，澳門提倡促進經濟適度多元發展，透過澳珠琴推進大灣區區域合作，建立特色金融業，包括證券市場、債券市場、綠色金融產品市場、各類資產租賃市場等等。再者，強化本土新冠肺炎疫情防範措施，着力吸引內地、香港及境外旅客逐漸再臨濠江，令博彩業、旅遊業及其他相關行業回復生機！

　　香港特首則以 37 段提出「注入經濟新動力」。推進性的經濟新政策可以歸納為鞏固香港國際金融中心地位和國際航空樞紐地位，發展香港成國際創新科技中心，投資基建和創新建造及扶助旅遊、會展、創意、法律等產業。

　　未來國際金融業方面，香港與澳門推進不同發展路向。除了港澳兩地都深化大灣區的金融互聯互通外，香港更加着力推動房地產投資信託基金、促進為亞洲領先的私募基金樞紐及壯大家族辦公室業務！簡單來說，香港應用三類新型領域去鞏固中心地

位，澳門則會先建立本土特色金融業，並為整個大灣區特定金融業培訓人才！

面對經濟不景氣，港澳兩地年輕人就業困難。澳門特區政府希望借助澳琴珠產業融合，開創本土青年往大灣區創業、置業、工作之路。珠琴政府也充分配合，並推出人才房政策和創業／工作的獎勵計劃！香港特區政府具體地羅列香港本地大學生到大灣區工作和創業的補貼政策：特區政府部分補貼工資來提供初期二千個工作崗位和投資一億資助四千位往大灣區創業。

居住問題都是港澳深層次的社會矛盾。兩份施政報告都集中公屋政策！澳門特區政府首度發表房屋規劃為五個階級，於原來三個固有種類再加添「夾心階層房屋（夾屋）」及「長者公寓」。澳門版的「夾屋」概念，定位屬私人房屋，於屆滿轉售年限後批准私人市場流動！面對人口趨於老窮化，澳門提倡三年半內完成 1,800 間獨立長者出租房間，以解決未來逾一成多屬中低收入長者的特別需要。

在多建香港公營房屋上，特首報告書準備未來十年建 31.6 萬伙，並且表明大部分土地來源已落實。明年起，政府再推出 4,700 個「綠置居」和 260 個「首置盤」，以補足資助房屋供應量。特首更表明未來三年可提供約 88% 土地去建造 13,200 個公營房屋。

兩份施政報告具體振興經濟政策各具特色，只要努力落地便是促進未來經濟復原之路的良方。對於較深層次的房屋矛盾，兩地政府齊齊悉力以赴，期望未來「修成正果」！

2020年12月18日

鍾鴻興
（第十八屆）

香港物流業應把握國家「十四五」規劃的機遇

在 10 月 29 日公布的《中共中央關於制定國民經濟和社會發展第十四個五年規劃和 2035 年遠景目標的建議》（下稱《建議》），「十四五」將是中國從小康社會向基本實現社會主義現代化邁進的關鍵過渡時期。「十四五」規劃制定創新、協調、綠色、開放、共享五大發展理念，亦有機會為物流、基建、互聯網、科技、高端工業行業帶來政策支持，「十四五」將使用其他能夠全面衡量經濟增長品質的考核指標代替 GDP 增速。

香港物流 2.0 直接升級至跨境物流及物流 4.0

在接近一年持續的疫情環境下，迫使香港的大部分零售商和供應商，轉型為直播跨境電商業務，瞄向內地的龐大市場，從而傳統物流業轉型現代化跨境物流亦大增。物流業，以往被社會視為促進貿易進出口的一個現代服務業，但隨着全球的物流供應鏈複雜化，跨境電商提高消費者對送貨速度的要求，物流業在這 10 年間已漸漸形成產業。內地很多具規模的物流企業，已形成創新科技型物流企業。

香港現時物流業以物流 2.0 及小部分 3.0 為市場主導，物流 2.0 的物流服務形態是以 3PL(協力廠商物流為主)，物流 3.0 的物流服務形態是以 4PL(第四方物流為主，主題是供應鏈效益化)。如要把握內地乃至發達國家工業 4.0 的產業發展商機，香港必須要發展智慧物流，即是物流 4.0（可跨越企業界線進行價

值整合提升，包含技術流、商流、物流、資訊流）。

如何發揮香港的「政產學研」

智慧物流包含各種物流科技管理，大數據、人工智慧、區塊鏈等各個新科技，香港有國際科研人才薈萃，亦有大學的科研設備和研發中心，不缺物流創新科技，唯獨欠智慧物流接班人才，智慧物流的發展需要能熟識現代資訊技術，對物流運作亦有基本掌握和有創新意識的複合型人才。這周我在特區政府物流發展局所探討的，正是如何支持各大學培養更多現代物流人才，通過政產學研結合的方式，搭建更多創新開放的人才培育平台，為智慧物流發展提供源源不斷的高素質人才。

香港物流可做到供應鏈安全角色

「安全」對於「發展」的重要性着重進一步提升。「安全」的範疇也在不斷拓展，產業鏈和物流供應鏈安全是重中之重的大事，現時全球疫情未穩定，各國有管制人流和貨流進出口的措施，全球物流供應鏈面臨重新塑造，建成區域性供應鏈，香港的自由貿易口岸優勢，可為內地的供應鏈安全打出通道，形成外循環樞紐。相信在今月的施政報告，也會重點提及香港航空樞紐，在粵港澳大灣區內各機場協調發展戰略，如何調整優化區域物流布局，促進內外雙循環，發揮香港航空物流優勢。

香港物流業真的要把握這次百年難得的機遇，迎上國家高速發展的列車。

2020年11月20日

建設大灣區生鮮冷凍食品供應鏈綜合服務園

葉海京
（第四屆）

　　自新冠疫情今年初在全球肆虐以來，無論是商業機構的營運模式，還是普羅大眾消費者的生活方式都發生了巨大的改變。而新流通管道和新型物流的規模不斷擴大，當中包括不少高價值的生鮮冷凍食品，在配送時需要嚴格的溫度控制，冷鏈運輸物流服務的需求不斷增加，將更加專注於效率優化、品質提升與服務升級。

　　在面向新經濟浪潮之中，香港商貿和物流企業迎來最好也是最艱難的時代。抓住機遇積極謀變的突圍者，將有機會成為區域性行業主導的核心企業。而安於現狀不求跨界創新，不大膽拋棄舊有操作模式者，則將極有可能被瞬息萬變的市場所淘汰。

　　以目前大好的國家政策，建議香港特區政府有關部門應連同業界盡快在粵港澳經濟協調機制下，選址建設大灣區生鮮冷凍食品供應鏈綜合服務園，立足大灣區、輻射內地及南亞為定位，構建區域性優質食品加工、貿易、流通及相關高端服務的集散地，提供更多更優質的食品，促進質量安全標準，成為新興產業新型經濟的可持續發展的標準化、現代化、便利化協作大平台。

綜合服務園具備以下功能區：

　　食材半成品倉配集散，深加工產品配送，品牌推廣和業務拓展，電子商務與展貿，運營資訊產品溯源、物流跟蹤、包裝標識等資訊記錄交互監控，建設集檢驗、檢疫、報關的一站式服務區

和協力廠商免費檢驗檢疫駐場服務點,建立粵港澳大灣區產業合作交流平台,提供企業交流、進出口合作、行業論壇、營銷管理、電商培訓等服務。為入駐企業和商戶提供商務辦公配套服務、金融保險和法律服務等全方位支持。

為配合內地對高價值生鮮冷凍食品的需求,建議內地政府出台香港中轉港免檢進口食品及進一步簡化現有報關報檢手續及監管辦法,符合規定的集裝箱無須報關便可直接進出口,以及給予進口食材及加工增值服務環節中的稅率有更大優惠。

2020年10月16日

王俊文
（第十五屆）

特朗普惹眾怒，
美國將迎來大規模反噬

　　距離新冠疫情大規模爆發已逾 25 周，而疫情令全球經濟倒退可能超過 25 年。加上美國發起全球「美國優先」的貿易戰，世界經濟洗牌效應明顯。過去三季，全球股市急回暴升，全球不論大中小型企業皆元氣大傷，進入第四季，尤其在美國 11 月總統選舉前後，可能又會迎來一波調整。而這次調整，不容輕視。

　　9 月 16 日，美聯儲公布議息結果，利率會維持零水平，直至 2023 年底前將不會加息，但未有提到新一輪救市方案。這反映美聯儲救市已近技窮矣。一年內以逾 20 萬億港元的規模救市，股市是屢創新高，卻未能為實體經濟帶來復甦及新的支持，救市力度恐怕已見頂。

　　美國政府正在做的一切，包括所有救市計劃，都在使實體經濟變弱而非增強。若不停止這類類固醇式對上市公司及金融機構的支出，相關資源便難以釋放回到更迫切需要這些資源的實體經濟及民營部門。而且，美聯儲的無限量增發，也正在透支美國的信用，並將會使美元逐步遭到拋棄、摧毀。

　　而特朗普「美國優先」的國際貿易邏輯，也在另一方面透支美國的全球信用。對華為全面停供的禁令生效後第四天，AMD 和 Intel 便先後宣布得到對華為的供貨許可。窺斑見豹，美國禁止全球晶片廠商與華為合作，目的很可能只是逼迫其他國家與中國脫鈎，美國企業有許可證在手，反而更能與中國掛鈎。中國晶片相關的上中下游企業，在沒有其他國家的供應商選擇下，短期

內唯有選擇與美國企業合作。可惜，沒有企業與國家是絕對傻的。美國既要求全球晶片行業跟中國來往都需要其發許可證，但許可證卻只會優先發證給美國企業，最終形成的局面只會是：非美國企業都不能向華為供貨，只有美國企業有這特權。那其他國家的晶片企業，為求生存，只有徹底去美國（技術）化！

德國的晶片巨頭英飛凌便是其中一個例子。而美國的高通是聰明及清醒的，曾向美國政府發出警告。因為這種暴政式的晶片禁令，只會削弱海外客戶對美國企業的信心，更會尋求多管道多層次的非美國供應商。而一旦中國市場完成與非美國技術銜接，全球晶片產業鏈將加速與美國脫鈎。而這種脫鈎將會是不可逆的。

晶片行業前車可鑒，其他國家不同行業的巨頭肯定會着手技術去美國化、市場對接中國化！

全球宏觀經濟因新冠疫情而元氣大傷，美國金融市場見頂欲墜、美元信用削弱、美國科技行業又迫使其他國家技術去美國化，加上美國歷史上多次總統選舉後將會出現經濟回調，因此未來一季出現的調整，實在不容輕視。而由美股下挫帶來全球其他股市暴挫的骨牌效應在今年三四月時已有震撼展示。

保留現金在手，這一波跌市中會有優質的產業及金融資產收購的。

2020年10月2日

蘇英
（第二十一屆）

粵港澳大灣區迎來
產業互聯網數字化管理時代

2019年2月18日，中共中央、國務院印發了《粵港澳大灣區發展規劃綱要》，粵港澳大灣區建設上升為國家戰略。規劃綱要提出，要推進大灣區基礎設施互聯互通，進一步提升灣區市場一體化水平，打造國際科創中心，構建協同發展現代產業體系，這標誌着大灣區迎來產業互聯網和數字化管理的新時代。

首先，產業互聯網、數字經濟是國家政策，對於產業發展具有戰略性意義。

中央政治局常委會提出「加快推進國家規劃已明確的重大工程和基礎設施建設，加快5G網絡、數據中心等新型基礎設施建設進度。」這意味着，以大數據、人工智慧、雲計算、工業互聯網、區塊鏈等為代表的新一代資訊技術領域迎來了跨越式發展的重要歷史窗口期。新基建將助推產業互聯網提速，引領數字化經濟發展。在數字經濟時代，企業應當借助雲計算、大數據、物聯網、區塊鏈、人工智慧等新技術，對商業模式和管理模式進行創新升級，提升產業競爭力。

降低企業成本　優化資源配置

其次，產業互聯網升級，實現數字化管理，可以真正地降低企業成本，提升效率，優化資源配置。

「事因於世，而備適於事。」過去十年，是消費互聯網產業高速發展的時代；隨着流量紅利的消退，接下來的五年、十年，

我們將進入產業互聯網時代。人與人、人與服務、人與設備的連接生成的大數據使得企業對用戶畫像的了解更加精準。雲計算技術可以輔助企業進行數據儲存與分析，深刻理解用戶需求，優化生產流程、改進工藝。人工智慧自動化技術，除了採集數據，還能夠提高運營效率，降低人工生產成本。對於企業來說，基礎重複的工作內容比如客戶服務，可以通過建立知識庫，借助網頁等形式與客戶進行「全觸點交互」，可以解決85%的問題；企業節省的人力資源，可以在個性化服務上發力，提高銷售轉化率，提升人均產值。區塊鏈技術可以降低企業的交易成本，提升人工智慧的計算能力，有力支持數據成為新的生產要素。人工智慧、物聯網、雲、5G、區塊鏈等技術融合發展，使得產業重構、實現數字化管理成為可能。

抓住機遇　推動經濟轉型升級

最後，產業互聯網升級，將為香港經濟發展帶來新契機。

去年以來，受社會事件影響和新冠疫情衝擊，香港經濟陷入近十年來最嚴重的衰退，不少企業破產，員工失業。近期，隨着香港國安法出台和中央駐港國家安全公署成立，社會秩序出現好轉，穩定的社會才能有良好的營商環境。香港是國際金融、貿易和航運中心，在法律、科研等專業領域具有獨特優勢。如果能整合資源優勢，抓住產業互聯網升級的機遇，推動經濟轉型升級，必將助推經濟恢復發展。

未來已來。在數字經濟時代，粵港澳大灣區的企業都應該順應潮流，抓住歷史機遇，全面擁抱產業互聯網，實現數字化管理，迎來更美好的明天。

2020年8月21日

疫情後數字化行銷新常態

　　2020 年伊始，一場突如其來的疫情改變了人們日常的生活模式。各國為了控制疫情，嚴格限制人與人之間的接觸交流，對商品消費和生產造成了壓力，國際貨幣基金組織更預測今年全球經濟增長率為負 4.9%。這次疫情帶來的陣痛，使得原有的商品消費模式發生了變化，數字化行銷模式日漸常見，一場時代的變革正悄悄來臨。

線上辦公授課　變革來臨

　　數字化行銷可以簡單概括為「用數字化進程中衍生的多樣化數字平台和生態去進行行銷」。疫情中消費行為也發生了變化：線上化——直播賣貨、線上辦公、線上課堂、網絡問診等方式脫穎而出；視頻化——視頻相對於圖文表達，更加直接、立體，讓消費者有一個更生動的視覺感官；精細化——疫情使得消費者有大量的閑餘時間，使用者更加注重產品品質上的差別。

　　數字化行銷不僅出現在吃飯、買衣服、看電影等高頻率低單價的生活娛樂中，對於購買汽車、車位，乃至商舖、住宅等低頻率高單價商品，也逐漸發揮重要的作用。以房地產行業為例，傳統行銷模式是刊登廣告，開拓管道，提升產品品牌和曝光度。疫情之下，大家不再出門，不能實地看房，也不能現場簽訂合同，使得行銷進入了冰封狀態。

　　然而受惠於互聯網科技的蓬勃發展，5G 網絡技術會讓一些

線下場景完美還原到線上。內地多家房地產企業推出 VR 看房、線上購房 App、公眾號,讓客戶可以線上看房、購房。VR 看房依賴於可互動式 3D 全景展示技術,通過對空間場景進行拍攝掃描,再運用演算法進行處理,基本還原真實的三維空間。客戶可以在手機上模擬在室內行走的場景,銷售人員更可以協助客戶實現線上網簽,足不出戶就可以完成由看房到簽約的全過程。

VR 看房 線上購房 App 誕生

目前,線上售房的模式主要有三種:部分房地產企業自主研發的網上售樓處,如恒大的「恒房通」、華發的「華發置業通」,主要覆蓋當前在售的熱門項目,在疫情期間取得了不錯的效果;還有些房企則選擇與協力廠商平台合作,共同構建線上行銷體系,聘請明星帶貨,在淘寶、抖音等直播平台進行房產推介,如萬科攜手劉濤、雅居樂攜手郎朗;別出心裁者,更將銷售員化身主播,如富力的「老總直播」,相對於明星,專業性更強的業內人士對於購房者無疑能起到更大的科普作用。此外,部分房企更考慮到買家的顧慮,推出了後續的退房保障政策,配合線上營銷售房的需要,讓客戶沒有後顧之憂,購得安心,購得放心。

這次疫情是全球格局、社會資源的一次重新分配,疫情的變化迫使商品行銷模式進入了數字化行銷的新常態。在這個新常態下,更多的邊界和門檻逐漸被打破,數字化行銷的紅利也將逐步顯現。每有蛻變,或不免伴隨陣痛;每有陣痛,或許正在經歷蛻變。疫情終會過去,但疫情之後的數字化新常態才剛剛開啟,一片廣闊的藍海正等待着我們去探索。

2020年8月7日

數字化轉型：
後疫情時代的產業發展引擎

孫雯
（第二十一屆）

　　2020 年，COVID-19 新冠疫情颶風橫掃，帶來的全球危機遠超預想。這場疫情打亂了整個社會經濟秩序和節奏，封城、鎖國、國際貿易通道受阻、人員交流往來受限，嚴重影響全球經濟。國際貨幣基金組織指出，這是 1930 年代經濟大蕭條以來最嚴重衰退，並預測 2020 年全球 GDP 將衰退 3%。

　　香港經受新冠疫情和社會運動等綜合影響，正在經歷近 20 年來最嚴重的深度經濟衰退。這次疫情對於香港消費領域的影響首當其衝，隨着疫情期間市民戶外活動大幅減少，人員往來的暫時停滯，昔日車水馬龍的傳統企業呈現蕭條景象。

　　在香港企業界共克時艱的特殊時期，香港特區政府推出的多項措施對於就業、消費以及投資等都有很大幫助。粵港澳大灣區的跨境融合發展，也正處在自上而下的制度創新與自下而上的技術創新相結合的關鍵階段：

　　首先，香港國安法的公布實施對於新形勢下堅持和完善「一國兩制」制度體系，確保香港長治久安和長期繁榮穩定，具有重大而深遠的意義。在這個大環境下，香港有望更快地恢復安全、穩定、和諧、便利的社會環境，並在此基礎上更好地發展香港經濟、改善香港民生。

港企積極抓住時代變革

　　其次，香港依然是被選定的粵港澳大灣區內國際創科中心，

背靠內地發展，沒有經濟脫鈎的煩惱。大灣區建設為香港的創科發展帶來難能可貴的機遇，是香港得以發揮在研發、國際化及作為國際金融中心方面的優勢，聚焦大灣區和全球各地的創新資源，推進創科研發及提升競爭力。

再者，技術發展支持移動互聯網和物聯網雙輪驅動，疫情的全球蔓延加速了多種「在線場景」的構建與發展。經過此次疫情，消費市場迎來了深刻的變革，消費者網絡學習、網絡辦公、網絡消費等習慣將在較長時間內重塑市場格局，引領市場發展。

綜上，香港企業應積極抓住數字化變革時代的轉型機遇，將自身業務融入粵港澳大灣區產業生態系統，發揮香港在體制、地緣、技術等方面的優勢，鞏固香港金融、貿易、服務等中心地位，開拓一條區域化跨境融合發展之路。

香港企業對數字化轉型的認知需升級，未來的轉型需求應聚焦在管理智能化、業務數字化、企業平台化、服務共用化等維度。比如，以利用數字技術加持下的跨境電商新模式，嘗試多管道傳統電商矩陣及直播帶貨新模式，加速商業系統線上和線下場景的互動與融合，將流程、管道、營銷、運營等環節的數字化和智能化，在粵港澳大灣區的資金流、物流、資訊流等資源要素加速流動的大背景下啟動商業發展的新空間。

彼得·德魯克曾說過：動盪時代最大的危險不是動盪本身，而是仍然用過去的邏輯做事。後疫情時代，國際經濟環境瞬息萬變，競爭格局錯綜複雜，時間與速度成為萬事萬物變化發展最重要的變量。香港企業應積極加大數字化變革力度，加強數字化技術的應用和探索，參與數字化生態建設，在粵港澳大灣區進一步融合的大背景下，為香港產業經濟的復甦尋找新出路。

2020年7月17日

新冠肺炎後的世界新秩序

翁狄燊
(第十六屆)

　　自 2020 年初，各國正受 COVID-19 的疫情影響，近日全球新冠肺炎累計確診已超過一千萬病例，累計死亡亦貼近 50 萬人次。美國疾控中心 (CDC) 主任羅伯特・雷德菲爾德早前表示早期表面上死於流感的美國人在死後被檢測出新冠肺炎病毒呈陽性反應，而早在 1 月份公布的流感數據中在美當時已有 1,300 萬人受到感染，其中 6,600 人死亡；據《紐約時報》報道，最少 20% 的紐約居民曾經感染過新冠肺炎。近日，巴賽隆納大學更表示早在 2019 年 3 月的檢驗報告中發現當地廢水含有 SARS-CoV-2 病毒。至今，歐洲也有近 250 萬人確診，俄國有 62 萬宗確診案例，印度有近 52 萬公民感染等。

　　中國至今則有 8.5 萬宗累計確診，即每 16,344 人才有一人是確診患者，遠領先全球防疫水平（根據現時估算為每 780 人則有一人感染，感染率為中國的 21 倍），目前 324 城市為零病例城市，佔 96%。CGTN 的《武漢戰役紀》紀錄片清楚描述我國由初次認識該病毒到制定精準防疫措施。中國速度與製造無疑重新定義了世界舞台上的領導地位，令各國趨之若鶩。國家主席習近平於第 73 屆世界衛生大會上更倡議在華設立全球人道主義應急倉庫及樞紐，構建人類衛生健康共同體。

各國新常態化管理，以及建立「一帶一路」互助機制

　　根據 IMF 發布的《世界經濟展望報告》，全球經濟因

COVID-19 疫情於 2020 年將出現 4.9% 的萎縮，其中已發展國家預計將下跌 8%；除中國的預測為增長外，發展中國家將迎來 3% 的倒退。也許應對新冠肺炎的方程並不等於感染人數為零前必須封關或隔離；同時，在新冠肺炎疫苗正式大規模、廉價、有效地面世前，任何國家並不能獨善其身。據麥肯錫的最新疫情預判，多維度的預測路徑皆顯現多個小爆發形成的周期性波動規律，其後期發展差異在於人口密度、社區分隔、居住公用設施及其他面積有否作為區外商業用途等結構因素。世衛組織總幹事譚德塞預計 2021 年底前世界將需要 20 億劑疫苗，並表明不是只提供給能負擔得起的人們。在疫苗能大量、廉價、有效地生產與使用前，各國政府應該摸索在防疫新常態下可行的復工復產復通關等方案，筆者稱之為新常態化管理（New Normalization）。同時，筆者倡議成立「一帶一路」疫情互助機制，主要成員國與受助國可以優先抱團並成立協議，為防疫物資、疫苗，甚至短暫的過橋財政支持等。

疫情過後，粵港澳三地至 7 月初還沒恢復正常通關。雖偶有零星爆發，粵港澳大灣區將迎難而上，有效結合各地的核心優勢把灣區建設成含廣東製造、廣交會貿易、國際資產管理及金融中心、騰訊及華強等科技模式、亞洲拉斯維加斯娛樂元素等的世界級經濟高地。

2020年7月3日

攜手抗「逆」　拒絕攬炒

陳杰
（第十一屆）

自 2019 年的反修例風波以來，背靠祖國面向世界的香港經濟經歷了前所未有的震盪，然而一波未平一波又起，新冠肺炎疫情接踵而來，令本已元氣大傷的香港經濟更是雪上加霜。而這其中，首當其衝經歷切膚之痛的便是香港航空業。本港旅客數字於去年 11 月錄得自沙士以來最大跌幅，整體訪港旅客人次按年下跌 56%。而自去年 6 月修例風波至今，旅客數字的持續下滑，對本地航空企業的營運造成重大影響和衝擊。而今年 1 月正值農曆新年，本應為外遊高峰期，但本港出境人次卻再次下跌 62%，隨着疫情的進一步吃緊，政府加辣更加嚴厲的封關措施，使得出入境人次幾近跌至谷底，如此局面使本地航空業的經營更是難上加難，比寒冬更寒。曾經被譽為「亞洲旅遊之都」的香港，在修例風波和新冠肺炎疫情夾擊下，本地航空業已陷入冰點。

根據 4 月 15 日香港旅遊發展局公布的數據顯示，3 月整體訪港旅客數字約為 8.2 萬人次，按年下跌近 99%，根據數據可以發現，在 3 月中之前，每日有約 3,000 至 4,000 名旅客訪港。由 3 月 19 日起，政府要求所有從海外入境人士須接受強制檢疫，隨後入境旅客下跌至每日約 1,000 人。由 3 月 25 日起，政府禁止從海外抵港的非香港居民入境，隨後數字進一步下跌至每日約 300 名旅客。近期，隨着時間步入 4 月，每日訪港旅客量一度下跌至不足 100 人，由此可見旅遊、航空及相關業界受到的衝擊之巨。

至於航空貨運業界，受中美貿易戰和全球航空貨運增長疲軟的影響，亦不能倖免於這次疫情。根據 2 月 5 日國際航空運輸協會（IATA）發布的 2019 年全年全球航空貨運市場數據，全球的航空貨運需求同比 2018 年下降了 3.3%。這是自 2012 年以來貨運量首次下降，也是自 2009 年全球金融危機以來最弱的表現。由於全球貿易僅增長 0.9%，特別是由於製造業密集型經濟體的 GDP 增長放緩，全球採購經理人指數（PMI）依舊慘淡，商業和消費者信心減弱，導致全球出口訂單量繼續下降，更加劇了航空貨運業的掙扎。

人流及物流的萎縮，亦令到本地金融業、酒店業、零售業、餐飲業以及交通運輸行業一同進入嚴寒。目前看來，疫情對全球乃至本地經濟的影響不會是短暫的，而會是一次大衰退，影響程度可能比 2008 年更甚。儘管這次疫情下特區政府的應對措施做得不錯，但香港本身的政治環境自去年 6 月以來就沒有好轉，政府的施政舉步維艱，配套紓困政策未完全獲得市民信任，經濟復甦遙遙無期。

外部環境非我們能輕易改變，但內部環境卻是整體市民能夠合力轉化，正如 2003 年港人團結一致，沙士疫情後快速重建經濟。此刻香港要發展還是攬炒，全在你我一念之間，但願大部分市民珍惜眼下香港得來不易的成就，9 月份用選票讓香港繼續前行！

2020年5月1日

香港旅遊業要重新定位

　　一場突如其來的疫情，使香港旅遊業從巔峰跌入低谷。旅遊業是香港的支柱產業，回歸以來發展迅速，以佔本地生產總值5%左右的比重，為香港社會提供約27萬個就業崗位，成為香港重要的經濟驅動力。在疫情肆虐下，香港旅行社、酒店、景區、航空、零售等多個相關產業一片哀鴻，慘不忍睹。我認為曲折和困難是暫時的，香港旅遊業要重新定位，努力進發，在粵港澳大灣區建設中發揮關鍵作用。

　　香港旅遊文化在灣區中首屈一指。香港文化的鮮明特徵是中西交融，既擁有展現海外風情的各類博物館、展覽館、文化藝術中心，也保存香港獨特的古堡、廟宇古村落等，這些融入西方藝術和中國傳統的人文景觀，形成香港獨特的文化特質。良好的旅遊基礎設施建設、一流的酒店服務、便捷的簽證申請、自由免稅政策、豐富的美食等都是香港旅遊業的重要元素。得天獨厚的資源，優越的地理位置和便利的海空交通為香港帶來大量海外客源。

連接大灣區「一程多站」旅遊

　　香港是向世界宣傳灣區的優秀平台。日本是香港第四大客源地，每年約有120萬旅客訪港。2019年，香港旅遊發展局將大灣區旅遊首個推介目標瞄準日本，通過與日本業界合作，推出不同的灣區旅行線路，取得可喜可賀的宣傳效果，灣區內其他城市

日本遊客數量明顯增多。未來，香港應當發揮其享譽海外的優勢，繼續宣傳大灣區旅遊，形成穩定的海外客源基地，吸引短途以及中長途遊客經香港到區內享受「一程多站」旅遊。

香港文化旅遊的發展經驗值得灣區借鑒。文化和旅遊是大灣區建設的重要內容和載體，構築人文灣區和休閒灣區，打造宜居宜業宜遊的優質生活圈，是新時代粵港澳的共同追求。香港與廣東同根同源，蜚聲中外的人文史蹟很多。共建灣區文化旅遊宜從粵港澳三地人文古蹟切入，這樣比較容易從物理串聯走向情感共鳴。如香港孫中山史蹟徑，深受海內外遊客喜愛。這條直線距離約 10 公里的路徑，全程共15 個路標，每個路標融入當代藝術設計理念，遊客透過指示牌上的文字和圖片，憑弔歷史，發思古之幽情。灣區內地城市可借鑒香港活化史蹟的經驗，優化城市標識，增強城市可讀性，提升文化旅遊魅力。

香港優質的國際化服務，能帶動提升灣區整體服務水平。香港的國際化程度高、專業服務能力強、稅率低，對國際人才有很強的吸引力，尤其是旅遊業高端人才引進與培養，可為大灣區旅遊發展提供強有力的人才與智力支援。隨着灣區文化旅遊合作日益深化，香港除提供人才和服務外，還能夠幫助引進規範化、制度化和精細化管理科學，這將對所有灣區城市產生深遠影響。

疫情是一場災難，更是一次大浪淘沙。香港旅遊業應定位為灣區旅遊的引領者，勇立潮頭，疫情後引領大灣區旅遊業迅猛崛起。乘風破浪會有時，直掛雲帆濟滄海！

2020年3月20日

區塊鏈浪潮方興未艾

黃晞雅
（第十七屆）

　　2019 年 12 月 9 日深圳上線了區塊鏈電子證照應用平台。如果說電子錢包讓市民的實體錢包空了一半，這個平台將會解決市民錢包裏的另一半——以後出外辦理業務不用再帶錢包了！除此以外國內各地市政府也早已開展了其他的區塊鏈政務服務應用，比如深圳早前落地的區塊鏈電子發票項目，截至 2019 年 10 月 30 日當地所開出的區塊鏈電子發票數量已經突破了 1,000 萬張。

　　海南省也採用了「聯合失信懲戒及繳存證明雲平台」實現了公積金黑名單及繳存證明的跨中心、跨地域共用，如今市民辦理買樓借貸等手續時只要在支付寶裏申請開具公積金繳存證明就可以了。去年 4 月 17 日天津口岸還上線了區塊鏈驗證試點項目，現在天津海關可以使用區塊鏈技術從企業生產製造商等各單位獲得商品資訊和企業的信用數據等，從而快速地追溯貨物的來源提高清關效率。區塊鏈在政務服務上的應用既環保又給人們帶來了便利，還能夠更好地防止隱私被侵犯、身份被盜用。

　　各地市政府為了鼓勵企業發展區塊鏈技術為己所用，也都開展了誠意滿滿的行動。其中上海在 2018 年舉行了內地首個省級政府主辦的區塊鏈重磅會議，並且在會上表示要打造「基金＋基地＋智庫＋社群生態＋培訓」的區塊鏈集聚區，促進各類區塊鏈企業創新集聚發展。廣州也在去年推出了「區塊鏈 10 條 2.0」，鼓勵社會資金投入區塊鏈產業，推動廣州高新科技企業的區塊鏈

技術和業務的發展。同時穗港澳三地攜手成立粵港澳大灣區區塊鏈聯盟，促進區塊鏈技術產業與傳統經濟的深度融合。而杭州也相應出台了一系列區塊鏈企業技術扶持方案，讓杭州在經濟、企業和民生發展大步邁進。

中央政府意識到了區塊鏈技術對於推動國內科技、經濟和民生發展的重要性，因而在去年 10 月 24 日習近平總書記提出了四個「要」，提出要在教育、就業、養老、精準脫貧、醫療健康、商品防偽、食品安全、公益、社會救助等領域推動區塊鏈技術的應用。

內地奢侈品假貨氾濫，區塊鏈技術在商品防偽方面可以舉一應用來說明：在商品出廠時由生產商記錄下商品的資料、產品指紋、檢驗日期等，並將此等數據轉化成數字資產存放於區塊鏈上；再將商品和數字資產與一張防偽的商品身份證（數字資產卡）進行綁定，並伴隨商品的整個生命周期；在消費者購買商品時，通過掃描其商品身份證，就可簡單查看鏈上該商品的詳盡資料及其歷史資訊。並且在之後的所有易手的環節中跟蹤此商品再次轉售的記錄，而其商品資料和歷史記錄基於區塊鏈的特性是不可被刪改的。在政府和企業的大力推崇下，未來區塊鏈技術將會得到更加廣泛的應用。

2020年2月21日

推動大灣區金融互聯
打造金融開放試驗田

李家輝
（第十四屆）

伴隨着粵港澳大灣區的高速增長，國家於 2019 年初頒布了《粵港澳大灣區發展規劃綱要》，強調了灣區內「9+2」城市依託自身資本市場和金融服務的功能，構建多元化、國際化、跨區域的資金融資體系。而作為當地企業和個人金融服務中不可缺少的組成部分，銀行業的互聯互通將成為首要課題。

廣東省外資銀行布局滲透率仍偏低

從目前發展來看，廣東省內的國有、股份制及城市商業銀行作為東道主深耕大灣區內多年，並且通過完善及密集的銀行網絡積累了優質的客戶資源。然而，這些銀行仍難以應對大灣區內客戶日益增加的跨境金融服務需求。反觀外資銀行，雖然擁有豐富的跨境服務資源及龐大環球網絡，但在大灣區內的全面網點覆蓋滲透率仍然處於偏低水平，一定程度上限制了其服務能力。

香港作為主要的國際金融中心，在全球最大的 100 家銀行中，有超過七成在香港設有業務。根據香港金融管理局的數據顯示，截至 2019 年，香港地區共有 164 家持牌銀行，其中在本港註冊的有 31 家，外地註冊的有 133 家。與之相比，截至 2019 年一季度，只有約 45 家外資銀行在大灣區城市（不含港澳）內設立了營業性機構，其中包括 6 家已註冊的外資法人銀行。雖然廣東省在金融市場開放上一直處於全國領先地位，但外資銀行仍需時間去解讀及適應大灣區金融政策，進而制定全面大灣區業務

戰略。

這一情況有望在銀保監及人民銀行相繼宣布放寬外資銀行存在形式選擇範圍、擴大外資銀行業務經營空間及優化監管規則之後有所改觀。就目前情況而言，大灣區在監管政策上互聯性不高，其主要原因為粵港澳三地金融監管體系、標準和方式各具特色。

指定特屬「粵港澳超級監管機構」

為了加速挖掘大灣區金融體系的潛力，建議充分借鑒其他國家及地區經驗，制定大灣區特屬的「粵港澳超級監管機構」，超級監管機構對銀行業來說應包含以下四個特點。首先，分析三屬地監管部門提出的意見及建議，制定及落實完善的監管體系，減少政策面上的差異性帶來的負面影響，全面釋放中外資銀行服務特色，達至「和而不同」。其次，推動在粵港澳中外資銀行積極開展全覆蓋大灣區業務，為金融機構提供低門檻、標準化准入便利。再者，為創新金融科技發展提供支援，由超級監管部門綜合對測試作監控、評估及進一步授權，加快新產品、服務落地時間，並透過市場反應作出進一步優化，以免停在紙上談兵，錯過寶貴市場機遇。最後，倡議成立大灣區信貸資訊共用大數據庫，方便為銀行和監管機構提供更加全面有效的數據支持，降低系統性金融風險。

2019年深圳市前海地方金融監管局的正式揭牌，為進一步落實粵港澳大灣區金融監管協調溝通機制，加強跨境金融機構合作和交流，維護大灣區金融體系安全提供了強有力的保障。在粵港澳監管及金融機構的帶領下，中外資金融機構定將為大灣區建設作出更多貢獻，金融市場互聯互通定將騰飛。

2020年2月7日

2020小康社會收官之年

謝湧海
（第二屆）

2020 年是我國實現小康社會的收官之年，在去年經濟增速逐季下行和充滿挑戰性的外部環境下，如何確保今年經濟穩步增長，對於實現第一個百年目標至關重要。

歐美經濟走弱影響全球

2020 年外部環境將繼續充滿挑戰性。首先，美國挑起的中美貿易戰正在向科技和金融領域延伸，全方位遏制中國已成為美國民主共和兩黨的共識，雖然中美已達成階段性成果，但摩擦將在今後較長一段時間內存在。其次，美國經濟本身存在衰退的風險，其經濟先行指數差過滯後指數，例如資本開支中的基建投資在過去五個季度中有四個季度為負增長，特別是去年第三季度下降 12%，企業設備投資同季下降 3.8%。第三季度美國商業圓桌會議首席執行官調查顯示，美國資本開支計劃指數已從 2018 年首季的 115.4 降至去年第三季的 73.4。第三，美國資本市場長短期利率在去年曾三次出現倒掛，表明市場對美經濟前景持悲觀態度。除此之外，今年是美國大選年，美國國會又正在對特朗普展開彈劾調查，無論其結果如何，對美國乃至全球都會產生影響。2020 年歐洲和日本經濟將繼續維持低速增長，他們的利率都已降到零或負利率，再下降空間有限，難以依靠降息來刺激經濟。然而他們的財政方面也已積累巨額赤字，進一步擴大財政開支的前景也已走到盡頭，且以往大量 QE 資金因經濟結構性問題等，

無法支持實體經濟,而是流入股市,甚至又投資到了國債中去,形成資金空轉,無助經濟恢復。另外,英國脫歐雖然已成定局,但是脫歐之後,英國仍將面臨兩難:即與歐盟達成一個什麼樣的自由貿易協定,以及唐寧街 10 號能否有效控制蘇格蘭的脫英傾向。

2020 年隨着美、歐、日經濟走弱,新興國家經濟也將延續弱勢,令全球經濟同步下行。由於消費需求減少,單邊主義抬頭,全球貿易環境將繼續面臨重大挑戰,不利於主要出口國。去年前 11 個月我國出口 2.26 萬億美元,按年下跌 0.3%,進口 1.88 萬億美元,下降 4.5%,貿易順差 3,776 億美元,擴大 28.4%。

2020 年我國外貿仍將受中美關係、WTO 改革方向、全球需求減弱等因素影響,很難有十分明顯改善,預計出口維持現狀,進口略有增加,貿易順差縮小至 3,000 億美元。

面對外部需求減少,我國自去年下半年起已頻頻出台了擴內需、促消費的政策措施。今年將推動個人所得稅改革,降低個人稅收負擔,進一步促進消費。汽車消費也將在政策拉動下恢復增長。預計 2020 年國內消費增長形勢將好於外貿,從而抵消外部需求不足帶來的負面影響,成為今年拉動我國經濟增長的主要動力。

中國擴內需拉動經濟增長

2020 年我國製造業投資仍受制於中美貿易戰、環保限產、國際需求減弱等的影響。去年前 10 個月製造業投資增長僅 2.6%,2020 年仍將保持低速增長。但是由於去年出台的大量基建項目將延續到今年,2020 年基建投資有望逐漸回升。房地產投資去年前 10 個月同比增長 10.3%,2020 年將繼續保持 10% 左右的增長,與基建投資一起為經濟增長作出貢獻。

總之,2020 年內需和投資將成為拉動我國經濟增長的主要動力,分別對 GDP 貢獻 70% 和 30%,全年 GDP 增速將高於經濟翻一番戰略目標所需要的 5.5% 水平,預計在 5.9%-6% 左右。

2020年1月3日

領跑大灣區　香港要轉型

陳應國
（第十六屆）

　　聖誕鐘響，又是一年終結，是時候檢視香港的經濟局面並對明年進行展望。

　　在粵港澳大灣區發展戰略中，香港何以自處？不久前結束的中共十九屆四中全會，中央提出完善港澳融入國家發展大局，推進粵港澳大灣區建設。香港的任務就是放在「用」方面。

提倡創新科技　重振工業

　　2018年3月，美對華開始發起貿易戰爭，從種種跡象看來，這可能是一場持久戰，香港可成為祖國抗敵的一個重要支撐點。

　　香港是金融中心，自由經濟體及單獨貿易區。2018年，香港的外貿是中國的26%。香港採用的普通法是成為世界金融中心的重要條件。在祖國最困難時，它是提供資金和物資的國際通道。這個功能在推翻滿清、抗日戰爭、中蘇關係破裂及中國改革開放進程中得到了充分發揮。歐美若對中國封鎖，香港可以解困，因為它是祖國的可靠後着，所以香港一定要保持自由貿易區的地位。但是，香港社會現正不安，其主因是經濟結構失衡。

　　從八十年代開始，香港金融、地產及製造業鼎足而立。製造業除了創匯之外，更僱用大量工人，創造不同的職位，給予廣大民眾向上游的機會，是穩定社會的一個基本因素。這三個產業好比一張三腳凳的腳，缺少了一隻腳便難以安放在地上，所以重振工業是必須的了，而創新科技是最有可為的行業。

香港是一個國際城市及大灣區的核心。政府、大學及科學園可招募高端海外人才。香港的大學排名在世界前列，擁有很多高質素的科研人才。但有研究成果卻無轉化，皆因製造業沒落，浪費資源機會。國家極力提倡創新科技，香港可以借此機會，借勢轉型，重振製造業。到目前為止，此行業就業的人十分少，仍在起步階段。

循工商界應用　相互帶動

縱使中央大力推行創新科技，在香港始終不成氣候，原因有下列幾個：一、政府對規模較小的行業不會關注，就算是新興及有潛力的亦不例外。二、供求並不相應。大專院校的基礎研究及創新站在世界尖端，但忽視社會工商界的需要。他們崇尚純學術研究，鄙視應用研究。他們應該仿效以色列，以產業帶動科研。三、政府用錯思維。政府思維只有行政主導一招。在創新領域，成果是最重要的，應該採用企業家思維才適合。例如炒菜，應該用鑊而不是用煲。四、推廣不足。雖然創新行業已發展了很多年，但廣大群眾對它並不認識，莫測高深，對這個行業的發展構成很大的障礙。其實，創新科技最簡單的解釋就是把好主意轉化成市場產品。政府應該邀請專家用簡單明瞭的概念，向不同階層的民眾闡述創新科技的概念，編寫課程並使其在 DSE 成為一科。在小學介紹創新科技，埋下種子。

若要創新科技加快發展，可成立創新科技管理專業。由專上院校如香港大學主持，培養管理協調人才，加強推動行業發展。

如果政府能加大力度，一定可助此行業成型，製造大量就業機會和向上游機會，化戾氣為祥和，為香港的穩定繁榮及大灣區建設做出貢獻。

2019年12月20日

澳門都市更新前景亮麗

在澳門現屆特區政府任期屆滿前，10月初正式推出《澳門都市更新法律制度》諮詢工作。在12月9日完成後，把收集意見歸納入法規中，再提交修訂法規。

面對城市老化問題嚴重，特區政府推行都市更新可謂「刻不容緩」，可助力澳門經濟適度多元化另覓元素，目標是建造更加宜人、宜居、宜發展的城市新貌。

都市更新含義比舊區重建來得廣泛。都市更新概念包含都市更新規劃區內外樓宇重建和維修保養與修復，以及相配套的基礎設施、公共設施及公共地方的規劃建設。具體內容包含拆建、維護和活化三大策略。切合當地樓齡情形，政府把30年或以上舊樓作為標的物。

組成「都更公司」主導市建

今年4月政府全資組成澳門都市更新股份有限公司，正是執行都更活動的主體。私人實體可與都更股份有限公司合作，或者在符合條件下自行發起，由該公司提供必要的技術指導輔助。據了解，該公司的技術團體還有待成立，是澳門當地專才的不俗出路。如果都更公司、開發商或企業找不到合適行業專才，應該開放崗位給鄰近地區，如香港、台灣或廣東省大灣區，有效快捷地興建團隊或尋找顧問開展都更具體項目工作。

都市更新股份工作可以借鏡香港市建局方法，當統一業權角

色後，對地盤開展澳門或國際性招標興建，借助發展商的融資和開發能力，加速都更整體進度。股份公司充任監管角色，定期檢視開發進度，保障項目如期興建，交付、驗收和銷售／安置一一完成。

從財政、社會、民生角度考量，不是所有舊樓地塊都適合重建，舊樓保全或保育活化可能是更佳選擇！但是澳門現在法律對監管及執行舊樓的維修和保養明顯不足，更加是自願性的，令長期舊樓維修程度不理想。不少澳門舊樓已衍生樓層間／外牆漏水／滲水情形、公眾／單位內部石屎鬆脫、電梯日久失修經常停開或發生意外、防火設備不足甚至破壞不能使用等等。

舊樓行情升溫可以預計

現實情形證明特區政府應該把定期驗樓和驗窗有條件地強制性，如規定樓齡30年以上舊樓必須執行，並有相關部門查證才可過關。可以預計工作量龐大，鼓勵本土專業人士參加外，並容許外資維修公司以獨資、或合作的方法進入澳門市場。

現行是否開始收集舊樓的適合時機？在法律諮詢進行中，市場還未看見大型收購活動，但已發現不少舊樓業主將叫價悄悄抬高10%內！舊樓的行情升溫是可以預計的，尤其是那些位處繁榮地段的舊樓單位。投資都是要冒些風險的，因為哪裏會被劃入都市更新規劃區還未完成！

都市更新法律諮詢是啟動第一步，期望是下屆政府工作開展實施任務的良好開端。特區政府持有開放開明態度、廣納民意、開放市場，讓新的人資、財資、物資進入澳門市場，建造更加宜居、宜人、宜工作的現代化城市風貌！

2019年11月15日

從《收回土地條例》出發
解決深層次問題

　　過去幾個月，示威動亂所帶來的經濟影響，預計將會在今年第四季及明年第一季顯著浮現。多個深層次的矛盾相信不可能在短時間內解決。而這段時間支持警方加強執法，杜絕破壞事件維持社會治安相信是各方共識。而中長期解決香港以上的社會及經濟矛盾，個人認為源頭是土地供應。

　　土地問題涉及住屋、工商發展（如商業寫字樓租金，會展中心及酒店價格）及多種多樣的民生及康樂設施（如公營醫院、康樂體育設施）等等供應。

使用部分郊野公園用地

　　引用《收回土地條例》，是長中短期增加土地供應的有效方法。當然，這涉及私有產權與公共利益之間的利益平衡。由於基本法第六條與第一百零五條對私有產權的保護，加上擔心援引該條例會引來耗時甚久的司法覆核，因此特區政府一直遲疑是否引用《收回土地條例》。

　　其實具體執行方法，特區政府仍有相當大的空間。例如，首輪擬收回的土地，可集中向以有限公司形式囤積同時長期不開發的農地。現時以特區政府收地特惠補償金每呎 1,124 港元計算，已是農地的平均市場價格以上。而涉及個別原居民／村民的有限面積土地（具體呎數待定），亦可以土地置換的方式解決。

　　除了農地可引用《收回土地條例》外，香港的郊野公園用地

及保育地段，其實亦絕對可以考慮有限度地開發。

全港共有24個郊野公園及22個特別地區（例如香港濕地公園），佔地共443平方公里，即全港總土地面積約四成，亦即香港未發展土地（約841平方公里）的53%。

政府應勇敢前行

過去幾個月，矛盾集中爆發，多個問題成因複雜，不可能一蹴而就。而解決土地問題乃重中之重。香港不是沒有可開發的土地，只是過去涉及的利益相關方能力太大，護航的團體多，宣傳的手法亦巧妙絕倫，讓公眾輿論站於他們一方。時局艱困，新世界已主動提出捐出300萬呎農地，恒基其實亦早於幾年前主動提出捐地。輿論已告扭轉，特區政府應該勇敢施行《收回土地條例》及在城市規劃上修改部分郊野公園及保育地段的土地使用。努力建設經濟，逐一梳理問題。

2019年10月4日

現代服務產業
是香港人最大發展出路

鍾鴻興
（第十八屆）

　　現代服務業是香港專業人士和年輕人未來的出路，在粵港澳大灣區政策推動下，在香港擁有國際認可專業人士，在大灣區的廣闊產業浪潮中，將有光明的發展前途。

　　過往香港的優勢逐漸減退，多年來未有良好的規劃和積極興建，令很多可配合產業發展的大型基建和設施，未能在香港建成，因此部分重要產業，包括旅遊、貿易、物流等，未能有特色和業界可用的基礎設施依託去發展。人力資源方面，香港近年政策鼓勵年輕人畢業後便創業，年輕人在完全沒有工作經驗和社會工作背景下，發展科研，過於側重研發和創業發展。

　　另一方面，香港的企業結構，不論是大集團或是中小型企業，正面臨結構性的改變，因年輕人畢業後，在社會的氛圍下，不願意進入企業工作崗位，既然年輕人畢業後，自己可以創業做老闆，就不願去企業應徵當一個僱員，導致企業過往的管理人員實習計劃亦因需求減少而停止。

累積多年現代服務產業的根

　　現實情況是，香港極缺乏產業落地的應用場景，以往的香港知名食品企業、電子業、製衣業等等，因轉型升級的關係，已全面遷往國內或東南亞生產，香港已沒有生產業支柱，換回來的是擁有國際標準、多年累積的現代服務產業在港生根。因此，年輕人應延續這智慧優勢，香港的國際服務專家應為年輕人培養應用經驗，提供

系統式的培訓，政府亦不應只側重創新創業的科創研發、金融、地產等產業。

反觀國內在廣東省的各大城市，在粵港澳大灣區的政策下，均出台了各種吸引政策和扶持優惠，鼓勵香港年輕人和專業人士，在大灣區內城市發展，甚至便利生活和落戶政策，也相應提供。

為何內地城市對人才和香港的專業人士如此渴求，因為在國家的現代化產業發展同時，亦要有可對標國際的現代服務業專才，與國際市場接軌。即是有工業 4.0 的出現也要有現代服務業 4.0 的匹配。

現代服務業最早在 1997 年黨的十五大報告中提出，2012 年科技部發布的第七十號文件，現代服務業是指以現代科學技術，尤其是資訊網絡技術，建立在新的商業模式、服務方式和管理方法基礎上的服務產業。

內地高速發展　港人可參與

目前，發展現代服務業已經成為我國經濟保持持續快速發展的必然選擇。北京、上海等城市現代服務業的發展正在不斷加速，向着國際化大都市邁進已經成為這些地區進一步發展的目標。

按照《進一步深化中國（廣東）自由貿易試驗區改革開放方案》要求，明確了「兩區一樞紐」的戰略定位，即打造開放型經濟新體制先行區，高水平對外開放門戶樞紐和粵港澳大灣區合作示範區，是港資企業、香港專才和年輕人發展現代服務業的試驗田。

據當地政府工作報告和統計，截至 2018 年底，港資企業數量，在前海有 10,800 家，南沙有 2,831 家，橫琴有 975 家，在當地企業佔比分別是 6.22%，2.83% 和 1.67%。香港企業仍有很大合作發展空間。

至於香港的專業資歷落地大灣區內地城市，目前三地未有實現互認專業資格，仍需在內地考取專業試才可執業。相信在粵港澳大灣區的政策進一步深化下，三地對現代服務的專業互認制度，會有進一步的融合和標準化，為香港專才和年輕人提供便利的發展環境，開創香港現代服務業在大灣區甚至全國發揚光大的新篇章。

2019年9月6日

智慧城市 新型物流

　　隨着高新科技的高速發展，互聯網＋、北斗衛星、5G 移動網絡、人工智慧、大數據、物聯網、雲計算、區塊鏈等研發和應用將會給各行業帶來翻天覆地的改變。目前香港物流運輸行業面對各種挑戰和制約因素，例如傳統業務操作模式的經營成本高、土地資源短缺、勞動基層職位請人難、人口老齡化、行業資訊不對稱、營運效益偏低等，在市場競爭劇烈和科技日新月異的年代，正所謂逆水行舟，不進則退！創新求變是必然出路，香港特區政府提出「香港智慧城市藍圖」的措施，及行業環保意識的普及，發展智能交通、潔淨能源車輛、無人駕駛技術及智慧化新型物流已經成為行業不可逆轉的趨勢。

無人碼頭　無人櫃車裝卸

　　在物流領域的應用如自動化物流中心、倉儲機器人、無人集裝箱碼頭、無人駕駛貨車、無人機配送已進入實質性試運行階段，效果顯現。

　　環視世界各國和鄰近地區發展，青島、上海、天津、珠海、南沙和泰國的集裝箱碼頭，已開始打造運行全天候的無人碼頭，無人駕駛貨櫃車可以準確安全地把貨物由岸邊運到貨櫃場自動裝卸。新技術有助這些港口改建成二十四小時運作的自動化集裝箱碼頭，大大提高資源使用和營運的效率。

　　另外目前全球現已有五十多個城市實現無人駕駛，最近瑞典

的無人駕駛貨車更使業界眼前一亮。然而香港則榜上無名，現時本港運輸署仍未批准無人車輛在公路上試行，亦未訂立無人車輛專屬的規格和要求，駕駛責任應由車輛公司還是駕駛者負責仍未有相關法規。筆者早年提出相應港珠澳大橋的落成，政府應在機場人工島規劃建設貨運物流操作區，並與區域內的相關政府部門和行業的持份者深入研究制定「香港珠海物流園區貨運站點對點貨運專線計劃」的執行方案，港珠澳大橋高速公路路面情況較簡單，是非常適合無人車輛，有助路線編排及資源調配，令預計行車時間更準確，減少司機疲勞駕駛，釋放人力資源，降低成本，大力提高運能，提升行業效益。

智能交通　收集車位實時數據

香港面對土地資源緊絀，泊車位供不應求，車輛等待或尋找泊車位拖長了車輛佔用路面時間，令已經繁忙的交通百上加斤。無人駕駛技術自動處理交通情況資料及計算最有效率行車路線，收集泊車位實時數據，車輛便能縮短尋找和泊車所需時間，司機在到達目的地後亦能將泊車任務交由自動駕駛系統泊車功能完成，可改善土地規劃和運用情況。

正所謂有危亦有機，隨着區內政策和各大型基建項目的立項和啟用，如粵港澳大灣區，港珠澳大橋，機場屯門連接隧道，蓮塘口岸，機場「三跑」，香港業界更應把握未來物流的黃金十年，下定決心大膽創新求變，找對方向揚長避短，政產學研跨界通力協作，深耕大灣區，資源互補全力發展，共創輝煌！

2019年8月2日

翁狄燊
（第十六屆）

G20契機乃經濟戰
或戰爭休止符？

　　自 2018 年 4 月，美國貿易代表處據特朗普總統要求對總額達 500 億美元的中國出口貨品加徵二成五關稅後，時至 6 月初涵蓋總貨額達 2,500 億美元。

　　最近哈佛大學教授格雷厄姆·艾利森公開發表言論，其內容主要關於中美之間矛盾的根本起源點，並以「修昔底德陷阱理論」作為戰爭推演的政治科學理論基石。對的，這猶如國與國之間現代版的《傲慢與偏見》，美國近代的黃金時代，令大部分美國人長時間擁有傲視全球的自信，但這些卻不是建基於封閉。如果此理論成真，那將會是末日鐘被調至離午夜前兩分鐘的格蘭傑因果。任何一國不應以過氣的冷戰思維來應對今天共生共榮、經濟民生結構如此緊密相連的大國關係，大國間應盡快經過協商構建新型大國機制的重要性。

　　自二戰後，美國被各國推崇着領導與參與制定許多國際慣例和規則；雖然美元不再以黃金定價而是以神的名義發行，但它依然成為多國長久以來的結算貨幣、國庫貯備。但隨着貿易戰的號角被吹響，現屆美國政府打着貿易不平衡的旗號對我國發動了經濟戰，這不禁令人想起我國與美國之間的資本不平衡狀況是否需要被維持？自布雷頓森林體系建立以來，美國貨幣及其債券多年來受多國青睞，近年美中的國債與國民生產總值之比的絕對差為 56.81%，各國大量的美元外匯貯備與資產一直維持着美國自身的購買力。假如此情況逆轉，難道需要令其國破產才能清還；假

若選擇以國家破產去應對，建立多年的布雷頓森林體系之定價預期將會徹底改變。這對美國本土以至全球都不見得是一椿好事，姑勿論全球稀土及其他資源斷供美國本土、歐洲以及印度針對美國的反制措施等問題。

美國現任政府一意孤行地推行美國優先政策、興建邊境圍牆拆散無數美墨家庭、終止醫保計劃剝奪困難群眾的治療機會、發動貿易戰令每人多承受約 2,000 美元的額外生活成本、當地商界多次提出價格競爭力減弱影響工人生計，這些都是為人民而服務的政府所不能理解。尊敬的美國政、商、學術界精英、廣大美國市民，如果這一切都不是您們想要的，請用您們的方法去改變。

我國於 2010 年代開啟了新時代，其特色體現在體制創新、市場化操作、中等收入群體上升、推動各國的可持續發展、環保、精準扶貧連續 6 年累計減貧 8,000 多萬人等歷史成就。但我們深知國家離先進發達水平還具有差距，據洛桑世界競爭力年報我國排名十四；外商於內地需要面對多個部門繁複的備案、報告與審批、上報系統技術問題、運用資本金與外幣戶重重審批、地方單位保護主義於二三線城市尤其明顯、差旅高鐵人工取票等，這些我國正致力去優化與改善。作為國際金融與航運中心、離岸貨幣結算中心的香港特區正透過粵港澳大灣區規劃綱要發揮作用、融貫中西。東方機遇之門也隨時為各國以及美國打開，我們在此誠邀您們共同發展這機遇之地。

2019年6月21日

落實大灣區規劃綱要
開拓旅遊業新格局

　　中央政府在今年 2 月公布了《粵港澳大灣區發展規劃綱要》
（以下簡稱「《綱要》」），當中的第八章專門以「構築休閒灣區」
為題，論述了旅遊發展的規劃，對香港旅遊業的定位是：依託大
灣區特色優勢及香港國際航運中心的地位，支持香港成為國際城
市旅遊樞紐及「一程多站」示範核心區。

「一程多站」示範核心區

　　中央之所以支持香港成為國際城市旅遊樞紐，原因是香港在
大灣區 11 個城市中擁有最完善的海陸空交通網絡。香港國際機
場去年接待超過 7,000 萬人次乘客，由於香港的航線豐富，機票
價格合理，香港不單是海外及內地旅客的旅遊目的地，亦是各地
旅客往返內地的首選中轉站。隨着多項跨境基建設施相繼落成啟
用，香港在連接大灣區內城市的交通優勢更加明顯。西面有港珠
澳大橋，東面則有蓮塘／香園圍口岸。鐵路網新增廣深港高速鐵
路，水路交通方面有多條前往大灣區城市的渡輪航線，香港並擁
有世界級郵輪碼頭，每年有近 200 艘大型郵輪使用。香港境內有
完善的公共交通網絡，一小時車程可以覆蓋絕大部分地區，是遊
客公認交通最方便的旅遊城市。2018 年第四季開始，高鐵及港
珠澳大橋兩項重要基建開通，帶動訪港遊客飆升。2018 年全年，
訪港遊客人次超過 6,500 萬，年增 11%，創歷年新高，可見大
型的交通基建對香港作為國際航運中心的地位及旅遊業起着重要

的帶動作用。

同時，中央在大灣區旅遊業的規劃中將香港定位為「一程多站」示範核心區，是有根據的。香港是世界知名的旅遊城市，亦是接待旅客最多的城市。根據全球市場研究公司歐睿資訊諮詢有限公司的調查，在 2018 年，全球最受旅客歡迎的城市排名中，香港連續八年榮獲首位，這說明香港獨特的旅遊資源在世界享有盛名。

發展「一程多站」對旅客和粵港澳三地皆有利，因為旅客可以通過「一程多站」，在一次行程中遊覽不同城市，豐富旅遊體驗，而這當然亦有助粵港澳三地的經濟發展。在大灣區內，旅遊業是重要的支柱產業。根據世界旅遊組織的統計，在 2017 年，旅遊業對香港 GDP 的間接貢獻高達 21.8%，帶動就業人數 76 萬人，佔總就業人數的 19.1%。澳門旅遊業（包括博彩業）佔其 GDP 的比例則為 43.1%。同年，根據廣東省旅遊部門統計，全省旅遊收入高達 12,000 億元人民幣，位居全國首位，對 GDP 綜合貢獻為 15.1%，就業的貢獻率為 19.5%。發展旅遊業作為大灣區的重點產業，對帶動經濟和促進就業均有直接幫助。

三地協同　收最大效應

雖然旅遊業是大灣區的優勢產業，但過去 5 年，區內海外旅客的增長情況一般，沒有大驚喜。廣東省海外過夜旅客平均年增長率只有 3%，而香港的平均年增長率僅為 1.8%，只有澳門增長情況比較好，去年增長 6.7%。目前，香港和澳門主要依賴內地客源市場，而廣東省則主要依賴港澳客源，在海外遊客方面仍有很大發展空間。

雖然近年三地政府皆曾嘗試通過「一程多站」發展海外市場，但成效一般，源於三地宣傳推廣的重點以自身為主，資源投放在「一程多站」的策略不一、重視程度不一，雖然有合作，但仍未能充分發揮協同效應。隨着《綱要》對大灣區旅遊業作出明確定位，相信能夠引起三地政府的重視，為實現《綱要》目標作出具體協調工作安排，業界十分期待開拓粵港澳大灣區對旅遊業出現的新格局。

2019年6月7日

會計界的困局與出路

小時候我的志願是做一個會計師，記得那時看《開心華之里》內由李子雄飾演的楊左繼，有自己的會計師樓，職業受人敬重，很是羨慕。但到今天，每當我表示自己是會計師時，大家都投以「同情」的眼光，之後便關心地問「你們那行很辛苦吧！」

當了會計師二十多年，說真的，做會計的確非常辛苦。筆者大學畢業後便進入了大家都爭着進入的國際「四大」會計師事務所工作，很是興奮，但這種心情很快就被無數通宵工作的夜晚所洗卻！那時候工作至凌晨時分回家，還會覺得對不起仍然在工作的隊友；而當做了「帶隊」後，看着凌晨時分仍在「奮鬥」的隊友，心中總有絲絲的無奈！

長工時背後四大原因

會計界標準工時似乎是年輕一代會計師的出路，但對此已經傾談多年仍沒有任何進展。政府在2012年成立標準工時委員會，委員會於2017年1月向政府提交《標準工時委員會報告》，但在這些討論中，就有會計界的代表指長工時是行業的常態，並形容那是給機會予新人，並不支持同業受到標準工時規管云云。

筆者就覺得會計界工時長只是表象，就算成功立法受標準工時監管，也是治標不治本。因為會計業有此「常態」是很多成因的，如低價競爭；「艇仔」沒人規管；中小會計行欠缺支援而在「生死」之間浮游；市場及政策受大行所壟斷與控制使不少年青會計

師無從選擇地在大行工作，為了那「可預見的美好前程」而只好用「食得鹹魚抵得渴」的精神繼續忙碌地拚搏。但這種信念可能並不適用於九〇後或〇〇後的年輕人，所以會計界已經漸有青黃不接，欠缺新人入行的景況。

政府業界齊心改山頭文化

會計界所面臨的困局是會計界長久以來缺乏長遠而有效的業界規劃；對年青會計師培養的投入及會計界各持份者（如會計界不同之團體、政治人物、會計界的領導人物等）沒有齊心協力去爭取業界利益等等的結果，並非一個政策或一個短時間可以改變，而需要政府及業界共同謀劃，改變過往各自為政的山頭文化，並可兼顧大中小行的利益而不傾斜某方，才可給予會計界新的生機，使會計界生態從根本上得到改變。

香港「背靠祖國」，而現在國家發展粵港澳大灣區，中國內地對會計的需求龐大，香港的會計界發展空間及潛力也相當大，香港是世界金融中心，與國際接軌，自身優勢強大，香港可以擔起推動及提高專業服務的責任。粵港澳大灣區為會計界製造了一個千載難逢的機遇，但如何把握此機遇，還是要依靠各業界朋友同心戮力方可成事。

2019年5月3日

融入大灣區　邁向新里程

　　港珠澳大橋通車後，打通香港與粵西的經濟脈絡，兩地往來節省路程約120公里，較之前省時約60%！物流效率大大提高。

　　如今，香港國際機場與珠海間的陸路運輸極之方便，成本也比以前大幅降低，珠江西岸地區的出口貨物，可選擇在珠海集中後經陸路轉運香港。而打通口岸的交通連接線，並簡化和統一兩地貨物進出口通關流程，將是進一步促成路通財通的關鍵所在。

　　2017年粵港澳大灣區五大機場（香港、澳門、廣州、深圳、珠海）的總體旅客輸送量超過2億人次，貨郵輸送量近800萬噸，運輸規模已經超過紐約、倫敦、東京等世界級機場群，位居全球灣區機場群之首，而大灣區的港口集裝箱年輸送量超過6,500萬箱，其總體經濟規模更達13,400億美元，相當於俄羅斯、澳大利亞的經濟總量，若從灣區經濟的角度來說，則僅次於東京灣區和紐約灣區而居位世界第三。粵港澳大灣區不僅航空客貨總量世界第一，而且保持高速增長。歐美金融危機以來的十年，紐約、倫敦、東京三大機場群的年均增速不到2%，但粵港澳大灣區機場群的年均增速超過8%。如此大規模且高速增長的輸送量，粵港澳大灣區機場群未來的前景令人期待。

「二線管理」協調發展

　　港珠澳大橋開通後，香港的物流優勢資源將向珠三角地區轉移。港珠澳大橋有利於完善內地和粵港澳三地的綜合運輸體系和

高速公路網絡，密切珠江西岸地區與香港地區的經濟社會聯繫，改善珠江西岸地區的投資環境，加快產業結構調整和布局優化，拓展經濟發展空間，提升珠三角地區的綜合競爭力，保持港澳地區的持續繁榮和穩定，促進珠江兩岸經濟社會協調發展。

目前，有關部門正在研究在珠海橫琴實行與港澳間的「二線管理」，主要承擔貨物的進出境報關、報檢等查驗監管功能，並承擔對人員攜帶的行李物品和交通運輸工具載運的貨物的檢查功能。港珠澳三方共同努力，為人員、貨物以及港澳居民到橫琴工作、生活提供通關便利條件。推進通關便利化改革，探索在相關口岸實行貨車「一站式」通關，逐步延長通關時間，最終實行 24 小時通關，充分利用港珠澳大橋，實現三地服務機構互設便利化、服務業要素流動自由化、服務產業體系高端化、運行機制市場化。最終將港澳和灣區其他兄弟城市串聯，成為銜接世界的新視窗和門戶，開創港珠澳航空物流業的新局面。

毋庸置疑，粵港澳大灣區今後將是世界上最發達的城市群地區，也是創新能力最強和最開放的地區。香港如果能夠更快和更好地融入大灣區的整體發展，將有利於拓展新的發展空間，形成與國際接軌的開放型經濟新體制，確保香港的長期繁榮穩定。

2019年3月29日

發展大嶼山
構建大灣區鏈接支點

　　《粵港澳大灣區發展規劃綱要》公布之後，在北京召開的兩會，國家領導人再次重申共建大灣區的構想。香港、廣州、深圳及澳門並列灣區四大「中心城市」，為區域發展擔當核心引擎。

　　為配合大灣區發展，香港在整體規劃上，特別是城市設計及交通運輸網絡上，應該積極參照大灣區整體規劃藍圖展開配套設施規劃，避免日後發展未能與大灣區有效銜接。

交匯位置　盡佔地理優勢

　　大嶼山位於香港西南面，面積約相等於兩個香港島。從整個大灣區的布局而言，大嶼山位處於港珠澳三地鏈接的交匯位置，盡佔地理上的優勢。西線經港珠澳大橋香港連接澳門、珠海及珠三角西部。正在興建並預計於 2020 年落成的屯門至赤鱲角連接路，不僅提供一條策略性道路連接新界西北、港珠澳大橋香港口岸、北大嶼山及香港國際機場，而且從北面經過屯門公路可以連接深圳灣公路大橋和廣深沿江高速公路，打通從香港通往深圳、東莞、廣州的東部軸線。除了現有的東涌線、機場快線和迪士尼線外，《鐵路發展策略 2014》建議興建東涌西延線，增設東涌西站，而且政府可能進一步探索以鐵路系統經港珠澳大橋香港口岸人工島，連接東涌東及屯門南。

　　往後香港國際機場第三條跑道的落成，有助本地發展高增值現代物流，進一步鞏固香港國際機場作為大灣區內領先的國際航

空樞紐角色。善用大嶼山在大珠三角地區的策略性位置，將有效打造大嶼山成為通往粵港澳大灣區及世界各地的「雙門戶」。從空間而言，大嶼山的發展同時有助釋放大量土地潛力，增加土地供應，為傳統和新興產業提供新的發展空間。北大嶼山的未來多個主要的商業發展，包括機場北商業區、港珠澳香港口岸人工島上蓋發展，東涌新市鎮擴展，以及小蠔灣和欣澳發展，將會構成粵港澳大灣區內的一個重要的新商業核心區。

穿梭大灣區擁抱新機遇

在《綱要》這份戰略性的規劃文件公布後，下一步意味着各地區將積極推動圍繞《綱要》的建設工作。大灣區的發展規劃，並不是只講融合而不講競爭的地方。隨着國內經濟的迅速發展，廣州和深圳在金融證券、航運港口和創新科技等領域一直和香港存在競爭性的合作關係。大灣區的建設規劃，主要目的是實現資金流、物流和人才的流動。香港在大灣區本身擁有地利和先天優勢，現在加上各項交通設施的開通和出入境的便捷，我們年輕人應該乘着現有的交通便捷，積極主動到各個大灣區城市走走看看，深入了解大灣區發展的新形勢，將目光向外投放，嘗試在國家發展大局中尋找新機遇。

2019年3月15日

鼓勵粵港澳大灣區內各項要素自由流動

繆英源
（第一屆）

國務院在 2 月 18 日公布的《粵港澳大灣區發展規劃綱要》對香港未來影響深遠，大灣區以廣州、深圳、香港和澳門作為核心，另外加佛山、東莞、珠海等七市而成，各自分工，優勢互補，實現最大競爭力、效益和貢獻。整個規劃是要結合一國、兩制、三種貨幣和三個關稅區而設，難度甚大，但對香港、澳門、珠江三角洲各市、廣東省以至國家的經濟民生發展非常重要。

促進人流物流資金流

香港主要是提升其國際金融和貿易中心，航運和航空樞紐地位，發揮國際資產和風險管理中心功能，強化金融、商貿、物流及專業服務，發展並培育創新科技及創意產業，建立法律爭議調解仲裁中心，鞏固其作為國際都會城市的定位。

《綱要》已就香港及各地作出一系列的具體建議，現在重點是如何協調、解決區內各地種種差異以推動並落實計劃，大灣區的成功在於如何解決人才、資金、資訊、貨物和專業服務能夠在區內自由流動，以下是本人一點提議：

人才：區內粵港澳三地市民出入限制及工作簽證應實施寬鬆和簡便政策，設考核機制建立人才庫，對指定合資格人員及其親屬可自由進出、居住、就業，並提供相應的醫療、教育和社會保障服務。

資金：區內各種貨幣在指定平台系統內戶口的一定範圍內可

147

自由流通、兌換和消費,而在特定情況下指定人員／機構的資金可進出平台系統外。

資訊:提升擴充寬帶速度頻寬,取消區內各地電話及數據漫遊,讓更多電視及電台頻道可在區內廣播,使區內人員能享用低廉高效而廣大的資訊網絡。

各類專業互認 與海外接軌

貨物:統一並簡化區內各地通關手續程序,設立多處保稅和自貿區以利便貨物流通內地各市、港澳及海外,促進消費、製造、進出及轉口貿易。

專業服務:大力推動區內各類專業人士資格互認,在指定範圍下容許執業並提供服務,更好利用區內各類人士的專業才能。

大灣區內有着充裕土地和人力資源,世界級的製造、運輸和物流實力,而香港匯集國內及海外專才,有着雄厚的投融資能力、國際認可的專業服務和法律基建,加上與海外接軌的公司制度和產權保障,隨着廣深港高鐵、港珠澳大橋以至區內各交通基建的落成,區內各地企業和人員將與香港建立更為密切的合作和夥伴關係,而更多交流和商機將創造更好的營商環境,令香港在大灣區發展中發揮更大的作用。

2019年3月1日

區塊鏈去中心技術的
防偽溯源應用場景

黃晞雅
（第十七屆）

2018 年 7 月，國家藥品監督管理局通告指，長春長生生物科技有限公司（深交所：002680）對凍乾人用狂犬病疫苗生產存在記錄造假、隨意變更工藝參數和設備等嚴重違反生產規範的行為。雖然這件事以罷免數位高官、沒收長生製藥違法所得並對其處以最高罰款告終，但是不合格疫苗對市民所造成的傷害卻是不可挽回的。接種狂犬病疫苗是非常常見的事情，但消費者對接種疫苗產自何處、原料、生產日期及檢驗是否合格等關鍵資訊都無從查證，因此消息一出，舉世嘩然，人心惶惶。如何解決監管漏洞、數據造假等問題激起了科技行業激烈的討論。

在科技不斷發展的今天，這樣的想法將會被實現。目前區塊鏈技術被認為是解決防偽溯源的最佳技術，區塊鏈技術能從去中心化、不可篡改、智能合約、公開透明等多方面滿足商品防偽溯源的要求。

提高消費者對商品信任度

去年「雙十一」期間，京東、阿里的區塊鏈防偽溯源應用落地大家早有耳聞：阿里建立海淘商品溯源體系並協助茅台建立雲商平台，京東推出的京東區塊鏈防偽溯源平台京東智臻鏈，並和其物流及跨境物流系統打通。現在在平台上購物就能通過掃描商品編碼來查看商品的生產、存儲、物流等各環節的流轉數據，提高了消費者對平台及其商品的信任度。

2018 年 11 月 13 日，湖南省婁底市發放了首張不動產區塊鏈電子憑證。早在同年 8 月 10 日，深圳市稅務局、騰訊公司在此前成立的智稅創新實驗室，也順利開出全國首張區塊鏈電子發票。

內地政府和企業在區塊鏈防偽溯源處於全面布局四面開花的狀態，這也是政府和企業重視防偽溯源的體現，也是區塊鏈去中心化分布式賬本存儲具有優勢的證明。

在奢侈品市場中，中心化體系對奢侈品買賣存在的缺點是，中心化平台按照自己對產品的記錄和驗證標準上傳該產品資訊和驗證結果，平台可自行篡改和偽造這些資訊，平台無法自證產品資訊的真偽。許多消費者也會從其他銷售管道購買奢侈品，而不僅僅從官方專櫃購買，是因為從其他銷售管道購買產品會有更高的優惠，更多的選擇，網上購物也更為方便。奢侈品高保值，也具轉售價值，但因許多二手銷售管道的驗證方案不可靠，資訊完全依賴平台自身，假冒產品成為阻礙其再次轉售的最大原因之一。在二手奢侈品市場中，利用區塊鏈的去中心化分布式賬本記錄，將提升奢侈品防偽溯源的真實性，為買賣雙方提供更可靠的解決方案。

如身份證　追蹤銷售記錄價格

舉一案例，買家購買一個奢侈品的同時，一張防偽的數字資產卡會與其綁定，該數字資產卡類似我們的身份證，獨一無二，不可複製。消費者用手機掃描該數字資產卡上的防偽二維碼，即可查看該奢侈品的產品歷史、產品參數、銷售記錄、檢驗人員和驗證日期等每一個具體環節。我們可以利用人工智慧預測未來再轉售的價格等消費者關心的產品資訊，同時配合我們企業的生態系統中的專家驗證、人工智慧驗證和去中心化的社區驗證方案，保證奢侈品的產品真偽後，將其變成數字資產存放於區塊鏈上，並可跟蹤此奢侈品再次轉售的記錄和價格，其記錄不可篡改，此舉將從根源打擊奢侈品行業假冒產品。不僅如此，區塊鏈技術還可以讓支付更安全直接，讓產品的買賣過程更加通暢。

2019年2月1日

2019年中國經濟「穩中求進」

2019 年注定是艱難的一年，它承接了 2018 年遺留下來的諸多棘手問題，例如中美貿易、英國脫歐、美國加息、歐盟團結、全球債務、新興市場、原油定價，以及中東局勢等。中國作為全球第二大經濟體，需要抓住三個「穩」字，繼續擔當世界經濟「錨」的角色。

一、穩增長。發展是硬道理，經濟發展是新增就業和改善民生的前提條件，也是經濟結構改革的重要載體，沒有發展就無從改革。

向「中國智造」轉型

首先，繼續推動「中國製造」向「中國智造」轉型。提升製造業向高質量看齊，加大製造業技術改造和設備更新，加強人工智慧和工業互聯網、物聯網等基礎設施建設。其次，推動現代服務業發展。加快 5G 商用步伐，擴大城際交通和現代物流等，進一步拉動內需。第三，降低企業經營成本，減稅降準，協助民企解決融資難、融資貴的問題，並對內擴大開放，即向民企開放更多的投資領域。第四，加快經濟體制改革。堅持政企分開、政資分開和公平競爭。在市場競爭中，做強做優做大國有資本。

二、穩金融。金融是經濟的命脈，在當前全球經濟金融動盪的環境下，保持我國金融穩定顯得格外重要。縱觀全球經濟危機，大多事發於金融。

首先，要保持穩健的貨幣政策。根據總需求，適時預調和及時微調貨幣政策，將貨幣供應量控制在 8.5% 左右，即經濟增長加通貨膨脹的增量。既不搞量寬，又要防止緊縮。其次，保持 3 萬億美元的外匯儲備，確保儲備充足。第三，借助央行無形之手，管理好市場對人民幣匯率的預期。第四，在有條件的情況下，酌情審慎去槓桿。第五，強化對金融科技、非銀行金融機構、房地產等的監管，嚴防金融系統性風險。

穩步推進對外開放

三、穩開放。中國經濟過去 40 年的成就，「開放」功不可沒。今後 30 年經濟提升，同樣離不開「開放」。我們要把握好目前複雜的國際環境和新特點，穩步推進對外開放。

首先，不斷改善投資環境。吸引更多高端外企和服務業來華投資，進一步完善我國產業鏈。其次，在經濟金融安全的前提下，放寬市場准入，進一步實施准入前國民待遇加負面清單管理制度，保護外商在華合法權益和知識產權。第三，將自貿區政策逐漸向全國推廣，並試建自由港，以及進一步辦好進口商品博覽會，並將之制度化。第四，經營好「一帶一路」。加強與周邊和「一帶一路」沿線國家的互利合作，互補發展，積極推動「智能化一帶一路」，打造命運共同體。

總之，今年 2 月底即使中美貿易談判能取得成果，然而樹欲靜而風不止，美國對中國的政策轉向發端於貿易，但絕不會止步於貿易。眼下和今後相當長一個時期，「穩中求進」應成為中國經濟發展的總基調。

2019年1月4日

大灣區民企融資新篇章

李家輝
（第十四屆）

近日，內地銀保監會表示初步考慮金融機構對民營企業信貸支持要實現的「一二五」目標，即在新增的公司類貸款中，大型銀行對民營企業的貸款不低於 1/3，中小型銀行不低於 2/3，爭取 3 年之後銀行業對民營企業貸款佔新增公司類貸款的比例不低於 50%。自改革開放以來，民營企業對中國經濟起着舉足輕重的作用。2017 年民企對中國經濟的貢獻佔 GDP 的比重超六成，並解決了八成城鎮就業。然而，銀行業對民企的貸款支持只佔對公貸款的 25%。在銀行信貸集中投放於國企及政府平台的大環境下，「一二五」目標將釋放民營經濟，推動經濟中最為活躍的部分，並為國際貿易提供新的解決思路。

國際貿易「主棋盤」

據地方統計局統計，灣區的東莞、深圳和珠海為「出口依存度」城市排名前三位，「依存度」超七成且總量超人民幣 25,000 億元。就廣東省而言，民營經濟對全省 GDP 的貢獻率約六成。正確引導民營企業發展，加大對民營企業的扶持力度，發揮民營企業在灣區建設乃至國際貿易中的重要地位，將成為促進粵港澳三地深度融合和民營企業轉型發展的重要課題。

地方政府牽頭支持民企

鑒於民營企業規模相對較小、抗風險能力有限等特點，如果

單靠銀行業的支持，可能會出現中長期資金投放不足的情況。有見及此，香港政府於金融危機爆發期間因應中小企可能因信貸緊縮而出現的融資困難，推出了「中小企融資擔保計劃」，由政府為中小企融資作擔保。灣區地方政府可效仿成立地方政策性擔保平台，旨在服務具備真實貿易背景的優質民企，誘導金融機構向其提供穩定的貸款。實際上，財政部於今年7月設立的融資擔保基金已樹立風向標。政府擔保可對銀行業產生積極鼓勵作用，並有效降低民企違約對銀行產生的影響，亦可優化銀行客戶結構，幫助銀行尋找負債水平合理、企業治理良好、成長性強的民企，在風險加大時起到穩定作用。

港市場助灣區民企發展

針對民企資金成本高企這一現象，可依託「國家有需求、香港有平台」這一優勢，以實現灣區金融市場全面「財通」為基礎，研究通過資產抵押債券模式（ABS），打包優質民企的應收賬款，在香港公開市場上發行以供境外投資者認購。同時，地方政府可聯同香港信貸機構，為該等債券提供配套風險緩衝工具，刺激市場需求，豐富個人及機構投資者的投資組合，做到風險可控。進一步說，公開發行令民企的企業管治更透明，加強市場認知，變相降低直接融資成本，達到雙贏的局面。

未來中國經濟的發展離不開民營企業，大灣區的發展更是需要倚重民營經濟。而重中之重在於政府如何運用合理的政策手段，支持民企創新，在全球化競爭中把握機遇，香港作為大灣區核心，更應貢獻力量。最後，引用習近平總書記2018年11月在民營企業座談會上的一句話，「我國民營經濟只能壯大，不能弱化，不僅不能『離場』，而且要走向更加廣闊的舞台。」

2018年12月21日

善用保險創科
打造多贏局面

陳沛良
（第十三屆）

　　香港的金融創新科技發展，一向給人落後於周邊地區的感覺，談到保險創科時，有些人更覺得不值一提，但隨着下文所提兩項技術的推出，相信大家也會改觀。

用區塊鏈驅動　辨車保真偽

　　今年 10 月，區域法院裁定主腦詐騙罪成，這夥人利用社交網絡，銷售偽冒臨時汽車保單，受騙的客戶近千，他們沒有第三者責任保險，同時令其他駕駛人士和行人缺乏保障，假如真的出現人命傷亡，可能需要動用汽車保險局的基金去賠償，最後影響會遍及所有車主。

　　為了杜絕假保單再現，香港保險業聯會（保聯）於年多前研究運用科技，配合運輸署的發牌程序，核實臨時保單的真偽。

　　由本地初創公司研發區塊鏈（Blockchain）平台，只要輕掃保單上的二維碼（QR code），或者輸入最基本的車輛及保險公司資料，運輸署、車主、執法機關都可以查證保單是否有效。

　　運用區塊鏈的好處是平台上的資料全部加密，亦不會儲存個人資料，不同用家的界面亦會「度身訂做」：運輸署需要核對全面資料方可發牌，所以看到的資料較全面，而車主的界面則盡量簡約，絕不涉及個人隱私。

　　網絡安全亦同樣重要，為了確保投保人的資料保護周全，這個平台用上嚴密的保安系統，並經獨立顧問進行檢核，以策萬全。

區塊鏈固然是現時炙手可熱的技術，但人工智慧數據分析亦不容忽視。

騙取保險賠償並非什麼新事物，可說是「騙」布全球。海外的經驗顯示，每100元保險賠償中，約有10至15元涉及保險詐騙。

人工智慧分析　防範保險詐騙

保險是分攤風險的學問，假如有人騙取保金，這些冤枉的花費會由其他保戶分攤和分擔。現時由於缺乏數據分析，所以無法辨識誰是騙徒，但利用人工智慧分析理賠資料，就可以把騙案找出，令歹徒無所遁形。現時英國、美國、加拿大、澳大利亞、法國、新西蘭等地均已成立相關資料庫，近如新加坡、馬來西亞、韓國、中國內地及台灣地區亦然。

但數據背後還需先進創科技術，才能達至偵測詐騙的效果。保聯早於三年前籌劃成立資料庫：撰寫以私隱為本的框架、委任法國初創公司負責人工智能數據分析。數據科學家會根據各類保險險種的特性，參考海外騙徒的手法，加上香港道地的詐騙模式，精準地計算出可能含有欺詐成分的個案，再由理賠專家負責跟進調查，以核實個案是否涉及詐騙。

這個資料庫的精妙之處，是結合人類經驗和人工智慧，兩者互動下加強雙方辨識詐騙的能力，杜絕騙徒的不法行為，保護絕大多數誠實投保人的利益。

保險業一直默默地努力，投放資源創建各個科技平台，就是為了保障投保人的權益和私隱，為推動香港保險業發展，為鞏固香港作為國際金融中心，盡一分力，發一分光。

2018年12月7日

王俊文（第十五屆）

大灣區及區塊鏈
是香港未來不可錯失的機遇

　　二十年前的互聯網發展，為全球經濟帶來翻天覆地的變化。中國的經濟結構及整體發展，在互聯網浪潮之下，發生了很大的改變。香港同樣也有優化，但相對於內地，香港的金融科技發展是相對保守及滯後的。

　　金融科技的急速發展，以及區塊鏈技術的快速成熟，使新加坡、韓國以至東歐、非洲、拉丁美洲等多個不知名的小國，也出力爭取成為世界級的數字資產管理中心。同一時間，粵港澳大灣區的發展，是一個國家層級的計劃，亦是香港未來能否繼續成為國際金融中心及智慧城市的一個關鍵。這兩者，可以說是香港未來的機遇，也可說是一大挑戰。

找好定位　做好「五通」

　　粵港澳大灣區的發展，現時已發展到國家調遣領導小組來綜合統籌的階段。其中，香港要找好定位，做好「五通」，包括「政通、商通、路通、財通、人通」，才能發揮作用。無疑，香港金融上有先發的經驗及國際地位，但在金融科技的急速發展下，現時金融的競爭是跨界及跨國發展的。以內地為例，騰訊及阿里巴巴在科技的跨界優勢，能把傳統銀行及基金等金融領域的巨頭打得落花流水。在國際上，愛沙尼亞一個波羅的海的小國，在政府全力投入區塊鏈發展，不斷推出便商利商的政策，形成「政通＋財通＋商通」之下，迅速吸引來自歐洲、俄羅斯、中國、東南亞

乃至美國等多個國家和地區之資本進入，發展一日千里，已隱然有國際區塊鏈金融中心的雛形。

香港作為大灣區的重要樞紐，有其制度上的「超級聯繫人」優勢。大灣區內許多行業，其實擁有多個區塊鏈應用場景的潛力，如：智慧合約認證、物流、保險、大健康及監管科技（RegTech）等等，香港過去累積的信用體系，仍然能夠讓監管者、使用者及投資人等多個持份者有信心。加上內地政策上的限制，香港在通證經濟上仍然有發幣的合法視窗優勢。但這些皆是有時效性的。

創建金融創新大沙箱

區塊鏈衍生的通證經濟未來一定會改變全球金融體系（這個馬雲也說了）。香港要趁資金相對易流動的優勢仍然存在的當下，靈活運用大灣區內的地域和制度差別，成為一個幫助傳統及新興產業提供結合區塊鏈技術落地，又能配合國家發展的城市級規模的金融創新大沙箱（Sand box）。

要完成這個大沙箱的實驗，更需要吸引深圳、廣州等大灣區城市內具有高端科技研究人員及金融科技人才，並繼續發揮香港過去半個世紀「超級聯繫人」的角色——海外引資金、內地用人才、香港搭架構。

當然，這是二十一世紀版，或曰金融科技版的「超級聯繫人」，看準大灣區及區塊鏈的這兩個風口，積極投入，主動掌握，則香港仍然會是一塊福地。

2018年9月7日

葉海京
（第四屆）

借助政策利好，
全力構建粤港澳大灣區
多式聯運網絡

　　2018 年 5 月國務院印發的《進一步深化中國（廣東）自由貿易試驗區改革開放方案》，配套粤港澳大灣區便捷的交通優勢，結合國家之前提出的「一帶一路」倡議和「粤港澳大灣區一體化發展」策略，粤港澳大灣區圍繞國際航運中心和國際航運樞紐建設，提出了構建二十一世紀海上絲綢之路貨運物流網絡的構想，物流需求給航運業帶來了直接的發展機遇。

　　在打造物流樞紐的過程中，粤港澳大灣區將整合優化粤港澳大灣區內公路、水路、民航、鐵路等基礎設施資源，打造重要樞紐港口與鐵路連接的多式聯運中心，以及向海上和陸上輻射的物流通道建設，將粤港澳大灣區打造成為港口與航運中心、機場與航空中心、鐵路與多式聯運中心、物流與供應鏈管理中心、要素交易與物流創新金融中心，成為連接「一帶一路」的全球門戶和全球樞紐。

輻射亞太　面向全球

　　粤港澳大灣區建設將依託「一帶一路」打造多式聯運綜合運輸通道。包括推進粤港澳大灣區連接中亞、歐洲、東盟等「一帶一路」物流通道的建設，打造互聯互通、高效銜接的「一帶一路」貨運物流服務網絡；依託「東盟—廣東—歐洲」公鐵海河多式聯運示範工程，積極參與廣東鐵路國際物流基地（東莞石龍）和廣州大田鐵路一類口岸的建設，重構「粤新歐」（廣東—新疆—歐

洲)、「粵滿歐」(廣東—滿洲里—俄羅斯)雙向國際物流大通道;依託「粵港澳—東盟」甩掛運輸主題性試點項目,加快構建立足粵港澳的跨區域、網絡化甩掛運輸服務網絡,打通粵港澳至東盟跨境物流大通道;依託廣東自由貿易試驗區建設,構建立足粵港澳、輻射亞太、面向全球的多式聯運綜合物流大通道。

粵港澳大灣區更是「海上絲綢之路」對外開放的重點區域。香港作為國際航空樞紐和航運中心,統籌航路航線,未來內地與港澳通關便利化水平有望繼續提高,泛珠三角區域港口間合作將不斷加強。

粵港澳大灣區海空聯運、陸空聯運、空鐵聯運均有扎實的基礎。以深圳國際機場為例,福永碼頭距航站樓僅兩公里,對外交通便捷,陸路與寶安大道、廣深沿江高速和機荷高速相接;水路距香港機場約 20 海里,距澳門約 32 海里,並具備與中山、珠海、南沙等珠西地區實現水路交通連接的便利性。

GDP 總量與紐約灣區相當

粵港澳大灣區的 GDP 總量與紐約灣區相當,人口總量和土地面積遠高於其他灣區,這是粵港澳大灣區未來發展的重要優勢。而隨着商貿和整體經濟的不斷發展,粵港澳大灣區的國際航空市場仍處於快速增長期。根據國際航空運輸協會 IATA Consulting 預測,估計到 2020 年,客貨運需求量將分別達到 2.33 億人次和一千萬噸,到 2030 年,客貨運需求量達 3.87 億人次和 2,000 萬噸。

借助政策利好,全力構建多式聯運網絡和世界航運樞紐,粵港澳大灣區大有可為!

2018年8月17日

對於中美貿易戰的一點思考

　　美國政府針對中國發動的貿易戰進一步擴大。7月6日，美國對中國價值 340 億美元的商品開始徵稅，中國隨即等額回擊。美國隨後又宣布計劃向進口自中國總值兩千億美元的貨品加徵 10% 關稅。2017 年中國對美國進口額為 1,300 億美元，因此在回擊 340 億美元後，目前中國的回擊空間只有不足 1,000 億美元。當前，應該如何看待中美貿易戰？中國應該如何應對？以下是筆者的一點思考。

「必要時不得不打」

　　摩根士丹利早於 2017 年對中美貿易戰的損失進行過測算。在最壞情況下，假設美國對中國商品全部徵收 45% 稅率，中國對美國的出口將會下降 72%，對應中國總出口下降為 13%。近日，清華大學團隊在完全考慮間接影響的情況下，測試到對價值 500 億美元商品徵 30% 的稅，會拉低中國 GDP0.64 個百分點。摩根大通等機構也進行了類似的壓力測試。這些機構的測試結果表明，中美貿易戰對中國固然有重大影響，但不至於把中國打趴下。

　　中美貿易戰，表面上是在貿易層面，實質上是世界第一的美國與崛起的中國的博弈，以貿易為先導，遏制中國高端製造業的發展，促使中國全面落實加入 WTO 的承諾。如果中國能挺過這次考驗，以後能保持良好的發展勢頭。因此，中國「不願打、不

怕打、必要時不得不打」的態度是正確的。中國在核心問題上堅持，在其他問題上抱着可商量的態度，剛柔並濟，是消化當前貿易爭端的合適手段。

猶如一次「壓力測試」

最重要的，是中國要盡快適應沒有美國的市場，強化與其他經濟體的貿易關係。根據國家商務部的資料，中國是全球貨物貿易出口第一大國，美國是中國第一大出口市場。2017年，中國出口總值2.26萬億美元，其中對美國出口為0.43萬億美元，對美出口約佔中國出口總值20%。20%是一個顯著的比例，即使沒有美國，中國還有80%。本次貿易戰，就是對中國的「壓力測試」。

此外，中國要重視核心科技研發，提升對全產業鏈的控制力。這次中興的案例，反映出即使只有很少部件掌握在別國手中，一樣容易受制於人。現時的商業心態傾向談模式、掙快錢，未來如何從政、學、商三方面支持科研，是長久的課題。

最後，要利用好「一帶一路」和粵港澳大灣區的機遇。「一帶一路」主要適用於對外關係，和上述開拓美國以外的市場思路一致。美國的貿易戰與世界多國為敵，更容易讓中國以「一帶一路」為基礎，團結更多國家。粵港澳大灣區通過深化大灣區內城市合作，促進產業協同互補，提升生產效率和品質。生產效率和品質提升後，還能滿足高端需求，將一部分在海外的消費引回中國，提升總體消費水平，促進經濟增長。

2018年7月20日

粵港澳大灣區
看「一帶一路」

翁狄燊
（第十六屆）

從第二次世界大戰到布雷頓森林體系期間崛起的強國都充當了本世紀在國際領域上的主導角色，但這一切也許將面臨着改變。隨着各國的經濟與軍事實力發生根本性變化，國際社會需要重新考慮怎樣透過和平的方式去締造一個新世界秩序。從大周朝的周易與周禮、大唐盛世的萬邦來朝到今天的 5G 網絡、墨子衛星等，中華民族對世界經濟、科技與文化的貢獻突出，這也許建基於民族和而不同的思想。中國透過「一帶一路」倡議，願意作為各國經濟大融合的主要橋樑。

「一小時生活圈即將形成」

今年乃香港回歸祖國 21 周年，也是習近平總書記視察香港一周年，好消息陸續有來。世界最長達 55 公里的港珠澳大橋將於本年 9 月份正式通車，幾經波折的「一地兩檢」法案終於正式通過香港立法會，與一百多個城市無縫接軌的高鐵香港段亦將正式啟用，蓮塘口岸預計於年底正式啟用，大灣區的「一小時生活圈」即將形成，為粵港澳大灣區建設世界頂級灣區打下了良好的基建基礎。

作為企業負責人，我們積極擁護與支持「一國兩制」，我們過去連續幾年積極參與「商校交流計劃」，不時給予莘莘學子各種與社會接軌的輔導、循循善誘。筆者在此寄語大灣區的商家與年輕人以「浮舟滄海，立馬昆侖」的精神看待、學習與參與大灣

區的建設，努力去打破固有的思想枷鎖，共同搭上國家以至世界的新時代發展高速列車，攜手共創歷史。

生產總值或破二萬億美元

縱觀世界三大灣區——美國紐約灣區、舊金山灣區以及日本東京灣區，據統計其區內 GDP 約 1.44 萬億、0.8 萬億及 1.8 萬億美元。筆者作為智庫成員不時為大灣區建言獻策，粵港澳大灣區作為我國與世界的大灣區，其人口乃東京灣區的 1.8 倍或紐約灣區的 3.5 倍，如果從保守的生產率與過半的發展強度來作估算，並在區內以打造幾個深圳的若干戰略為中期目標的話，粵港澳大灣區生產總值可能突破 2 萬億美元，將成為全球 GDP 第一大灣區。

多年的發展經驗告訴我們，如果要打造以我國宣導而屬於世界的「一帶一路」，「五通」中最重要的是設施聯通。香港多年來作為一個受全球所認可的國際大都會、世界第一自由經濟體，在此城落地生根的非華裔人士達總人口的 8%，外國領館與機構達 126 家、全球一百大資產管理公司中有 60 家在港設有據點等。融通中西、與國際接軌是香港的比較優勢，可積極助力大灣區與「一帶一路」建設。

要建設好粵港澳大灣區與「一帶一路」倡議，筆者憶起一位優秀領導幹部所說的指導思想，「這些人是外流不是外逃。要把我們內地建設好，讓他們跑來我們這邊才好。」筆者一直憧憬那不遠而美好的未來！

2018年7月6日

建立大灣區推廣平台
拓展海外遊客市場

　　粵港澳大灣區擁有豐富的旅遊資源，但三地均過於依賴內地的旅客，海外旅客比例偏低、過夜旅客數字偏低。以香港為例，去年海外旅客佔總入境人數少於二成五，而過夜旅客就少於五成，估計其他兩板塊情況亦差不多。

研「一程多站」三地得益

　　要善用大灣區旅遊資源，打造全球首屈一指的旅遊目的地，有必要整合目前的推廣資源，通過建立大灣區海外市場旅遊推廣合作平台，可以研究通過以「一程多站」形式，在政策上、產品開發上、宣傳推廣上投入更多的資源，以吸引更多的海外客源，共同將大灣區建設為世界首屈一指的旅遊目的地，令三地共同得益。

　　一是粵港澳三地可考慮成立大灣區旅遊宣傳推廣基金，共同制定未來有利旅遊業的策略。

　　由粵港澳三方旅遊機構共同建立旅遊推廣平台，根據各方的獨特優勢，聯合向海外不同市場、不同消費階層的客源地，收集各項數據，進行市場分析，制定對海外推廣宣傳策略及目標，在不同階段進行有針對性的宣傳推廣活動。

三地免簽證及優檢安排

　　建立三方日常旅遊資訊通報管道，通過網站、社交媒體等平

台，定期或不定期向市場發放各產品供應商的優惠資訊，向媒體及時發布有用的資料。同時資助旅遊業界到海外進行的宣傳推廣、會議展覽及論壇等活動。並為大灣區的發展向三地政府提供專業意見。

二是在政策上研究如何統一海外旅客尤其對參加「一程多站」的旅行團入出三地免簽證及關口優檢安排。

目前海外以旅行團形式進入廣東省的旅客有144小時免簽，香港、澳門仍未有；參加「一程多站」的海外旅行團在三地出入境關口安排上都沒有優檢通道，如遇上旅客入出境高峰期，會令參團的旅客體驗很差。建議三地對「一程多站」的旅行團採取統一的免簽政策以及入出境優檢通關安排，提升國際旅客通關體驗，令「一程多站」旅遊更具優勢。

三是提升旅客在香港的旅遊體驗。

目前，香港的吸引力以傳統景點、購物、美食為主，但隨着資訊越來越發達，近年海內外旅客行程安排主要傾向自由行和深度體驗，因此綠色旅遊、特色旅遊逐漸成為趨勢，特區政府應發掘有本地特色的旅遊項目，令旅客有更多不同的體驗。面對日新月異的高新科技，政府亦應強化本地的旅遊配套設施，在智慧旅遊方面多下功夫，令我們在三地的旅遊發展中，突顯我們在區內的優勢和獨特的一面。

隨着多個跨境基建工程即將完工，香港在區內的交通優勢更為明顯，西邊有港珠澳大橋、東邊有蓮塘／香園圍口岸，廣深港高鐵通車後，5小時覆蓋的省市超過3億人口，將為香港旅遊業的發展帶來無限機遇！

2018年6月15日

整合灣區航線布局
優化整體網絡結構

　　香港的航空運輸業能否繼續成為國際樞紐中心，關鍵在於能否融入整個大灣區的發展戰略當中。我們必須找對自身的定位，與鄰近機場合作，並作出必要的整合和分工，發揮各自優勢，為整個灣區帶來最大效益。

　　筆者認為，整個灣區首要的合作就是航線網絡的整合與優化。珠江三角洲地區雖然方圓半徑不足 200 公里，卻擁有香港、廣州、深圳、珠海和澳門 5 個主要機場。由於這 5 個機場之間的地理位置臨近，但缺乏航線網絡的協同發展機制，導致航線重疊情況嚴重，區域客源競爭劇烈，機場起降時刻資源浪費。

須建立統籌協同發展機制

　　本港與深圳和廣州機場的航線重疊問題，可以建立一個統籌大灣區各機場的航線協同發展機制，香港機場可以考慮放棄，或大幅減少內地二三線城市的航線，而內地鄰近機場也可以效法類似做法，取消那些香港已經航班頻繁的國際航線。此項舉措的好處在於，各機場可以將節省下來的關鍵時刻資源用於開通其他高客源的航點，對香港機場而言，此舉大大紓緩了「三跑」落成前的航班增量壓力，而對內地而言，也延緩了各機場由於時刻資源限制而需要擴容的超大額度基礎設施建設的開支時限。

　　貨運方面，可以探討香港機場利用珠海機場作為其在航空運輸、電子商務、冷鏈物流等方面的延伸和拓展機場的可行性，將

部分往返香港和內地的貨運航線挪至珠海機場。如此，珠海機場可以定位於集中力量發展連接珠海和內地其他城市的貨運航線，打造成為連接內地其他城市的航空貨運區域樞紐機場。

內地其他城市的貨物在抵達珠海機場並完成集中分撥等處理後，經由港珠澳大橋無縫銜接，通過海關監管卡車的方式運送至香港機場，與香港機場現有的國際貨運航線資源對接。反之，其他國家或地區的貨物在抵達香港機場後，可以經由港珠澳大橋無縫銜接，通過海關監管卡車的方式運送至珠海機場，與珠海機場未來的內地貨運航線資源對接。

兄弟城市須犧牲自身短期利益

至於香港與澳門兩地機場的互補性，可以利用澳門機場作為香港機場在旅客運輸方面的延伸，將低成本航空公司往返香港的區域航點挪至澳門機場，透過即將投入服務的港珠澳大橋連接兩地機場互聯共通，既能為香港機場釋放起降時刻資源，又能為澳門機場引入業務增長。

以上構思，在理論上可行，但在實務操作上卻是個艱巨的任務，尤其是灣區的整體利益和經濟效益最大化，卻未必是個別城市在特定時段的利益最大化，如何游說灣區的兄弟城市犧牲自身的短期利益，為大灣區的整體利益作出必要的整合和分工，是一項挑戰性極大的工作。香港的角色應該是憑着「一國兩制」的優勢，爭取中央政府的充分信任與授權，去擔當這個「總協調人」的角色，從而使本港的航運樞紐地位可持續發展。

2018年4月20日

粵港澳大灣區
金融創新體系

　　縱觀中國內地過去的創新科技發展之路，其創新模式由最初的向海外仿製，發展到今天的「中國式創新」，即源自中國的創新。創新企業的商業模式往往都需要通過專業投資者的資金投資發展起來，未來大灣區的發展必將是利用「創新」改變現有的傳統產業結構。在這趨勢下，香港的定位應當是發展成為一個技術研發基地、專業人才培訓基地和風險投資基地來輔助大灣區內的傳統產業轉型，以及互聯網經濟、人工智慧、大數據、生物科技等新經濟形式的發展。

把握先天優勢

　　粵港澳大灣區內的規劃包含構建國際級的經濟體系及創新科技中心，在整個灣區建設發展過程中將會產生廣泛的金融需求，因此香港這個國際金融中心將有機會擴大發展成為大灣區內的一個核心金融圈，為區內的創新項目提供所需的金融服務支援。未來互聯網經濟、人工智慧、大數據和生物科技等新經濟形式相信將會成為大灣區以及整個中國經濟增長的重要引擎，而香港有着高效率的金融基礎設施、完善的監管、較低的稅率等優勢，一方面能作為推動內地企業開拓世界各地市場的重要支點，另一方面為大灣區的創新企業提供融資、投資、服務等多種金融支援，推動大灣區的創新與發展。

　　面對大灣區新經濟產業的發展機遇，香港的風險投資和私募

基金將為初創公司提供多元化的融資選擇，而香港首次公開招股集資的優勢又為創新企業提供了豐富及國際化的融資平台，為成長期較長的創新企業提供了更廣泛的資金來源和更國際化的市場前景。港交所於2017年6月發布上市框架諮詢文件中，建議設立「創新板」，允許擁有雙重股權或「不同投票權」架構的高增長及創新產業公司在香港上市，並容許未有利潤或收益的生物科技發行人上市以及便利合資格的大中華區和國際公司尋求在香港第二次上市，進一步完善上市平台架構及打造新的經營模式和制度，恰恰迎合了大灣區新經濟產業的需求。

強調協調發展灣區經濟

在粵港澳大灣區內，香港雖然在金融業上具有較大的優勢，但面對內地新興金融市場的競爭，如何協調發展，共同打造灣區金融核心圈，將會是未來的一大挑戰。例如近日內地亦擬研究通過開放CDR（中國預託證券），吸引已於外國上市的科網企業或「獨角獸」在內地第二次上市，以便與香港協同爭取新經濟公司落戶中國。面對內地金融市場的不斷發展，香港作為一個傳統的國際金融中心，本身擁有開放型的金融體系及世界性的商業網絡，應該由政府作為「促成者」及「推廣者」，令香港更好地融入國家發展大局。政府應要以創新科技推動新經濟發展，並同時致力提升香港金融人才實力，以便配合香港未來金融業的跨地域和跨界別的多元化發展，利用本港良好的財政基礎積極投資未來。大灣區是香港未來發展一個難能可貴的機遇，好好把握，將成為香港未來經濟一個非常重要的增長動力。

2018年4月6日

港在大灣區發展的方向

繆英源
（第一屆）

歷經多年建設的港珠澳大橋快將通車，這座「世界最長跨海大橋」傳遞了一個重要資訊：粵港澳大灣區的大動脈已經打通了。

「粵港澳大灣區」包括廣東珠三角內9個城市廣州、深圳、佛山、東莞、珠海、惠州、中山、江門、肇慶，以及香港和澳門兩個特別行政區。內地5個經濟總量超過2萬億人民幣的城市中，其中3個即深圳、香港和廣州皆位於這片區內。

海外對內地投資 65% 經港進行

大灣區是中國經濟最具特色的區域，既有不同的政治、法律、貨幣、貿易和稅制，同時亦享有「一國兩制」和 CEPA 的優勢。雖然灣區面積只有 5.6 萬平方公里和 8,600 萬人口，但 GDP 經濟總量已超過 1.5 萬億美元，若以去年全球 GDP 排名可到達第十位，比韓國、俄羅斯和澳大利亞都要高。在這裏無論金融業、航運業、航空業，還是高等教育、科技研發，都是全球一流地區之一，媲美東京灣、紐約和舊金山等灣區。

目前海外對內地的投資約六成半是通過香港進行，而內地對海外的投資約六成也是通過香港進行的，香港可在財務金融、專業服務和高端人才方面發揮其在灣區內之優勢。

香港是內地經濟與海外交流的重要橋樑，這裏貿易和資金進出自由，沒有外匯管制，開立公司便捷，沒有關稅、資本增值和遺產稅，是全球經濟自由度最高的地方。香港金融市場發達，位

列全球三大金融中心之一，是區內金融服務的首選平台。香港的財務會計準則，司法獨立性，普通法基礎和產權保護均與國際接軌，可增加區域內各類經濟活動的效率、信心、安全和保障。香港高質量的生活、醫療、教育、低稅制和資訊自由環境，對吸引海外高端人才將更具競爭力。

在人流物流資金流下功夫

若要保持粵港澳大灣區對國家發展規劃的重要性和貢獻度，香港要在人流、物流和資金流的自由進出和交流暢通方面下功夫。建議香港可對大灣區內之指定人士，不論其是海外或內地身份，實施出入境進出自由，增加區域對外對內的交流互動。而任何物品凡存放於香港或灣區內保稅區皆不受香港和內地貿易進出、關稅的限制和影響。另建議容許指定的資金以不同貨幣在灣區內指定平台上自由流通，但實行全封閉性的管理，所有活動均作詳細記錄，凡資金在區域平台流進流出，不論是海外或內地，則仍需遵從香港和內地相關規定。

在中共十九大和今年政府工作報告中均有把「粵港澳大灣區」作為「港澳發展」的重要內容，故香港必須了解並把握粵港澳大灣區這個重大發展機遇，在資金融通，人才和資本引進上全面發力，為國家未來的戰略規劃發揮重要作用。

2018年3月16日

以新思維迎接
大灣區旅遊新時代

　　粵港澳大灣區建設是當下熱門話題和重大課題。對尋求新經濟增長點、新驅動力的香港來說，大灣區帶來前所未有的新機遇。從旅遊業角度看，灣區市場規模大，訪客數量多，前景美好。隨着區內系列交通基礎設施相繼落成，區域旅遊合作進入新時代，我們必須以新思維迎接新挑戰。

各區有定位　顧及大格局

　　要抓緊編制灣區旅遊發展規劃。最近，媒體披露廣東省制訂的灣區發展規劃綱要已基本完成，有望近期獲批實施，但據了解旅遊方面着墨不多。隨着港珠澳大橋開通和香港高鐵時代來臨，以及未來深中通道、虎門二橋等跨江通道建成，區域旅遊格局將重新構建，舊有產品、業態、服務已很難滿足需求，產業和旅遊合作亟待轉型升級。因此，區域亟需能統領粵港澳各地市、各景區群、各酒店群、各收客管道、各基礎設施配套的總體規劃，需要明確各城市角色、功能、定位，尤其是香港、澳門、廣州、深圳、珠海的角色定位，以便區內更好配合協同，做大市場。灣區的戰略選擇和旅遊規劃要有大格局，形成獨特的旅遊魅力和區域群聚合力，令灣區旅遊目的地在全球脫穎而出。

　　要建立灣區旅遊發展協調機制。灣區旅遊要大發展，協調是一大挑戰。與美國紐約灣區、舊金山灣區和日本東京灣區相比，我們的大灣區最明顯不同是：粵港澳是多極的城市帶，彼此間是

競合關係，既有合作又有競爭。區內的旅遊業態必須減少低層次競爭和重複投資，這就更需平等協商、優勢互補，互通有無、錯位發展。如區內5個機場，分別位於香港、澳門、廣州、深圳和珠海，各有優勢，目前，合作少而競爭多。從發展考慮，要協調區內機場和基地航空公司重新分工，調整現有產品、航線和時段，更有效地利用空域，實現業務聯動，避免惡性競爭，使三地旅遊業共同受惠。

抓緊研究「一程多站」部署

香港要引領灣區旅遊業發展。在旅遊發展進程中，三地應該主動謀劃、積極作為，特別是香港要有更多擔當，要走出香港小天地，站在灣區的高度來謀篇布局。香港特區政府應主動聯繫澳門特區政府及廣東省政府，根據各地旅遊特色資源，抓緊研究「一程多站」發展部署，增加資源投入，加強宣傳推廣，請中央支持簡化海外旅客簽證手續，提供通關便利，令海內外旅客有獨特深刻的體驗。

我們相信，如果香港發揮國際化之所長，用好香港旅遊發展局海外推廣營銷積累的經驗，帶頭提升旅遊合作水平，就一定能夠樹立灣區目的地品牌形象，建設真正的世界級旅遊區。

2018年2月20日

凝心聚力
抓住大灣區戰略機遇

陳健文
（第四屆）

在農曆新年來臨之際，我謹代表中國國家行政學院（香港）工商專業同學會，向全體同學及家人、向社會各界人士致以新春的問候，祝大家心想事成、馬到成功！

上月中，同學會就粵港澳大灣區向特首林鄭月娥女士暨香港特區政府提交政策建議書，從「路通」「民通」「政通」「商通」「財通」五個方面提出22條建議。接下來，同學會還將從「五鏈」，即「創新鏈」「產業鏈」「社保鏈」「服務鏈」和「資金鏈」提交進一步建議書。

我們為什麼在這個時點選擇大灣區這個主題呢？

全國經濟變化　體現區域競爭

首先，同學會的宗旨就是集合曾修讀中國國家行政學院國情研習班的香港工商界精英，為香港推行的各項政策提供專業意見。通過同學會這個平台，充分發揮各自行業的優勢，積極與內地及香港特區政府的有關部門溝通，反映工商界的立場、發表意見和提出建議。大灣區建議書就匯集了CAGA同學的各種意見，分析香港面臨的挑戰與存在的不足，提出了富有操作性的建議。

其次，習近平總書記在中共十九大報告中明確指出，「要支持香港、澳門融入國家發展大局，以粵港澳大灣區建設、粵港澳合作、泛珠三角區域合作等為重點，全面推進內地同香港、澳門互利合作，制定完善便利香港、澳門居民在內地發展的政策措

施。」粵港澳大灣區建設已成為新時代「一國兩制」框架下，香港特區謀發展、促和諧，保障和改善民生的重要戰略機遇。

第三，以我們同學會自身經歷來看，作為香港工商專業領域愛國愛港的中堅力量，我們過往在各自領域所取得的成就，既離不開背靠祖國堅強後盾的支持，也離不開同學們審時度勢把握發展機遇的遠見。如今，隨着全球經濟與貿易環境的變化，先進高端裝備製造業和現代服務業，正在成為一些大國參與全球產業分工、爭奪全球產業鏈制高點的角力場，而競爭的方式日益體現為平台的競爭、集群的競爭、區域的競爭，而非單一產品、單一產業、單一城市的競爭。

新一輪科技革命　產業變革

「粵港澳大灣區」因時而生。在二十一世紀全球經濟重心漸趨東移之際，中國正在奮力搶抓新一輪科技革命、產業變革與加快轉變經濟發展方式交匯的歷史機遇，把粵港澳大灣區建設成為具有國際競爭優勢的世界級城市群正是其中的一項重要戰略，以此作為中國重要經濟引擎，帶動華南地區發展，在「一帶一路」建設進程中發揮重要的推動作用。

香港需要因勢而變。隨着移動互聯、萬物互聯經濟的崛起，區域競爭中「馬太效應」、強者通吃的特點會愈發明顯。這個區域並非是單一城市的概念，而是各種產業有機連接的都會片區。對我們每一個同學而言，對整個香港特區而言，我們一定要充分用好「國家有需要、香港有平台、國際有意向」這三大條件，乘勢而上，共同將大灣區打造成世界級水平的城市群。

「千人同心，則得千人之力；萬人異心，則無一人之用。」在當下粵港澳三地「大灣區」討論如火如荼之際，正是香港社會凝心聚力，各位同學、各界人士共同開創嶄新局面的大好時機！

2018年2月2日

大灣區常住居民
購匯限額應放寬

　　國務院總理李克強在第十二屆全國人大五次會議上，正式提出粵港澳大灣區戰略。粵港澳大灣區將充分發揮其在全國經濟中的引導作用，更好地參與到國家建設發展當中。為改善大灣區內民生狀況及實現灣區內個人消費和投資的高度融合，建議中央政府對粵常住居民每人每年最高購匯額度進行研究及檢討。

　　2016 年大灣區 GDP 總量為 1.38 萬億美元，人均 GDP 達到 2.1 萬美元。灣區的人均 GDP 雖與紐約灣區、舊金山灣區以及東京灣區相比尚存在差距，但已經達到世界銀行所劃貧富程度標準中的富裕水平。除去港澳，大灣區內其他 9 個城市合計貢獻 GDP 總量為 1.03 萬億美元，人均 GDP 則超過 1.7 萬美元。其中，廣州、深圳、珠海 3 個城市的人均 GDP 更是超過 2 萬美元，位列全國前茅。除此之外，2016 年廣東省人均可支配收入首次突破人民幣 3 萬元大關，主要城市如廣州、深圳、珠海、佛山等地的居民可支配收入更是突破人民幣 4 萬元，遠高於全國平均水平。

努力實現灣區「財通」

　　香港歷來在金融、教育上處於亞洲領先水平。近年來，內地居民赴港澳工作、學習、生活人數呈上升趨勢。而大灣區概念的推出，更是加速了內地與香港，特別是粵港之間「人通」「商通」和「財通」的發展。因此，由消費、投資、生活所產生的各類民生問題同樣引人關注。

在投資方面，「滬港通」「深港通」「債券通」等投資管道的發展有效地滿足了內地與港澳投資者的需求。香港金管局已在 2014 年 11 月率先取消香港居民每人每日兌換人民幣的限額，只在個人每日人民幣北上匯款額度設立了人民幣 8 萬元的限額。但廣東省仍一直沿用早在 2007 年《個人外匯管理辦法實施細則》中所規定居民每人每年最高 5 萬美元的購匯額度。考慮到灣區內廣東省主要城市已經縮短了與香港之間的經濟水平的差距，中央政府應適當提高粵常住居民購匯限額，以解決粵居民赴港生活、消費等費用民生需要，進而推動大灣區投資、消費、生活聯合發展。

國家公安部公布的數據顯示，2016 年破獲的非法結售匯重大案件共 380 餘起，涉案金額逾人民幣 9,000 億元，並且帶來不良金融風險。在有效減少非法結售匯活動的同時，亦可引導灣區內居民通過合法管道對外匯進行操作，從而降低系統性跨境金融風險。

三大城市「先行先試」

針對灣區內粵常住居民對外匯需求逐年上升的問題，建議個人外匯制度改革在廣州、深圳、珠海三大主要城市先行先試，為之後全面貫徹落實打下基礎。總之，以打造世界級經濟區、粵港澳深度合作示範區、「一帶一路」建設重要支撐區以及國際一流灣區為目標，粵港澳大灣區成為世界 GDP 總量第一的灣區將指日可待，灣區「財通」發展定必更上一層樓。

2018年1月19日

2018年世界經濟繼續回暖

新年伊始，回首過去，展望未來，2018 年世界經濟將繼續回暖，但回暖的基礎是否穩固，仍存在很多不確定性和不穩定性。

經濟中積極因素在增加

2017 年全球經濟增長速度達到 3%，是近幾年以來的最快增長，全球約有三分之二的國家的增長速度高於 2016 年，其中中國對全球經濟增長的貢獻約佔三分之一。

2017 年全球貿易增長表現出了價量齊升的新特點。第一、二季度出口價格分別上升 6.9% 和 3.9%，全球出口額則增加 11.4% 和 7.4%，排除價格因素之後，全球出口總量上升 4.5% 和 3.5%，也是近年來最好的。

全球勞動力市場繼續改善

2017 年全球勞動力市場繼續改善。美國的失業率降至金融海嘯以來最低的 4.2%。歐元區失業率也已從 2013 年歐債危機時的 11%，下降到 2017 年 9 月底的 7.5%。日本的失業率 2017 年 9 月僅 2.8%，降到本世紀以來的最低值。新興國家的勞動力市場也普遍得到改善。

困擾全球多年的通縮問題在 2017 年也終於見到曙光。美國 2017 年 10 月 CPI 同比增長 2%。歐元區 CPI 由負轉正，2017 年 10 月同比上升 0.9%。日本的 CPI 2016 年 9 月為負 0.5%，

2017 年 9 月轉為同比增長 0.7%。而新興國家的通貨膨脹也都得到較好的控制。

經濟中不穩定因素仍較多

美國總統特朗普在聖誕節前簽署了美國史上最大規模的稅改方案，這有可能引發全球範圍的減稅潮，對此，德國、法國、英國、日本等均已作出反應和表明減稅意向。一些新興市場國家為了防止資本外流，也將被迫減稅，這對於某些本來就財政困難的國家來說是雪上加霜。

美國聯儲局一二三把手將全部換人，鮑威爾將出任下一屆美聯儲局主席，副主席人選尚未最終落實。市場認為鮑威爾上任後，他的加息取向和他對其他聯儲局委員的影響力，將構成美國的加息態勢，由此會影響到美元匯率趨勢，以及全球金融市場的匯率再平衡，全球外匯市場可能將變得更加波動。

英國脫離歐盟、特朗普上台後退出 TPP、重談北美自貿協議等，世界逆全球化和貿易保護主義重新抬頭，對以往全球化的環境造成衝擊，令經濟關係重塑、國際貿易受損、直接投資放慢。

英國脫歐談判困難重重

英國脫歐談判困難重重，談判結果將對英歐經貿關係產生深遠的影響。另一方面意大利商業銀行超高的貸款不良率仍未找到好的解決辦法，成為歐盟的一個心病和定時炸彈。此外，歐元區成員國債台高築，限制了其財政政策的靈活性，歐元區的經濟復甦之路並不平坦。

隨着新舊能源轉換加速，以及全球能源提供者的多元化，能源（大宗商品）價格在 2017 年雖未暴漲暴跌，卻保持在低位波動，這對於以大宗商品為主的經濟體面臨經濟轉型的迫切性，其中包括俄羅斯、沙特等。

總之，據國際貨幣基金組織預測，2018 年全球經濟喜中有憂，按 PPP 計算將增長 3.8%，其中美國增長 2.3%，歐元區增長 1.9%，日本增長 1.7%，中國增長 6.5%，印度增長 7.4%，俄羅斯、巴西和南非分別增長 1.6%、1.5% 和 1.1%，總體來計，發達國家增長 2%，新興和發展中國家增長 4.9%。

2018年1月5日

「珠—中—江」
理想「人通」目的地

去年，國家「十三五」規劃提出「推動粵港澳大灣區和跨省區重大合作平台建設」，今年 3 月李克強總理所作政府工作報告中正式提出要研究制定粵港澳大灣區城市群發展規劃。廣東省隨即響應。

正式締造「一小時生活圈」

粵港澳大灣區包含廣東省九個城市和香港及澳門兩個特別行政區。如以去年 GDP 數額排名（從高至低）：廣州、深圳、佛山、東莞、惠州、中山、江門、珠海、肇慶。再根據廣東省整體經齊規劃，九個城市可劃分為廣州／佛山／肇慶、深圳／東莞／惠州及珠江／中山／江門等三個組別，去年 GDP 總和分別是 3 萬億、2.97 萬億及 7,800 億，顯然粵西經濟發展仍然滯後。

粵西的主要問題是基建情形不太理想，但是未來其通達性將會得到明顯改善。由北至南，三項基建項目會打通珠江東西岸的阻礙，包括 2019 年通車的第二條虎門大橋把東莞、廣州、中山連起來、2024 年深圳／中山走廊把深圳和中山連結，世紀性工程——港珠澳大橋幾乎將香港、澳門、珠海、中山及江門無縫地打通，正式締造粵西城市和港澳地區的「一小時生活圈」。

最近，筆者赴江門參加第三屆世界廣府人懇親大會，是繼珠海市承辦第二屆後，再次選址「珠中江」地區盛大開幕。這兩屆大會先後落戶在珠海和江門，都是取珠海市著名的度假勝地，且

近年興建大量全國性的主題公園設施，江門市更是著名的中國第一僑鄉，國家森林城市和中國人居環境範例獎城市。這次是筆者今年第三次光臨江門市考察和參會，體驗到江門市是充滿活力的、城市建設快速的、人民友善和諧的，但不失一座騰飛城市的特有素質！

樓價物價說明發展潛力大

最容易量度經濟發展速度的是當地樓價高低和上升速度。在過去兩年間，珠江東西兩岸樓價上升率明顯是東岸遠遠高於西岸，是約六成和二成之比。

根據物業顧問統計，大灣區各城市住宅售價（以人民幣／平方米）分別是香港（135,000 元）、澳門（82,400 元）、深圳（54,600 元）、廣州（31,300 元）、珠海（19,500 元）、佛山（14,400 元）、中山（12,000 元）、江門（8,300 元）等等，「珠—中—江」地區尤其是江門是滯後的。「珠—中—江」地區因為經濟較遲起步，支柱工業是旅遊、創新中心（珠海）、高端製造基地（中山）和軌道交通、裝備工業（江門），人民的普遍收入都較其他兩個地區低，當地消費水平正是三區最低的。樓價合理、物價便宜是說明未來這個地區發展潛力巨大。

當港珠澳大橋通車後，「珠—中—江」實是港澳人的理想「人通」地帶，無論去休閒旅遊，或是退休養老，或是企業和機構度假式開會，全是理想的目的地。將來整區的鐵路和公路系統完善後，珠江西岸成為港澳地區的「一小時生活圈」不再是空話了！港澳上班一族大可居住於江門，而每天往返港澳上班／經商／辦事，幫助紓緩兩個特別行政區的居住問題，增加社會歸屬感，放心開創個人事業，支持國家長遠發展！

2017年12月1日

粵港澳大灣區
經濟物流新機遇

期待已久的港珠澳大橋內地段暫定明年元旦全線通車，3 月前香港段通車。在此我們向港珠澳大橋全體工程人員致以崇高的敬意！

在物流配送和航運服務方面，香港是亞洲最重要的物流及配送中心，有全球最繁忙的國際貨運空港，不僅具物流產業環境成熟、空運便捷，以及服務品質、效率及安全性高等優勢外，現在還有更多的物流企業結合內地和國際的資源，提供全程現代供應鏈管理，為供應商與買家，提供從商品設計與包裝、到貨物配送的一條龍服務。

我們在利用香港的資源優勢，推動「透過香港走向國際」這定位的同時，亦要深思如何鞏固香港作為亞洲物流配送中心的戰略，去拓展環球物流、航運及供應鏈管理，發掘內地、亞洲及新興市場商機。成為國家在「一帶一路」倡議的紐帶，在粵港澳大灣區規劃發展中擔當經濟發動機聯動角色。

新模式新潮流不斷湧現

物流業是作為支撐經濟發展的基礎性和戰略性產業，內地的物流發展一日千里。從發展方式看，企業透過兼併重組，強化競爭優勢，市場主體將趨向集中。輕資產的平台、聯盟、加盟、合作等發展方式潛力巨大，新理念、新模式、新業態不斷湧現，也在一定程度上推動市場高速跳躍式發展。隨着需求升級、供給轉

型，產業融合、供應鏈整合漸成趨勢。大型企業向供應鏈轉型，產業鏈分工協作持續優化。

從增長動力看，新一輪技術革命對行業影響巨大，「互聯網＋」引導物流業與互聯網深度融合，催生大量新的商業模式。互聯網和移動互聯網已經成為了商業和生活的必需品，因此建好平台、線上及線下資源互補，優化流程，擴大客戶面，節省資源損耗，提升效率和盈利能力，為企業的可持續發展再加動力。隨着更多高科技研發和使用，例如人工智慧，物聯網、雲計算、大數據、區塊鏈在物流領域的應用效果逐步顯現，智慧倉庫、自動化物流中心，倉儲機器人、無人碼頭，無人駕駛貨車、無人機配送進入實質性試運行階段，智慧化物流的大潮已經成為行業不可逆轉的趨勢。

具備供應鏈管理者條件

借助港珠澳大橋，來自珠三角西部、廣東西部，以至西南省市及東盟國家的貨物更能善用香港的國際機場和貨櫃碼頭，更好地利用香港作為貿易和物流樞紐的功能。整體而言，大橋可以加速粵港澳大灣區的經濟融合，提升相互的競爭力和功能互補。香港位處亞洲中心，擁有地利和國際貿易優勢、一流運輸設施和交通網絡，背靠珠江三角洲及內地強大生產能力，是區內理想的物流及航運樞紐。香港具有多年的外貿經驗，與各個環節的生產商及服務供應商都已建立了深厚的關係，了解有關企業的核心業務和競爭能力，加上獲得國際青睞的服務承諾及與國際接軌的管理模式，都具備成為供應鏈管理者的條件。

2017年11月3日

創建共用平台　爭當主角

在歡慶香港回歸祖國 20 周年之際，我們中國國家行政學院（香港）工商專業同學會（CAGA）理事會順利換屆。到目前為止，我們 CAGA 已經匯集 400 多位曾經在國家行政學院研習、深造的同學。他們主要來自香港經濟界五大界別，是各行業的專業精英人士，在相應的領域已各有成就；又通過 CAGA 這個愛國愛港的平台，在社會參與、建言獻策、培育青年、慈善公益等諸多方面展現出同學們有理想、敢擔當、專業強、水平高的精神風貌，受到社會各界的好評。

CAGA 與眾不同的特徵，正是跨界別、多精英的優勢，再加上同學們志願奉獻、不論回報的理念，才使得 CAGA 在香港眾多社團中成為經濟領域和社會事務中的一道亮麗風景。

風物長宜放眼量。香港回歸祖國 20 周年，「一國兩制」的巨大成功已獲舉世公認；另一方面，工商專業人士如何參與香港未來的發展？如何協助解決經濟發展中的結構性、深層次問題？如何身體力行更加全面準確落實基本法和「一國兩制」？作為第三屆 CAGA 主席，我和同學們經過熱烈討論，擬通過將 CAGA 升級打造成為一個共用平台，協助各位同學在經濟領域和社會事務方面進一步發揮聰明才智，不僅成為行業精英，更要成為市場主角、社會棟樑！

爭當經濟界的主角

首先，我們 CAGA 是有條件、有能力做到這一點的。過去幾年，我們已經積極參與特區政府財政預算案、施政報告的公眾諮詢，並且主動為兩屆候任行政長官提交施政建議書。其中很多建議已經為特區政府所採納、實施。

其次，我們 CAGA 有信心在未來香港發展中，承擔更多職責、履行更多使命。相信自己、相信香港、相信國家，是我們所有同學的共識。相信自己，是因為我們來自不同的界別，並且我們都有各自的專業。所以，我們之間有差異，正是我們跨界的優勢，求同存異是我們合作之道，包容共建是我們團結基礎。我們同學之間能夠互相欣賞、提攜，取長補短，最終形成合力。

回歸 20 年，我們不應再以港澳同胞自居，應該回歸為香港居民；作為香港居民，在香港這個經濟舞台上，我們作為經濟界的專業精英，哪有不爭當主角的道理呢？不單爭當香港經濟界主角，更應積極參與去爭當世界經濟主角。我們要以「爭主角」來體現 CAGA 人的決心，彰顯 CAGA 人在經濟領域的社會擔當。我們 CAGA 同學不僅要敢於成為香港經濟界的領頭羊，更要勇於成為世界經濟領域的榜樣。

相信國家，因為祖國永遠是我們的堅強後盾。「一帶一路」倡議、粵港澳大灣區戰略、人民幣國際化等，為香港提供了前所未有的戰略機遇和大舞台。我們同學們有信心依託祖國、面向世界，通過 CAGA 這個平台成長為有精力、有能力、有社會影響力的社會精英、經濟領袖，支持特區政府依法施政、改善民生，竭誠服務社區。

我深信，上下同欲者勝！對 CAGA 如此，對香港也是如此！

2017年8月4日

港牽頭成立灣區開發銀行

　　香港回歸祖國以來，經濟社會發展取得豐碩成果。香港金融業基本制度秉承不變，一是貨幣地位不變，港幣美元保持掛鈎；二是自由港身份不變，資本順暢流進流出。在制度不變基礎上，香港金融市場因勢而變，建成了最大的人民幣離岸市場、亞洲第三大市值的證券市場，多年創造了新股集資全球紀錄，中資銀行及券商成為重要市場力量。

　　回顧 20 年來巨大成就的同時，我們也發現在金融體系結構方面，香港始終缺乏開發性金融這一重要組成部分。香港是亞投行和亞洲開發銀行成員，但自身未設立開發性金融機構，這與香港長期「小政府、大市場」定位有關。從長遠看，開發性金融的空白會導致香港主導大型建設項目實力不足，也會導致參與國內、海外重大戰略的缺位。列入國家戰略的粵港澳大灣區建設，給予了香港新一輪歷史機遇，如香港牽頭建立灣區開發銀行，將是香港首家開發性金融機構，也是我國首家服務於特定區域的開發性金融機構，對香港和國家都具有創造性的意義，對於大灣區建設也具有重要的推動作用。

高效率吸引境內外資金

　　比照世界領先的東京灣區、紐約灣區、舊金山灣區，粵港澳大灣區在基礎設施、產業結構、國際化、城市功能以及人居方面存在着較大差距，需要多方位投入。灣區建設具有周期長、見效

慢、資金需求大的特點，從資本回報和投資效率方面考量，較難吸引純粹的商業資本，而適合開發性金融對接。首先，開發性金融信用等級高，實力雄厚，能夠提供周期長、規模大、成本較低的資金。其次，開發性金融具有準政府性質，在項目選擇、政策把握和事務協調方面具有天然優勢。第三，開發性金融堅持市場化運作和保本經營，可避免完全由政府導向的行政化運作。

在大灣區成員內，由香港牽頭設立開發銀行具有諸多優勢。一是香港既能以較低成本和較高效率吸引境外資金，又能憑藉熟悉內地優勢引導中資企業海外資金回流。而內地成員僅有內地網絡，而無國際資源，無法實現資金雙流匯聚。二是大灣區對標國際一流灣區，應在各方面與國際看齊。香港引導灣區建設上具有國際化視野，執行國際化流程，同時又不乏同根同源的文化背景，有利於大灣區保持本地特色的同時躋身國際一流灣區。三是由香港牽頭設立有助於維持市場化運作基礎。大灣區項目大部分在內地，難免涉及地方利益，香港從外部專業角度運作，一定程度上可避免政府干預和利益衝突。

牽頭設立灣區開發銀行對香港同樣具有重要意義和現實利益。首先，香港參與大灣區建設獲得重要跳板和抓手，能直接參與國家戰略安排，可加速與大灣區城市群的協同發展。其次，開發銀行補齊了香港金融體系最後一塊拼圖，豐富了香港金融體系的生態，升級了國際金融中心的內涵。第三，香港牽頭設立灣區開發銀行，勢必會籌集本地、海外乃至內地資本入股，有利於香港提升資本匯集和運用能力。

2017年7月21日

回歸二十載
東方之珠更閃耀

李毅立
（第二屆）

自1997年香港回歸祖國以來，香港旅遊業取得飛躍式增長。1997年本港外遊人數為4,160萬人次，去年增長到8,910萬人次，增幅114%；1997年民航旅客運送量為2,863萬人次，去年增長到7,050萬人次，增幅146%。這些數據反映了香港作為國際主要航運中心和旅遊業中心的地位。

香港國際機場不僅是全球第三大國際客運機場，更是全球最繁忙的國際貨運機場，是香港經濟發展的重要動力。「十三五」規劃明確強調支持香港鞏固和提升國際金融、航運、貿易三個中心地位，支持香港參與「一帶一路」建設。

無論是民航還是貨運，隨着國家與海外聯繫的需求越來越大，香港應做好紐帶聯繫人的角色，緊緊抓住國家「一帶一路」策略帶來的機遇。

抓住「帶路」及大灣區機遇

今年是香港回歸20周年，李克強總理在政府工作報告中提出了「粵港澳大灣區」的策略，將進一步深化內地和港澳特區的交流合作，促進整體發展。

在旅遊業方面，本港旅遊業就業人口約27萬，旅遊業的進步也能夠帶動其他行業發展。特別是內地赴港人次從1997年的236萬攀升至去年的4,277萬，增長超過17倍。

遊客的消費方式也從跟團遊、購物行發展到如今深度體驗香

港特色文化的發現之旅。這些改變都彰顯內地和香港旅遊文化交流的升級換代。根據特區政府公布的新一年財政預算案，特區政府將額外撥款支持旅遊業加強推廣。諸多利好政策無疑在未來能夠更加提高香港作為旅遊目的地的競爭力。

另外，港珠澳大橋預計年底通車，通車之後的珠三角地區將會更緊密地聯繫在一起，從而加速港珠澳經濟一體化，並加深香港與內地城市的合作。在內地經濟發展迅猛的當下，香港不僅保持了自己作為全球最具競爭力城市之一的特色，又擁有了巨大的內地市場。在未來 20 年，在「一國兩制」、「港人治港」、高度自治的框架下，相信香港與內地會融合得更加緊密，攜手共贏，開拓更多的發展機會。

筆者來港 30 餘年，作為見證香港回歸歷史時刻的一代人，筆者認為：香港完善的法律制度，中華傳統文化和道德，「一國兩制」的堅定實行，特區政府和中央的良好溝通及有效施政一直是大多數港人心中「東方之珠」的可愛之處。

紫荊花開 20 年，在「一國兩制」的實踐下，相信「東方之珠」會更加閃耀！

2017年7月7日

港資本市場20年滄桑巨變

謝湧海
（第二屆）

在歡慶香港回歸祖國 20 周年之際，筆者作為金融從業員感觸良多。過去 20 年間，香港資本市場為祖國經濟建設和改革開放作出戰略性貢獻，筆者更親身經歷和見證了這期間在市場主體、角色，以及兩地融合等多方面的滄桑巨變。

金融危機　改寫市場主體格局

在亞洲金融風暴前，華資券商一直是香港資本市場的主體。以百富勤和新鴻基證券等為代表的一批華資券商叱咤股壇、融資融券、炒匯炒金。1997 年亞洲金融風暴衝擊香港，次年特區政府只救市、未救券商，華資巨頭百富勤轟然倒閉。歐美券商趁虛而入、取而代之，香港資本市場的參與者主體轉為外資。當時，外資基本上主導了香港資本市場八成以上的 IPO 業務和七成的二級市場交易。此景維繫了近十年。

2007 年美國爆發次貸危機，2008 年更演變成全球金融海嘯，歐美投行被迫去槓桿、收縮海外業務。正可謂「機不可失、時不再來」，中資券商看準時機紛紛登陸香港。2007 年香港中資證券業協會成立，當時僅 8 家創會會員。經過 10 年發展，目前該會在港已擁有過百家中資證券、基金和期貨公司會員。中資券商在香港 IPO 融資方面與外資平分秋色，跨境資本業務方面獨佔鰲頭，不僅成為香港資本市場的重要參與者，也是香港與內地市場融合的主要推動者。

離岸人民幣中心　提升市場角色

　　香港資本市場的角色隨着內地經濟的發展而不斷提升。首先，自從 1993 年青島啤酒作為第一隻 H 股在香港上市之後，香港成為內地企業海外上市融資的主要市場。截至目前，海外上市內地企業超過八成半選擇港交所。從 2004 年開始國家實施人民幣國際化戰略，香港最早開展人民幣結算和兌付業務，並在 2007 年建成全球第一個人民幣離岸中心。五成海外人民幣存款、六成人民幣債券（俗稱「點心債」）、七成跨境人民幣貿易結算均以香港為交易平台。2008 年金融海嘯後內地企業加快走出去步伐，香港又成為內地企業走出去的重要平台。提供從項目前期諮詢、到項目融資，再到項目管理的全產業鏈專業服務。自 2013 年習近平總書記提出「一帶一路」倡議以來，特區政府成立了「一帶一路」督導委員會和辦公室，牢牢把握這個歷史性機遇，促進香港社會和經濟發展、提升競爭力。香港申請加入亞投行也已獲批准，目前正在爭取將亞投行的財資部設到香港來，以便更好利用香港的條件，服務「一帶一路」各項投融資需求。

市場融合　服務祖國

　　回歸祖國 20 年來，香港資本市場不僅以各種形式服務國家實體經濟發展和各項重大戰略，還積極擔當了內地資本項目對外開放的試驗田重任。從 2002 年內地資本市場開始實施 QFII 額度，到後來的 QDII、RQFII、兩地基金互認；從 2007 年「港股直通車」的提出，到後來「滬港通」、「深港通」，以及今年內有望開通的「債券通」，每一項試驗和創新都凝聚着內地和香港所有持份者的智慧和付出，體現出香港作為國家的國際金融中心優勢，每一個成果都離不開兩地市場緊密合作和頂層制度設計。

　　展望未來，任重道遠。香港資本市場將在粵港澳大灣區建設、「一帶一路」建設、「中國製造 2025」、兩個「百年目標」等國家戰略中發揮更加重要作用，並在國家金融安全方面主動承擔應有的義務和責任。

2017年6月2日

港保險業應大有作為

　　特區政府即將換屆。作為保險業資深從業人員之一，筆者希望候任特首及新一屆特區政府能夠銳意改革，積極推動保險業的進一步發展，讓香港保險業和整個從業人員大有作為。

落實稅務優惠　支持退休保障

　　具體而言，筆者有四條建議。首先是落實稅務優惠，支持退休保障。香港人口迅速老化，75 歲以上的人口比例在 2036 年會上升至 27%。除了政府以公共資源支持退休保障，我們更應鼓勵市民自行儲蓄和計劃未來。保險業有各式各樣的產品，配合市民的退休和保障需求，如近年廣受市民歡迎的年金，又例如風險較低的投資相連產品，都適合供長者購買或作長線投資之用。然而即使有再好的保險產品配套，也需要有強力的誘因，吸引市民主動儲蓄和投資。

　　我們建議特區政府為購買特定儲蓄或投資保險、為非在職配偶強積金供款的市民提供稅務優惠，並協助推廣相關訊息，讓市民明白自己的責任和可享的權益。

　　與此同時，政府應多提供更多長期債券，令保險公司有適當的投資工具，發展更多長線的保本保險產品，為市民提供更多元化的選擇。海外的經驗顯示，退休金計劃往往需要運作四十餘年才得以成熟，而香港的強積金計劃推出十多年已見成效，為成員提供林林總總的投資選項，保障日後的退休生活。我們希望特區

政府能加大宣傳和教育的力度，讓大眾得以明白強積金的作用和裨益，亦可間接鼓勵市民為未來儲蓄和計劃。

其次，特區政府要抓住粵港澳大灣區納入國家戰略的機遇，進一步推動內地和香港保險業的互聯互通。但在當前的 CEPA 框架下，香港保險公司需要跨越較高的准入門檻，進入內地市場仍難關重重。希望特區政府能與內地監管機構磋商，制訂較實際可行的准入門檻，可考慮的方案包括「內港保險通」。

「一帶一路」保險樞紐

第三，發展香港成為「一帶一路」保險樞紐。國際航運保險聯盟（International Union of Marine Insurance—IUMI）成立 142 年來，首次在歐洲區以外成立支部，就挑選了香港為亞洲區的基地。此舉無疑突顯了香港在區內的領導地位，以及作為「超級聯繫人」的角色，也配合國家「一帶一路」的框架思路。

我們應當進一步發揮、豐富跨境集資和融資中心的優勢，尤其是強化香港作為跨地區性再保險中心地位。包括：為大型基建開路護航；助內企「走出去」，可提供專業責任保險、產品責任保險、信用保險、董事及行政人員責任保險以至主權風險轉移方案等，令企業及有關行政人員可安心在「一帶一路」沿線擴展業務；安排巨災債券，提升整個巨災市場的承保能力。

最後，政府也要在行業規管方面主動聽取業界呼聲、從善如流。例如，以一站式的手法處理所有與保險相關的爭議，將保險索償投訴局的職權範圍擴大至非索償的投訴，增加調解職能、委任業外人士為主席等。建立金融業監管協調機制，解決一業多「管」、標準不一而產生的問題。

2017年5月19日

發揮香港優勢
主動對接大灣區

馮國佑
（第三屆）

「灣區」一般指由圍繞在沿海地方城市所組成的港口群和城市群，由此衍生的經濟效應被稱為「灣區經濟」。據世界銀行的一項數據顯示，佔全球六成的經濟總量集中在入海口區域。因此「灣區」已成為帶動全球經濟發展以及技術變革的重要地區。「灣區經濟」往往具有顯著特徵，例如：開放的經濟結構、高效的資源配置能力、強大的匯聚外溢功能、發達的國際交往網絡。

粵港澳大灣區指的是由廣州、佛山、肇慶、深圳、東莞、惠州、珠海、中山、江門九市和香港、澳門兩個特別行政區形成的城市群。是繼美國紐約灣區、美國舊金山灣區、日本東京灣區之後，世界第四大灣區。據 2015 年 GDP 數據，廣州已經趕超新加坡；深圳已經趕超香港，珠海與意大利的佛羅倫薩相當。

據廣東省發改委負責人援引數據指，2015 年粵港澳大灣區經濟規模為 1.36 萬億美元，港口集裝箱年輸送量超過 6,500 萬標箱，機場旅客年輸送量達 1.75 億人次；產業結構以先進製造業和現代服務業為主，港澳地區服務業增加值佔 GDP 比重均在九成左右，內地九市製造業基礎雄厚，已形成先進製造業和現代服務業雙輪驅動的產業體系。

香港目前仍有三方面優勢：一是與國際市場接軌的制度，包括廉潔的政府、清晰的政策、完善的法治、獨立的司法、社會治安良好，為投資者提供公正的保障。二是成熟、高度開放的市場經濟體系、健全的財政、通暢的資訊、高效的運作。三是作為世

界的金融中心之一，能長期吸引國際投資者參與，為有潛力的項目提供融資機會。

由於歷史的局限，香港過往經濟發展基礎狹窄，面對世界科技飛躍革新，香港創新發展起步略遲。若能結合內地科研技術水平，創新發展應可事半功倍。加上灣區發展擴闊了市場腹地，為原有的核心產業——金融、運輸、旅遊，及其他服務性行業提供更多機遇。

配合內地科研　事半功倍

具體而言，落實粵港澳大灣區的發展，首先啟動區內人流及商業活動，應可刺激商旅的需求。改善基建設施，還可以進一步增加啟動區內人才、資金、技術、訊息的互聯交流，例如港珠澳大橋、高鐵、「一地兩檢」等都能提供區內合作發展的基礎。繼而聯手打造粵港澳大灣區世界級旅遊區。豐富粵港澳「一程多站」旅遊精品線路，支持香港建設多元旅遊平台。推動廣東與港澳聯合開發海上絲綢之路旅遊產品。加快推動粵港澳遊艇自由行。

當然，要汲取過去經驗，政府必須密切監察人流趨勢，規劃合適的配套，疏導人流，遏止水貨客擾民，提升服務質素，禁絕非法欺客，鞏固信譽，相信旅遊行業可得到改善，長遠更可升級增值。大灣區的發展其實是將鄰近的小區組織起來，融合發展、分工結合、各展所長，以發揮各區的原有獨特優勢條件，取長補短、互相支援，從而產生協同效應。因此它的發展前景肯定比各自為政、孤身上路更有競爭力！

2017年5月5日

關於金融業的兩項建議

朱永耀
（第一屆）

目前香港資本市場的結構已普遍由透過上市作股權融資（IPO）邁向上市前融資（pre-IPO）的階段。特別是大部分具備條件的國有企業已經上市，故不少企業近年均轉向風險投資（venture capital）及私募股權（private equity）等管道募集資金，推動香港的資產管理市場亦隨之轉趨活躍。另一方面，內地中產人士及高淨值（high net worth）客戶漸多，他們對資產管理的需求亦相應提高。已經開通的「滬港通」、「深港通」，包括即將開通的「債券通」，也將進一步刺激在本港開設資產管理公司的動力。未來香港可考慮推出稅務優惠及相關支持政策，吸引內地及海外資產管理公司來港，使香港成為亞洲最具潛力的資產管理中心。

資管減稅　提升競爭

近年政府將適用於離岸基金的利得稅豁免延伸至離岸私募基金，並寬免交易所買賣基金股份或單位轉讓的印花稅及將企業財資中心的利得稅降至 8.25%。因此，筆者建議將利得稅豁免的範圍擴大，以涵蓋在岸以私人形式發售的開放式基金型公司。未來政府也可借鑑新加坡的稅務優惠政策，為國家主權基金（sovereign wealth fund）提供較低稅率或豁免其利得稅，以吸引更多基金公司來港經營。

此外，香港金融發展局可向內地及海外的資產管理公司多作

推廣及宣傳，介紹香港營商環境及政策優惠等資料，並為有意來港經營的基金公司提供註冊流程、法律法規、財務稅收等指引，以協助該等公司獲得牌照，發揮有如內地城市金融服務辦公室的作用。

第二條建議，與「一帶一路」的國策高度相關，即香港出口信用保險在其中的角色定位。當前出口信用保險局的保單，為貨物及服務出口提供最多 180 天的保險服務。雖然財政司司長於 2017/18 年度財政預算案中建議提升出口信用保險局的承保能力，將其根據保險合約所負的或有法律責任上限由目前的 400 億港元增加至 550 億港元，但「一帶一路」策略除涵蓋商品及服務貿易之外，亦包括基礎建設等較長期的資本項目投資。

出口信用　擴大角色

筆者建議擴大出口信用保險局的角色。政府或可探討擴大出口信用保險局的角色，容許港鐵等企業以專營權收入或其他資本項目的長期回報作抵押，換取當局的融資擔保甚至貸款，從而支持香港企業把握機遇往「一帶一路」國家作出長期投資。

例如，近年港鐵業務除擴展至內地城市如北京、深圳等之外，亦已在瑞典、英國等地發展，未來或會再參與「一帶一路」國家的鐵路項目，負責興建、營運及管理。具體而言，港鐵或因其投資而獲得長達數以十年計的鐵路專營權。

2017年4月21日

「一帶一路」下
航運業的改革機遇

　　內地經濟改革開放以後，香港靠着良好的地理位置及四通八達的航運網絡，積極扮演着航運樞紐的角色，為內地經濟發展所需的人才和物資提供了流動的便利，在內地高速發展同時，本港經濟也從中得益，不難看見，航運交通產業的發展，是一切經濟發展和活動的根本。

開放航權新思維　迎接經濟再增長

　　隨着「一帶一路」策略的倡議，香港未來的商業夥伴也會由傳統的歐美，慢慢移向相對陌生的中亞、阿拉伯和非洲等市場。當地市場充滿機遇，除了需要物資的輸入，也要大量的金融、科技、管理人才前往，本港經濟能否搭上「一帶一路」的經濟快車，與航運交通，尤其是航空運輸的發展息息相關。

　　眾所周知，任何成熟的產業或市場均需要時間和資本的培育，策劃一條新航線亦然。特別是新興市場對運力的需求在發展初期非常疲弱，所以政策的協助或傾斜非常重要。筆者在此呼籲的並非政府財政上的補貼，而是航權安排的突破，尤其是經內地城市前往「一帶一路」沿線國家的延遠權（第五航權）的安排。舉例來說，某個中亞國家經濟發展勢頭良好，除了需要進口建設物資和一般商品外，對國外金融業的進駐，法律、教育和物流專才的需求同樣殷切，這個市場的需求恰恰是香港經濟的強項。兩地持續的經貿往來，一定為本港整體經濟發展帶來正面影響，這

種從無到有的關係，同時產生了對兩地航空運輸的新需求。

無奈這個航運需求在初期是不足以吸引航空公司投入運力，如果這條航線因此而不能誕生，不單是航運界的損失，更是其他以上提到的產業的遺憾。若讓政府對這等新航線給予財政補貼，不但脫離了本港一直奉行的自由經濟原則，而且對其他行業也有不公平之嫌。

經內地城市飛中亞

同樣的問題可能也會發生在內地的某些城市。所以，如果允許香港的航空公司經營一條由香港始發，經內地一個城市上落客貨後，再飛往這個中亞目的地之航班，內地經停城市的客源和貨源必定可以彌補香港始發時的不足，這樣的安排必定大大減少航空公司在營運新航線初期客、貨源不足的風險，藉此拉動其他產業往該中亞國家發展，使本港整體經濟受益。

在「一國兩制」的前提下，香港與內地雖為一國，但航空運輸的往來是嚴格按照基本法和《內地和香港特別行政區間航空運輸安排》的規管，並比照國際慣例處理。尤其是延遠權（第五航權）的安排，涉及兩地航空公司的經濟利益，是一個頗為敏感的題目，目前是不被允許這樣執行航班。

但筆者認為既然「一國」是大前提，「一國」之內有什麼問題不可以談？國與國之間的第五航權都可以透過談判來達成協議，那麼自家人有何困難不能協商解決呢？的確，立刻全面開放延遠權是有一定難度，但雙方可以朝着先易後難的方向來討論。既然「一帶一路」是國策，就以沿線國家為延遠權安排的開始，只要有關決策局放開思維，勇於創新，促使航空產業先行帶頭配合國策，那麼本港其他產業也必能從中獲益。

2017年4月7日

林鄭政綱聚焦經濟民生
務實可行

　　本周一，行政長官林參選人鄭月娥發表了初步政綱，聚焦港人關心的三個核心問題，即教育、稅制和房屋。林鄭提出全新的施政理念、政策舉措和努力方向，令人耳目一新、點燃新的希望。經濟問題是新一任行政長官施政的重中之重。作為特區政府，其一切施政不外乎圍繞兩個重點：一是如何發展經濟，將 GDP 做大做強，二是如何分配經濟增長帶來的社會利益。

增教育開支　稅制助中小企

　　關於教育問題，林鄭在政綱中提出每年增加 50 億元經常性開支，用以改善學校硬件和軟件、改善教師編制、資助高中畢業生升讀自資大學課程。林鄭以教育為本，從教育入手，其政綱讓教師安心、學生舒心、家長放心，社會對學校更有信心。

　　近兩年，香港發生的「佔中」事件和「旺角暴亂」牽引全社會再次將目光聚焦於年輕人的教育。可是教育的問題究竟出在哪裏？從何處着手改善教育？社會各方人士和社團有力出力，有錢出錢，從多方面着手對學生加強國民意識教育，鼓勵青年赴內地遊學、培訓或做暑期工，以及安排工商界成功人士赴大學舉辦講座等。

　　但香港有一百多萬學生，要從根本上改變教育現狀，單靠民間力量是不夠的，還得政府出手。林鄭政綱邁出了政府對改善教育的實質性一步，從制度着手、從師資着手、從經費着手，務實

可行。

關於稅制問題，林鄭還提出兩級制利得稅，企業首 200 萬元利潤的稅率由 16.5% 降至 10%，預計數以萬計的中小企業將減稅負達四成。對於從事研究和發展的企業，政府還將有額外的稅務扣減優惠。這項稅務安排，既為現有中小企減負，又為年輕人創業、創新提供稅務優惠。

香港經濟結構中 93% 是服務業，而 85% 為中小企業。中小企業是香港經濟結構中的重要組成部分和活力所在。從當前的外部環境看，一方面全球經濟開始復甦，但政治不確定性增加；另一方面，中國經濟仍以中高速增長，積極推進「一帶一路」戰略。香港中小企業需緊緊抓住發展的窗口期，開創事業、適度轉型、適度有為。但是，中小企業容易受到外部環境的衝擊和影響，經營風險較大，存續期較短。針對這一特徵，林鄭的兩級利得稅安排非常及時和務實，有助於中小企脫困、轉型和創業創新，對香港經濟的長遠發展是有利的。

檢視土地來源　重建置業階梯

關於房屋問題，林鄭提出新的思路，政府將誠邀各界人士全面和宏觀檢視土地來源，以增加土地供應和土地的更加合理配置，同時政綱提出重建置業「階梯」。林鄭從增加土地供應和擴大置業人群着手，提出新的思路和方向，給社會新的期盼和希望。

香港作為一個發達經濟體，人均 GDP 高達 4 萬美元，但高樓價令很多中低收入人士望「樓」興嘆，很多家庭三代「蝸居」。與世界發達經濟體和內地近些年改善民生情況相比，香港在利益分配和民生問題上暴露出深層次短板。

林鄭在政綱中提出「宏觀檢視」土地使用和微觀重建置業階梯，將集思廣益和制度調整相結合，引領港人進行新的置業探索，尋求解決高樓價環境下中下層人士居住難的問題，以及與之相關的企業經營成本居高不下的問題。

2017年2月17日

「一帶一路」
香港航運業受挑戰

　　踏入 2017 年，大家要面對的是「特朗普效應」的蔓延，全球化經濟即將逆轉，這對香港這類依賴出口的經濟體來說，將會面對較大的衝擊。

　　過去 30 年，全球經濟的成長，主要靠中國經濟的需求與消費支撐。從原物料、生產設備、大宗商品的採購，乃至近年的奢侈品、一般生活必需品、旅遊等的消費，中國既是世界最大的工廠，也是世界第二大經濟體。中國的經濟走向，影響着全世界的脈動。對香港而言，兩者更是唇齒相依，內地經濟的走向與發展，對香港的影響只會是日益劇增。

　　在過去改革開放期間，香港扮演着內地邁向國際化的跳板角色。當時，香港對內地的經濟發展是相對重要，但隨着內地經濟發展到「後工業化」的階段，香港的優勢正逐漸消失。

領整體經濟向前

　　今年對香港而言，是沉重的一年，香港經濟的未來該如何發展？此時已到了要積極面對和抉擇的時刻。也許，澳門近年的發展路向可以對我們有一些啟發。在印象中，過往的百年歷史，香港的整體發展都較鄰近地區優越，但在未來，這樣的態勢卻在改變。隨着澳門在「一帶一路」中扮演着內地與葡語系國家的重要橋樑，澳門的國際地位已悄然提升，內地未來會有更多的企業經由澳門走向國際。作為鄰近的香港，無論作何感想，都不能再無

動於衷。同時，在此寄望港人要珍惜我們所擁有的香港價值，帶着創新的勇氣，用前瞻的眼光調整腳步。也許我們也應該認真地思考一下，要如何在「一帶一路」的經濟發展中扮演關鍵角色。

近期，浙江義烏至英國倫敦的首趟貨櫃列車開通，載着 88 個標準貨櫃，以 18 天時間抵達 12,000 多公里以外的倫敦，是義烏開通的第八條國際貨運列車。在這條新絲綢之路，四川成都扮演着西進、連接東西的樞紐，蓉歐快鐵是一條從成都開往波蘭的列車，經過新疆阿拉山口、哈薩克斯坦、俄羅斯，進入波蘭邊境的布列斯特，到達當地最重要的羅茲物流中心，耗時 12 天，比海運減少三分之一的時間，以及只要四分之一的空運價格。

威脅還是新機遇

在航空運輸方面，香港除了要與傳統的區域競爭對手一較高下外，很多內陸機場也在冒起。成都的天府機場已經拍板興建，與目前的雙流機場聯合成為內地少數雙機場的城市。估計這兩個機場的貨運量會超過排名第四的深圳機場，朝區域性樞紐機場的方向前進。以上種種，將會是香港航運物流業的威脅還是新機遇呢？

成都、昆明、重慶、西安這四個城市正在齊心合力，在產業、交通、市場推行一體化政策，組成菱型經濟圈。即使是偏遠的新疆，除了原有的石油產業外，也正積極建設成絲綢之路經濟帶旅遊集散中心，以及建造中亞最大的技術工人培訓基地，那麼香港的旅遊服務與教育產業是否有機會分一杯羹呢？當內地的中西部城市都在密鑼緊鼓地要趕上沿海城市，期望搭上「一帶一路」的經濟快車，香港又是否做好了改變的準備呢？

2017年2月3日

展望2017年
世經形勢「嚴峻複雜」

回顧剛剛過去的一年，世界主要經濟體消費需求未見起色，私人投資增速減緩，國際貿易持續低迷，全球經濟復甦乏力。據IMF等機構預測，去年發達經濟體經濟增長僅為1.6%，增速同比下跌0.5%；新興經濟體則因中國仍保持中高速增長的原因，將錄得總體4.2%的增長，增速同比增加0.2%。

展望2017年，世界經濟和投資環境可用兩個詞來表達：嚴峻和複雜。「嚴峻」指國際市場需求低迷，外貿增速低於經濟增速，貿易保護主義抬頭，「逆全球化」思潮蔓延。2016年全球貨物貿易量僅增長1.7%，預計今年仍將維持在1.8%至2.5%的低水平區間，外貿對全球經濟增長的帶動作用十分有限。

特朗普上台帶來不確定性

「複雜」指美國當選總統特朗普上台給全球經濟增長帶來的更大的不確定性；英國脫歐即將進入實質性談判，可能出現英歐雙輸局面，且有機會再次觸發蘇格蘭獨立公投；今年法國和德國大選是否會出現「黑天鵝」；意大利和德國等重要銀行的不良貸款有可能觸發新一輪歐洲銀行危機；美國與其他國家利率政策向背而行，有可能提升加息速度，令外匯市場呈現美元一幣獨強、百幣凋零的局面，直接影響資本流向和大宗商品價格，加劇股市和債市波動。有跡象表明，2017年可能是世界經濟增長低於危機前30年平均增長率的第六年，也是全球股市和債市劇烈波動

之年。

依次分析主要國家和地區經濟前景。首先看一看美國：2017 年的經濟數據仍將好壞參半，一方面聯儲局的加息意圖有所增強，另一方面特朗普的財政刺激有可能引發通脹。在雙重加息預期之下，美元將進一步走強，從而有可能抑制美國出口、影響經濟增長和就業進一步回升。特朗普能否引領美國經濟走出這個矛盾的怪圈，值得關注。預計今年美國經濟增長約為 2.2%，但能否實現仍存在很大不確定性。

歐元區多事之秋　日本難熬

其次看一看歐元區：其將繼續實施寬鬆的貨幣政策，通過歐元貶值來帶動出口，從而增加就業和實現社會穩定，但畢竟今年是其多事之秋。預計今年歐元區經濟增長僅 1.5%，增速同比下降 0.2%。

日本經濟將繼續在內外交困下熬過 2017 年。從內政來看，其財政赤字已達其 GDP 的 260%，限制了安倍進一步實施財政擴張政策。另一方面在外匯市場上日圓不時成為避險貨幣，加劇日圓的波動、削弱了其出口競爭力。日本經濟更因人口老齡化而活力不足。預計日本經濟增速約 0.5%，大致與上年持平。

最後，看一看新興經濟體。預計在全球寬鬆的貨幣政策之下，新興經濟體將繼續得益於較好的基本面而成為外來直接投資的重要目的地。其中，中國和印度今年經濟增長率將分別維持在 6.5% 和 7.6%，仍將是全球經濟中增長最快的。俄羅斯、南非、巴西和中東地區，則繼續受困於大宗商品價格低迷，影響其經濟增長；雖然這些國家和地區正在進行經濟結構調整，但困難重重。

總而言之，2017 年全球經濟將在艱難中尋求復甦，在紛亂複雜和充滿不確定性中曲折前進。

2017年1月6日

「一帶一路」國家戰略與中資券商的機遇

　　「一帶一路」即絲綢之路經濟帶和 21 世紀海上絲綢之路。其主旨為通過發展中國與沿線國家和地區的經濟合作夥伴關係，加強沿線基礎設施建設。「一帶一路」基於沿線國家潛在的成長需求，將部分國家自身成本相對低廉的勞動力、中國在基礎設施建設和製造業領域的巨大優勢、中國積累的雄厚資金和投資能力、中美歐在高技術等領域的核心技術優勢結合在一起，為發揮比較優勢、優化跨境資源配置提供了絕好的契機，是具有戰略遠見的國家大計。

　　「一帶一路」戰略提出到目前為止已有 3 年時間，但是實施過程仍面臨很多困難和挑戰。中資券商和金融機構應當抓住歷史機遇，積極協助國家應對這些挑戰，並借此實現國際化戰略布局。具體來說，中資券商和金融機構應當積極落實以下工作：

建立聯盟　突破瓶頸約束

　　首先，要建立戰略聯盟、突破「一帶一路」瓶頸約束。建立戰略聯盟的主要目的是取得美歐特別是美國政府、金融機構和企業的支持，共擔風險，共享收益。在努力與項目國互利合作、降低項目風險的基礎上，應當借助亞投行平台積極吸收美歐等發達國家參與「一帶一路」項目，分散投資風險。

　　其次，加強產融結合、完善「一帶一路」項目投融資機制。應當加強與基建等企業合作，建立更加開放、透明、科學的投融

資機制，通過市場化的方式和機制吸收金融機構完成項目融資，一方面為中資金融機構出海創造戰略機遇，另一方面加強跨國金融合作。

第三，加快開展「一帶一路」項目多管道融資。以中資機構為主體，建立和鞏固戰略聯盟，通過項目投融資，獲得融資牽頭行、主辦行、協調行、主承銷商、記賬行等角色，建立和鞏固與全球性投行戰略合作關係，建立和拓展海外營業網絡，分散、降低信用風險和政治風險。

在融資方式、工具和參與主體上，可根據項目的特點和現金流、項目融資參與機構的風險偏好、收益要求和流動性要求差異，建立多層次、多方式、多管道的融資架構，為參與機構提供更多產品和工具選擇。

輸出中國經濟特區建設經驗

第四，助力推進重點示範性項目。以重點示範性項目融資作為實施「一帶一路」戰略的抓手，重點推進例如印尼雅萬高鐵、中泰鐵路、緬甸密松水電站、巴基斯坦瓜達爾港等示範性項目，以此為支點撬動其他國家的重點項目。

最後，輸出中國經濟特區建設經驗。得益於改革開放，中國過去近40年取得了高速經濟成長和全球矚目的經濟奇跡。中國經濟成長的成功經驗是「一帶一路」戰略的最大賣點，而中國經濟特區建設經驗的輸出，應當成為「一帶一路」戰略的關鍵支點。

中資券商應通過自身努力，積極嘗試與「一帶一路」發展中國家建立投融資與市場開放的對話機制和對話平台，引導相關國家嘗試建立經濟特區，以此推進改革、加快開放，並借此機會加快中資券商海外分支機構網絡建設，加快國際化布局。

2016年12月16日

「深港通」中期提升港股估值

譚岳衡
（第八屆）

　　「深港通」啟動後，對於港股來說主要體現在市場估值和市場交易量。兩地市場聯動，中期會使港股估值提升 15% 至 20%。

　　橫向比較港股、A 股和美股，從 2005 年至今的十餘年間，恒指市盈率幾乎一直為三地最低。尤其從 2012 年至今，恒指市盈率基本徘徊在 10 倍左右，而同期標普 500 指數市盈率則由 15 倍水平穩步提升至目前的約 20 倍。儘管滬深 300 指數較為波動，但市盈率也高於恒指。

　　港股低估值的主要原因是指數行業結構、上市資源與投資主體之間的錯配，導致投資人對上市公司尤其是新興行業上市公司理解的前瞻性不夠，從而產生估值折讓。

　　首先，恒指金融地產等傳統行業佔比高。恒指和國企指數中傳統金融及地產行業總佔比分別高達 58% 至 71%，而滬深 300 指數中這兩個行業佔比為 42%，標普 500 指數僅有 16%。

上市公司及投資者主體地域錯配

　　再看市值，港股市場上 43% 的市值由市盈率較低的傳統金融業及地產業構成，而估值和成長性較高的資訊科技行業則僅佔 10%。對比 A 股，金融、地產板塊在流通 A 股市值中的佔比僅為 26%。

　　新興行業在指數中的比重則相反。比如通訊服務行業，恒指

中比例為 11%，標普 500 為 24%，納指為 50%，深圳中小板佔 23%。這個板塊的市盈率相對較高，比如在標普 500 是 23 倍，納指 53 倍，深圳中小板 71 倍。

這種行業構成差異是導致港股估值較低的一大因素，因為金融地產兩大行業的市盈率估值處於港股各行業平均市盈率最低的區域。市盈率低的行業佔指數比重很大，市盈率相對較高的新興行業在指數中佔的比重低，這樣就拉低了整個市場的估值。

其次，香港市場上市公司主體和投資者主體存在地域上的錯配。截至今年 9 月，相關內地股份佔港股主板總市值超過 60%。這就是說，上市公司主體將近一多半來自內地。但是，成交額中僅 10% 來自內地。來自海外投資總交易額中歐美資金佔了近 60%。上市公司主體和投資者主體在地域上的錯配，致使熟悉相關內地上市公司的內地投資者缺乏市場話語權，而擁有資金話語權的歐美投資者因資訊不對稱，相對不熟悉這些中國企業，從而拉低港股估值。

三個市場連一體助收窄差距

「滬港通」和「深港通」開通以後，三個市場連為一體。理論上講，在完全聯通的市場中同一標的估值應該一致。而目前 A-H 兩地上市的股票，A 股明顯存在溢價，港股估值較低的局面持續存在。隨着互聯互通增強兩地市場間的聯繫和資金流動，我們認為港股估值與 A 股之間的差距將有所收窄，會通過港股估值提升來實現。市場互聯互通進一步推進，內地資金比重上升，會逐步矯正港股市場上市公司和投資者來源地的錯配；隨着聯動加強，A-H 兩地上市股差價收窄的壓力加大，間接帶動相關板塊估值，反過來會增加市場對新興板塊的吸引力，提高指數中估值本來較高的非傳統行業的比重。

預計港股估值可能逐步修復到歷史合理市盈率 13 至 15 倍的區間，而港股估值有望向上修復 15% 至 20%。

2016年12月2日

「深港通」顯示金融改革持續

馮國佑
（第三屆）

　　前年推出「滬港通」，是中國金融改革開放的里程碑。但是，「滬港通」推出不久，兩地股市不足一年經歷急升潰跌，不少投資者高追低斬，損失巨大。

　　總結過去的教訓，近年金融市場急速上落，無跡可尋；同時，因當代科網發展快速，應用普遍，趨向單方向跟風的買賣，都增加了金融的流通風險。例如，網絡金融發展過快，容易借貸，缺乏信貸監控，倘若市場逆轉，客戶單邊爭相恐慌沽貨，而且場外配資誘使客戶高槓桿借貸最為致命；交易網絡更為先進、更為快捷，也發展出更多元化自動化程序買賣，隱藏不少盲點，容易被有心機之人有意或無心間，製造假象，狙擊誘發點，導致更多機械式買賣跟隨，產生動盪；智能手機普及化，在內地的滲透率達六七成至九億部。

　　網絡消息傳送更快、方式更多，電視、報紙、微博、講座、專訪、微信群組皆有，若被有心機之造市大戶把持利用，催生謠言或誤導行為，後果堪虞；中國股市以散戶為主，加上開放不久，不夠成熟，多受消息牽引，也缺風險管理，對自己對社會容易產生恐慌，形成動盪，衝擊信心；金融衍生產品發展更為複雜，甚至已滲入至看似穩定的 ETF，當中內容包裝更隱蔽、產品關係更難掌握。

長遠人民幣全面國際化

「深港通」的業務規則充分吸取「滬港通」的成功經驗，架構和主要內容與「滬港通」基本保持一致，同時突出深交所作為多層次資本市場的特色，擴大標的股票範圍，引入市值篩選標準，切實防範中小市值股票跨境市場炒作和操縱風險。

與「滬股通」標的偏重大型藍籌股相比，「深股通」標的充分展現了深圳證券交易所新興行業集中、成長特徵鮮明的市場特色。

「港股通」方面，在現行「滬港通」下的「港股通」標的基礎上，新增恒生綜合小型股指數的成份股（選取其中市值 50 億元港幣及以上的股票），以及同時在香港聯合交易所、深圳證券交易所上市的 A+H 股公司股票。以市值篩選部分小型成份股保證一定的投資風險水平，但又擴大了投資選擇。

「深港通」不設總額度，而「滬港通」亦取消總額度，「深港通」每日額度與「滬港通」相同。顯示國家金融改革開放及人民幣國際化是持續的，有決心及有信心的。在此之前，國家已放寬了 QFII 的部分投資限制，人民幣也加入了 IMF 的 SDR 的籃子。未來，港交所已提出兩地的新股通方案，上海也在研究「滬倫通」，並全力完善 A 股機制以滿足納入 MSCI 新興市場指數系列的條件。

人民幣全面國際化是長遠的目標，相信中央政府會審慎有序、分步驟向目標推進。

2016年11月4日

世界共榮二十年

2008 年美國發生雷曼銀行倒閉事件引發全球金融海嘯、債務違約，為防止更多本土金融機構倒閉進而破壞金融和經濟體系，美聯儲局推出：（一）量化寬鬆政策，但結果是把其金融危機轉移到全球各國為其承擔。（二）貿易保護主義，通過懲罰性關稅和貿易制裁等方法，例如，今年 5 月份，美國進口自中國的冷軋扁鋼進口稅率提高至 522%。（三）掠奪「搶錢」方法，近期的例子有：美國就德意志銀行 2008 年不當銷售開出 140 億美元罰單。美國與德國福士車廠汽車就排放廢氣測試中造假達成總值 153 億美元的和解協議。歐洲聯盟委員會判罰蘋果補繳創紀錄的 130 億歐元稅款給愛爾蘭。

量寬、懲罰性關稅、貿易制裁甚至近乎掠奪性的「搶錢」方法最終都是非建設性、非長遠性和非互惠互利推動經濟增長的有效方法，自由貿易的理想是盡力減少各種貿易壁壘。

中國的經濟發展、改革開放，大致可以分為三個階段：第一階段是讓世界認識中國，讓中國認識世界；第二階段是中國加入 WTO，讓中國變成世界工廠；第三階段將會是「共同發展，世界共榮」。中國有雄厚的產能、有豐富的基礎設施建設經驗和技術，中國的資本讓中國可以幫助推動全球經濟恢復增長。在政策上中國倡導「一帶一路」，重點是要為沿線 65 個國家和地區建立一套政策溝通、設施聯通、貿易暢通、資金融通、民心相通的合作方案，通過協助沿線各國建設其需要的基礎設施包括鐵路、公路、

橋樑、隧道、機場、港口、運河、資源開發、城市綜合體開發建設、工業投資、園區開發建設等，相信沿線各國在這次的大建設中，效益是長期和顯見的。在配合項目融資安排方面，中國推動成立絲路基金（400億美元）、亞投行（成員國57個）等，讓全球資本可以參與到這次的世紀大開發，推動全球經濟發展，各方受益，再加上人民幣國際化，從10月1日正式加入SDR，「滬港通」、「深港通」等，讓全球的投資者可以通過投資來分享發展的成果。本次G20杭州峰會的主題正是「構建創新、活力、聯動、包容的世界經濟」，中國走的是「共同建設發展」，做的是「實現世界共榮」，「一帶一路」到現在為止已經有615個國外和485個國內重點項目，在這輪經濟改革潮流帶動下，基礎建設、交通運輸、水電火電、原材料、資源、金融服務、法律、商貿、高新科技、自動化設備等公司都會得到新的發展機遇，同時在培養多國語言、多國法律和多國稅務方面的專業人才，都會有很大的需求，在解決就業和年輕人的事業規劃上都有更廣闊的空間。相信通過這次的世紀大建設，最少可以讓世界共榮20年。

2016年10月21日

進軍互聯網金融的廈門

　　剛過去的中秋節日，今年全球最強颱風「莫蘭蒂」正面吹襲福建廈門，這個美麗的海濱城市遭受重創，滿目瘡痍，包括60多萬棵樹被吹倒。官民堅毅地合力救災，數日間市面回復狀態，生機重現。這令我更加肯定自己早前到訪廈門所得之印象：廈門是繼深圳之後，發展潛力最強的年輕城市，而促使其成功主因在於官民上下同心，奮發向前。

　　作為「一帶一路」龍頭城市之一，廈門近年積極推動金融業發展。數月前我曾出席當地政府主辦的「互聯網金融高峰論壇」。參與嘉賓包括來自北京主管金融研究的資深官員、從美國回流曾入選中央「千人計劃」並獲國家特聘的專家、從上海移遷企業至廈門的權威業界、捨銀行高職創辦民企的成功總裁、精通軟件運作的港台精英，也有學術界和傳媒界知名人士。單看與會者背景和論壇的內容與深度，也能感受主辦方的虛懷氣度、務實作風，以及推動互聯網發展的決心與厚望。

　　互聯網金融已被列進國家五年規劃綱要，顯示其功能發展獲得重視與肯定。論壇嘉賓皆於本業領域享負盛名，掌握豐富脈絡經驗，熟悉行業營運需求，就監管服務、對接方案與發展趨勢發表看法。有講者認為最能得享互聯網服務優勢並可輕易強化與量化發展的是保險行業。也有講者提出中國股市時有股價急降，源於投資者多屬散戶，機構投資者佔市場不到一成，建議中央政府吸引及擴大機構投資者佔比。更有講者呼籲政府強化數據基礎設

施，以能更佳掌握市場透明度，並從技術安全、消費保障、實名認證等建立規範，完善金融業流程，落實投資權益的保障。

以往我從用家角度看互聯網金融操作，總有抗拒心態。論壇引領我以服務功能和商業張力看營運。隨着互聯網普及使用，發展互聯網金融，根基在於切合服務，只要連接消費模式與解決問題方案，不難開展商機。思路改變，感受截然不同，我有如開竅地明瞭互聯網金融能瞬間攻破傳統經營的道理。

主辦方也安排廈門大學管理學院提供現場傳譯，與會者和未能進場人士只需手機下載程序，即可參閱嘉賓講者發言，有助普及理解和深化思考內容。報章轉載，更能教育及加強市民認受意識；透過深思實幹與技術支援，政府再引導全民關注新經濟模式的啟動。事實上，即場傳譯也是年輕學人與從業者絕佳的培訓體驗。

躋身全國城市綜合經濟實力十強的廈門，配合國家「互聯網＋」政策，透過政府的主導和推進，成為繼廣州、深圳、杭州後，眾多互聯網企業與人才喜歡聚集的城市。根據騰訊眾創空間前年的統計，廈門平均每 20 人就有一人在創業。我深信他們在探索前路的同時，有着更鮮明的專注、自信和肯定。

2016年10月7日

「一帶一路」城市掠影
——拓展廣西優勢

到達廣西南寧，剛巧全球焦點都在南海海域。我懷着關切心情，考察這個在「一帶一路」戰略下肩負重任的城市，如何乘風啟航。

廣西是我國西南與中南部唯一路海相連的出口。背靠雲貴湘三省，毗鄰越南，面向東南亞。南寧更被選為「東盟博覽會」與「中國—東盟商務與投資峰會」永久舉辦地。國家全力推進西部大開發，寄望南寧發展成為第二個香港。

作為中國大陸南端門戶，緊貼商務發展成熟的珠江經濟帶，我看廣西南寧更像尚未開發前的深圳。對東南亞企業和僑胞而言，廣西在政局、經濟增長、地方建設、業務拓展、年輕人進修創業都有吸引力。利用東盟基礎，廣西當地政府可以廣邀華商各界參與「一帶一路」建設並協助梳理困難；發揮橋樑角色，引進粵、港與深圳電子科技服務拓展商機；開設大型先進設備租賃，帶動東南亞企業發展；借助香港金融專才，協助籌組基金、引進資產管理、稅務安排、家族財富傳承、國際商務策劃，建立廣西成為東南亞資金落腳點。廣西壯族移居遠洋者眾，這等海外脈絡，更值得留意聯繫加固。

有色金屬產地　助發展飾物設計

廣西是全國有色金屬重點產地。鄰近印度，在黃金寶石雕鑲工藝也很有名。希望政府支持拓展現代創意設計，扶持金屬飾物

鑲製及加工行業的發展，務求在工藝和設計領域開創出路。創意設計是香港強項，廣西提供的天然環境條件與概念，值得香港年輕人留意探索與感受。

廣西更是全國少數民族聚居人口最多的地方。海外人士對少數民族各有特色之服飾文化都感興趣。隨着通婚普遍及文化相融，只有聚居族群或有慶典活動，才會穿着傳統衣飾。最近我在韓國首爾街頭看到頗有啟發的現象，韓國政府鼓勵國民不忘傳統，實施節日穿着民族服飾可免繳費進入旅遊景點，吸引年輕人爭相打扮鬥麗爭妍。由於租用民族服飾比入場券還要便宜，部分遊客也受吸引穿着韓服。放眼四周，民族服飾把原來沉實的市容，點綴得色彩繽紛。傳統韓服寬袍闊袖，變化頗受局限。

廣西有壯族、漢族、瑤族、苗族、侗族、彝族等 11 個世居民族，服飾配搭可有更佳創意發揮。如能參考韓國活化傳統的概念，善用行政措施作激勵，定期挑選優勝者獲獎賞，很容易就可把廣西改變得活力溢然。全國唯有廣西具備這個優越條件，創建非一般的城市特色。

幾天考察匆匆結束。走在陽朔前往桂林的高速路上，兩旁聳立的山形地貌，恍似依依惜別的人群。從深圳搭乘高鐵到廣西桂林只需 3 小時，想起少數民族美麗的圖案，更想起「唯改革者進，唯創新者強，唯改革創新者勝」這幾句話，我期望很快再來，看看得享天時地利優勢的廣西，會有怎樣的蛻變。

2016年9月16日

公式定價能解油市場困局

　　香港的車用燃油市場存在問題，可以說是老生常談，多年來各政黨，甚至連消委會都多次指出問題所在，但車用燃油市場的困局仍然未得到解決。競爭法於去年底正式生效，陸路交通運輸大聯盟分析，發現過去 5 年香港五間油公司行為模式存在高度的一致性，有涉嫌合謀定價違反競爭行為的可能。投訴至今仍未立案。

　　舉一個簡單的例子，香港 5 間油公司零售點分布、成本、庫存大為不同，但車用燃油零售價格卻存在高度的一致性，是為不合理。每個油站的地價不同，油價亦應不同，但實際情況卻是無論在山頂或是新界西北，燃油零售價也是一樣的，變相說新界西北的駕駛人士其實每天都在補貼山頂的富豪。

柴油入口價低零售價高

　　普通級汽油今年 5 月的平均進口價為 3.16 港元，平均入油折扣後及除稅後的淨零售價格為 7.25 港元；同期柴油平均進口價為 2.56 港元，平均入油折扣後的淨零售價格卻為 8.83 港元（註：柴油在香港是免稅的），比汽油還高，出現柴油入口價較低但油公司收取的淨零售價格較高的不合理情況。

　　同時，部分油公司可向大型運輸公司，就柴油長期提供接近五成折扣，足證柴油現時定價水平令油公司有很大的利潤率。為什麼油公司願意減價透過價格競爭去增加市佔率，反而長期維持

價格一致,這是否間接支持油公司正透過合謀以不合理定價牟取暴利的說法?

車用燃油市場的不合理現象可以說是多不勝數,但解決方法近在咫尺,香港其實有一套使用了十多年的車用燃料定價模式可供參考,就是的士專用氣站的石油氣上限價格定價模式。的士專用氣站的石油氣上限價格(P)包含兩個元素,即國際石油氣價格(A)和石油氣營運價格(B),並以定價公式(P=A+B)計算出來。

國際石油氣價格(A)的升跌會直接反映在專用氣站零售價格上。除每年按綜合消費物價指數的按年變動率(C)調整外,石油氣營運價格(B)在專用氣站21年的合約期內維持不變。

納入油站平整地皮成本

現時油站用地以價高者得的招標模式,對日後的零售價格沒有任何的規管,以致出現油價減幅偏少、缺乏透明度、難以監管的種種問題,但若政府更改招標方式,引入公式定價,將各油站平整地皮的成本包含在公式內,再以投標者定價公式中的營運價格作比較,價低者得,屆時國際油價的升跌就能直接反映在零售價上,油公司亦會為了中標而計算最低的營運價格,鼓勵競爭,令消費者受惠,從而打破香港車用燃油市場的困局!

燃油價格除了影響駕駛人士,亦會影響香港交通運輸業的營運成本,最後轉嫁至廣大市民身上。

政府絕不能守株待兔,應主動出擊,根治香港車用燃油市場的問題,而效法專用石油氣加氣站以公式計算石油氣上限價格的模式絕對是政府應積極研究的方向!

2016年7月15日

絲路基建需配民心相通

上月參加銀行業資歷架構代表團重返母校國家行政學院，有幸再次聆聽教授分享「一帶一路」的相關知識。

夢幻般的「絲路」向西路（經濟帶）和東南路（海路）兩端伸延，首尾染出了兩圈，分別為歐洲和東南亞，期望打造六條「走廊」來聯接，藉此發展沿線無數城市和港口的經濟。美麗的景象充滿了機遇，但亦隱藏着無數的風險。

看中國的基建發展，氣勢凌厲，高鐵總長度達 1.8 萬公里，佔全球的七成。而形成鮮明對比的是國外發展緩慢，大量路段仍需連接及興建，這其實也是「一帶一路」藍圖下的重大項目機會。遺憾的是最近印尼、泰國、斯里蘭卡、蒙古國，以至墨西哥、美國等基建項目先後出現變故，令已投資的中國基建企業承受風險，也給「一帶一路」前景蒙上陰影。

如何規避宏偉規劃中的潛在風險，抓住其中的巨大商機？

透過配售新股發債集資

從金融市場的角度，首先是要安排好合理的融資結構。除了基建公司的初始資本金之外，還可邀請「絲路基金」等各類型基金公司直接「投資入股」；也可組織商業銀行的「項目貸款」和「銀團貸款」，並安排政策性銀行作「擔保貸款」。此外，多邊組織的金磚開發銀行、上海合作組織、亞投行也是資金提供方。亞投行上月便發放了首筆貸款，項目屬於「中巴經濟走廊」中間路段。

亞洲開發銀行是這次的合作夥伴，風險管理方面採用「赤道原則」，以確保資金用於改善環境等各類社會責任。

進一步，也可通過資本市場來「配售新股」或「發債」以分別增加資本和流動資金。但亦可利用項目直接舉債，「資產證券化」就是以項目作支持來套現，就像十多年前香港的「五隧一橋」債券（五條隧道一條橋）。其中優點是把風險剝離，將部分風險轉嫁給投資者。

當然也要入鄉隨俗，透過與當地政府合作，降低異地文化差異的潛在損失。這模式稱之為「公私合作」或「公共私營合作制」（PPP）。界定和釐清私人和政府出資比例、職能和責任，以合理方式分享回報和共擔風險。

減低風險的模式還有「投貸聯動」，內地在今年4月發文推動。它原屬風險貸款(VL)類別，早見於七十年代美國的硅谷，結合「投資」和「貸款」兩種模式為企業提供資金。概念上涵蓋「天使基金」、「創投基金」或「私募基金」，基金經理輔助業務發展，「貸款」收取利息回報，而「投資」則最終分享成果。

然而，多元化融資都難以避免基建項目流產。翻查原因，並不完全在於上述各類型的技術操作，而是當中不少疏忽了對地方民意的關切。做到發展與保育共進，並且平衡投資者利益與當地政府、民眾及其他相關持份者，是每個開發「一帶一路」商機的人士必須牢記的！

2016年6月17日

「一國兩制」是初心
繁榮穩定得始終

　　香港回歸祖國19年、特別進入本世紀以來，香港社會的輿論重心似乎從經濟轉向政治，在若干議題上造成社會分裂。很多人可能沒有意識到，其實經濟與民生才是香港最大的政治。如果大多數港人仍把有工開、有樓住、家庭幸福、社會繁榮安定作為我們的目標，那麼這就是香港最大的政治。香港的過去和現在已經證明、未來也將繼續證明，只有堅持「一國兩制」、「港人治港」、高度自治，才能確保這個最大的政治目標。

抓住「一帶一路」四個機遇

　　在當前的環境下，發展香港經濟、改善香港民生是需要恒心的。首先，就香港自身而言，經濟結構轉型挑戰重重。傳統上的金融、貿易、航運、旅遊、資訊等五大中心地位，曾創造了東方之珠昨日的輝煌，但也留下了產業空心化、缺乏創新驅動基礎的隱患。隨着內地加入世界貿易組織，特別是隨着內地整體經濟實力的增加以及全面深化改革開放的推進，香港作為內地橋頭堡與視窗優勢的時間損耗在增加。港人必須靜下心來，克服浮躁心理，減少內耗，持之以恒地聚焦民生、改善民生。

　　其次，就外部發展空間而言，香港的機遇與風險同在。當內地面對經濟發展、轉型的壓力時，果斷推出供給側改革措施，通過結構性改革去產能、去庫存、去槓桿、降成本、補短板，鼓勵創業和創新，讓市場機制更多地發揮好決定性作用。同時以「一

帶一路」的國家戰略，推動對外開放與合作邁上新台階。

在「一帶一路」的大戰略中，香港將成為中國資本與產業走出國門的前哨站，以及人民幣國際化的試驗田。隨着中國經濟的轉型升級，香港作為「超級聯繫人」的角色將被賦予新的內涵。中國國家行政學院（香港）工商專業同學會（CAGA）在上述五大產業中，擁有眾多的菁英人才，同時也擁有大量律師、會計師等菁英會員，不少同學都有着和「一帶一路」沿線國家合作的豐富經驗。我們願意發揮跨行業專業人才優勢，分享如何在規避風險的同時，抓住潛在的商業機會，通過積極參與「一帶一路」戰略來促進香港經濟升級。

2016年6月3日

「一帶一路」也是金融之路

吳亮星
（第三屆）

　　「一帶一路」計劃，是連接中國與世界的宏大工程，更以設施、貿易、資金等領域的融通，深化各國的互利合作，其中基建發展是首要任務。根據亞洲開發銀行估計，亞洲經濟體在 2012 至 2020 年的基建投資需求達到 8 萬億美元左右，而「一帶一路」計劃的資金挹注並非基於援助或外國直接投資，而是貸款融資，因此，首先對金融界來說，「一帶一路」肯定帶來巨大的機遇，而香港作為中國的國際金融中心，有條件、有能力在此扮演重要角色。筆者認為，香港金融業至少可以在以下各方面有所作為。

　　第一個角色是融資中心。境外放款一直佔香港銀行業務的頗高比例，至本年 3 月末，香港認可機構在香港境外使用的貸款達 2.26 萬億港元（不計及貿易融資），佔總貸款的三成左右。自 2014 年度以來，香港的整體貸款增長率走低，「一帶一路」項目的信貸會是未來有潛力的增長點。除銀行貸款外，發行債券也將是重要的項目集資工具。香港在此方面累積不少成功經驗，如特區政府主導發行的「五隧一橋」基建債券便是著名例子。香港的債市近年加快發展，而其組合趨向多元化，除人民幣「點心債」之外，過去兩年更成功發行兩次伊斯蘭債券，拓闊了投資者基礎，突破了新的領域，確實令人鼓舞。

　　第二個角色是企業區域財資中心。「一帶一路」地域遼闊，跨境運作的公司通常會成立區域財資中心，集中規劃、籌集和運用資金頭寸，以提升效率和降低成本，而香港正是成立區域財資

中心的理想地點。

香港有上佳的商業和金融環境，近期在法律上對財資機構也進一步優化及提供便利，加上成熟的股票、債券、外匯及貨幣市場，稅制簡單，法制健全，人才薈萃，業務規則與國際接軌，採用國際財務報告準則(IFRS)，因而具有種種不易取代的優勢。筆者剛完成參與審議的《2015年稅務（修訂）（第四號）條例草案》，正是為區域財資中心提供稅務優惠，預計可在本立法年度通過，從而增加多一項競爭條件。

人幣市場新台階

第三個角色是保險和風險管理中心。「一帶一路」的基建項目涉及龐大的建造和營運風險，但沿線國家、地區不一定能在短期內提供所需的專門風險管理。香港擁有強大的風險網絡，對處理大型基建項目的保險具足夠的能力和經驗，加上風險管理以至法律仲裁等諮詢服務，完全可以切合「一帶一路」項目的種種需求。

此外，筆者相信「一帶一路」有一定數目的基建是可以人民幣作融資，這將帶來新一輪離岸人民幣金融服務需求，香港作為現今全球最大的離岸人民幣業務中心，擁有大規模的人民幣資金池，正好利用此契機，將香港的離岸人民幣市場發展推上新的台階。上述種種，皆預示「一帶一路」可成為本港重要的「金融之路」。

2016年5月20日

金融發展須靠穩定守法社會

繆英源
（第一屆）

經歷了動盪的羊年，香港金融市場仍保持良好運作、秩序良好，顯示香港金融體系堅實可靠。這有賴於香港特區政府、監管和運作機構高效健全的制度，及金融從業人員的專業和努力，使香港市場面對挑戰仍能保持穩定，增強投資者使用香港進行金融活動的信心。

作為土生土長的香港人，我對年初一晚上旺角騷亂事件感到痛心，亦對現時知法犯法、混淆是非和遍布歪理的社會非常不安。守法的社會，良好的治安，公正的司法和中立客觀的傳媒正是香港賴以成功的核心。所謂劣幣驅逐良幣，目前這些核心價值已受到嚴重的衝擊。對這些不利香港繁榮穩定的行為，我們必須發出聲音。

香港近年裏足不前

任職於中資機構多年，本人看到內地公司和人才不斷透過香港學習而壯大，而內地企業亦一直不斷利用香港進行上市集資而「走出去」。即使兩地文化存在差異，可以求同存異，通過溝通而收窄；即使兩地價值觀有所不同，可以通過了解而共存。即使兩地對法律法規要求有不同理解，我們要盡力輔導交流，保持自身專業操守。要成為世界城市，香港必須能夠容納各方語言、文化、人才和資金，若我們連同根同源的事和物都不能夠包容，怎可以作為國際金融中心並提供各類型的專業服務？

國家持續發展，經濟和國力不斷增強，但香港近年裹足不前，周邊的深圳經濟實力已跟香港不相伯仲。當其他國家和地區歡迎內地資金投資和人才引進，用各種政策吸引內地居民旅遊購物，我們部分人卻視之為洪水猛獸。若香港要保持國際城市地位，我們就要吸納人才、接受競爭，更要守法合規，還要學習交流以及互相尊重。

空談誤國，實幹興邦

空談誤國，實幹興邦。香港過往憑獅子山精神而達至今日地位，如今爭議不斷、反覆拖拉，許多民生經濟基礎設施和重要法律條文都受到無理延誤；如情況持續，香港金融中心、貿易中心和航運中心地位將陸續被取代。

目前香港仍然具備全球聞名的自由開放經濟體系，專業的操守、廉潔的政府、獨立可信的司法、言論和新聞的自由以及「一國兩制」的基石，我們必須確保其能夠持續下去。

展望新的一年，世界經濟面臨下行壓力，發達經濟體貨幣政策分化，地緣政治局勢嚴峻，內地亦面對去產能、去庫存、去槓桿及專業轉型問題，相信市場仍會繼續波動；但有危就有機，隨着國家「一帶一路」倡議的帶動，亞投行設立，人民幣加入國際貨幣基金組織特別提款權，兩地基金互認及「深港通」、「滬港通」優化等互聯互通的推出，香港要把握機會吸引海外、內地及本地投資者，帶動金融服務業繼續發展，為國家金融開放和人民幣國際化作出貢獻。

2016年4月1日

挽旅遊業頹勢
政府牽頭為宜

陳杰
（第十一屆）

　　執筆之時天氣寒冷，但相信旅遊業者此刻所面臨的寒冬，會比實質氣溫更冷更持續。當中內地訪港旅客人數連續數月下降，使從事入境遊的旅行社、酒店業、零售業、餐飲業面臨經營困難。

　　造成整個旅遊業目前疲弱現象的因素有很多，近因有早前的反內地旅客活動，也有內地旅客因購物衝突後死亡，凡此種種，均會嚴重影響旅客訪港意願。

　　當然，一些結構性和經濟性因素都會為旅遊業發展設置障礙，諸如本港少有獨特的旅遊景點，難以讓旅客作長時間的停留消費；又或者是過度集中依賴內地客源，當內地經濟遇到不景氣或成長較慢的周期時，自然就會影響本港旅遊業的表現；還有就是同屬這個旅遊區域的日本、韓國和台灣地區，近期其幣值兌美元相對港幣便宜，使其旅遊產品更具競爭性，凡此種種均使本港旅遊業面臨很大的挑戰。

180 日退款保障如無成本租用

　　冰封三尺非一日之寒，目前旅遊業問題的核心就是缺少有公信力的政府部門來統領、扶持和監管。年初，由部分業者所發起的反旅議會「惡法」的不合作行動，正正反映出靠業者自律，或是靠由業界互選出來的旅議會來監管和輔助業界是難以平衡各方利益，其公信力也會受到不同利益和持份者的質疑。

　　事實上，本港旅遊業所需要的是政府有前瞻性的規劃、扶持

和監管，而不是像現在這樣頭痛醫頭、腳痛醫腳的短視管理行為，以致所推出的管理辦法欠缺周詳及僵化。譬如旅客 180 天的購物退款保障，原意是為了恢復訪港旅客的購物信心，但卻忽略了那些出售產品周期生命短，又或是銷售潮流金銀飾品的業者利益。不難想像買一台最新款式的筆記本電腦之後，又在 180 天內退貨等於免費租用了這台電腦；又或者買了很多金銀首飾參加隆重宴會，之後全數退回香港要求退款保障，也等於是無成本租用。可見這個「立法」動機善良的 180 天的購物退款保障，已經為不少正派經營的店舖增加了經營成本與困難。

所以，政府以往在商業市場上的積極不干預政策，看來已經不適用於當下的旅遊業，行業自管似乎已經無法擺平各持份者的利益，長此下去，受損的還是本港旅遊業以及整體經濟，這並不符合旅遊業發展需要。唯有讓政府重拾主導權，制定公平、合理、透明的規管法規和發展藍圖，這才是旅遊業長遠發展之道。

2016年2月5日

2016將是艱難的一年

新年伊始，恭祝大家新春愉快！

去年末，國際組織和世界知名研究機構紛紛調低了原先當年和今年全球經濟增長的預測，給歡樂的新年氣氛蒙上一層不合時宜的陰影。

全球經濟面臨四大挑戰

首先，宏觀經濟的不確定性。美國經濟雖說實現了溫和增長，美聯儲12月議息會議決定加息四分一厘，但其經濟增幅仍低於金融海嘯前的正常年景，美聯儲聲稱將會環顧全球環境和縱觀美加息效果後，才會採取下一步行動。歐洲和日本經濟仍在底部徘徊，需要央行繼續採用量寬貨幣政策的支持，即低利率低匯率加放水。但這些政策實行多年了，似乎效用有限。新興國家受全球需求低迷，以及發達國家貨幣政策影響，呈現資本外流、貨幣貶值、經濟下行等壓力，紛紛採取財政和貨幣政策等應對經濟下行。預計今年全球經濟增長3%左右，其中美國2.5%，歐盟1.8%，日本1.3%，新興國家4.5%，中國6.5%左右。

其次，大宗商品價格走低和貿易量減少。受全球經濟增速放慢、需求不旺，以及供求關係失衡之影響，預計今年大宗商品價格仍將在低位上落。石油價格將在35至55美元範圍內徘徊；黃金價格將在1,000至1,100美元左右波動。受到貿易量的減少和船舶供大於求，波羅的海指數仍將徘徊在500至1,000點之

間。大宗商品出口國的財政困難將會進一步加劇，有些國家將被迫擴大財赤或舉債度日。對於全球來說，今年在大宗商品低價環境之下，通貨膨脹總體溫和，反而有些國家和地區將面臨通縮的危險。預計今年全球通脹率為 1.3% 左右。

第三，匯率波動加劇、金融動盪加大。由於美國開啟了加息周期，受加息預期的影響，美元顯現一幣獨尊，其他貨幣黯然失色。而全球貿易結算、投資交易、外匯儲備、國際債務中美元均為主要貨幣，故今年將是外匯交易、對沖和投機的活躍期。在此背景之下，資本流動必將加劇；受制於資本走向和利率新常態分布，全球的股市和債市將會大幅震盪。人民幣匯率雖從中長期分析不具持續貶值的基礎，但在國內減息和美國加息，以及市場投機盤的推動之下，短期仍有貶值壓力。今年美元仍將保持強勢地位，人民幣加入 SDR 之後，外部需求增加，將成為第二大強勢貨幣。

最後，地緣政治緊張影響民生和消費。中東長期以來政局動盪，但自去年爆發難民潮以來，動盪範圍迅速擴大，甚至延伸至南歐和西歐，直接或間接地影響歐洲人民的生活和消費觀念。此外，烏克蘭和土耳其已發展成為以美國為首的北約與俄羅斯之間政治較量的熱點，由此引發的一系列相互制裁仍有升溫的跡象，該項較量也表現在盤根錯節的敘利亞問題上。另一方面，美國的戰略東移，企圖攪亂全球經濟增長最快的亞太地區，引發該地區局部關係緊張，經濟合作受到一定的阻滯，一些國家和地區軍費開支增加，影響民生。全球大多地緣政治緊張都與美國霸權主義有關。

2016年1月1日

設港國金中心升級版

繆英源
（第一屆）

　　國家正在制定「十三五」規劃，香港要建設國際金融中心的升級版，抓住「一帶一路」的戰略機遇，需要做好以下五個方面的工作。

完善交易及結算平台

　　首先是完善交易及結算平台。香港過去憑着資金的進出自由、貨幣的自由兌換、法律的專業獨立，以及從業人員的工作效率和專業操守為金融業帶來了成功，也吸引了世界各地的資金和人才聚集。但與周邊國家和地區相比，我們只有公開的股票市場，我們的債券、外匯、商品交易不如周邊地區活躍，銷售管道狹窄，基金申購贖回和買賣不及其他地區便捷和透明，線上線下金融產品和服務種類亦未及全面。建議以港交所為核心，盡快建立能讓多種金融產品銷售、申購、交易、結算及託管的大平台，提高資訊透明度、降低交易成本、提高結算效率，減低交收和託管風險。

　　其次，推動企業在港以境外人民幣集資發行股票及債券。作為主要的離岸人民幣清算中心，香港市場上以離岸人民幣計價發行和交易的金融產品種類少，投資者從而改投倫敦、紐約甚至新加坡市場。在「滬港通」基礎上，港交所需有更多的金融產品如期貨、債券及基金等能夠實現互聯互通，從而帶動更多企業利用港交所平台發行人民幣股票及債券。

233

目標取消證券印花稅

第三，減免至最後完全取消證券印花稅。目前主要的金融市場如美國、日本、德國、澳大利亞、韓國及新加坡等地均沒有證券印花稅，香港目前仍收取高昂而不合理的證券印花稅，影響投資者在港交易意慾，亦嚴重打擊證券金融資管行業在香港的發展。政府可以考慮初步將證券印花稅降為只向賣方單邊收取，3年內完全取消證券印花稅，迎接全方位的市場競爭，鞏固國際金融中心地位。

第四，培養、吸納、保留企業融資和資產管理人才。這類從業人員需要集合多方面技能和跨專業（例如法律、會計、財務、經濟等）的背景。可是專門為企業融資開辦的本科或碩士課程較為缺乏，甚至持續進修課程也只屬於相對零碎的短期課程。去年《財政預算案》中，政府撥出基金培育財務管理與保險專才的金融專才。我們建議有關的撥款不僅需要持續及增加，更需要涵蓋至企業融資／資產管理的範疇。

最後，利用資本市場促進初創企業的培育和創新科技產業的發展。政府對創新科技的發展和初創企業的培育一直支援，例如科技園的配對投資基金及其他半公營機構提供的各種財政支援和貸款計劃。香港的資本市場其實可以為本港的初創企業提供更全面的融資功能。建議政府聯同港交所研究創業板再細分的可能性，設立針對初創企業和創新科技企業融資需求的場外板。

2015年12月4日

由牛變熊　絕處反彈

沈華
（第十一屆）

今年內地和香港股市大幅波動，極富戲劇性。可惜市場走的是先高後低，從「瘋牛」快速演變成「股災」，讓股民們經歷了一齣齣人間悲喜劇，體驗到資本市場的殘酷性。

6月之前的內地股市是「瘋牛」行情，「股神」和「牛股」到處可見。隨後的崩盤雖在情理之中，但來得之快卻極少人能預知。香港是個自由市場，危機來臨的時候，股市往往就成了「提款機」。從5月至9月底，港股連跌5個月，恒指累瀉26%，國指更是連跌35%。所幸否極泰來，兩地股市在經歷了一場股災後，10月終於絕地反彈，上證指數、恒生指數均反彈約10%。問題是這輪反彈能否持續，「牛市」還能回來嗎？筆者沒有水晶球，不能預知未來，但願與讀者分享一下個人的觀察和判斷，拋磚引玉，僅供參考。

首先，全球經濟形勢趨穩，但增長乏力。雖然目前已公布的各項經濟數據顯示，內地經濟下行的趨勢明顯，但相信中央還有不少諸如「降息、降準」等穩增長的措施會陸續出台，今明兩年GDP增長應該不會偏離7%太遠。國際方面，美聯儲加息步伐比市場預期的要慢，歐洲和日本繼續量化寬鬆政策不變，主要經濟體短期內不存在重大不確定因素。另外，自從8月份人民幣匯改導致外界揣測人民幣會大幅貶值以來，匯率已基本趨穩。從最近習近平總書記外訪時表態來看，人民幣短期內大幅貶值可能性不大。

其次，股市反彈雖可期，「牛市」恐難來。中國內地股市經過「國家隊」救市、暫停IPO、限制場外配資及嚴控股指期貨交易規模等嚴厲措施的推出，已穩定下來，但流動性和交易量也大幅降低，短期內雖不大會再出現恐慌性拋售，但要「牛市」再來，也是難上加難。港股情形其實比A股更尷尬，因為還要看美歐日市場的臉色。總之，兩地股市雖已有一定程度的反彈，中短期內「牛市」再來的可能性微乎其微，投資者宜小心。

人幣債券發展迅猛

因此，「熊市」反彈宜謹慎，資產分散避風險。筆者認為對近期的股市反彈不宜抱太高期望，投資者應把股、債等資產分散部署，並持有一定的美元或港幣現金。股市可關注那些業績增長前景穩定、派息記錄良好的「好公司」，尤其是一些被長期看好的行業，如互聯網消費、醫療、基礎設施、軍工等，對於這類股票，如果出現股價被嚴重低估機會，則是買入的絕好良機。

此外，投資者可以關注債券市場。最近內地人民幣債券市場發展迅猛，尤其公司債信用風險溢價日益收窄，債市「牛市」已形成。海外投資者可乘此機會，投資一些經營穩健的中資公司境外美元債券，享受美元升值和信用風險溢價收窄的雙重好處。

2015年11月6日

「一帶一路」
強化香港再保險中心

朱永耀
（第一屆）

「一帶一路」將通過不同方向貫穿亞非歐大陸，連接最具發展潛力的國家，滿足沿線國家長遠經濟發展需要，打造一個充滿活力的區域經濟合作架構。香港處於「一帶一路」東亞區的戰略位置，作為國際金融中心，我們應當發揮豐富跨境集資和融資中心的優勢，尤其是強化香港作為跨地區再保險中心地位。

為大型基建開路護航

基礎建設工程無疑是「一帶一路」的重點和第一步，涉及複雜而龐大的投資和風險，無論是天災或人為疏忽引起的各種事故都會影響工程項目進度，為這些龐大基建工程投保是絕不容忽視。目前沿線保險公司，一般規模都比較小，財力、技術及資源都有限，再保險供給能力明顯不足，極其需要具國際視野、能提供專業技術及風險評估的再保險公司提供風險轉移，環球及地區性的再保險公司因擁有專業技術及了解不同國家的營商環境，能夠為這些保險公司提供足夠保障。

香港是亞太區再保險中心之一，正好能發揮這方面的優勢，環球首五大再保險公司及首四大經紀人都在港設有公司及已建立專業的團隊，加上簡單稅制、與國際接軌的法律制度及專業的仲裁及調解服務，定可為「一帶一路」的大型基建項目提供專業的再保險服務。

助內企「走出去」

隨着基建項目的啟動，物流及航運需求將會增加，再保險公司可提供大型貨物運輸保障，就建築、貨物託運及能源等各方面的再保需要，提供合適方案，將各種風險控制在可接受程度，令所有複雜的基建及物流項目得以順利進行，即使遇到天災橫禍，資本雄厚的再保公司亦會提供支援及賠償，避免項目延誤。

內地企業「走出去」而增加在海外的投資及併購活動時，因應各地的法律商業環境、市場規劃及語言文化的差異，面對有關金融方面的風險均需要獲得有效保障。再保公司可提供專業責任保險、產品責任保險、信用保險、董事及行政人員責任保險以至主權風險轉移方案等，令企業及有關行政人員可安心在「一帶一路」沿線擴展業務。

安排巨災債券

再保險公司更可利用香港發達的資本市場資金直接參與保險市場風險的承保，提升整個巨災市場的承保能力，亦能夠有效穩定巨災再保險市場的價格，做法是安排巨災債券。不同於傳統再保險方案，巨災債券是透過資本市場債券發行，未來債券本金及債息償還與否，是根據巨災損失發生情況而定。在具體安排上，再保險公司與各專業的風險評估公司進行研究，制定適當的巨災風險評估模型，也向國際信用評級公司提供巨災債券信用等級資訊，以作投資者承包和認購債券的參考。

「一帶一路」沿線大多是高速增長的發展中國家，商機無限，但普遍多是經濟不太發達，市場不太健全的地方，除了面對不少政治和經濟風險，也面對巨災風險，再保險業正好在風險管理方面發揮其獨特專長，既可為國家推動「一帶一路」戰略上作出貢獻，為沿線國家共用發展的平台添上保障，也為提升香港作為跨地區性的再保險中心踏出重要一步。

2015年10月16日

互聯網金融的現實

勞玉儀
（第十屆）

互聯網世界內有太多不穩定性，今天一個 Idea，明天已經被另一個更有創意的 Idea 蓋過，公司的價值會頃刻間變成［零］。尤其是互聯網公司沒有盈利，公司在資金耗盡的情況下很難生存，只有那些能成功在資本市場上拿到資金的公司才可以在沒有現金流的情況下維持下去，這令大家對自己的互聯網公司都有憧憬。

成功須具備天時地利

但過去成功的例子其實屈指可數，不等於有創意的互聯網公司就可以有同樣的結局。如阿里巴巴，從 2003 年電子商務崛起及後來推出淘寶，挺了 12 年才成為今天幾萬億市值的公司；奇虎 360，因為碰上雅虎助手殺流氓軟件，才成為今天的 360；騰訊是從尋呼台軟件到 QQ、WeChat，再到今天互聯網世界的大哥大，成為幾萬億市值的公司。

不能光有創新思維

以上這些公司的誕生背景與今天的大環境不同，他們具備了很多「天時地利」的因素還有「政府大力支持」，以及中國的國家整體經濟改善和科技進步帶來的人民生活習慣的改變，演變出一個世界上從未出現的大局面。所以我們不應該只看表面數據及國家政策，當我們處在「互聯網＋」的風口上，要看看自己是否

弱小和無知地創業；要反思，要做精益創業，找到可行的商業模式。

　　做互聯網金融，在過去的兩年，不停有公司轉型進入這行業：螞蟻金服、騰訊、平安、京東⋯⋯互聯網金融版圖已經從此誕生，最近中民投、民生銀行等等都紛紛進入這行業。但是要從事這個行業必先取得一些相應的金融機構許可證，由銀監會、證監會、保監會等部門頒發的銀行、保險、信託、券商、金融租賃、期貨、基金銷售、第三方支付及徵信牌照。你要完成這種布局，就需要耐性去逐一獲得牌照；有錢去招兵買馬，聘請在行內有豐富經驗的人，而在行內挖角需要花巨額薪金或者股權去吸引高管加盟。如果你拿不夠牌照便不要做，因為這是一種顛覆傳統金融的革命性新行業，所以如果只有宏願及創新思維而沒有實在的資質，便不要再想做互聯網金融，現在在內地只有幾家公司能夠成功，而他們的成功意義就是每一家都比一般的商業銀行還要大，真正的互聯網金融是「帝國概念」，而並不是股票市場上吹噓的一般互聯網金融平台和金融產品超市這麼簡單的概念。

　　這是非一般商業模式；是「帝國」在金融領域上爭奪金融牌照的大戰。如果你沒有具備這種條件，你可能錯過這次在中國歷史上從未出現過的金融變革機遇。

2015年9月4日

重塑香港實力
再展香港優勢

互聯網開拓思維空間，延伸甚至改變了經濟模式，也擴闊了營運領域，成功實踐的案例更拉近了商貿的距離。涵蓋中歐絲路與東南亞沿海周邊地域的「一帶一路」藍圖，正好為虛擬市場搭建實質平台，建構更寬廣遼闊的經濟布局和發展方向。

國際形勢的演進，造就成當今大時代的格局。作為國家東南方的橋頭堡，香港本來大有條件擔任要角。唯是當國家運籌於大局形勢之際，香港卻因政制爭拗錯失時機。現時金磚國家銀行選址上海，亞洲基礎設施投資銀行設總部於北京，福建被選定為「二十一世紀海上絲路」核心地域，國務院上月擴大綠卡發放以吸引海外高端專才來華，近日更宣布境外機構在華開展國際交流合作之連串保障。在國際政經焦點仍在注視着亞洲布局的同時，香港怎能視若無睹，怎麼還不積極裝備，趕緊走進舞台！

配合「一帶一路」發展

從經濟發展趨勢看，香港應該定位為「全球綜合樞紐城市」。配合「一帶一路」發展，政府作前瞻性指引，鎖定行業及對象，提供特惠條件，爭取更多國際性機構於香港設立亞太乃至全球總部。在新機遇中，香港金融服務、貿易物流專業、工商業支援服務及旅遊等四大支柱行業，應該更能發揮所長。隨着內地陸續開關自貿保稅區，且直接前往歐洲購物也很便捷，內地來港旅客將會減少。

不過，香港外語人才濟濟，生活及經常往來香港之非華裔族群甚多，各國餐飲美食陸續開設，有利吸引世界各地旅客。香港市民長久以來與海外企業締結之商貿基礎及互惠互信之人脈關係，都是香港的潛藏優勢，應該善加珍惜培育，增強影響力與競爭條件，發揮更強效應。

增設船舶機械等學科

香港六大優勢產業中，文化及創意產業發展近年逐漸被深圳領先。其實香港中西文化精英薈萃，最能凝聚海外僑胞與兩岸四地民心。香港新建的郵輪碼頭一帶範圍如能善加開發利用，憑藉港人對市場的敏感度與靈活性，應可帶出無限商機。西九文化區的落成，有利促進文化交流，香港亦不難發展成為最能延續中華文化和最有優勢開創新一代中西藝術融合與蛻變的城市。

「一帶一路」發展藍圖，更需要高水平專業技術人才。教育、醫療、創新科技、檢測認證及環保產業，都是香港強項。作為國際城市，香港最顯赫的能量仍然是與國際接軌的公信力。這裏包括熟習國際政經金融和工商專業涉外法規，物流營運、基建規劃、建築管理、會計稅務、法律仲裁、醫療體制等主流職業資格互認的標準。政府應鼓勵香港高等教育因應「一帶一路」開發，增設更多相關學科，並探求與內地學府共建緊密互利多贏關係，例如船舶機械及海洋管理、醫療器械及服務式機器人設計等等。積極培訓更多能夠走出去的專才，要為參與國家強化工業技術效能、開拓科技研發領域、成為製造強國的目標而效力。

「天時不如地利，地利不如人和」，正好解說香港現今所處境況。要擺脫困局，香港還得要認真裝備實力，萬眾一心，奮發向前，方能再攀高峰！

2015年8月7日

「一帶一路」　香港出路

今天的香港，部分「尊貴」議員仍在質疑高鐵方案與建費；事實上，當彈丸之地的香港仍在爭議糾纏來港旅客數字時，大勢已經悄然起變。4 年前，橫跨亞歐的首趟渝新歐貨運列車，已由重慶開通至德國。其後武漢、成都、鄭州、西安、長沙、義烏等地貨運列車亦相繼通行。去年底，首趟「義新歐」國際貨列，由義烏開出，經新疆、哈薩克斯坦、俄羅斯、白俄、波蘭、德國、法國，歷時 21 天到達西班牙馬德里。貫穿絲綢之路經濟帶，原來早非止於概念，而是真實現況。回首香港，令人禁不住唏噓嘆息：香港什麼時候才可以從混沌困境中覺醒過來，找準自己的出路？

內地人追求優質生活

筆者最近在不同場合，都有聽到以「一帶一路」為主題的分享。有青年才俊覺得這只是國家倡議的合作理念，短中期難對香港帶出實質好處。不久前，我們中國國家行政學院（香港）工商專業同學會在深圳年會舉辦紫荊論壇，邀請得國家發改委學術委員會張燕生秘書長專程出席，詳細解讀「一帶一路」倡議，帶給我們很不一樣的啟發與思考。

隨着內地經濟騰飛、國民財富增長、自貿區改革與開放等，內地民眾消費心態變得成熟。以往購買奢華手提包以彰顯身份，現在大部分民眾更嚮往優質生活用品之追求與享受。中國產品亦

由為美國、日本與歐洲提供初級加工（亦即先前的「世界工廠」模式），發展到自己研發生產，最初外銷目標為亞洲、非洲與拉丁美洲國家，其後亦向其他發達國家輸出。當前國策的另一亮點是用十年時間，邁向「中國製造2025」，力爭建設國家從製造大國成為製造強國。執行目標首要建設工業化技術效能，強化工業基礎，提高創新能力，再而推進資訊化與工業化深度之融合。

發揮「超級聯繫人」功能

「一帶一路」既能將國家建設資源和能力釋放出去，又能推動沿線國家經濟貿易一體化，實現貫連各國基礎設施、資訊交流、商貿往來、與民心結合的互聯互通戰略大局。國家並會在沿途選點，設立經貿合作區。這些經貿合作區，將會發展成為「一帶一路」建設的承接點，發揮支撐和張力據點的作用。「一帶一路」連同長江經濟帶建設與京津冀協同發展計劃，是國家最重要的三大發展策略，亦必然會在相當長的時間內，成為引領國家經濟向前的主要動力。

國家全速推進「一帶一路」戰略之際，所需要的專業知識、管理經驗、國際化人才等等，正是香港的優勢。面對真正千載難逢的機遇，香港怎可繼續埋頭沙堆，消沉壯志？！讓我們認真思考如何重新裝備「香港實力」，發揮「超級聯繫人」的功能，全力參與「一帶一路」倡議的實施，在國家經濟建設與對外開放的大局之中，作出建樹！

2015年7月20日

識大局　謀長遠：
從港珠澳大橋到「一帶一路」

李毅立
（第二屆）

港珠澳大橋從一開始動工到現在，香港方面就一直波折不斷。眼看着澳門珠海方面的工程有序推進，如果香港總是被某些勢力或聲音阻礙，勢必會拖整個項目的後腿，使香港乃至泛珠三角失去難得的發展機會。

這些阻礙的聲音無非來自兩個方面，一是對港珠澳大橋本身的經濟與社會效益認識不足而提出各種疑慮；二是部分別有用心人士將某些環保、技術問題政治化，為反對而反對。今天的香港已經站在了一個十字路口上，港人需要識大局、謀長遠，正確分析和把握港珠澳大橋及相關項目對於香港經濟社會發展的重要意義。

參考廣深高速之成功

部分人士對於港珠澳大橋的商業成本效益信心不足。的確，作為世紀工程大橋投資巨大，主體工程耗資約 327 億元人民幣，整體工程估計約 700 億元。在 2009 年大橋可行性研究階段，預測到 2035 年每日近 6 萬車輛及每日近 25 萬人次。筆者認為這種預測可能過於保守。

以我們身邊的事例來看，當年有關方面修建廣深高速時，不也是被許多人嗤之以鼻，認為車流量不夠、很難回本嗎？但是，事實證明，廣深高速公路途經廣州和深圳兩個千萬人口的城市，以及被稱為「世界工廠」的東莞，車流量極大，被稱為「中國最

賺錢的高速公路」，以致交通堵塞經常發生，有關方面不得不再修建第二、第三條高速公路。從經濟學角度分析廣深高速的成功，我們認為關鍵在於其及時地抓住了內地經濟發展和全球產業分工帶給珠三角的戰略機遇。

今天，香港也面臨「一帶一路」的戰略機遇。「一帶一路」既是中國的國策，也是跨越亞洲、中東以及歐洲的國際合作新典範，它宣導沿線國家和地區之間的政策溝通、道路聯通、貿易暢通、貨幣流通乃至民心相通。

成巨大活力經濟圈

因此，港珠澳大橋通車後，不僅僅是可以利用交通的便利，發展「一程多站」的旅遊路線，吸引更多歐美客源；同時大力開發大嶼山段的旅遊項目，吸引更多內地遊客，還可以緩解香港高峰期住宿難等問題。更重要的是，將港珠澳大橋納入「一帶一路」基礎設施互聯互通的雄偉藍圖中，使香港融入到 GDP 總量達 20 萬億美元、覆蓋人口達 46 億、僅來自內地的投資即可超 1.6 萬億美元，這個巨大而充滿活力的經濟圈！

如果我們放任這一寶貴的機遇流失，我們失去的絕不僅僅是一座貫通港珠澳三地的大橋，我們可能真的會變成一個「孤島」。

當上海、廣東、天津、福建等自貿區改革開放如火如荼的時候，我們只能眼睜睜看着香港一步步地被邊緣化，實在令人惋惜！

2015年5月1日

「一帶一路」新機遇
香港大有可為

古之絲綢之路，穿行於歐亞大陸腹地，以綿綿商隊串起中國與中亞、歐洲諸國的古代文明。今之「一帶一路」，海陸並進，以多邊合作思維構建中國全方位對外開放的新格局。面對新機遇，香港大有可為。

一、前哨與平台──香港的定位

「一帶一路」提出的海上絲綢之路，自中國海洋航道抵達南海、印度洋、地中海沿岸各國，可加強中國與東南亞、南亞、中東、北非及歐洲各國的經濟合作。香港地處中國內陸與南海的交匯點，是中國海洋航道中對外交通、貿易、合作的出發前哨，並擁有完善之制度、發達之經濟、良好之基建，匯集着支撐跨境航運、貿易、金融產業必備的一切要素，能為中國經濟揚帆出海、多邊合作提供充足的「貨物」和「糧草」，是建設海上絲綢之路的功能平台。

二、貿易、金融與人才──香港的優勢

「一帶一路」着眼於亞、歐、非的多邊合作，包括政策溝通、設施聯通、貿易暢通、資金融通、民心相通，需要交通、基建、貿易、金融與人才要素的支撐，而香港在貿易、金融與人才等方面擁有的傳統優勢正是參與「一帶一路」的獨特優勢。

一是貿易優勢。香港一頭匯集國際貿易需求，一頭牽起「中

國製造」，與海運沿線國家的轉口貿易有完整的產業鏈，依隨「一帶一路」通商具有天然便利。二是金融優勢。「一帶一路」的重要目標之一是中國及發達國家生產力與「一帶一路」沿線投資需求的對接，金融是對接的重要轉換器和助推器。香港開放的金融體系、龐大的金融資產、成熟的離岸人民幣市場、參與亞洲基礎設施投資銀行、絲路基金子基金落戶、嘗試探索的伊斯蘭金融等，都是通過金融對接參與「一帶一路」的重要優勢。三是人才優勢。香港中西文化融合，在職業人才、配套專業上具有天然優勢和成熟經驗，「一帶一路」將進一步啟動金融、會計、法律、航運、貿易等配套行業的發展。

三、參與路徑

一是加強「一帶一路」宣傳。作為世界了解中國的視窗，香港可在國家政策溝通上發揮積極作用。二是積極參與亞投行、絲路基金等多邊機構，發揮國際金融中心作用，通過參與「一帶一路」基建投資的投融資，提升金融輻射度和影響力。三是依循「一帶一路」線路，引導本地經濟體率先走出去，擴大投資視野和投資力度。四是立足最大的人民幣離岸市場平台，吸引「一帶一路」沿邊國家來港發行人民幣債券，鼓勵內地機構境外發債所籌集的資金運用於「一帶一路」相關項目。五是利用「一帶一路」契機，將旅遊、專業服務、貿易產業鏈主動拓展至「一帶一路」沿線，升級香港傳統支柱產業。

2015年4月17日

從「三跑」看港人的沉重代價

許照中
（第一屆）

赤鱲角機場第三條跑道談了多年，幾經波折，最終經行政會議拍板上馬，不過建造費卻達 1,450 億元，較諸 2011 年當時估算的 1,300 億元多了 8.8%，然而這還可能不是個終極的數字。

建造費增 150 億

第三跑道籌劃了多年，一直未能夠落實，原因便是反對派借環保等藉口千方阻止其進行，以致拖延了那麼多年依然未能動工興建。這次雖然通過了行政會議，但是面前還要面對所謂的「本土人士」早前就環境保護處長接納第三跑道工程環境報告，及向機管局批出工程許可證而向法院提出的司法覆核，明年能否如期動工，現在還是未知之數，假如由於法律程序以至再拖延數年，則不單本港的空運更不勝負荷日增的旅客流量，競爭力遠遠落後鄰近地區包括內地和新加坡等，建造成本也將遠較目前的估計為高。

機場第三跑道遭遇到的情況，與當年港珠澳大橋要上馬的時候同出一轍，反對派利用一位年老長者以環保為理由拖延港方大橋的興建，結果這一拖延讓港方大橋最終雖然能夠落實，但已經要多付出了超過 50 億元的造價，而且看來還未必可以趕及於原來計劃的 2016/17 年之間完成，這次第三跑道的動工興建時間，倘若也因此受到拖延，據估計按年需要多付的費用將達 70 億元以上，如果因司法程序再延遲數年動工，多付的建造費用便將以

百億計。

　港珠澳大橋與機場第三跑道的興建先後遭遇到追擊及阻延，表面看來都是關係全球眾所倡議的保護生態環境的需求，乃是個良好的意願。如果從這個角度作為出發點，原本值得支持，但是縱觀這兩宗事件的背景，都是有個別反對派政黨或者政客利用本身對於司法程序的掌握，透過不同人士包括年邁長者及與所謂環保工作了無直接涉及的人士向法院提出司法覆核，設法拖延工程的進行，背後動機其實並非以環保作為考量，而是藉此干擾特區政府的施政，企圖癱瘓特區政府的整個運作來達到其政治目的。不過這些拖延，便令整體港人都要為他們付上代價，除了工程費用多付以百億元計之外，也大大影響本港的經濟發展與競爭力。

政客利用　社會內耗

　事實上，港珠澳大橋與機場第三跑道的興建受到拖延最終更超支，僅是本港社會受政治因素影響眾多事件中的冰山一角。特區成立逾 17 年，政治議題擾攘不斷，部分港人一反過去英治時期對於政治的冷漠，突然對政治狂熱起來，以「民主」為名不斷透過不同層面包括議會等向特區政府施壓，令政令不通，各項社會建設舉步維艱，最終並且藉政改議題釀成去年持續 79 天、對社會民生均造成諸多不便、甚至因此出現社會和諧遭受撕裂的「佔中」事件，最近連周出現的反水貨客，反內地居民來港「個人遊」並對內地遊客不禮貌的行為，表面是社會由於水貨客與內地遊客過多引起部分區域市民生活受到影響使然，但其真實背後也是懷有政治目的的操作，情況令人擔心。

　港珠澳大橋與機場第三跑道的遭遇突顯港人一向引為「核心價值」的法治遭受到心懷政治目的的政客所濫用，「佔中」事件更顯示我們這個所謂法治社會的法治精神被政客所踐踏，破壞無遺，反內地居民來港「個人遊」、反水貨客的行為更把我們香港素來「待客以誠」「購物天堂」的美譽一掃而空，真正愛港的港人，又豈能不引以為憂？

2015年3月20日

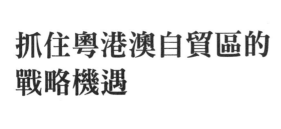
抓住粵港澳自貿區的戰略機遇

　　新年前夕，國務院發布上海、廣東、天津、福建自貿區的範圍，標誌着內地自貿區建設和全面深化改革進入一個新的階段。粵港澳自貿區的正式名稱是中國（廣東）自由貿易試驗區，涵蓋廣州南沙新區片區、深圳前海蛇口片區和珠海橫琴新區片區。

　　國務院常務會議提出，廣東、天津、福建三個新自貿試驗區將以上海自貿試驗區試點內容為主體，並結合地方特點充實新的內容。與上海、天津及福建不同，粵港澳自貿區具有鮮明的地域和時代特色。一方面，它位於中國經濟三大引擎之一的珠三角地區，且與第一批四大經濟特區中的兩個緊密關聯；另一方面，內地與香港已簽署 CEPA 及系列補充協定，特別是去年 12 月 18 日簽訂《關於內地在廣東與香港基本實現服務貿易自由化的協定》（以下簡稱《協定》）。該《協定》首次採用正面清單與負面清單相結合的形式，致力於促進廣東與港澳基本實現服務貿易自由化，根據該《協定》開放的部門佔全部服務貿易部門的 95% 以上。打個比方，廣東自貿區與 CEPA 系列協定猶如給泛珠三角地區插上了一雙強有力的翅膀，將帶動整個地區經濟再次升級、騰飛。

　　自貿區和《協議》的落地也給香港金融業、特別是股票融資和債務融資市場帶來無限的想像空間。實際上，由於金融改革往往牽一髮而動全身，特別是資本項目開放更具敏感性，上海自貿區成立一年多以來在資本項目方面並未取得實質性突破。金融是

現代經濟的核心，如果缺乏配套的內地金融市場改革、特別是優化直接融資與間接融資的比例，那麼自貿區的改革效用有可能事倍功半！事實上，來自人民銀行的數據顯示，截至去年11月社會融資規模中直接融資不足26,000億元、佔比不到兩成。特別是在股票融資方面，去年重啟IPO之後僅有125家公司首發，仍在排隊的公司大約有600家。即使IPO註冊制改革能夠在今年上半年順利推出，也不能緩解眾多企業融資難、融資貴的問題。

內地所面臨的挑戰其實就是香港的機會，香港金融界應該而且能夠發揮積極的作用。在政策和技術層面可以進一步創新和突破的有利因素包括：（一）國家外管局在去年底發布通知，取消境外IPO募集資金調回結匯審批，境外上市企業憑業務登記憑證可在銀行直接辦理結匯。若H股上市流程審批能進一步簡化，將為香港H股融資市場帶來巨大機遇。（二）去年11月17日啟動了「滬港通」，業界預期會很快拓展到「深港通」。若參照「滬港通」封閉運行的理念，將基礎金融工具從現有的二級市場股票拓展至私募債券及其他OTC衍生產品，允許自貿區企業（海內外投資者）透過該通道進行跨境融（投）資，將會實現內地金融開放一小步、香港市場發展一大步的戰略目標！

2015年1月16日

環球經濟將溫和增長

謝湧海
（第二屆）

美國、歐洲、日本、中國各自所處的經濟環境不同、政府的聚焦重點各異，採取的財政和貨幣政策亦大相徑庭，各吹各的調。2015年環球經濟就是在這麼一個不協調的氛圍下起步的。

美國今年將繼續成為引領發達國家復甦的最堅實力量，其就業恢復和股市財富效應拉動居民消費持續向好。以頁岩氣為代表的新一輪技術革命的產業化推動了高端製造業和相關服務業復甦。經濟實體各部門的高槓桿率已明顯下降，房地產市場將逐步回升。聯儲局在結束 QE 後，預計要到今年下半年以後才會啟動加息，美國既要考慮到本國就業和通脹情況，也會顧及國際環境，加息曲線會比較平坦，預計其今年 GDP 增長將在 2.8% 至 3.3% 之間。

歐元區負利率鼓勵投資

歐元區整體債務風險已顯著下降，個別國家的主權債務雖然仍未解決，但其溢出風險已因歐央行的定向購債計劃而受控。歐元區仍面臨諸多問題要解決；經濟增長動力偏弱，通貨膨脹水平過低，面臨一定的通縮風險，各國的債務仍普遍高於國際警戒線之上，失業率依然高企，社會不穩定因素較多，故歐洲央行將繼續維持負利率政策，以鼓勵區內投資和消費，保持歐元弱匯率，推動歐元區國家出口。今年，歐元區整體 GDP 增速預計在 1% 至 1.2% 區間。

　　日本經濟在「安倍經濟學」的三箭作用下仍無起色，除了去年第一季度錄得較高增長，其餘季均告低增長或負增長。日本面臨最大的挑戰是：人口老齡化加速、儲蓄率明顯下降、本來就不旺的消費因安倍提高消費稅變得更加收縮。安倍的擴張財政政策未見成效，資金沒有真正進入實體經濟，只停留在商業銀行和中央銀行之間空轉。安倍的開放經濟政策受阻，去年日本引入外資僅 37.2 億美元，佔 GDP 比例不足 0.1%。日本政府的債務已達其 GDP 的 230%。今年仍將困難重重，央行將採取更寬鬆的貨幣政策和保持零利率，預計 GDP 增長在 0.6% 至 0.8% 之間。

中國加快經濟結構調整

　　中國經濟將進入增速下移、結構調整的「新常態」。一方面傳統工業產能過剩、地方政府債務壓力和房地產下滑周期對今年經濟下行構成一定下行壓力。另一方面，城鎮化、「一路一帶」、西部大開發等新的增長點不斷湧現，有利於經濟持續增長。今年中國經濟將在投資、消費和國際收支之間取得平衡；加快自貿區經驗推廣；從機制和體制着手，加快經濟結構調整，防範系統性風險。預計今年 GDP 增長在 7% 至 7.2% 之間。

　　香港經濟正面臨最為艱難的時刻。去年佔香港經濟九成三的服務業增速已經不足 1%，其中 1 至 9 月香港零售業銷售總額同比下降 0.4%(2012 年、2013 年則分別增長 9.8% 和 11.7%)；1 至 10 月服務貿易總額同比僅增長 2.8%(2012 年、2013 年則分別增長 5.7% 和 4.9%)；房地產相關服務業雖然仍有 2.5% 的增速，但今年美國貨幣政策轉向，對香港經濟和金融市場的發展將會產生較大影響。今年香港經濟將延續 20 年來不變的物流、旅遊、工商專業服務、金融服務和地產為支柱的格局，最大動力仍將來自內地的開放：人民幣國際化、「走出去」、「個人遊」、「滬港通」、企業融資，以及剛簽署的《服務貿易自由化協議》等。

2015年1月2日

金融脫媒　銀行何去何從

首次踏足山西，拜訪省領導，談話間加深了對金融業歷史的認識。約二百年前，中國最早的「票號」便在山西誕生，也就是銀行的前生，業務僅限於存款和票匯。「銀號」或「錢莊」的出現，增加了信貸功能。社會在變，歷史巨輪在轉，金融改革，銀行模式改變。今天金錢世界，明天將又如何？

上市銀行公布首季業績，情況令人擔憂。外資盈利倒退，內銀壞賬上升。事實上，金融海嘯之後，強勢監管抬頭，業務出售和收縮持續發生，外資銀行裁員潮從未間斷。這邊廂，面對利率市場化的競爭，內銀的經營環境同樣劇變。

互聯網衝擊金融模式

撇除這些監管因素，科技躍進對銀行業影響更為深遠。寬頻上網的提速，智能手機的普及，大數據和雲計算能力的提升，世界在不知不覺中已經徹底改變。在網絡化的社會，「透明度」使各行各業邊際利潤萎縮，傳統的營運模式已不合時宜，掌握客戶的一切資料將有利推行創新業務。

近年，「互聯網金融」在內地發展激起萬尺浪。借助成功營運互聯網「綜合商城」，阿里「天貓商城」和「京東商城」再擴展各種金融服務。例如：

支付：「支付寶」和「微信支付」。去年全國電子支付量的就增長了近三成。

理財：「餘額寶」銷售「貨幣市場基金」，數個月之間售出總額相等於半個香港人民幣資金池。

融資：「阿里金融」和「京東商城」的 P2P 直接貸款模式。以及「點名時間」和「天使匯」的「眾籌」(Crowd-funding) 模式。其中成立僅兩年多的「天使匯」，登記籌資項目 8,000 多個，約八分之一成功掛牌，融資總額 2.5 億元人民幣。

風險和效益共存

互聯網籌資可以算是繞過銀行的「金融脫媒」活動，投融資雙方透過網絡平台直接溝通。借款人於互聯網公司提申請，經過審核後便可取得資金（「P2P」），或於網上展示集資計劃，能成功說服大眾的便可完成籌資（眾籌）。

從 P2P 模型可以發現，不少「阿里金融」涉及的信貸風險都相對較低。部分借款就是用作「綜合商城」的業務按金或費用需要；或於銷貨試用期間，貨款被扣壓在互聯網公司而需要借款融通。「綜合商城」擁有貸款人的實際業務資料，利用大數據的水晶球分析，借款人真正實力無所遁形。

互聯網金融絕非完美無瑕，上周港證監也提出了對眾籌活動的風險忠告。在虛擬環境中如何保證誠信，資訊不對稱導致抉擇可能出錯，互聯網公司管理不完善可引致流動性不足的倒閉機會，駭客入侵產生網絡安全問題等等。隨着互聯網行業管理日漸受到重視，銀行業若成功於監管和創新中取得平衡和突破，可望闖出另一個翻天覆地的業務模式。

2014年5月16日

利率市場化應是千里馬

陳鳳翔
（第四屆）

　　轉瞬已是甲午馬年，中國金融改革進入另一馳騁的年頭。通過利率自由化達至其一目的，便是快馬加鞭地把資金導向「實體經濟」。到底利率市場化這騏驥一躍，能否十步？

　　實體經濟理解為金融或房地產以外的產業，當中尤以大型國企以外的「中小微企」更為重要。他們各自規模雖小，但數量驚人，且效益突出，創造約四成以上稅收、五成以上生產總值（GDP）、八成以上就業。大部分人獲得就業便可奠定和諧社會的基礎，這也就是面對經濟下行壓力的最重要工作。

　　然而，現有銀行貸款支持這些企業比率極低。期望借助利率市場化可促使資金改變流向，同時增設民營銀行給予新資金。這些應該都是不錯的設想。

傾向貸款予大型國企

　　銀行只傾向貸款予大型國企，理由相當複雜，曾於其他文章分析過。現把相關要點歸納如下：

　　1. 貸款規模有限制：大型國企迅佔所有貸款空間

　　2. 呆壞賬率須嚴控：國企倒閉機會低又佔優

　　3. 人力資源是成本：跟進為數不多的國企較簡單

　　4. 制度法規欠完善：例如銀行不能沒收斷供的物業，引致住
　　　　戶喪失居所，這類規則皆妨礙其他貸款安排

　　利率自由化看似一匹難以馴服的駿馬，恐怕上述問題未能完

全解除前，它更會帶來一些新的困擾。外地經驗啟示了無數的後遺症，包括 1986 年後的美國、1994 年後的日本和 2001 年後的香港等。在高度競爭的環境下，利差收益萎縮，銀行盈利能力下降。部分銀行轉型開拓投資銀行業務、私人銀行理財業務，推銷各類型創新金融產品。最終，銀行被喻為不務正業，於金融海嘯後，面對史上最嚴厲的整頓；小型零售銀行則更可憐，因為難轉型、缺乏競爭力面臨淘汰。這與原規劃和拓展民營銀行的目的相悖，很可能變成非驢非馬的景象。

直接鼓勵商業銀行貸款

對症下藥的方法，宜直接推動銀行向中小微企貸款，導向資金予實體經濟：

1. 制定強迫性貸款指標，定期調校較度

2. 強化「信貸資料庫」運作，降低被騙和倒閉等壞賬風險

3. 設立信貸保險，由半官方機構安排，減低銀行在資本充足比率下的相關成本

4. 鼓勵下放權責，提升人手和制度管理，體現地方員工了解客戶的特性，滿足數量龐大的中小微企需求

5. 改良獎勵制度，設立更具吸引力的提成辦法，攤長頒發年期，爭取貸款穩妥回收後才全數發放

6. 完善各類法規，補充利率以外的公平貸款環境

通過金改，以期把資金導向實體經濟應從多方面着手，要求銀行改變貸款模式是較直接和快捷的方法。至於利率自由化，是一匹難以駕馭的千里馬，宜細心用較長時間作考驗、馴服和適應，美國、日本用了 16 年仍見其害，我們的改革應小心部署，獲取最佳效益。

2014年2月7日

全球經濟復甦
香港機不可失

謝湧海
（第二屆）

去年與前一年相比，全球經濟呈現出一個明顯的特徵，即發達國家逐漸走出危機的陰影，踏上緩慢的復甦之路，而新興國家除中國之外，經濟增長均告大幅下滑。

美國作為世界第一大經濟體，在經歷了長達五年的經濟低迷之後，去年加快增長，失業率逐漸下降，消費穩步回升，外貿赤字有所改善，經濟整體向好，今年 GDP 有望增長 2.5%。

中國經濟持續發展

2012 年歐盟遭受連環債務危機衝擊之後，去年區內多數國家經濟開始企穩復甦。雖然債務問題遠未解決，但隨着外部環境的改善，內部強化財經紀律，情況趨向穩定，預計今年會增長 1.5%。

日本受安倍經濟學的強力刺激，終於在去年擺脫通縮，實現了連續三季的正增長。但復甦道路仍然崎嶇，第三季經濟增速已明顯低於首兩季。預計今年 GDP 增長 1.4% 左右。

中國作為世界第二大經濟體和第一大新興國家，經歷了 35 年連續高速增長，去年中共十八屆三中全會提出改革開放新舉措，用進一步開放倒逼國內體制機制改革，確保經濟持續發展。市場對此反應正面，今年 GDP 有望保持 7.5% 的增長水平。

新興經濟體（除中國外）自 2012 年起，普遍出現經濟增速大幅下滑，預計今年一方面將得益於全球經濟向好，另一方面將

受美國退出量化寬鬆貨幣政策的負面影響，其經濟仍將溫和增長，其中俄羅斯、巴西和南非約增長 3%，印度增長 5% 左右。

今年全球經濟關注的重點仍將是歐洲債務問題、美國退出 QE 的影響、安倍經濟學的持久效用、中國改革的實際舉措，以及新興國家的資金流等問題；預計今年全球經濟將增長 3% 左右。

改革開放帶來挑戰

香港作為開放型的經濟體，去年的增長動力受制於外圍因素，全年預計增長 3%。今年將得益於美國、歐洲、日本，以及內地和其他新興經濟體的經濟增長，相信會有 3.5% 至 4% 的改善。

隨着內地開始新一輪的改革開放，香港經濟將面對眾多發展機遇和挑戰。因此，必須認清新形勢，找準自身的定位，抓住發展的機遇期。第一，內地服務業開放，將有利於香港服務業向內地拓展，以及提升對其的服務貿易。第二，內地開始試驗負面清單，將有利於香港用負面清單形式與內地商談今年的 CEPA 補充協議。第三，內地放寬企業和個人對外投資，將有利於香港作為財富管理中心的地位。第四，中國企業加快走出去，將有利於香港強化項目對接、專業諮詢和融資平台的功能。最後，內地將建立更多自貿區，預示了香港快將在粵港澳自貿區中發揮更重要的作用。

機遇永遠只會給有準備者，將機遇轉化成優勢和財富，需要政府、業界和全體港人的共同努力。

2014年1月3日

香港經貿物流業
面臨轉型發展機遇

在未來中國經濟變化大格局的背景下，細閱十八屆三中全會決定，以及學習專家學者之解讀，本人認為香港經貿物流業面臨轉型發展的重要機遇和挑戰。

當前內地經濟增長速度放緩，經濟周期明顯，成本上升，通脹的壓力亦增加。過去，內地各級政府將保持 GDP 高速增長作為最重要的目標，所以過去 35 年見證了中國奇跡，目前中國已成為全世界第二大經濟體，對世界經濟和政治的影響力巨大。

產業升級不斷加速

現在，「李克強經濟學」的理念是「不刺激」——即不再大規模地刺激經濟增長，以及「去槓桿」——即銀行信貸佔 GDP 的比例已經非常高，現屆中央政府和金融市場將適度地去槓桿，控制金融風險，經濟增長速度有必要放緩軟着陸。我們將會看到市場經濟主導，凡是市場可以決定的東西，政府不會再有太多的干預了；加快推進市場化過程可能帶來普遍性和持續性的成本上升，導致通脹的壓力增加，經濟發展周期更見明顯。

另一方面，中央政府將通過改革財稅政策的手段進一步改善政府、企業和個人收入的分配。過去的改革開放政策使經濟發展很活躍、投資活動很活躍、出口貿易很活躍，可是消耗大量資源、嚴重污染環境、不同地區發展也不均衡、國企和民企的資源分配不公平、勞動人口收入不高導致消費相對低等。這些問題導致現

有的增長模式是不協調的、不平衡的、低效率的，從而是不可持續的。

過去普遍地把生產成本因素如勞動力、土地、能源、資本等壓得很低，一直補貼企業，靠出口、投資推動經濟，經濟結構的嚴重失衡，將來調整經濟結構，產業升級轉型必然淘汰很多低競爭力的企業和產品，城鎮化發展加快，消除政府給企業過去的補貼，降低企業及個人的稅收，人民收入提高，小康社會啟動中產消費，內需在整個經濟當中的地位會愈來愈大，港商更要把握好對內地貿易產業鏈中的無限商機。

推進上海自貿試驗區

隨着上海自貿區的推進，特區政府、工商界及公眾應當更看見自身的領先優勢。儘管香港的商機無限，但國際及區域經濟急速發展將帶來巨大的壓力和挑戰，不進則退。香港必須加強與內地的緊密合作，加強資源和優勢互補，努力在中國經濟發展中扮演更重要的角色。

我們現在站在經濟發展的歷史轉捩點上，這是一個黃金時代的開始，香港須發揮其核心優勢，實現貿易物流經營模式的轉型發展，定位於全球資源配置中心，離岸貿易和轉口貿易並舉，強化香港作為亞洲區內總部經濟的集聚力，為內地「引進來」和「走出去」策略提供全方位的專業服務，提升香港在國際經濟活動的軟實力。

2013年12月20日

香港可以發展
可再生能源嗎？

莊偉茵
（第四屆）

能源對於世界發展的重要性，恍如空氣對於人類一樣，若沒有充足的能源供應，黑夜便難有亮光，凜冽寒冬將變得難耐，無論個人或社會經濟活動必然大受影響，白色聖誕將不再璀璨，趨之若鶩過一個寒冷聖誕的熱情也勢將大為減退。

最近翻閱一些刊物，留意到《2012世界能源展望》(World Energy Outlook 2012) 報告書指出，原來目前全球有十三億人無法享有電力供應。面對能源不足、傳統化石燃料及鈾源終有耗盡的一天，以及大眾對空氣質素及氣候轉變的關注，各國對發展可再生能源甚為殷切。其中，又以太陽能及風能發電較被廣泛重視。雖說世界上每個地方都有太陽光及風，但一如光合作用，縱使有太陽光、二氧化碳及水，仍要加上本身擁有葉綠素的條件，才能轉化為葡萄糖及氧氣。

內地資源豐富

那發展太陽能及風能發電的基本條件是什麼？要有天時地利人和。天時方面，當然是天氣，一年要有足夠陽光及風速，這點容易理解。地利方面，太陽能或風能發電場佔地不小。要有效汲取最多陽光及利用風力發電，原來太陽能板或風車都不能排列得密密麻麻，每塊太陽能板或風車之間都要有相當大的距離。對於一些幅員遼闊的國家如俄羅斯、加拿大、中國及美國等，或可用上 1% 或 2% 的土地去發展太陽能或風能，以應付全國的電力需

求。但對於一些國家如日本、英國及德國，礙於地理所限，便難以大規模發展可再生能源。人和方面，就是要有政府的能源政策配合。

中國內地天然資源豐富，已發展的可再生能源項目有水電、風電、生物質能及太陽能等。2011年，中國水力發電容量居世界第一，風電的上網發電容量同樣居世界第一。另外，內地太陽能發電容量近年亦增長強勁，並積極開拓沼氣、地熱能、潮汐能等可再生能源的應用。國務院於去年10月發表的《中國的能源政策(2012)》白皮書中提到，中國將致力於2020年把非化石能源（包括可再生能源及核電）佔能源消費比重提高至一成五左右。

「先天不足」需借力

至於我們身處的香港，可謂「先天不足」，因為我們缺乏天然資源，要輸入燃料發電。幸好我們背靠祖國，自1990年代從大亞灣輸入核電，現在又可使用「西氣東輸」的天然氣。但本港人煙稠密，缺乏土地及地理條件，要發展可再生能源困難重重。有本港電力企業就選擇在香港東南水域進行離岸風場的可行性研究，正收集詳細數據。

本港電力企業早於1990年代已開始投資內地可再生能源項目；展望將來，我們或可繼續尋求使用內地可再生能源的可能性。要為香港制定未來的能源政策殊不簡單，需要政府及社會各界參與討論，作長遠規劃。

2013年12月6日

香港：
亞洲葡萄酒市場的關鍵樞紐

　　2008 年頒布的葡萄酒零關稅政策，令香港甚至亞洲葡萄酒市場突飛猛進，在短短幾年內，成為亞洲葡萄酒市場的貿易及分銷中心，這裏原本已興盛的葡萄酒消費更趨白熱化。香港是全球少有的「零酒稅」之城，作為一個國際大都市，經濟和消費發展都在較高的水平。

　　香港作為內地的國際門戶，佔據着極其重要的位置，特別在 2008 年後，任何葡萄酒企業都必須把握這一趨勢，才能乘風而上。

　　2008 年以前，香港就已經是進口葡萄酒進入內地葡萄酒市場的跳板。但由於當時內地的進口葡萄酒市場仍不太成熟，進口葡萄酒大部分用於滿足香港本土的消費需求。隨着內地葡萄酒市場的發展日益強勁，帶來了消費者生活方式的改變，內地葡萄酒市場蘊含的強大潛力日益顯現，內地消費者在香港的消費需求也顯著增加，他們可以直接在香港嘗試和購買來自世界各地不同的葡萄酒。據香港酒類行業協會指出，葡萄酒關稅廢除後，可令每年總收益達到 50 億港元。

專業培訓予內地借鑒

　　未來，香港將繼續促進葡萄酒進入內地，包括政府推出的便利清關措施，壓縮清關時間等承諾，都將使進口葡萄酒更快速便利地打進內地市場。而且多年的超前發展，使香港擁有多方面值

得內地借鑒的經驗,這些將能夠極大地推動內地市場的發展。主要包括以下幾個方面:

第一,行業專業從業人員的滲透。經過超越內地多年的發展,香港葡萄酒行業擁有眾多經驗豐富的專業人員,精通中文和英文雙語商業環境。這些從業人員將進入內地眾多葡萄酒企業,並帶動其向國際化方向發展。

第二,領先的葡萄酒專業培訓。香港眾多專業葡萄酒培訓機構,不斷推出葡萄酒從業人員的強化培訓課程。在內地市場日益擴大後,很多材料被翻譯成中文,甚至一些課程更採用全中文教學的模式,這也將促使內地從業人員素質的提升。

第三,發展葡萄酒存酒業務。由於看到香港在亞洲葡萄酒市場中的重要地位,香港品質保證局推出了針對葡萄酒倉儲設施的專業認證,一些有資質的酒商,經過一系列的評審後,可得到 HKQAA 權威認證。內地消費者如需存酒,就能借助此認證迅速分辨可信賴的酒商。

拍賣會引領行業發展

第四,加強與交易夥伴的合作。香港已簽署了合作協定,與主要的葡萄酒生產國家／地區,包括法國(波爾多和布根地地區)、澳大利亞、新西蘭、意大利、西班牙、匈牙利、葡萄牙、美國(華盛頓和俄勒岡州)和智利加強葡萄酒相關貿易,旅遊和投資,葡萄酒鑒賞和教育,以及打擊假冒葡萄酒的促銷活動。

第五,葡萄酒拍賣會引領行業發展。國際拍賣行在香港舉行了多個葡萄酒拍賣會,香港已超越紐約,成為全球最大的葡萄酒拍賣中心。這進一步促使香港成為亞洲甚至全球葡萄酒投資及集散的樞紐!

香港是眾多葡萄酒專業人士的聚集地,同時擁有大量的精品葡萄酒銷售店,供應貨源充足的高品質葡萄酒。在這樣的市場環境下,葡萄酒口味越來越趨於成熟,吸引更多新興的萄葡酒國家的莊園及生產商借香港進軍內地市場。VINEXPO/IWSR 研究預測,未來 5 年中,香港葡萄酒消費量將進一步增長近四成,到 2016 年升至 476 萬箱。

2013年10月24日

上海自貿區及對香港的啟示

杜勁松
（第三屆）

　　分析中央作出設立上海自由貿易區的決定，歸納起來就是追求一個目的、來自兩個壓力、取決於三大成功標準。

　　一個目的。即是打造一個可以引領中國經濟升級的引擎範本，在成熟的時候推向全國。

　　兩個壓力。首先是來自內部的壓力。經過改革開放 30 年，尤其是過去黃金 10 年的發展，中國經濟總量已經躍居世界第二，而相應地，經濟結構的失衡也更加突出。中國經濟重新站在了一個十字路口，面臨是繼續推進深層次改革、還是停滯不前的抉擇。其次是來自外部的壓力。特別是美國主導了跨太平洋夥伴關係協議（TPP），這實質上是一場關於中國、但是沒有中國參與的重構亞太地區政治與經濟格局的談判。

　　TPP 推崇負面清單制和追求服務貿易自由化，並納入勞工待遇、環境保護等議題，從經貿關係角度而言是因應 WTO 多邊談判效率低下，且主要關注貨物貿易而啟動的變革；從地緣政治角度而言，是美國將其戰略重點轉移至亞太地區，並重新平衡包括中國及其他環太平洋地區新興市場國家在內的政治格局之舉措。如果說，過去 10 年加入 WTO 的紅利成為中國經濟增長，以及大幅提升中國參與國際經貿交流程度的主要支撐點；那麼未來 10 年，建設新一代自由貿易區則是中國主動適應國際經貿舞台的不二選擇。

可複製推廣至全國

三大成功標準。一是探索負面清單管理，提升企業投資自由度。政府僅限定企業「不能」做什麼，從而讓投資者和企業有更大的創業和經營的自主權。二是擴大在服務業領域（尤其是金融業）的開放。中國在貨物貿易方面已經躍居世界首位，但是服務貿易仍是弱國。三是可複製推廣至全國。

正如李克強總理指出，當前改革已經進入了深水區。因此，上海自由貿易區的實施不可能一蹴而就，必然要面對突破現有體制、思維乃至既得利益集團阻力等困難。儘管如此，目前各項改革措施已經在穩步推進。近日，全國人大常委會已經批准上海自貿區未來三年暫停外資企業法、中外合資經營企業法和中外合作經營企業的有關行政審批，為自貿區的運作掃清了第一批法律障礙。

市場預期，在金融領域、特別是與資本項目開放及離岸人民幣業務中心有關的一籃子改革措施，也已經納入議事日程。事實上，在國家發改委發布的「十二五」時期上海國際金融中心建設規劃中，已經給出了路線圖中的兩個關鍵時間點：在2015年，基本確立上海的全球性人民幣產品創新、交易、定價和清算中心地位；到2020年，把上海建設成為與中國經濟實力以及人民幣國際地位相適應的國際金融中心。這個路線圖基本上是與上海自貿區規劃無縫連接的。

以開放倒逼改革

以開放倒逼改革，是上海自由貿易區之於中國的意義，其實也是給香港的啟示。一方面，以中國經濟總量之規模、以中國地理範圍之廣闊，未來中國的確可以容納下兩個國際金融中心；而另一方面，若香港人採取固步自封、拒絕與內地更緊密經貿合作，甚至置上海自由貿易區所蘊含的巨大商機而不顧，反以「佔領中環」而賭上香港的前途，港人「望洋興嘆」則指日可待。這將是香港的悲哀！

當上海自由貿易區建設如火如荼的時候，正是我們香港人凝聚共識、同心發展的時候！

2013年9月12日

切合香港需要的能源政策

莊偉茵
（第四屆）

「因材施教、因事制宜」，道出了解決任何問題都必須以彈性和務實的態度制定措施，才能事半功倍。同樣地，這道理亦能應用於制定能源政策上。

由於每個城市的天然資源、氣候概況、人口密度、社會經濟發展，以及生活用電模式也不盡相同，因而世界上並沒有一個能放諸任何地方皆適用或完美的能源政策。我們所要尋求的，是一個能切合香港獨特性的能源政策。

香港沒有天然發電資源，由於地少人多，超過五成人口是在15樓以上居住或工作，每天使用逾6萬部升降機。另外，夏季平均氣溫約攝氏26至31度，造成季節性的高用電量需求。而作為國際金融、貿易和航運中心，安全和可靠度極高的供電，對香港整體發展是舉足輕重的。

面對三大項挑戰

安全和可靠度極高的供電，是能源政策其中一個重要的考慮。在香港，要維持高度可靠的供電並不容易，除了上述的獨特環境因素外，未來的多項基建發展，如西九文化區、港珠澳大橋，以及因人口增長而需發展的新市鎮，都依賴高度可靠的電力供應。可幸的是，香港的供電可靠度達99.99%世界級水平。資料顯示，在九龍及新界地區，每名中電客戶的平均意外停電時間每年約為2.6分鐘，遠低於其他國際都市如紐約（19.2分鐘）、悉

尼商業區（28.3 分鐘）和倫敦（39.5 分鐘）。

另一個挑戰是維持合理的電價。香港的電價一直也較其他國際都會為低。以 2013 年為例，中電住宅客戶的電價為平均每度電 1.01 港元，而新加坡為每度電 1.78 港元，悉尼為每度電 2.78 港元。在香港，電費開支佔家庭總支出的比率只是 1.6%。近年的平均淨電價上升，主因是燃料成本上漲。由於香港沒有能源資源，電價難免受到全球燃料價格大幅波動的直接影響，致令上升速度超過通脹率。最後一個挑戰是環境保護，能源政策在決定採用哪種燃料組合前，實需顧及不同燃料對環境的影響，包括改善空氣質素及應對全球氣候暖化的問題。

關鍵的燃料組合

不同的發電燃料各具特性，燃煤和天然氣發電高度可靠，可迅速應付能源需求的變動，但天然氣發電成本相對較高，而排放量遠較燃煤發電為低。核電亦是高度可靠的發電燃料，發電成本極具競爭力，而且近乎零排放，惟在運行安全及廢料處理上則需要審慎管理。根據國際能源署（IEA）資料，在過去 40 年間，天然氣及核電在全球發電燃料組合中的比例，分別上升了約一成。而基於環保效益，天然氣佔全球發電燃料組合的比重也愈來愈高。另者，近年可再生能源備受重視，但不是所有地區都具備豐富的天然資源，亦因供應不穩定和需佔用大量土地，所以發電成本較高。總括而言，不同發電燃料各有利弊。

香港要在供電可靠度、環境保護及維持合理電價三者中取得平衡，實在需要慎重選擇配搭得宜的多元化燃料組合。

究竟怎樣的能源政策最適合香港？如何能提高香港人的節能意識和成效？香港的能源政策應由市民和政府共同商議而制訂，但在作出決定前，必須清楚了解每種發電方式的利弊及選擇不同能源在可靠供應、環保及電價的影響和後果。這就需要社會各界參與討論，共同探討。

2013年8月15日

內地經濟發展長跑，
港挑戰與機遇並存

鄧雲
（第九屆）

　　筆者最近開始練習跑步，並定下 3 年內完成一個「全程馬拉松」的遠大目標。在研究長跑的相關技術和資料時，發現很多人容易忽視對傷病的處理，特別是初跑者容易對自己的身體過分樂觀估計、或者難以抵禦創造更好成績的誘惑，從而不顧傷痛持續練習比賽，最後不得不休整數月，甚至因為嚴重的後遺症而飲恨退出。

　　內地經濟發展其實也是一場馬拉松。也許是之前壓抑得太久，自 1978 年改革開放以來，內地經濟以衝刺般的速度狂奔了 30 多年。除了因 1997 亞洲金融危機和 2008 年環球金融海嘯，令內地 GDP 增速短暫回落到 8% 以下，其餘絕大部分時間都保持在雙位數增速。中國成為全球 GDP 總量排名第二的國家，也擁有高達 3.5 萬億美元的巨額外匯儲備。同時，內地也面臨着生態環境的迅速惡化、經濟發展極度失衡、部分行業產能嚴重過剩和貧富懸殊加劇等現實問題。

技術欠突破　效益勢減

　　近日國家統計局公布上半年資料，期內國內生產總值已達 24 萬億元，同比增長 7.6%。僅從資料看，這是近年來最差的一個半年業績，可以說 GDP 的增速放緩已成事實。對此國家統計局新聞發言人認為，經過改革開放 30 多年的高速增長以後，當勞動力、土地、市場這些資源稟賦的條件都發生新的變化，但技

術卻沒有突破的情況下，投入產出的邊際效益必然將遞減。

從國際上一些發達國家的歷史看，經濟轉型的陣痛往往是難免的。特別是經濟增長速度放緩，有可能使原本就存在的深層次、結構性矛盾更加突出，進而造成經濟「硬着陸」，最終導致中等收入陷阱而停滯不前。

發揮優勢　譜寫新傳奇

面對嚴峻的挑戰，國家領導人提出打造中國經濟升級版，以改革釋放紅利，而不再是以往靠貨幣供給和財政支出的刺激政策來推動經濟增長。例如，在產業政策和消費政策方面，圍繞幾個熱點領域包括資訊消費、節能環保和棚戶區改造等，旨在讓老百姓參與經濟建設的同時能分享成果，把國家富強切實地轉變成人民幸福。在金融市場方面，對支持內地經濟轉型提出指導意見。包括：推動人民幣國際化進程，建設多層次資本市場，推動利率與匯率市場化，推進間接融資向直接融資轉變，加大對小微企業的金融服務力度等。這一切也將改變過往金融資源過分集中於生產和固定投資領域的情況，使金融資源配置更加合理和有效率。

在金融服務領域，香港與內地相比具有得天獨厚的人才優勢、資訊優勢、運作體系優勢，應該而且能夠充分發揮這些優勢。既為內地金融市場的轉型發展提供支援，也能強化香港作為中國的國際金融中心地位。

過去 30 多年，香港得益於內地改革開放和高速發展，充分發揮了內地與國際市場樞紐和橋樑的作用。在未來 10 至 20 年，香港應繼續抓住內地經濟轉型的重要機遇，配合內地需求，譜寫新的香江傳奇。

2013年8月1日

兩岸四地金融合作的新領域

閻峰
（第八屆）

　　兩岸四地金融合作多年來獲得了中央一系列政策支持。CEPA 主體協定和 9 份補充協定，支援 QDII2 推出以及擴大 RQFII 額度和試點機構範圍等；「海峽兩岸金融合作協定」、「海峽兩岸經濟合作框架協議」（ECFA）等；多項協議和政策推動了兩岸四地的金融合作與發展。

　　在金融機構互設方面正在穩步推行。多家中資證券、保險和銀行機構已赴港設立分支機構；目前共有超過 14 家香港銀行在內地設立經營機構。超過 15 家台資券商和 10 餘家銀行及保險公司在內地開設分支機構；部分中資銀行也獲准在台灣設點經營。澳門共有超過 9 家中資銀行和中外合資銀行；中國太平和中國人壽也有設立澳門分支機構。CEPA 9 以後，澳門金融機構還將獲得更多政策支持在內地設立證券、期貨等合資金融機構。

人幣跨境業務發展佳

　　目前人民幣業務發展良好。金管局資料顯示截至今年 5 月底，香港人民幣存款約 6,985 億元。人民幣跨境業務發展迅速，今年前 5 個月，香港銀行人民幣貿易結算交易額超過 14,181 億元。

　　今年初，香港 15 間本地銀行向前海企業發放超過 20 億元人民幣的貸款，完成首批前海跨境人民幣貸款項目。

　　今年 2 月，台灣也全面啟動跨境人民幣業務，島內首批 46 家金融機構正式開辦業務。今年 6 月 11 日，台灣人民幣存款餘

額已突破 700 億元。去年 8 月，澳門銀行的人民幣存款達 425 億元，約佔銀行體系總存款的一成，跨境貿易人民幣結算業務自 2009 年開辦以來累計達人民幣 1,260 億元。

證券融資業務合作以內地和香港兩地之間發展尤為蓬勃。截至今年 5 月底，港股市場 H 股、紅籌股和內地民企股數量合計在上市公司總數佔比四成七；合計在港股市場總市值和總成交額中分別佔比五成六和七成一。

香港人民幣債券業務發展較快，去年發行量 2,713 億元，相比前一年的 1,882 億元明顯增長。未償還點心債券的餘額為 2,372 億元人民幣，較前一年底上升六成二。內地企業赴台灣上市還只能以 TDR 的第二上市形式，目前有 21 家在大陸註冊的台資企業獲准在內地上市。澳門主要產業博彩業已有數家公司在港上市，且市值大部分都達千億港元。

證券產品規模壯大

在機構和個人證券投資方面：截至今年 5 月底，QFII 額度已獲批 425 億美元，QDII 額度已獲批 855 億美元。今年 4 月 1 日起，開放了在內地工作和生活的港澳台居民可直接買賣 A 股。

證券產品規模不斷壯大，人民幣產品品種較為豐富。人民幣產品已涵蓋存款、債券、股票、ETF、期貨等多個種類，並且 RQFII 在額度擴大到 2,700 億元，投資範圍限制取消以及試點機構範圍擴大等支持下發展迅速。此外，去年兩隻掛鈎香港股指的 ETF 已於內地上市。台灣人民幣產品也已初具規模，涵蓋存款、ETF、基金、債券等。

兩岸四地未來還可進一步深化金融合作，措施可包括：進一步豐富人民幣金融產品；適時推出 QDII2 和 RQFII2；擴大 QFII 額度；推動兩岸四地的基金互認；利用前海和橫琴地區的機遇推動港澳人民幣跨境貿易結算、港粵澳機構互設、創新金融產品等。

與香港及澳門和台灣的合作深化也將有助於發展香港以外的多個人民幣離岸市場，進一步推動人民幣國際化。

2013年7月18日

香港離岸人民幣市場概覽

　　隨着中央人民政府對人民幣國際化的穩步推進，香港作為離岸人民幣中心，其人民幣金融同業市場快速發展，並日趨成熟。

　　香港人民幣離岸市場現貨價，可分為三類：個人人民幣外匯價、跨境人民幣匯價（運同於有貿易背景）、離岸人民幣匯價（廣泛使用）。

　　雖然以上外匯交易都是與人民幣有關，但由於在岸市場不可自由流出或流入，導致以上三類型價格各有不同，例如在岸價有時候可能較離岸價高，有時候也可能較低。

　　現時參與離岸人民幣匯價買賣的同業金融機構眾多，其中有25家比較活躍，中資最為突出，在香港上午 8 點半至下午 6 點的時間段，交易最為活躍，日成交約 30 億美元。

人民幣拆息短檔期波動大

　　香港的人民幣資金池能夠在短短數年急速膨脹，起初是因為香港市民相信人民幣擁有升值潛力，就以每天購買 2 萬元的方法日積月累。隨着人民幣國際化步伐進一步加大，特別是 2010 年 7 月，香港人民幣服務對企業客戶的開放，本地人民幣資金池即時大幅增加。

　　香港資金池是與內地主體經濟隔開的，不完全受內地資金的鬆緊情況直接影響。事實上，資金池的資金利息成本，會因為供應和需求改變而被推高或拉低。例如 RQFII，ETF 和「點心債」發行會拉動人民幣需求，如果沒有新的流入資金，資金供應就會

減少，繼而拉動利息成本上升。

目前，人民幣拆放作以離岸同業可交收掉期（DF）為主，由隔晚到兩年都有成交，當中又以一個月期、一年期的交易最為活躍。

在同業拆放市場上，短檔期（隔夜至一個月）的人民幣拆息波動較大，隔夜拆息過去一年高低波幅由最低的約 1% 至最高約 8%，於接近內地長假期的息率波動較大。

點心債市場發展迅速

現時人民幣衍生工具已由傳統人民幣外匯期權，可交收遠期及不可交收遠期，發展到一至五年的長期人民幣定息及浮息利率掉期、人民幣貨幣掉期。現時每天同業平均有 3 億左右美元交易，檔期一至三年較為集中主要在場外交易。隨着今年 6 月 24 日香港推出人民幣 HIBOR 定價標準後，人民幣利率衍生工具市場更將快速發展。

人民幣外匯、利率衍生工具有管理市場風險功能，並可結合其他產品，成為理財工具。

「點心債」市場的出現是從 2007 年開始，但發展是快速的，這是中國推進人民幣國際化的必然結果。發行者以亞洲國家為主，內地及香港發行體仍佔絕大多數，規模超過「點心債」市的七成。發行者行業覆蓋主權、超級組織、官方機構、政策性銀行、商業銀行及企業。投資者群體也經歷了快速演化，從開始主要依賴於商業銀行到目前多元化──基金公司、保險公司、私人銀行、資產管理公司和主權的參與。

目前投資者對「點心債」潛在的信用品質關注逐漸增多，當中發行結構仍是重點關注之一。由於受到政策限制，目前仍有許多中資企業使用境外註冊的機構（子公司）、海外融資平台和特殊目的公司(SPV)來發行離岸人民幣債，並利用一定的增信結構，如金融機構擔保、信用支援協定、資產抵押等，來支持其發行及增強信用度。隨着 RQFII 項目啟動以及監管機構注意熱錢動向，離岸流動性變化將是今年餘下時間的觀察重點。相信在中國基本面企穩的前提下，人民幣資產將繼續受投資者青睞。

2013年6月6日

香港有力成為
亞洲美元結算中心

吳肖梅
（第二屆）

　　近日與香港的銀行家聊起，覺得銀行業的產品，已是種類繁多，琳琅滿目，但其中一個非常傳統的老產品，仍是有可能改進以方便市民大眾，亦可鞏固香港作為國際金融中心地位的，那就是亞洲美元結算中心。眾所周知，港元只能以香港為結算中心，美元以美國為結算中心及人民幣以中國為結算中心。香港為了在亞洲商業時段能提供高效率的美元結算、減低時差帶來的交收風險，自 2000 年 8 月正式通過香港銀行同業結算有限公司推出了美元結算系統。金管局並委任了香港滙豐銀行作為香港美元結算系統的結算機構。

早有美元清算運作

　　該結算系統，涵蓋的範圍頗多，包括美元即時支付、美元債券交收、美元證券結算交收、外匯交易同步交收（例如美元兌港元、歐元、人民幣、馬來西亞令吉及印尼盧布）、美元支票結算及信用卡支付交易結算等。

　　十多年來，香港仍有很大部分的美元結算要在美國進行，原因在哪裏？ 經大家分析，主要仍是墊付巨額「美元」頭寸的問題。

　　作為一個商業機構，被委任的結算銀行沒有理由要長年累月準備一筆款項，來為其他銀行墊付頭寸。另一方面，結算銀行亦可能會因其自身政策，例如同業借貸政策、清洗黑錢及反恐政策等等，對參與銀行的頭寸便利作出限制。

政府牽頭帶領可成功

其實，外幣結算這麼龐大的金額，應該由政府牽頭；香港有大量的美元儲備金；墊付頭寸的責任不應落在商業機構身上，這樣美元在亞洲時段的交收，不論是貿易項下、私人匯款等都可以通過香港進行美元結算。

目前美元結算的參與者主要有數類：直接參與者 93 家、間接參與者 21 家和間接用戶 107 家，全部合共有 221 家。金管局是銀行同業結算公司的主要股東之一，如果由其直接注資或貸款，支持此項目，則香港完全有條件可以擴大此業務品種。

美元結算，看起來是十分傳統的銀行產品，但如果聯合內地與港台澳四地銀行同業的力量，擴大宣傳，完全是可以再做好些。當天的款項可以在亞洲時段辦理，早上匯款、下午已收妥，匯款人及收款人既可節省匯款費用，亦可當天取得款項，方便客戶。

通過辦理美元結算業務，更可以提高香港的知名度，增加收入，亦可以鞏固香港作為金融中心的地位。

據筆者了解，內地有些銀行，有些數萬美元的匯款，都不經香港銀行交收，經紐約銀行解付，而中間有串錯字母或打錯名字等等的修改，都要繞一個圈來回查詢，既費時又要多花錢。這到底是宣傳不足，或是代理行的安排配合不夠，這些都需要銀行界自行了解及跟進。

目前美元仍是世界上最主要的流通貨幣，人民幣亦逐步走向世界，香港亦可以加強力度做人民幣離岸結算，現時參加人民幣結算的本地會員已有 136 間，另海外會員也有 40 間。如果美元結算業務做得好，將來再進一步拓展人民幣結算業務，便是輕而易舉。

香港結算公司有可靠的系統、高效的營運效率、標準化的工作流程，如果金管局可以承擔解決現金流（Cash Flow）問題，為每一參與會員設立一個日間透支額度，相信香港作為亞洲商業時段美元結算中心的目標，亦是指日可待。

2013年5月9日

公平合理客觀對待保險業

楊梵城
（第一屆）

　　作為業內人士，本人十分高興保險被納入金融界別裏；但同時，本人卻十分失望為什麼保險在金融界別中最不被重視，特別是保險從業員。由十七世紀開始，保險在船運中，已經佔有一個很重要的位置，因當時船是唯一國與國之間的往來方法，無論人運或貨運，都只有船一種工具；但往往天有不測之風雲，保險就變成貨主唯一的保障及安慰。

　　就算往後有陸運，空運，保險亦發揮了它獨一無二的作用。時至今日，保險更漸漸被社會認定為必需品，不論人壽保險，財產保險，僱員或責任保險。

　　但為何保險業及其從業員的被尊重性愈來愈低？保險從業員常被人誤會是詐騙錢財的騙子？

　　先解讀為何保險業及其從業員的被尊重性愈來愈低：保險往往只在不好的事情發生時，才被重視，好像近日埃及發生熱氣球意外，9名香港人不幸喪生，除了令人關注出外旅遊而需自費參與項目的安全外，同時亦關心平常我們所購買的旅遊保險，一旦在出事後，又是否能提供所想要的保障呢？在執筆之時，遇難者家屬仍未與保險公司達成共識，希望雙方能盡快商討出一個解決方案。

害群之馬只屬少數

　　在此事件前，有幾多投保人會認真看清楚保障內容，是否符

合自己的預期保障呢？保險在平安的日子，只會被視為要供錢，但不會知幾時有回報的商品。回報不能預期，加上很慢很遲才有，人們根本不當它是一種金融產品。現在無論保險公司或銀行，都推出一些保險加上投資的產品，這些產品在 2008 年金融海嘯前大受歡迎，比傳統人壽保險更為吸引。但這些產品在海嘯後便凸顯出它的不足：本金容易虧蝕，保障亦只是象徵式。花多眼亂的產品，就令人忽視了保險本身的作用。其實保險最基本的價值是「保障」，壽險是保障投保人家屬的未來入息，為投保人提供另外的儲蓄選擇，財產保險則保障投保人的現有財產；對社會而言，它提供大量就業機會，儲蓄保險就提供可觀資金放在基建及投資市場上，可發揮融資的功能。保險的重要性其實不需要等到有事發生時才感受到。

至於保險從業員常被人誤會是詐騙錢財的騙子；無可否認，過往曾有少數業界不良分子，做了害群之馬，用不正當的方法誤導投保人，使到投保人有金錢的損失，並且得不到應有的保障，致令社會各界將保險業及其從業員貶低及誤解。其實，有哪一個行業沒有害群之馬呢？而我們也不應忽視的情形，就是除了當中真實有被從業員欺騙的個案，另外有些例子卻是由於誤會及雙方溝通不足引起的。

現在保險從業員在法例及行業團體的監管下通過持續進修，在專業操守方面有着重大的保證，並在保險公司配合下，產品增加了透明度，加上資訊亦充足，對投保人起了一定的保障作用。何況現在保險從業員已加強學習並在專業操守方面痛下苦功及裝備自己的專業知識，所以為客戶提供最佳服務，已是從業員能夠做到並願意做的事。因為好好照顧投保人及把維護投保人利益的使命做到最好，不但可提升專業形象，也能維持及增加未來的生意額。所以亦請各界人士以公平、合理之客觀角度對待保險這個行業，這樣，對業界以至社會都有莫大裨益。

2013年3月28日

打造大嶼山為
國際化旅遊度假區

　　特首於上任後的首份《施政報告》中，提出發展大嶼山的計劃，個人對此表示支持。其實東涌新市鎮計劃開展已超過十年，只是一直以「龜速」前進，表現未能達標。要為大嶼山的未來發展重新定位，就必須先看清其優劣勢、機會及威脅所在，這可引用 SWOT 研究方法加以剖析。

　　大嶼山具有多項地標性的大型建設，包括赤鱲角機場、迪士尼樂園、昂坪 360 纜車、天壇大佛及亞洲國際博覽館等；同時擁有大澳、長沙、貝澳及水口等天然資源及傳統風貌，本土文化色彩濃厚。這些都是發展旅遊業的有利條件，凸顯大嶼山兼備發展商務、休閒及生態旅遊的優勢。

　　此外，港珠澳大橋將於 2016 年啟用，加上擬建的港深西部快速軌道及港深西部公路，屆時由大嶼山往來深圳前海及澳門橫琴，僅需 20 分鐘。這說明隨着多項跨境及大型基建相繼落成，大嶼山將成為珠三角交通樞紐，並帶來發展「橋頭經濟」的機遇。

　　不過，大嶼山的交通配套不足，導致眾多景點之間未能發揮協同作用，限制了其旅遊發展空間。有區內調查指出，逾五成三受訪旅客認為需要改善大嶼山的區內陸上交通；逾四成二認為需改善連接香港的交通；另有四成認為需改善海上交通。發展定位不清，則形成政府過去較側重物流及運輸的考慮，忽略了大嶼山豐富的旅遊資源。

　　另方面，在爭奪銷售額達每年 1.3 萬億人民幣的珠三角消費

市場上，廣深港高鐵及港珠澳大橋的開通，將別具戰略意義。深圳前海及澳門橫琴兩個大橋落腳點，正密鑼緊鼓進行大型基建，對於作為大橋在香港落腳場地的大嶼山，預料將帶來不少挑戰。

改善連接路爭商機

要打破大嶼山旅遊點之間「成線不成圖」的現況，中長期需要改善現有的南北連接路，包括改善東涌道及大嶼山南部道路；並要研究加快港深西部快速軌道主線的進度，由南向北貫通新界西北及后海灣，直達深圳前海地區。

短期則可研究開放海天碼頭，方便本土、內地及澳門旅客往來大嶼山，估計額外帶來的旅客可達每年 150 萬至 300 萬人次，將為大嶼山帶來更多旅遊及其他經濟機遇。

為應對開發後將不斷增加的旅客量，當局有需要及早強化大嶼山現有的旅遊優勢。就此，當局應考慮撥地興建帶零售及批發功能的大型購物區，例如發展機場北部商業區，以涵蓋具特色、本土風味及多元化的商場及餐飲設施為主。

與此同時，為應對本地泊車位緊張及酒店不足的問題，當局應研究在大嶼山增設停車位，方便日後經大橋來港的旅客到大嶼山；並增加區內三、四星酒店的供應，配合亞洲國際博覽館的會議展覽活動，促進本地商務旅遊的發展。

可以看到，結合區內旅遊優勢與「橋頭經濟」的機遇，大嶼山大有條件發展為國際化旅遊度假區，為香港打造新的旅遊亮點，並可紓緩市區的旅遊樽頸。

關鍵是打通大嶼山區內及對外的交通聯繫，優化各項旅遊配套，尤其設立專責政府部門進行統籌協調，為大嶼山的旅遊發展重新定位。

2013年3月14日

金融業持續增長的路向

譚岳衡
（第八屆）

　　金融服務業是香港的四大支柱產業之一，確保香港金融服務業可持續增長，是政府與業界面臨的巨大挑戰。

　　資料表明，香港本身的經濟已不能支撐金融業的可持續增長。自 1987 年以來香港貸款已經超過 GDP，佔比高達 250% 以上，在世界銀行的名單上排於前列，2011 年僅次於日本、美國、西班牙、愛爾蘭和英國。股票市值與 GDP 的比例高踞世界第一，2011 年達 358%。金融業已不再局限於香港本地企業及經濟了，鑒於香港經濟本身的低增長性及有限規模，金融業的可持續增長還要更多地依賴於香港之外的地區。

宜充分利用內地資源

　　首先，內地是香港金融業可持續增長的重要源頭。內地未來將超越美國成為世界最大經濟體，這是香港金融業未來高增長的重要基礎之一；內地擁有廣泛的資源、香港擁有較好的制度，二者結合，優勢不可比擬。但事在人為，優勢的充分發揮，可能不如以前一樣坐而有之，好的資源可能不會再主動送上門來，同業競爭者也不少，內地有上海和深圳，國際有新加坡和倫敦等。所以，香港要充分利用內地資源及增長，必須更主動更開放。

　　其次，過於單純市場化的路徑依賴或阻礙香港金融業的可持續增長。香港長期單純的市場導向（被冠之以最佳市場之美譽），較多追隨外資金融意識，主動引領不足，在面臨巨大挑戰及機會

時，可能因慣性而不知如何應對，不能主動出擊，處處被動。對照市場化先進國家，香港這個國際金融中心在許多方面並不是領先的，一些方面卻以市場導向為藉口阻礙改革與發展。「市場不是萬能的」現在已經是常識，某些方面香港過於「市場化了」，應該得到糾正；否則，損害的是香港的長遠發展，損害的是香港大多數人的中長期福祉。香港金融業應該正視存在的問題，扭轉原來路徑之下形成的慣性依賴，抓住一切可以高增長的源頭，實現香港金融業的長期繁榮。

跳出框框　實現突破

第三，香港要成為世界第一金融中心，視乎它能否客觀看待過去的繁榮，意識未來的挑戰及努力。香港金融業過去的繁榮與內地一直有密切的關係，僅僅是制度優越一項不足以讓香港成為世界重要的金融中心。中國成功進行市場化改革，有望成為世界第一金融中心所在地。香港應該牢牢抓住這個機會，讓自己作為中國的一部分而成為世界第一金融中心。

香港面臨上海及深圳的挑戰，是中國經濟崛起的必然，不能因此而拒絕或害怕與內地競爭；反而應更積極更主動地應對競爭，香港可以內地無法比擬的良好的市場法制基礎，積極布局全球第一金融中心遠大目標，或可在國際金融中心的競爭中把握先機。香港金融業類似枝葉伸離樹幹很遠的樹，枝葉已經伸遠了，回來已不可能；為了生存，只有將根劄得更深、將枝葉伸得更遠。我們需要跳出原來視野，謀劃更大戰略，實現自我革新、自我突破。特區政府近期成立的金融發展局，有助於糾正市場慣性偏差，為市場高增長奠定良好框架與基礎，有助於香港成為世界第一金融中心大局的形成。

2013年2月14日

前海開展外匯孖展業務

　　近日，人民幣和港元都持續呈現強勢。人民幣在上月只有兩天沒有漲停板，港匯這輪亦迫使金管局作出超逾十次的干預。外匯熱錢的流入，令我這個已從事 30 年外匯的老人帶來了一些感慨。

　　回想當日，上世紀八十年代初入行，外匯買賣在港絕不流行。就算路透社這個協助了無數人士成為外匯英雄的電子平台，設計也極為簡單，普及程度亦低，不少外匯買賣反而在電報機下完成。身處的工作崗位不屬於自己的外匯部門，僅為會計部或押匯部下一個微不足道的小配角。

　　然而，香港金融業就於這時起飛。由兩三人的工作單位演變為「交易室」，不到幾年後再建立屬於自己的「資金部」。今時今日大銀行的「財資部」或「金融市場」更可擁有數以百計的交易人員。

港市場地位漸被取代

　　香港的零售外匯正式開始於上世紀八十年代中期，中銀十三行相互競爭把其普及化和平民化，令香港成為世界上外匯投資最受公眾歡迎的地方之一。香港賦有無數優越條件，包括資金進出自由、資訊自由、人才流動自由、稅率低而簡單、自由競爭等等，是《國富論》作者亞當‧史密斯所描述下的一個積極不干預的自由之都，造就了活躍的外匯市場。進入九十年代，參與者更為普

遍，槓桿式的外匯孖展公司林立，從業人員倍增，業務擴展至全球。

然而，好景不常。為確保金融體系的穩定及各種不同理由，監管日漸加強。外匯孖展被收緊了限制，「開倉」和「持倉」倍數壓縮至只有20倍和33倍。反觀外圍，澳大利亞容許的是50及100倍槓桿。此消彼長，外匯業逐漸為其他地方所取代。

分析近年全球市場發展，外匯波幅上落減少，令投資面虧損風險下降；電子革命改善了交易方法，有效的平倉控制了止損。看來，應該是時候放寬前述的限制，為外匯業添回一點生命力。否則，業界的寄望只能轉往世界各地了。

前海，可能就是最接近而可行的地方。國家多次表態支持前海金融改革創新，容許金融業在中國境內「先行先試」。

電子網絡監控須放寬

容許前海開辦外匯孖展業務並非妙想天開。撇除中國過往曾有過孖展外匯業務外，前海亦可作為特殊試點供境外人士開辦業務。中國雖然有外匯管制，但孖展業務以非人民幣作交易，與現有機制沒有太大的衝突；孖展交易不涉及合約上的實際外幣交割，到期平倉後只需把盈虧作淨額交收，需求外匯額較少；「借款」予投資者作槓桿入市，技術上可以「外匯掉期」交易取代，而不影響借貸予境外人士的外債指標。

然而，有數項因素仍要考慮：一、境外人士在前海開立這類特定賬戶，需要容許美元、港元等外幣跨境調入及調出。否則，香港將成為資金託管地了；二、電子交易平台應容許境內和境外自由登入和交易，電子網絡的監控需適度放寬，避免影響運作速度；三、金融資訊自由方面，無論接收或提供都應撤銷限制；四、涉及的相關合約法，理應也以香港等境外作依據。最後，客戶對象能否爭取境內人士，這將會是個彈性處理的話題了。外匯業務是相對最簡單和有效的，香港當年亦以此開拓了金融業，期望前海可於這方面多加考慮，打造其中一個創新產業，讓一眾從業員及公司齊往前海再發放光芒。

2012年12月6日

在前海打造「專屬保險」
和「再保險」中心

　　隨着前海深港現代服務業合作區正式啟動，金融業發展又翻開了新的一章。香港作為深圳的重要經濟夥伴，在前海的發展上肩負重要使命，也面臨着重大機遇。建議前海特區善用香港保險業的國際經驗和專業人才，發展專屬保險和再保險，藉以協助打造前海成高度國際化的金融中心。

　　專屬保險指由大型企業設立的保險公司，專責承保母公司、集團公司或其他相連公司各方面的風險。再保險又稱分保，指保險公司將自己承擔的保險責任，全部或部分轉嫁給再保險公司分擔承保，可以說是「保險中的保險」。

糾正投保不足累積資金

　　現時，專屬保險公司的數量有近 5,800 家。在世界財富五百強中，超過六成擁有專屬保險公司，管理的資產達 200 億美元。再保險方面，來自國際保險監督聯會的數據顯示，全球的再保險毛保費由 2007 年的 1,570 億美元，上升至 2011 年的 1,800 百億美元（升幅達 19%）。再保險保費的增長縱然可觀，可是分布卻不平衡：發展中國家對再保險的需求旺盛，但再保險業務九成由歐美的公司雄踞。

　　國家經濟高速增長，未來不單要保持這個發展勢頭，更要透過新思維、新策略，大幅提高企業的競爭力，專屬保險正好能夠協助企業有效管理風險和資金，在安全的金融平台上，推動國家

經濟進一步發展。

調節資金流帶動金融業

現時不少內地企業在拓展海外業務時或會面對錯綜複雜的風險，專屬保險不僅可糾正企業投保不足的問題、協助他們為風險融資，亦可以透過專屬保險，保留和累積更多資金，無須過分依賴商業銀行的貸款融資；而商業銀行每年的貸款指標，也可以騰空出來，協助規模較小的公司融資發展。

觀乎海外的實體經驗，專屬保險不只能夠調節資金流，更能帶動金融業活躍起來，吸引更多相關的跨國企業於區內成立分公司或總部。以新加坡為例，專屬保險在 15 年前管理的資產只有 10 億新元，同期的整體保費則為 281 億；到了 2011 年其管理的專屬保險資產超過 16 億新元，整體保費收入亦隨之增長至 1,611 億新元。

猶如專屬保險，設立再保險公司可以帶動周邊相關行業的發展，例如：審計、稅務、商業保險、旅遊等等，為經濟帶來效益。以新加坡為例；在七十年代透過提供減免稅優惠，亦放寬對再保險公司的股權要求，拓展再保險業務，遂於數十年間成功發展為亞太區的再保險中心。

不論是專屬保險，還是再保險，業務的競爭都非常劇烈，目前全球專屬保險公司，絕大多數設立於百慕達等稅賦天堂。在這點上，前海可以提供稅務優惠，吸引內地或海外的企業在區內成立專屬自保公司。至於再保險，除了稅務優惠外，如在人民幣結算業務上提供較大彈性，定能吸引更多再保險主體進駐其中。

監管水平和資本要求亦同樣重要，我們必須建立既能保障專屬保險公司／再保險公司的合法營運權益，同時又可迎合個別公司需要的監管制度。外資成功在前海成立專屬保險公司／再保險公司，可以為內地企業作積極的示範，並凝聚更多資金和企業，推動前海成為真正的金融中心。

2012年11月8日

抓住前海戰略機遇
做強香港本地券商

杜勁松
（第三屆）

　　建設和完善香港國際金融中心，既是特區政府施政綱領的重頭戲之一，也是國家「十二五」規劃中對香港的殷切期待。與紐約、倫敦等傳統國際金融中心相比，由於香港缺少一批實力強大的本地券商和其他類型金融機構作為核心，本港國際金融中心的基礎並不堅實。2008年環球金融危機特別是歐債危機爆發以來，一、二級市場急劇萎縮，而部分中資機構陸續選擇香港作為橋頭堡，本港市場參與者的利潤空間因而被進一步擠壓。當前，我們亟需抓住前海戰略機遇，做強香港本地券商。

採開放思維應對變化

　　首先，母國市場（home market）是做強本港券商的基石。任何一間強大的跨國金融機構，一定是依託其強大的母國市場，否則便是無本之木、無源之水。若干在香港曾經曇花一現的金融機構，就是典型的反例（譬如百富勤）。近期香港出現的一股打着所謂維護民生旗號、試圖割裂香港與內地更緊密經貿聯繫的思潮和過激行為，其實是居心不良且不合邏輯的。經過改革開放三十多年的發展，中國已經成為當今世界第二大經濟體。舉世矚目成就的背後，既有中國人民的勤奮、激情與夢想，也有香港作為內地主要的外來直接投資（FDI）來源地、主要的海外股權及債務融資中心所作的貢獻。做強本港券商和其他金融機構，當然不能忽視內地這個巨大的、充滿生機的母國市場。

集中精力處理基礎工作

其次，需要明確本港券商在發展中的母國市場中，新戰略定位與發展路徑。隨着中國經濟逐步轉型和金融市場開放，內地將從淨資本流入逐步轉變為更大範圍的雙向資本流動，內需市場也成為當之無愧的全球之冠。本港券商和其他金融機構需要主動適應這種變化，在金融產業價值鏈條中建立和發揮自身的比較優勢。採用開放性思維，研究一下傳統經紀業務向私人財富管理、私募基金投資等行業的轉移路徑。

實際上，今年 6 月國務院已經批覆前海特區，支持香港金融機構和其他境內外金融機構在前海設立國際性或全國性管理總部、業務運營總部，加快提高金融國際化水平，促進前海金融業和總部經濟集聚發展；並允許前海探索拓寬境外人民幣資金回流管道，配合支援香港人民幣離岸業務發展，構建跨境人民幣業務創新試驗區。這些重大決策，為本港券商利用前海特區做大做強提供了寶貴的戰略機遇。

新一屆特區政府班子上任以來，在若干問題上屢屢扮演消防員的角色；在本港金融業進一步進入內地方面，工作進展並不盡如人意。從做強本港券商的戰略高度，本港業界其實更需要統一認識。與其讓特區政府忙於研究、應對一些有違市場經濟規則和全球大趨勢的提議，不如讓政府集中精力於基礎性、策略性的工作，例如：早日設立金融發展局；利用政府對政府的管道，爭取在前海特區先行先試，為本港券商早日爭取國民待遇，使本港券商進入內地市場取得突破……須知政府本身也是一種公共資源，善用公共資源，也是我們從業人員的責任。

在全球市場仍在跌宕起伏的環境下，不時傳來國際投資銀行重組裁員的消息。有句英文諺語：England's difficulty is Ireland's opportunity。對於本港券商，當前正是發揮集體智慧，努力做大做強的戰略機遇期。

2012年10月11日

港式購物進前海
緩解個人遊難題

　　香港人對前海了解不多，有識之士和先驅者紛紛為前海建設獻計獻策，鼓舞歡呼。按照規劃，深圳市前海合作區含有諸多的香港元素，採用深圳管理、香港法規等，各個行業都可以先行先試，從中探索深港現代服務業合作的嶄新模式，也是再造香港的一次全新實驗。

　　前海定位為深港現代服務業的合作區，旅遊是現代服務業的支柱，可見旅遊進入前海將大有作為。旅遊有六大要素，即「吃、住、行、遊、購、娛」，今天拋磚引玉，先談談「購」進入前海的問題。相信香港的購物鏈一旦延伸到前海，就能夠緩解「個人遊」給香港帶來的困撓。

成效變為「雙刃劍」須檢討

　　內地居民來港「個人遊」政策亟須檢討。2003 年起實施的「港澳自由行」，又稱「個人遊」，對挽救當時疲軟的香港經濟產生了積極作用，政策實施後，內地來港旅客不斷攀升。「個人遊」是一把雙刃劍，一方面為香港創造了就業機會，得益最多的是那些控制了各類連鎖經營的大型商場、名店、酒店和地產大財團。另一方面，隨着「個人遊」人數逐年增加，香港的城市設計越來越難以負荷，來港產子、推高物價、罪案增加、文化衝突等負面影響逐漸浮現，香港社會開始對「個人遊」出現反思。

　　有關統計顯示，最近來港的「個人遊」旅客，特別是珠三角

遊客，多數是當天來當天回的購物散客，不過夜居多，且購買力較低。「個人遊」旅客已經由前幾年購買貴價珠寶金飾、高檔服飾及各種名牌奢侈品，變為非常大眾化的消費，搶購的都是日常生活用品，尤其是奶粉、醫藥用品，甚至連一般食材如油鹽醬醋都不放過，精打細算到了「斤斤計較」的地步，完全是以前港人北上一味貪便宜消費的翻版，可謂十年河東，十年河西。今年8月，深圳公布將擴大赴港「個人遊」，允許當地非戶籍民眾從9月1日起申請「一簽多行」來港，引發香港社會強烈反響，政府不得不宣布「一簽多行」暫時擱置。我認為「個人遊」政策確實有必要重新檢討。

延伸購物鏈　引入港模式

旅遊進前海，能緩解「個人遊」難題。「個人遊」到香港為購物而不為旅遊的奇怪現象，與內地市場充斥假冒偽劣商品息息相關。由於八成「個人遊」旅客來港主要目的是購物，購物便成了「個人遊」的核心問題。如果在設計上，我們考慮把香港的購物鏈條延伸到前海，勢必能夠解決目前「個人遊」的困局。

按照中央給的政策，前海深港合作，已經遠遠超越了招商引資、中外合資的範疇，更加看重的是招商引「制」，中外合「制」。15平方公里的前海合作區，幾乎對香港全方位開放。因此，旅遊進前海，首要課題是如何讓香港品牌商店或港式購物中心進駐前海。

香港品牌商店或港式購物中心進駐前海深港合作區，更要大膽先行先試，讓香港產品免稅進入，香港商店或購物中心營運、管理完全採用香港模式。如果能夠在前海設立香港珠寶金飾、高檔服飾及各種化妝品名牌連鎖店、名牌連鎖超市、藥店，從而吸引珠三角客人就近消費，內地旅客可避免奔波勞頓，同時非常方便地享受如在香港一樣的購物樂趣，買到貨真價實的名牌商品或日常生活用品，也能享受到港式現代化服務，這樣，前海就能成為深港合作同城化的典範，成為「特區中的特區」，何樂而不為？

2012年9月27日

在前海特區先行先試
中國存託憑證(CDR)

　　國家「十二五」規劃要求探索建立國際板市場。但是由於境外企業在境內上市涉及法律、會計、外匯管理等諸多領域，目前各有關部門仍在對總體思路、制度規則等進行研究和溝通。在前海特區先行先試，採用中國存託憑證(CDR)形式推出國際板，將是一個可行的方案。

　　根據目前學術界的討論，反對在近期推出國際板的主要理由有四點。首先，開通國際板就必須解決貨幣政策與資本市場的協調問題，必須解決人民幣資本項可兌換。其次，國際板的開通，將會牽涉到金融監管的方方面面；但是，現行的「一行三會一局」體制依然沒有完全理順。第三，內地資本市場自身還存在着許多制度性缺陷：證監會發審委的職能名為核准實質上是審批；過於擁擠的上市通道既創造了尋租空間，又使資本市場資源配置功能異化。第四，對內地資本市場而言，推出新三板的技術難度更低，更能適應現有的法律法規等基礎設施、更能有效地拓寬融資管道、完善資本市場的結構。

　　以上是內地當前的客觀實際，也是內地逐步深化和擴大對外開放進程中無法迴避且最終需要解決的，更是前海金融特區在履行先行先試使命時的戰略挑戰與機遇。

　　首先，中央第一次明確了在前海構建跨境人民幣業務創新試驗區的目標，並進而將前海建設成為我國金融業對外開放的試驗示範窗口。因此依託前海推進國際板，進而建設和完善包括跨境

人民幣貨幣市場（銀團貸款）、債券市場、股票市場、私募股權基金的全方位金融市場，符合中央對前海的定位。

有效銜接境內外股票市場

其次，根據前海金融特區頂層設計策略，前海可參照國際金融服務的混業趨勢，設立「金融監督管理局」，對轄內的金融機構，如銀行、保險、證券等在一定條件下按混業經營模式進行監管。目前在探討國際板可行性時所遇到的金融監管不協調問題，可以通過超級金融監督管理局這一統一監管平台來解決。

第三，利用中國存託憑證（CDR）模式作為橋樑，可以有效銜接相對成熟的境外股票市場與正在發展中的內地股票市場。在法律方面，如果直接採用 IPO 或第二上市等形式，必然牽涉對中國證券法和公司法的重大修訂。因此，類似中國移動這樣的紅籌股能否在 A 股市場上市都一直存在法律障礙。CDR 屬於以人民幣標價的合成證券（Synthetic Securities），由託管銀行依據其所持有的境外股票權益而發行。因此，只要該境外股票市場（例如香港）與內地已簽署有關監管諒解備忘錄，原則上都可以允許託管銀行發行相關 CDR。

在發行運作方面，根據頂層設計策略，可以規定該託管銀行必須以子公司形式在前海註冊、運作。過去五年多，中國內地和香港主要銀行在跨境託管 QDII/QFII 中已經積累了相當豐富的經驗。在定價和交易方面，CDR 更可以借鑒美國存託憑證（ADR）的分級模式，設立不同的風險披露要求和投資者適當性準則。與傳統 IPO 或第二上市模式相比，分級 CDR 可以大大降低操作風險、減低對內地資本市場的衝擊，在增強投資者保護的同時發揮市場調節機制的積極作用。在 CDR 發行的規模上，可通過前海機構投資者額度（QHII）予以控制，確保開放的循序漸進和可控。

綜上所述，在前海通過 CDR 推出國際板，符合中國金融開放的大格局、符合前海探索港深合作的總體思路，值得先行先試。

2012年9月13日

港深再次攜手
共建前海繁榮

謝湧海
（第二屆）

　　過去三十多年，港深合作精彩紛呈、成果豐碩。從深圳經濟特區成立初期香港加工製造業向深圳轉移，到上世紀九十年代兩地金融業、高新技術產業合作嘗試；從香港回歸祖國後，兩地率先實施 CEPA 和「個人遊」等惠港政策，到 2009 年港深合作上升為國家戰略。

　　港深合作的纍纍碩果，見證了深圳不斷推進改革開放、提升自主創新水平、實現經濟快速增長、「敢為天下先」的深圳奇跡，也彰顯了香港同胞善於把握機遇、克服困難、主動適應經濟和產業轉型、融入國家大局、續寫香江傳奇的「獅子山精神」。

為港建完善國際金融中心

　　前海位於金融完全開放的香港和有限開放的內地之間，前海金融特區將定位於中國未來十年至二十年金融市場發展藍圖的實驗區。該實驗區需要承擔如下使命：為中國金融市場改革開放探索新思路、新措施、新對策；為融合國內、國際金融市場提供基礎設施；為漸進式改革提供具備主動風險管理和隔離功能的防火牆。前海開發開放切合了深圳繼續作為改革開放橋頭堡、試驗田的客觀需要，更為香港建立和完善國際金融中心提供了難得的機會。香港需要充分發揮在資訊傳播、金融產品創新、商業服務模式、監管體系、法律制度、國際規範、資金來源、人才資源等比較優勢，積極主動、全方位參與前海金融特區的規劃、

建設和運營。

具體而言，前海金融特區可與香港合作開展的主要業務和對接產品包括：

（一）、**人民幣離岸業務**：前海的離岸人民幣業務原則上都可以與香港對接，如離岸人民幣資金的同業拆借、企業信貸、外匯交易、物業抵押、直接投資、貿易結算、人民幣保單，以及個人境外投資等。前海亦可遵循漸進可控的原則，進一步擴大資本項目對外開放的深度和廣度，例如參考現有 QFII 和 QDII 制度，設立面向所有於前海註冊的金融機構的共用額度 QHII（前海機構投資者額度），中國證監會、外管總局對該額度採用合併管理。

（二）、**財富管理**：隨着內地經濟長期高速增長，內地已成為全世界高端客戶人數和淨資產增長最快的地區，目前已有 100 萬名金融資產 1,000 萬元以上的人口，其中有不少人希望將資產分散投資到境外。前海是內地私人銀行總部最佳註冊地，它一方面可以為客戶提供內地產品和服務，另一方面也可以為客戶提供境外產品和服務。而香港正是最佳境外產品和服務的提供者。

（三）、**企業融資**：凡是在前海的企業需要到香港上市或發債，採用「企業自主、香港批准、內地報備」的原則，省去內地審批的環節，提高效率，有利企業成長性。前海和香港設立的產權投資基金、風投基金、併購基金均可在對方區域平等進行投資和退出。兩地企業可採用內押（存）外貸或外押（存）內貸方式向銀行融資。

（四）、**國際產權交易**：目前，內地許多省（市）都有產權交易所，均屬境內交易。但隨着中國經濟由單向引進轉為雙向引進和走出去並舉之際，國際產權交易需求應運而生，特別是歐債纏身的歐洲國家大量資產變賣，前海應不失時機成立國際產權交易所；除日常經營之外，每年舉辦產權交易會，與香港合作發起各種相關論壇盛事。

港深兩地政府、業界應從全球金融一體化視角，以高瞻遠矚的眼光和相容並蓄的胸懷，以務實的態度和互惠的原則，攜手共求繁榮之路、共建美好未來！

2012年8月30日

前海金融特區改革開放的頂層設計策略

謝湧海
（第二屆）

　　34 年前，鄧小平的金手指在深圳一片農田上畫了一個圈，造就了一個深圳經濟特區，探索出一條中國改革開放之路，迎來中國經濟 30 多年來的輝煌。

　　再過 10 年，中國的 GDP 很有可能超越美國，成為世界第一大經濟體。首先，中國金融市場與國際金融市場將更深層次、更大範圍地交互與融合，這既是中國經濟可持續增長的內在需要，也是中國經濟可持續增長的重要保證。其次，隨着利率市場化進程的推進，中國金融機構面臨傳統金融業脫媒的壓力，不同程度、不同範圍的混業經營實踐，逐漸形成對單一金融監管體系的期盼。第三，愈來愈多的中國企業開始實施「走出去」戰略；另一方面，中國千萬富翁人數已經突破 100 萬，這些高淨值人士也需要實現環球資產配置與管理。當前中國金融業面臨着上述挑戰，其實更是未來前海金融特區進一步改革開放的重要機遇和策略性方向。

　　金融是經濟的命脈，很多國家和地區在經濟高速發展時，曾因金融政策不當或市場失敗而導致經濟崩潰。發達國家如美國次貸、歐洲債務、日本泡沫；發展中國家如拉美債務、亞洲危機、俄羅斯危機等。危機令這些國家經濟出現大倒退，或長達 10 年至 20 年的低位徘徊。據觀察，迄今為止，發展中國家在金融開放中尚無成功案例。前海位於金融完全開放的香港和有限開放的內地之間，為探索中國金融市場進一步開放先行先試，意義重大、

任務艱巨，前海先行先試將為中國更高層次、更大範圍對外開放作前期準備和探索。

頂層設計是關鍵

前海作為金融試驗區，擬按照國際金融服務的混業趨勢，設立「金融監督管理局」，對轄內的金融機構，如銀行、保險、證券等在一定條件下按混業經營模式進行監管。該金融監督管理局下設銀行、保險、證券等行業管理處、市場研究處、推廣處、人才處、政策處等。實行大市場管理，令市場按混業發展，但同時又分業監管，既有助於金融業跨市場創新發展，又可按行業進行專業監管。符合國際金融監管的大趨勢，也可為內地金融業改革先行先試。

為了防止金融風險向內地傳導，前海與內地之間必須建立金融防火牆。為了對轄內金融機構實施有效管理，防範金融風險的傳導，所有在前海的金融機構必須以獨立法人註冊登記，即以集團公司或其子公司形式登記註冊，不批准分公司在前海開業，已批准的必須在短期內轉型，或規定分公司與子公司在業務准入上有很大差別，並採取不同監管模式。

設「兩本簿」記賬

前海的金融集團或金融子公司均可以同時申請敘做在岸和離岸業務，在岸業務與離岸業務實行兩本簿記賬，在兩個市場運作，需在不同市場平頭寸。在岸市場業務以境內人民幣（CNY）記賬，離岸市場業務以境外人民幣（CNH）記賬，不得相互交叉，未經監管當局批准不可互調頭寸，不得進行跨市場運作，以防止熱錢流入和流出，國家外匯管理總局可在不同時期運用政策手段引導兩個市場的資金流向。

總之，前海作為國家金融創新改革領域的探索平台，一方面要探索制度創新、體制創新、市場創新、監管創新，反對為創新而創新。另一方面，金融創新必須有的放矢，必須服務實體經濟，必須以金融安全為前提，必須對全國未來有示範效應。

2012年8月16日

兩地互利旅遊新措施

胡兆英
（第一屆）

香港回歸 15 周年，中央政府宣布了多項內地與香港互利措施，其中三項對兩地旅遊業助益甚大。

推動兩地郵輪旅遊發展

第一項措施，是內地旅行團日後乘坐郵輪從香港到台灣地區後，可繼續前往日本或韓國旅遊，之後才返回內地。這項措施將以試點方式推行，只限於團隊旅遊。

眾所周知，香港早在幾十年前已是西方旅客長途郵輪旅遊的目的地之一，但本地郵輪業要到上世紀九十年代中期，有郵輪公司以香港為母港之後，才真正邁步發展。香港有天然良港，景色優美，海事設施達世界一流水平，加上位處亞洲旅遊區域的地理中心，航空交通又十分發達，可謂郵輪母港的不二之選。

香港雖有上述優越條件，但礙於郵輪碼頭只有一個，郵輪業因而一直未能展露潛力：去年訪港旅客總人次約有 4,200 萬，但郵輪旅客卻不足 2%，其中七成來自內地。

郵輪旅遊是全球近年增長較快的市場，這幾年間也漸為內地旅客所喜愛，旅客由上海、青島等港口城市出發，經香港到台灣地區，然後返回內地。上述新措施推行後，內地團隊今後的郵輪行程將更為吸引，而且可由短途變成中、長途航程，甚至檔次也可提高，促進內地郵輪市場的發展。

啟德郵輪碼頭明年啟用，加上中央政府的新措施，香港郵輪

業已具備騰飛的基礎。內地郵輪旅客是香港的主要客源，旅遊業議會因此正與國家旅遊局磋商，將為內地旅行社培訓郵輪銷售職員，這樣既可鞏固客源基礎，也可提高內地旅行社職員的知識與技能，達到互惠互利的目標。

擴大本地旅行社業務範疇

第二項措施，是根據最新簽訂的《更緊密經貿關係的安排》（CEPA）補充協議，在內地設立的香港獨資或合資旅行社，將可把港、澳團體旅遊業務範圍，由目前的北京、上海及泛珠九省區擴大至全國。

原有地區的旅客，因與香港聯繫緊密或旅遊經驗豐富，到港、澳旅遊時往往選擇「個人遊」，對團隊行程並不熱衷，即使參加旅行團，也偏好自由活動時間較多的旅行團，因而令港資旅行社難有用武之地。新措施可助港資旅行社經營全國的港、澳團業務，客源人數頓時大增，其中不乏從未踏足香港的旅客。這些旅客挑選旅行團時，自然重視行程安排，那樣一來，港資旅行社既熟諳香港，又了解內地旅客，所設計組辦的港、澳團定能一新耳目，促進良性競爭，有助提升市場的整體水平。

第三項措施也在 CEPA 補充協議之中，即允許一家兩地合資的旅行社，試點經營內地居民前往港澳台以外地點的團隊出境遊業務。

經過數十年的發展，香港經營外遊業已非常成熟，在產品設計、路線開發、服務水平、行業規範等方面，絕不比任何地方遜色。香港人雖然經常外遊，但旅行團仍一直深受歡迎，原因在於旅行社不斷推出形形色色的行程，滿足了旅客的種種需求。

內地自從十多年前開放外遊市場以來，已成為各地垂涎的客源市場。或許因為開放步伐與監管機制未能同步開展之故，至今仍有可以改進之處。上述第三項措施是香港旅遊業界多年爭取的目標，現在雖然只准一家合資旅行社經營，但已算有了初步成果。

內地的外遊市場今後若能繼續開放，不僅香港旅行社可從中得益，內地旅行社也可借鏡取法，而內地旅客更有上佳的旅行團可供選擇，可謂一舉三得。

2012年7月19日

一種期權　兩處閒愁

　　外圍動盪，內需不旺；股市疲軟，何為良方？這是當前金融市場的寫照。政府換屆，民生為先；「拉布」糾纏，事何以堪？這是當前社會生活的縮影。無論金融市場還是社會生活，其中都有「期權」設計和運用的機制在發揮作用。

坐盤交易如與市場博弈

　　在金融市場方面，前不久某美資大行於倫敦的信貸掛鈎衍生產品交易虧損超過 20 億美元，消息不僅拖累該行股價下跌近一成，也拖累標普 500 指數下滑。上月底甚至傳出該虧損數額可能突破 90 億美元的消息，令人吃驚。長期以來，金融機構的激勵機制本質上是賦予高管人員認購期權（Call Option），而高管人員只需付出有限的代價，包括高管人員「善意」的勤勉盡職、「惡意」的胡作非為，也包括因失職而帶來的名譽和職業生涯受損的機會成本。傳統的花紅制度規定，交易員賺錢時要分享一部分利潤；虧錢時，不需要賠償，若在合約期內，銀行甚至不能炒其魷魚，這種典型的認購「期權」，其回報（Pay-off）理論上是無限的。金融危機前，從華爾街大行高管人員所獲得的天價總薪酬（固定薪酬加與業績掛鈎的浮動花紅）即可見一斑。在這樣的「期權」策略中，銀行幾乎肯定是最終的輸家。有別於賺取仲介傭金（例如證券經紀服務）的業務，從事「坐盤交易」（即銀行動用自有資金進行投資）的業務本質上是與市場博弈。在有效

市場假設下，一個「平庸」的交易員某甲可能有五成的機會賺錢、五成的機會虧錢，一個「壞小子」交易員某乙可能有四成的機會賺錢、六成的機會虧錢。簡單的計算表明，某乙的期權價值高過某甲，因為隨着波幅的增加其預期收益也增加。

選舉隱含期權設計

在「坐盤生意」方面，銀行和對沖基金面臨的市場風險是相同的，但是二者的風險偏好反而不同。銀行出於分散風險、平衡收益、監管約束等各種原因，通常會設立較對沖基金更小的止損點，這也導致銀行虧損時可能馬上失去翻本的機會。另一方面，對沖基金並不像大多數銀行一樣需要頻繁或強制性的資訊披露，因此不排除其賺錢時高調宣揚、虧錢時隱蔽其後。這也部分解釋了日常生活中，我們總是聽說銀行有麻煩、對沖基金賺大錢。

痛定思痛，不少銀行也在修正期權設計機制。例如，一方面，美國出台「沃爾克規則」，限制銀行的坐盤交易；另一方面，一些銀行選擇以本身股票，甚至交易員的金融資產未來價值作為花紅的主要組成部分；高管人員行使期權時所獲得的收益，與其賬面利潤的波幅直接掛鈎，包括未來出現虧損時的回撥機制（Claw-back），以此約束高管人員，控制道德風險和市場風險。然而，銀行不僅是經營金融的機構，也是經營人才的機構。如何通過設計合理的期權策略，在人才激勵和內部控制之間取得平衡，並不是件容易的事。

再看社會生活方面的例子。對選民而言，立法機關、國家機構的選舉也包含着「期權設計」。選民以選舉權為代價，從候選人「購買期權」，期望候選人能夠實現選民的意願。今年 9 月將展開下一屆香港立法會的選舉。我們該作出何種選擇，也值得全體選民深思。

2012年7月5日

場外衍生工具市場改革

陸景生
（第五屆）

　　雖然香港立法會終於在今年 6 月公布雷曼報告，事實上歐美早在幾年前，已啟動對相關的金融市場運作和監管體制的研究與改革。值得我們特別關注，並且對全球金融市場帶來深遠影響的，莫過於 2009 年 9 月和 2010 年 6 月，G20 峰會上所倡導的場外衍生工具市場運作和監管制度改革。

　　從宏觀經濟上分析，美國長期低利率環境下所醞釀的次債危機引發雷曼事件，並最終演化成全球金融危機；從金融市場運作角度看，缺乏透明度和適當監管的場外衍生工具市場，對傳統金融市場以及實體經濟產生巨大的衝擊，被公認為重要催化劑之一。過去幾十年來，在一個沒有嚴謹明文規範條例、缺乏必要透明度的場外交易平台上，金融機構與金融機構之間、金融機構與非金融機構之間，乃至金融機構與部分個人投資者之間，進行着錯綜複雜的巨額交易。因缺乏標準性的買賣合約和中央資料庫，無法對可能產生的全面系統性風險予以評估。同時，傳染性風險（contagion risks）便不可避免地會發生，而且亦會被忽視。當有活躍市場參與者因某種原因，交收未能如期進行，類似雷曼的風波便會再發生。

　　因此，G20 峰會所指導的金融改革焦點，就自然而然地聚集到了對金融場外衍生工具市場運作制度的再設計，以及對相應監管的嚴控上面。峰會決議要求，採取合作開展有效的市場監管措施和條例，務求使市場運作具有透明度和標準化。簡單來說，目

標就是減低交易對手風險,增加市場總體透明度並讓各國監管當局獨立或共同地有效、有序地獲取市場交易資料,從而監控相關的系統風險。

建議改革措施

歐美已擬定一系列有效監控市場運作和系統風險改革法規,這些法規或者已經推出或者尚在諮詢階段,眾所周知的如美國的 Dodd Frank Act 和在其中一個章節 Volcker's Rule。亞洲各國都緊隨歐美,目標是在今年底前推行三個範疇的市場措施。這分別為強制性上報、清算和交易,香港目前也正進行諮詢。業界相信當全面實施這些強制措施後,將使整個金融市場的日常操作出現翻天覆地的改變。通過電子網絡平台進行上報、清算和交易,將無可避免大幅增加交易成本和市場更透明化,這對市場流動性造成影響,亦會取代現有一些聲訊人手服務,造成傳統崗位流失,甚至會導致部分市場參與者退出等。

迎合改變的態度

香港本地金融市場的參與者如能把握住衍生金融工具市場改革的契機,積極主動參與改革、提升企業管治水平、優化營運效率、創新業務模式,不僅有利於提高市場參與者的競爭力,更有利於履行中央賦以香港建設國家國際金融中心的使命。在艱巨的挑戰面前,最重要的是發揮積極主動性、秉持堅定的信念。我們香港人對昔日獅子山下的奮鬥精神引以為豪。筆者日前有機會到江西,首次聽聞了井岡山精神。江澤民先生把它歸納為 24 個字:「堅定信念,艱苦奮鬥,實事求是,依靠群眾,敢闖新路,勇於勝利」。其實,不同的文化背景、乃至不同的民族,在面臨挑戰時所具有的堅定信念往往是相通的。筆者在法國馬賽商學院參加 EMBA 畢業典禮時,Michel Gutsatz 教授的畢業贈言就是最好的註解:Embrace Changes,本質上就是正視變化,適應變化,敢於創新;Add Responsibilities 這也是艱苦奮鬥,勇於奉獻的精神。

2012年6月21日

兩地融合多機遇
改組架構重意義

CAGA精英壇　經濟篇

莊偉茵
（第四屆）

　　距離新一屆政府上任還有不足一個月時間，立法會內對於候任行政長官梁振英所提出的「三司兩副司十四局」架構重組建議，仍有不少反對聲音，如批評改組缺乏公眾諮詢、變相擴大公務員體系及問責制、增加公共開支等；而多個立法會委員會亦排期召開會議，要求當局逐一解答相關提問。

配合國家規劃　協調經貿合作

　　撇除改組建議所衍生的行政問題，若細心檢視今次的架構重組，絕不難發現其布局是要確保新屆政府能委派特定的決策局，重點跟進國家「十二五」規劃下的香港角色，並透過架構重組及人事編制，落實國務院副總理李克強去年訪港時所提出「支持香港發展的六大項、三十六要點」，務求進一步協調香港和內地的經貿合作，並推進相關的政策措施。

　　例如，建議新增的副財政司司長，會專責跟進與內地簽訂的經濟合作協議、統籌「十二五」規劃下的政策制定和推行工作。顯而易見，有關安排將有助跟進目前 CEPA「大門已開、小門未開」的情況，深化粵港澳合作，鞏固香港國際金融中心和人民幣離岸中心地位，並提升香港傳統支柱產業發展。

　　另一例子是改設工商及產業發展局，並安排其接管目前運輸及房屋局旗下有關航運、民航及物流的政策職能，這項安排將有助政府跳出目前的純運輸框架，換上經濟及旅遊業角度，規劃人

流和物流配套措施。事實上，隨着港珠澳大橋於 2016 年落成，珠三角西岸將被納入香港三小時生活圈內，屆時港珠澳三地人文交流、物流、經濟和旅遊業發展，將變得環環緊扣，相信新架構下的規劃統籌，將創造更好的協同效應。

專注資源整合　照顧業界所需

的確，為進一步開拓香港未來的新發展方向，現屆特區政府已努力推行粵港在金融、高新技術產業及現代物流方面的合作，並爭取更多「先行先試」措施。然而，在目前的架構下，商務及經濟發展局負責的政策範圍過於廣泛，未能周全照顧業界在內地及香港商貿機遇下的發展。於是，新設立的副財政司司長，以及改設的工商及產業發展局和科技及通訊局，便顯得更為必要，以便更專注其發展範疇，協助工商業及科技產業界把握「十二五」規劃所帶來的機遇。

事實上，新一屆政府在新的架構下，可望透過資源整合，更專注開展尚未完成的工作，包括繼續爭取香港加入東盟—中國自由貿易區（ACFTA）等，讓香港能透過參與區域經濟合作，進一步鞏固香港作為亞洲國際都會的地位。

由此可見，必須從香港及內地經貿發展的大局來看是次改組方案。若只顧針對行政枝節，則未免忽略了帶來更多機遇的深層次意義。其實，候任特首辦為爭取立法會的支持，近日已承諾兩年後為問責制作「中期檢討」，並參考外國經驗，打算向問責官員推出獎懲制度、檢討薪酬調整機制等。候任特首辦的上述做法，顯然已按照多方面的訴求，作出相應的改進。

既然如此，從長遠有利兩地融合和爭取更多機遇的大前提下，大家何不「聽其言、觀其行」，讓新一屆政府在新架構下先行運作，才再作定論。

2012年6月7日

旅遊業須制訂
長遠發展藍圖

徐王美倫
（第一屆）

2011 年，內地訪港旅客人次已高達 2,800 萬，佔總人次的 67%。而 2003 年，香港因經濟不景氣及沙士肆虐，旅遊業陷入極大困境。幸虧中央政府適時推行「個人遊」計劃，容許內地居民不隨團來港旅遊，不用幾年，香港不僅重拾經濟動力，而且旅客人數更屢創紀錄：2002 年「個人遊」計劃還未實施時，內地旅客約有 680 萬人次，佔旅客總人次的 41%。

上述統計數字充分顯示，內地市場對旅遊業的重要性不斷上升。可是，隨着內地旅客年年增加，經濟學上的收益遞減法則似乎已開始發生作用。用通俗的例子來解釋，那就是口渴要喝水的話，第一杯水最解渴，但第四杯、第五杯水卻未必能同樣解渴了。

車輛酒店未配合

以酒店房間為例，近年內地旅客人數大幅攀升，旺季的酒店房租因而越來越高，甚至出現一房難求、房租日日不同的問題。此外，酒店供不應求，有些內地旅客選擇在非法賓館住宿，早前甚至有旅客在某通宵營業的速食店躺下歇息的報道。不僅如此，香港近年銳意拓展的海外市場，如俄羅斯、印度等，也有旅客因酒店太貴而卻步。

再以旅遊車為例，內地旅客大增，其中不少人都隨團來港，因此旅遊車近年的需求增長甚大。可是，運輸署在發牌方面卻未能加以配合，造成旅遊車供應不足，窒礙了旅遊業的發展。與此

相關的，是旅遊車泊位不足的問題。團體旅客往景點觀光，必然會坐旅遊車，泊位不足既令旅客不便，也會影響景點附近的交通。

由以上例子可見，旅遊業若缺乏通盤的發展策略，那麼隨着旅客人數不斷增加，整體收益就難免出現遞減的情形。事實上，旅遊業的產業鏈甚長，與很多機關、行業和人員都息息相關：機場及口岸、交通工具、食肆、酒店及賓館、旅行社、景點、零售店舖、展覽場地等等。

發展須通盤策劃

這麼錯綜複雜的情況，正需要政府統籌並駕馭全局。譬如上述酒店不足的情況，表面上是旅遊業的問題，但其實卻關乎土地政策，而旅遊車問題雖然看來只是和旅遊業有關，卻可能和政府的運輸政策，甚至是環保政策也有關係。在這方面，期望新一屆政府展現迎難而上的決心和能力。

旅遊業在過去十年間飛速發展，旅客總人次由 2002 年的 1,600 多萬增至去年的 4,200 萬，增幅高達 160%，同期香港的本地生產總值只是增加了大約 50% 而已。旅客不斷增加固然值得慶幸，但今後若要更上層樓，過往只重旅客人次的策略恐怕不得不加以調整了。

為此，必須切實為香港的旅遊業定位。換言之，香港究竟想成為怎樣的旅遊勝地？名牌購物天堂？生態旅遊勝地？中西文化交匯地？美食之都？「一程多站」的旅遊樞紐？其次，要分析林林總總的旅客，比如說，以下類型的旅客肯定會有不同需求：商務旅客、團體旅客、「個人遊」旅客、探親訪友旅客等等。在眾多類型的旅客之中，怎樣的旅客組合才對旅遊業最有利？最後，構思好整體藍圖之後，就要多方並進，興建硬體設施，增加景點和酒店、宣傳推廣、培訓人才和加強監管等。

2012年5月24日

開發港深邊界
打造國際展貿長廊

陳健文
（第四屆）

　　日前在深圳舉辦的春交會上，展出項目包括樓盤、智能手機、名校教育資源等。利用深圳這個改革開放的窗口城市進行展銷，既方便內地商家的交通安排，亦有利境外投資者和貿易商的參與。

　　靠近深圳，在香港落馬洲附近的一帶稱為「河套地區」，面積約 100 公頃，即約一百個足球場的大小，或中文大學的校園總用地面積。「河套地區」原屬深圳市的一部分。上世紀九十年代末，港深兩地政府進行的深圳河治理工程竣工後，新舊河道間形成一個「河曲」或「河套」區域，撥歸香港管理。2007 年施政報告提及兩地政府共同開發該片土地，並列為香港十大建設計劃之一。兩地政府通過建立專責小組和定期會晤機制，就其發展定位、適用法律、土地管理及共同開發機制等事宜取得一定進展。然而，香港特區政府僅於 2008 年舉辦過多次公眾諮詢會，仍有大片河套地區至今一直未能開放，從而加以善用。

為兩地合作帶來新增長點

　　與公眾諮詢曾提及的高等教育、資訊科技及高科技工業園、醫療保健服務等項目相比，可考慮將河套地區打造為「港深展貿長廊」，充分利用現有及已經規劃實施的交通基礎設施，通過基建並且併用兩地一些邊界地域。除了增加實際用地面積，也為香港、深圳兩地經貿合作帶來新的增長點。

回顧內地 30 多年的改革開放實踐中，香港憑得天獨厚的地理優勢，成為對內地貿易與投資的國際橋頭堡，香港進出口貿易繁榮，令極多中小企大獲其利，得以成長，並成為今天投資內地的重要組成部分。此外，內地的機電產品、家用電器等大部分產品已通過香港轉口世界各地，內地超過五成產品經香港轉口外銷，但香港只分得轉口物流服務費用，且最大利益由擁有專營權的集團獨享。近年，內地「個人遊」讓香港百業興旺，讓香港成為內地遊客喜愛的購物天堂。「個人遊」客戶也由最初來香港旅遊為主、購物為輔，發展到現在的購物為主、旅遊為輔；且購買商品從以奢侈品、化妝品、高檔服裝為主，逐漸向食品、日用品、藥品等大眾消費品轉移。

香港購物的優勢在關稅、匯率、貨真價實。現在來港作深度「個人遊」的商貿目的在不斷增強。我們應借助這個優勢，善用邊界管制帶，設立「港深展貿長廊」，讓兩地居民、國際商品自由進出。貨物管理上，內地可同時試行一些稅務改革，使商品完稅才能進入內地，而港方則可發揮國際認可的管理經驗，對產地來源、質量標準、衞生標準等按香港法例管制，做到貨真價實。

固化港標籤商品地位

「港深展貿長廊」帶來的好處是極多的：如催生了香港的檢驗產業鏈，增強中小企參與的空間，固化香港標籤商品的國際地位等。增強內地產品出口信譽及增加內地產品出口的議價能力，巨額商品產生的稅收，內地參與展貿人流及相應的衣食住行等。香港特區政府應加速與深圳市政府在這方面的研究，發揮好政府對政府「G to G」概念，打造萬億「港深展貿長廊」經濟帶，讓香港對內地貿易再繁榮 10 年、20 年，甚至更長。

2012年5月10日

西洽會陝西一瞥：
從多元格局到長足發展

壬辰年清明期間有幸前往陝西省，來到橋山「黃帝陵」參加了畢生難忘的黃帝公祭典禮。橋山共仰止，沮水匯相思，海內炎黃血，一脈永相隨。過萬海內外華人齊站於蔚藍長空下見證這一盛事，網上更有影片和廣泛的報道。黃帝是我們中華民族傳說中的祖先，他姓姬，號軒轅氏。黃帝陵是黃帝的陵墓，被稱為中國第一陵。

歷史悠長是陝西省的特點，它擁有古稱「長安」的「西安」市，是世界著名的四大古都之一，中國歷史上 13 個皇朝帝都、70 多座帝王陵墓都建於此。來到這裏，必然一睹秦朝的兵馬俑、武則天的無字碑、唐玄宗和楊貴妃愛情故事的華清池。

建設小康社會獲突破

今天，陝西省的發展一日千里。正值「西洽會——中國東西部合作與投資貿易洽談會」亦於西安市舉行，參觀「西洽會」可以更全面地了解今天的陝西。它是由內地多個部委、省區共同主辦，會上介紹了陝西省 GDP 已升到全國 17 位，超過 1.2 萬億人民幣，平均增速列入全國增長較快省市之列，而人均 GDP 亦達 3 萬人民幣以上，標誌着陝西全面建設小康社會取得重大突破。突出的投資項目歸韓國三星電子，它近期一筆 70 億美元記憶體晶片項目成為了迄今最大的海外投資，亦足以證明陝西是投資的熱土。

打造更密切夥伴關係

重點推介的還有陝西省的銅川市。它被列為全國資源型可持續發展的試點城市，推廣產業有中醫藥養生保健、旅遊、文化等，汽車工業已能生產充電小汽車，環保的風能、煤層氣發電、工業餘熱發電等方面更為矚目。銅川市在本屆會上成功簽約高達 500 億人民幣。

會場設巨型展館，香港特區政府也有展覽介紹攤位，位處人流眾多的位置，整個設計簡潔新穎，突出了香港作為亞洲國際都會的獨有風格。位於其旁的是香港貿發局展位，地方雖小但頗見香港對外機構的統一與協調。從攤位得知港商在當地的投資情況，或協助不同人士對香港的認識，進而協助雙方的投資和貿易，有關安排獲得高度嘉許。

過去，廣東沿海是香港企業投資的熱點，近年來中西部逐漸成為吸引香港企業的投資地點。於陝西省，港商主要投資於商貿、房地產、餐飲及製造業等。過去不為港商注意的陝西，去年與港資合作的項目繼續上升，新批項目 55 個、金額 12.4 億美元，累計項目高達 2,325 個、金額 113 億美元，整體數字顯示兩地貿易、投資交往頻繁。然而，比較起韓國一筆過 70 億美元投資項目，或銅川市這次取得的合約來說，香港於當地的投資仍屬一般。

香港是以服務業為主的城市，而金融業又是其中的支柱產業之一。擁有大量的專業人才及豐富的國際經驗。陝西省在高速發展的今天，肯定需要先進的服務業配套經驗，希望未來能為其提供有需要的服務，共同構築多元發展格局亦為雙方拓展新的商機，以此打造更密切的夥伴關係，創造雙贏。與此同時，亦希望能得到陝西省政府及香港特區政府的有利支持，為兩地經濟長足發展做出努力。

2012年4月26日

港銀行業
在量化寬鬆中的危與機

新一任行政長官剛於過去兩天在京接受委任狀，社會各界對其未來的施政都抱有不同的期望。然而，客觀地把焦點轉回至銀行界本身的近年發展經驗，業界更需自行在全球金融市場發展中平衡有關的危與機。香港銀行業從業人員，不論是高層管理抑或是經辦同事，不論是前台市場營銷抑或是後勤操作，大都經歷過難忘的雷曼事件。其過程之艱辛，實在令香港銀行業乃至整個社會都感到震撼，有關經驗確有待各方總結。對於香港銀行業而言，更要吸取其中教訓，以提升管理與監控水平。

長期低息環境藏潛在風險

環球金融危機之後，目前更值得關注的是幾年來歐美實施量化寬鬆政策帶來大量資金。資金流動性增加，同時令利率持續處於低位，甚至極低的歷史水平。游離泛濫資金，令香港這個極具自由度的亞洲金融中心，面對一個既有危又有機的特殊環境。據統計，2008 年至 2009 年底，全港基礎貨幣由 3,500 億港元猛漲到 10,000 億港元，且至今並無跡象流走。

多年的超低利率導致銀行業經營難度漸高，利差漸窄。單從低資金成本角度看，確實有頗大誘因促使貸款需求增加，反映在近年貸存比率上升較快。在兩年多時間內，香港銀行業貸存比率已由平均五成升至近七成。較高的貸存比對銀行短期盈利能力而言是正面的。

但是在長期低息環境中，同時隱藏着多種潛在風險。例如，存款資金增幅放緩，銀行不得不增加存款利息以爭取客戶，兩年來淨息差已從兩厘退減至一點三厘或以下。在其他因素不變的前提下，較低的淨息差會導致利息收入減少，引致盈利能力減退。

另一方面，較低的利率水平會吸引貸款業務增長，從而進一步導致貸存比率升高，不利於銀行業的長期穩健發展。例如，近三年本港銀行業累積對中資企業貸款額就增長逾一點六倍，不排除其中相當一部分資金會流入內地。當貸款用途的監控較為困難時，自然就會潛伏資產質素下降的風險。其次在流動性風險方面也存在隱憂。據統計，2009年至今的銀行流動資產比率已由48%下降至36%，其中也滲入人民幣資產流動的特殊情況。上述風險的增加，要求銀行業內長期經營管理策略必須趨向嚴謹。

大量資金或致資產泡沫

在歐美量化寬鬆政策持續影響之下，超低利率也會產生其他負面影響。首先，資金流向更多呈現短期性和投機性特點。特別是由於利息成本低而引出更多槓桿式投機性資金，增加市場變數和風險。其次是民生方面，大量資金會令通脹居高不下。市民為尋找較高資金回報，必然會減少存款，轉投房地產及其他金融產品，形成資產泡沫。

面對後金融危機時期「量化寬鬆」所帶來的危機與挑戰，香港銀行業需要立足長遠，未雨綢繆。在市場營銷和產品設計方面，香港銀行需要抓住建設香港離岸人民幣業務中心的契機，配合內地廣大市場與客戶的豐厚資源，開發新產品、推出新服務。在風險管理和內部監控方面，香港銀行需要根據本身的業務定位與經營規模，遵從金融監管規定，合理制定風險承受能力，適當調整經營策略，優化和創新營運模式，應對人類金融史前所未有的「量化寬鬆」環境的挑戰，竭力轉危為機。

2012年4月12日

改善港物流發展的建議

香港特區第四任行政長官本周經選舉成功產生，筆者除了借此祝賀當選人梁振英先生外，亦向其他參選者以及我會會員內的32位選委所作的努力表示誠摯的敬意。雖然各候選人的政綱對物流業發展都有不同表態，筆者作為業界代表有以下概括的看法和發展建議。

要打造香港成為亞洲區內首選的「全球供應鏈管理中心及綜合交通物流樞紐城市」，我們應坦誠了解一些香港物流業界所面對的挑戰和制約。

從外部環境看，中國 GDP 和外匯儲備增長強勁，香港目前只佔不到 3%；現在的經濟推動力不再單靠出口及投資拉動，更致力於鼓勵內需市場；珠三角及內地經濟模式升級轉型，低技術低產能的加工企業最終將面臨淘汰；沿海港口、空港、高速公路、高鐵路網和大型物流基礎建設完善，香港如何銜接融合是個大學問。

「三高一低」難作拓展

從內部因素看，物流企業經營現狀是「三高一低」，租金高、人工高、燃油高、利潤低；筆者看見有很多前輩企業的利潤已下滑至不合理地步，同時看不透前景信心，他們都不願意投放更多資源作人才、設備和技術的拓展；物流倉儲用地租金高昂及欠缺優質物業供應，相關配套已不能應付現代物流之高效能操作；有更多的從業人員如兩地跨境運輸司機之薪金，較十年前比較不增

反跌，並出現老齡化現象；勞動力供應不足，流失至其他工種，多項知識型人才欠缺，業界面對青黃不接情況；進入門檻低形成更多「蚊型企業」出現，對小型或「蚊型企業」的扶持極為有限，導致創新思維及商業模式貧乏，嚴重影響物流企業的再生發展和提供高附加值服務；本土市場空間有限，面對國際大型企業及內地國有企業的集約式的經營規模，一般香港本土物流企業很難有更廣泛的拓展。

當然我們應該查找不足和面對困難，並同時分析清楚香港的核心優勢，透過政府、業界和專業團體的配合，我們可以創造另一片新天地。筆者在此提出以下建議：

首先，政府可更進一步制定相應的振興香港物流業發展政策，綜合審視過往對機場、港口、物流園的規劃報告，作出一份中長期的發展藍圖，在來年施政報告中更多加強物流業發展戰略地位，加強業界對未來發展的信心。

其次，設立物流行業發展基金，如低息免息貸款予物流及供應鏈內的中小型企業，以便增購營運設施設備、聘請人才和擴展內地配送管道等。

第三，加強政府職能部門如物流發展局、港口發展局和航運發展局之職能，招納業界富有經驗和國際視野的專才加入，使政府更能透徹了解行業趨勢，以制定相關支援方案。

第四，善用香港自身的品牌優勢，透過專業的市場包裝，於不同管道宣傳香港優質服務，如推廣「Think Asia, Think Hong Kong」或舉辦如「亞洲物流及航運峰會」的專業會議，從而提升香港物流的專業形象。

納專才入政府了解行業

第五，設立綜合物流園區，在新界西北的邊界區域建立多功能服務集群區，積極引進產品設計、品質檢測、專業認證等服務機構，一方面符合國家對香港物流行業發展成高增值存貨管理中心的定位，另一方面配合現有的基礎建設及海、陸、空全方位的物流網絡，成為亞洲區內首選的「全球供應鏈管理中心及綜合交通物流樞紐城市」。

展望未來 5 年，深信方向是共知的、路途不是平坦的、機遇和挑戰是並存的。

認同梁振英當選後強調指出，不分陣營，只有「香港營」，大家上下一心，為香港創造更美好的明天！

2012年3月29日

金融市場國際化
勿忽略業界生存空間

　　本港自 1993 年開始引進首家內地企業在本地交易所掛牌上市，至今已逾 600 餘家，所佔整體市值與日均交投逾六成以上，成為了本地股市的重要支柱；前港英政府自八十年代末期開始開放本地市場，讓外資直接參與，藉此打造本港成為國際主要金融中心。香港回歸後，特區政府因循上述政策，深化市場開放步伐，進一步確立本港成為區內主要國際金融中心的地位，上述這兩樁事情，對於本港的整體經濟發展，都有着同樣深遠及正面的影響。

　　內企在港上市，為兩地經濟與股市締造了雙贏之局，市場國際化奠定了本港股市成為內企走向國際的踏腳基石，因此兩者同樣值得港人引以為傲，感到慶幸。然而，在這兩者發展的歷程上，作出不少貢獻的本地有關業者，卻很不幸地因為這個發展的潮流而逐漸被邊緣化，甚至面對最終會被淘汰的厄運。這實在是本港金融市場成功發展下的一樁憾事。

仲介利益與本地券商無關

　　過去近二十年，大小內企在港透過 IPO 上市集資的數目以萬億元計，當中安排上市的仲介人服務費用，相信也數百億元以上。但這些利益卻都幾乎與本土業界無關；本地市場因為多了內企上市的支撐，國際投資資金匯聚，市場交投大幅增加。可惜，除了個別本地中資銀行以外，逾五成市場份額掌握在 13 家國際金融巨霸手上，全體 480 家券商之中，近 400 家相信絕大部分是土

生土長的本地券商，竟然只能共同分享不夠一成的市場份額。內企上市，市場國際化，這兩者除了利於國家的經濟發展是值得我們感到慶幸之外，餘下來的是利了國際金融巨霸？還是利了本地的業者？乃是不言而喻。

引進內企來港上市是支援港股市場繼續發展的不二途徑，市場國際化是實現上述理想必須具備的條件，因此沒有人會不認同這個發展路向。

保護業者仍可具競爭力

然而，市場國際化是否便必須犧牲本地有關業者的利益，讓其不能夠與市場共同成長，共存共榮？這才值得我們的當政者細心作出思考，自我檢討。

我經常說，新加坡一直以來都用盡方法，跟本港競爭着成為區內的主要國際金融中心。但是新加坡卻從來沒有犧牲其本土從事相關行業者的利益，也沒有讓市場的主導權落入到外資的手上，外資在當地的活動以及佔市場份額因此也從來無法凌駕在當地本土的主要業者之上。惟其如此，新加坡在這上述介乎自我保護的情況之下，卻依然一直被視為本港於該方面的主要競爭對手，也從來沒有因此阻礙了它發展成為國際金融中心的機會，或是遭遇過過度自我保護本土業者的批評。反映兩者倘若處理得宜，其實是可以並存。

致力於發展本港成為國際金融中心的決策者，實在也有必要檢討是否有矯枉過正，忽略了其作為政府，對於其從業的市民應該負有的責任。

事實上，金融市場是任何國家或地區經濟金融發展的主要命脈，絕對沒有理由讓其由外資來主導，甚至掌控。

本港在發展成為國際金融中心的努力上是值得肯定的，但是在達到這個理想時犧牲了本土有關業者的生存空間，讓市場都由外資主導及掌控，這個代價也實在是太過巨大，令人遺憾。

2012年2月16日

香港需要金融發展局

杜勁松
（第三屆）

　　中央在「十二五」規劃中明確了在金融範疇方面，繼續支持香港發展成為離岸人民幣業務中心和國際資產管理中心。日前，國家發展和改革委員會正式印發《「十二五」時期上海國際金融中心建設規劃》，力爭到 2015 年基本確立上海的全球性人民幣產品創新、交易、定價和清算中心地位，到 2020 年上海基本建成與中國經濟實力以及人民幣國際地位相適應的國際金融中心。因此，在香港設立「金融發展局」是絕對有助我們把握寶貴機遇、鞏固和提升香港國際金融中心地位的戰略性舉措。但對於香港是否需要金融發展局，也存在一些反對的聲音。

　　反對理由之一：設立金融發展局，或會在與內地監管機構溝通及政策配合上出現問題。

　　首先，我們必須了解內地對金融業發展的相關架構。內地採用一行三會的行政架構，金融發展並非人民銀行一家的責任。在中央層面，有中央財經領導小組、有相關部際聯席會議制度。在地方層面，主要省市早已設立地方「金融辦公室」（例如北京、上海等）。此種模式既是對分業監管和金融業條線管理的主動適應，也是地方為統籌協調中央和地方金融資源、優化本地金融基礎設施和營商環境的戰略措施。如果以金管局唯一性來作為確保合作及溝通順暢的理由，筆者要問：為何香港金管局和證監會皆反對採用英國的統一監管模式？

避免兩種角色矛盾

反對理由之二：金融業有異於其他旅遊或貿易業務，不可成立金融發展局來推動，繼而忽略了貨幣金融穩定。

其實從市場經濟的角度看，監管者和發展者是博弈的雙方，兩者具利益衝突。若將這二者集於一體，必然會導致「水多了加麵、麵多了加水」的監管悖論，從而影響金融業健康發展。金管局、證監會等繼續履行現行職責的制度下，金融發展局則負責制定政府的金融業發展政策和策略，並統籌與業界的聯繫，加強協調推動金融業的發展。

協助及實踐創新發展

從過去幾十年的實踐來看，香港配合內地經濟和金融發展需求而出現的一些金融創新，往往是「自下而上」的民間行為。沒有政府高層協助，發展道路艱辛。

其中既有成功的足跡，亦有半途而廢的缺憾。例如人民幣在香港落地生根，就經歷了街頭找換店、銀行櫃枱兌換、個人賬戶、貿易融資、「點心債」等等。2007年業界曾經翹首以待的「港股直通車」，也是來源於業界個別機構的金融創新。現在回頭看，如果當時有特區政府高層協調機構與中央政府溝通，及時消除各類疑慮，「港股直通車」或許會有不同結局。機遇總是留給有準備的人。目前中國經濟中存在的一些不平衡，恰好就是香港金融業發展的最好機遇。內地大量優質民營企業、中小型企業被拒之於證券市場之外。在 CEPA 框架下粵港合作平台之上，企業融資如何取得進一步突破？RQFII如何進一步擴大其範圍和規模？如何更好地服務有「走出去」需要的企業和高淨值個人？對於這些問題，單靠民間「自下而上」、單靠現有政府架構恐怕很難解決。

「十二五」規劃已經開局，特區政府換屆在即。我們需要摒棄成見、凝聚共識。建議新一屆特區政府聆聽業界和公眾的呼籲，設立「金融發展局」，把中央對香港發展國際金融中心的希望落到實處！

2012年2月2日

香港旅遊業往何處去

（第一屆）

香港旅遊業自1988年採用雙重規管架構，包括「旅議會」自律規管旅行代理商，和「旅行代理註冊處」負責簽發牌照。一直以來，在出境旅遊、機票營銷規管方面行之有效。國家於2002年逐步開放「中國公民自費出境遊」，旅議會亦於同年肩負起規管入境旅行代理商責任。直至2011年，內地旅客訪港已逾28,000萬人次。單靠此一模式，無論旅議會如何努力都令人感到力不從心。因應時勢，各方都似乎感到要有新思維去規管旅遊業。

特區政府於去年12月20日公布建議成立獨立法定機構，暫名為旅遊業監管局（旅監局）以規管旅遊業。旅監局會向旅行代理商、導遊及領隊簽發牌照。如能保持，甚至可簡化程序，費用可望不會因此而增加，這可能亦是一個小進步。

旅議會可協調突發事件

旅監局其中一項職能，是制訂作業守則、指引及規條，以規管旅行代理商、導遊及領隊的工作。當中應考慮專業的業界意見，不能扼殺業界運作及發展。在處理旅行代理商、導遊及領隊的投訴方面，通過旅議會的自律制度，早已不再是自己人管自己人。眾規條委員會已大多數由非業界人士擔任召集人及佔大多數。新機制可提升處理個案的公信力，但旅監局需注意到在調查旅行代理商、導遊及領隊所涉嫌違反相關法例、作業守則、指引及規條

個案中定必會涉及大量行業專業知識。

　　旅監局亦會就規管旅遊業事宜向政府提供意見，但相信不足之處是此乃建議，並不是政策制定。當中較重要一項是把旅遊業賠償基金納入管理，希望此改革能從旅客保障權益角度考慮，更要兼顧實際運行之重要性，優化基金用途。

　　旅監局成立，政府希望探討委託旅議會處理一些非規管性質工作的可行性。

　　例如協調業界處理入境或出境旅行團的突發事件等。旅議會究竟還可擔當什麼角色？其實以旅議會累積多年管治業界的經驗，可以好好利用以往案例及數據作分析，以協助香港旅遊業發展，使旅客得到更佳質素的服務。

　　旅議會和國家旅遊局及地方省市旅遊局已有數十年交往，關係良好，合作無間，理應利用這一優勢和業界拓展商機。這是現在的旅議會過往比較被動的一項工作。在培訓方面，旅議會可繼續和其他培訓機構合作，並按以往業界發展經驗而編訂出相關課程以提升業界質素。

保持會員制爭取支援

　　此外，旅議會應和業界探討如何協助旅行代理商積極參與及落實「十二五」規劃。並以經驗掌握業界要求，作出中、長期的旅遊規劃建議，長遠目標是令香港旅遊業產業化。其中一項建議是旅議會應保持會員制，讓旅行代理商了解旅議會新的宗旨、目標和方向、及其工作和角色以爭取支持。有他們支持才可為業界工作和發聲。否則，試問如何能協調業界和處理有關旅行團的突發事件？沒有會員，財政收入又是否純靠政府提供支援？這根本不能為業界爭取權益！

　　現距離旅監局成立還有兩至三年的時間。旅議會應盡社會責任，全力協助順利過渡，為業界爭取參與日後政策之規管事宜。當前急務，應在這過渡期盡力把關，讓自律監管工作做得更好！

2012年1月19日

離岸人民幣
2011年發展回想

馮孝忠
（第一屆）

在中央政府大力支持下，以香港為交易中心的人民幣離岸市場得到健康和穩定的增長。2010 年 7 月人民銀行和香港金管局的增補備忘錄，創造了離岸人民幣外匯市場的合法性，後來漸進地讓離岸人民幣貿易結算服務擴展至全國，奠定了離岸市場的商業基礎和動力，商業和投資銀行紛紛投入資源參與這個充滿潛力的新市場，向世界各地與中國有商業關係的機構推介人民幣的服務和產品。

離岸人民幣的銀行同業買賣，市場以「CNH」作為代號，以分辨境內匯價的「CNY」。離岸人民幣市場是由供求來決定價格，24 小時全球運作，但是流動性主要是在香港。在內地銀行的休假日，交易量會比較少，買賣差價也會較大。參與者正在不斷擴大，商業銀行和投資銀行是主要做市商，為市場提供流動性。機構投資者包括貨幣及債券基金、對沖基金、離岸債券發行人和有中國業務的公司。香港交易所已經有以人民幣標價掛牌的房地產信託基金，股票投資者可以在股票賬戶買賣，但目前這類交易並不算活躍。

「點心債」發行量逾千億人幣

雖然離岸人民幣和境內匯價出現過短期的波動，但價差基本穩定，匯價差距維持在 2% 以內，大體上離岸市場並未有牽動境內匯價的大方向，也反映人民幣的匯價現水平是市場決定的。人

民幣匯價的一年期權引伸波幅交易價保持在 4%-5% 之間，可以說離岸人民幣未有增加太多市場的投機性。有資深交易員估計離岸人民幣每天的交易量已經和港幣的交易量相若。

投資者層面擴至對沖基金

離岸人民幣債券市場發行的債券稱為「點心債」，主要是因為香港點心聞名全球，世界主要債券都有專門的稱號，如日圓有「武士債」、人民幣有「熊貓債」、美元有「揚基債」。「點心債」於 2011 年在多方面獲得突破。發行量超過 1,500 億人民幣（折合約 300 億美元），可能比日本外的亞洲區美元債發行量還要多。其次是發債主體多元化，包括具備信用評級的一些重量級的國際機構和跨國公司，如世界銀行、大眾汽車。此外，從地區來看，發債人來自內地、香港、俄羅斯、印度、新加坡，甚至包括了採用伊斯蘭債券模式發行個案的馬來西亞。由於不少內地和香港的發行人都廣為投資者所熟悉，所以即使未有信用評級的債券發行也是市場常態。

投資者層面也在不斷擴大，開始時香港的商業銀行和投資基金為主要買家，現時很多地區都有人民幣債券專項基金或納入於亞洲貨幣基金，對沖基金也有參與，來自私人銀行客戶的購買量亦在增加。「點心債」已經成為一些投行 2011 年的主要收入來源之一，也為中資的投行和基金管理公司帶來品牌效應。但是由於市場投資意慾比較依賴短期因素，特別是人民幣的升值預期，投行在二級市場做市承擔不足和對發債體的信貸風險分析服務不夠成熟，造成二級市場價格波動過大和流動性不夠。只有二級市場效率得到進一步改善，才能使「點心債」成為資本市場的主角。

一般市民對離岸人民幣市場發展可能感受不深，因為上市產品目前只限於一隻房地產基金，但是隨着外匯市場的流動性不斷增加，中央宣布的各項政策逐步得到落實，預期將會有更多的上市掛牌和面向零售大眾的離岸人民幣產品。

2012年1月5日

做好三件事　發展旅遊業

　　香港特區政府剛剛公布將成立新法定機構監管旅遊業，取代旅遊業議會規管業界權力，新機構具發牌、監管、巡查及懲罰四大職能，亦擬提升旅行社註冊的發牌門檻，以增加不良經營者「借屍還魂」的成本。

　　旅遊業是香港支柱產業之一，起步早、發展快，特別是這幾年，旅遊業駛入快車道，今年訪港遊客有望達到 4,000 萬人次，其中內地遊客佔六成以上。按過去七年年均 9% 的增速來看，訪港遊客在 8 年內即至 2019 年預計達到 8,000 萬人次。

　　「香港，一座華美而悲傷的城」，這是著名作家張愛玲對香港的評價。香港是一個華美的城市，但訪港遊客特別是內地遊客對香港的情感卻十分複雜，既愛又恨。如何讓遊客開心遊香港，我認為政府和業界當前主要做好三件事：

嚴打黑點　增建配套

　　第一是嚴厲打擊黑旅行社和黑店。香港是購物天堂，旅客購物消費一直佔據全港消費總額一半以上，一項調查發現八成內地旅客表示購物是來港主要目的。然而，一些「黑旅行社」和「黑商店」則強迫內地旅客購物，對遊客進行欺詐，當惡導遊阿珍和阿蓉事件發生後，內地旅客對香港更是恨多愛少。可以肯定，香港大多數旅行社和商戶都是守法和誠實的，欺客的只是少數。「劏客」影響極為惡劣，絕對不可容忍。一方面政府要嚴厲打擊、堅

決取締黑旅行社和黑店，另一方面業界要自律，誠信是香港的重要資產和核心價值，誠信不容缺失。只有優質誠信的香港遊，才能讓旅客樂在香港，愛在香港。否則，失去內地旅客這支生力軍，香港旅遊業前景堪憂。

第二是增加酒店等配套設施。「個人遊」是旅遊業發展的主流，目前內地有49個城市開放赴香港「個人遊」，內地已經成為香港最大的客源市場，成為香港旅遊業最重要的支撐。但香港地域狹小，旅遊業硬件及配套設施不足，當中以酒店問題最為突出。由於求大於供、供求失衡，酒店價格不斷上漲。自上月下旬以來，酒店實行一日一調的海鮮價，價格大幅上揚，聖誕節期間酒店幾乎沒有空房，房價漲幅普遍在五成甚至八成以上，連三星級酒店都很難找到千元以下的房價。酒店不夠且房價昂貴直接削弱了香港的吸引力。

「一程多站」吸引遊客

景點也很局限，香港擁有海洋公園、迪士尼樂園，可是多數景點缺乏自身特色，有些還為人詬病，如香港星光大道，最近被美國一家網站評為「全球最浪得虛名」旅遊景點第二位，被指缺乏舒適休息區、紀念品攤檔林立及音樂吵耳，令遊客滿意度大減。如果能夠開發蘊含香港建築、飲食、宗教、民俗文化的旅遊景點，將會增加新亮點，具有不一樣的觀賞價值。加快興建機場第三條跑道、增建新酒店、增設新景點，這些配套都離不開政府，政府必須制訂長遠規劃並付諸實施。

第三是發展「一程多站」旅遊模式。廣東旅遊資源豐富，澳門娛樂行業精彩，香港則是融合了中西文化的國際都會。粵港澳三地正在聯合拓展「一程多站」旅遊，吸引全球旅客頭尾兩站經停香港，期間遊廣珠澳。

香港的交通條件、服務設施、管理水平和法制法規等在珠三角區域內具備領先地位，業界最好積極參與發展「一程多站」旅遊模式，構建資源共用、功能互補、良性互動的大珠三角旅遊格局，並把香港打造成為區域旅遊接待和中轉中心。

仁者樂山，智者樂水，行者樂途。如何給旅客一個更好的香港，這不僅是旅遊業界的責任，也是全社會的責任。

2011年12月22日

超級強權：
信貸評級機構三宗罪

李耀新
（第二屆）

CAGA精英壇　經濟篇

　　歐盟暫停國際信貸評級機構對其成員國的評級，從而進一步引發世人對國際信貸評級機構的關注。

　　《紐約時報》專欄作家傅立曼（Thomas Friedman）曾於1996年評論過信貸評級機構，他說，「依我的見解，在世界上有兩個超級強權，分別是美國本身以及穆迪的信貸評級。因為美國可以投擲炸彈摧毀你，而穆迪則可以調低你的信貸評級而消滅你。但請相信我，有時候我真不知道到底哪一個強權更厲害。」當年覺得他的說法誇張，但經過近年金融風暴後，發覺他真是獨具慧眼。因為信貸評級機構的能力亦實在大得驚人，例如，在亞洲金融風暴、金融海嘯以至近期的歐債危機中亦擔當了重要角色，促使了亞洲諸國、雷曼及「歐豬五國」等國家及金融機構先後走入困境，從而觸發了這些金融危機。

　　我們要認識信貸評級機構，就先由其演變的歷史說起。在十六世紀當荷蘭建成第一個金融體系後便被移植到英國，然後到法國，再傳至美國等國家。到二十世紀初，美國債券市場因有大量鐵路項目融資而發展迅速，由於美國債市的規模愈來愈大，因此債券投資者便需要更多的獨立評估及跟進資訊，所以於1909年催生了第一間信貸評級機構，名叫穆迪。及後，作為一家研究鐵路行業權威的普爾於1916年加入競爭，並於1941年與標準統計，合併成為現時另一大型信貸評級機構標準普爾。因此，全球最有影響力的信貸評級機構全是美國公司。

收入來自發行債券單位

　　事實上，信貸評級機構有其一定的功能，比如應提供客觀及專業的分析。不過，學者的研究亦發現，評級往往是跟隨經濟周期而滯後的反應。當經濟向好時，評級便持續上調；經濟下滑時，評級便持續下調。由於評級公布的滯後，經濟向好時進一步促成了債務急升，但經濟轉壞時卻令債務加快收縮，信貸評級因此變成「債務催化劑」，好的時候便火上加油，壞的時候便落井下石，這便是評級機構的第一宗罪。

　　第二宗罪就是信貸評級機構的收入主要來自發行債券的單位，因此評級機構是有較大的誘因，盡量提高債券評級來滿足發行人的需要，例如當發行人採用了誇大賬目手法時，評級機構有可能視而不見。因此評級機構的獨立性和糾纏不清的利益關係便是第二宗罪。

　　第三宗罪則是評級機構成為近年金融風暴的主要源頭之一，為金融大鱷創造的結構性產品，給予一個不合理的評級，由於糾纏不清的利益關係，評級機構以較寬鬆的評估方式，來提高結構性產品的評級，最典型的例子是金融風暴前，房地產按揭債券為何可獲取最高的 AAA 級別，評級機構製造一個「低風險」但相對「高回報」的假象，吸引了不少一向投資保守的銀行及基金跌進這個金融陷阱。

　　當金融風暴爆發、雷曼事件發生後，這些投資銀行及按揭債券的級別，卻由最高級別一下子被大幅調低至垃圾級別，看來這些信貸評級機構給予 AAA 級並非特別安全。但最遺憾的是世界金融市場都已習慣依賴信貸評級報告為其金融產品訂價，他們的權威性並沒有因為這三宗罪而完全改變其影響能力，到今天為止，他們仍是超級強權。

2011年11月24日

聯匯命運不需公開討論

陳鳳翔
（第四屆）

日本軍事演習帶來地區緊張，加上外圍經濟仍然混亂，又聞對沖基金揚言入市炒升港匯，在這些環境下，行政長官曾蔭權近日不斷重申捍衛聯匯的決心，甚至指出「想都不要想」，「提起都會兜巴星」。為何聯繫匯率問題不需要公開討論？

港匯制度　演變更新

香港曾經於1974年後實行過不足9年的「自由浮動匯率」，隨着八十年代初的股災帶來的信心危機，港匯急劇下瀉導致這機制被取消；在這之前，港元有過兩年與美元掛鈎（1972至1974）和37年與英鎊掛鈎（1935至1972）的記錄。

聯繫匯率由1983年推出，已運作了28年，補充過兩次合共十項重要的措施來強化運作，首次在亞洲金風暴後港元被大手拋售下出台的「任七招」，後者則因為沙士疫情後經濟反彈而面對港元湧進下推出的「任三招」。聯匯的概念是以美元作支持，發鈔銀行才可印發港幣作流通，稱之為「貨幣發行局制度」，當中匯率固定為7.8港元兌1美元。然而，民間買賣的匯率則可自由浮動，當匯率偏離過多的時候，套利活動將驅使匯率回復原水平。

今天聯匯的主要缺點是港元及港息隨着美元下滑及偏軟，導致港元的購買力下跌，物價上升，通脹加劇。就此，社會又多了一些要求修改聯匯的聲音。

聯匯改變　利弊權衡

歸納取代聯匯方案的幾個較多討論的模式，俱存弊端：

採用「自由浮動匯率」：外向型經濟體系的香港極易受到自由資金流向的衝擊，在過往僅有維持不到 9 年的歷史記錄（當時對沖基金仍未流行）；

轉與「一籃子貨幣掛鈎」：世界上現行的主要例子都是欠缺透明度的黑箱運作，看似人為控制了匯價，為了保密帶來不少爭議；

改用「其他貨幣掛鈎」：與香港最息息相關的就是人民幣了。但是人民幣非自由兌換貨幣，投機者可大手吸納港元以待人民幣升值的後果不言而喻。

非議聯匯　信心動搖

世上沒有完美無瑕的模式，一枚硬幣有兩面，改變匯率機制可望抑壓今天的通脹，但帶來的問題及其相關的細節則非那麼簡單。

過往無數金融衝擊的導火線，「信心危機」佔了絕大多數，簡單者如銀行被擠提，複雜者如 2008 年雷曼兄弟引發的金融海嘯，1997 年泰銖被大手拋空導致亞洲金融風暴，1992 年英鎊被追擊令其退出歐洲貨幣匯率體系，例子不勝枚舉。

這些個案中，背後總有不同因由，當經濟實力變壞，當局者又沒有察覺問題的嚴重性時，投機者的興風作浪猶如在傷口撒鹽，「信心動搖」瞬間變成「信心崩潰」，環環緊扣的現代社會互相踐踏的「骨牌效應」，小則短期影響個別體系，大則令國際社會陷入災難。

事實上，現今商業社會早已發展為一個極為依賴「信心」和「信任」的世界，我們在購物時，手上並沒有實物或黃金，取而代之的是信用卡、提款卡、支票或鈔票，而鈔票上寫着僅是發鈔銀行「憑票即付」的字樣。可是，哪裏有銀行的倉庫擺放着充足的黃金或實物待你隨傳隨到來索取？

確保信心是一門學問。一旦官方高姿態研究聯匯的命運，民間不同版本的謠傳隨即水銀瀉地般散播，信心動搖，投機者漁人得利，社會動盪難免。為了社會安定，絕不需要單因通脹這個理由來高姿態討論聯匯的發展。

2011年11月3日

美元的興、衰、賴

　　美元誕生於 1792 年，當時是銀元。直至經濟大蕭條的 1929 年，美聯儲開始發行紙美元，直至今日。在第一、二次世界大戰中，美國由於其地理位置的特殊性，逃過戰火洗劫，且通過賣軍火發戰爭財，相比之下，歐洲和日本經濟在戰爭中重創。第二次世界大戰結束時，美國經濟總量佔全球三分之一，黃金儲量佔全球三分之二。於是在 1944 年布雷頓森林會議上確定，戰後以美元為中心的國際貨幣體系，即美元金本位，美元與黃金掛鈎，35 美元可兌換一盎司黃金，其他貨幣均與美元掛鈎。兩次世界大戰，美國是漁翁得利，美元的特殊地位成為美國經濟以後發展的功臣。

軍事競賽　勞民傷財

　　另外，二戰結束後全球重整經濟，工業化帶來巨大石油需求，中東儲有全世界三分之二的石油。二戰後，中東國家紛紛獨立，但互不信任。於是，美國趁機與沙特簽署以軍備換石油協議，並指定必須以美元結算，「石油美元」的稱號由此產生。全世界對美元的需求隨油價和產量上升與日俱增，為美國因巨額貿易赤字而產生的離岸美元，尋找到了一條重要的出路，美元遂成為國際大宗商品貿易的主要結算貨幣，令美元國際化具備了結算功能。

　　美國在上世紀六十年代，入侵越南，以失敗告終。這場戰爭拖累了美國經濟，各國中央銀行不斷以美元向美國兌換黃金，令

美元金本位難以維繫。之後，尼克松總統稱美國在錯誤的時間、錯誤的地點打了一場錯誤的戰爭，並被迫宣布美元與黃金脫鈎。從此，美元匯率開始自由浮動。

七十年代，里根總統上台後，為振興美國經濟，一方面大幅提高美元利率至二十多厘，重塑強勢美元；另一方面提出「星球大戰計劃」，與當時的蘇聯搞軍事競賽，結果勞民傷財，將美國從債權國變成債務國，美元在短暫的升勢後重拾下跌的軌道。直至克林頓總統上台後不得不宣布放棄「星球大戰計劃」。

印錢救經濟　引發歐債危機

然而，老布殊和小布殊的外交政策激化了中東的地區矛盾、民族矛盾，特別是美國出兵中東，更加劇了本來就緊張的中東局勢，令美國再次陷入一場馬拉松式戰爭，給美國平添十萬億美元債務，期間美元大幅貶值。2008 年因美國次貸危機引發的金融海嘯，給全球造成的經濟損失超過第一、二次世界大戰造成的經濟損失。美國通過印發美元挽救本土經濟，卻給全球輸出通脹，令全世界的美元資產貶值，更繼而引發歐洲債務危機，波及全球。

美國居民寅吃卯糧，存款率極低，貿易更顯巨額逆差，政府連年財赤，聯儲局不斷開動印鈔機，以印新鈔還舊債，美元持續貶值。全世界美元資產的債權人不斷為美國的過度消費和軍費開支埋單。美國之所以敢冒天下之大不韙，全憑美元在國際貨幣體系中的特殊地位。美聯儲主席格林斯潘在最近美國信用被降級後稱，「美國不應該被降級，因為美國可以印鈔票，不會違約。」格林斯潘的話讓我想起一個故事，有一顧客到飯店坐下後要了一碗麵，當服務員將麵端上來時，顧客說將麵換成餛飩。顧客吃完餛飩，服務員向他收餛飩錢時，顧客說，我的餛飩是麵換的，服務員說那你付麵錢，顧客說，我沒有吃麵。

美國不也是吃飯賴賬嗎？

美元由興、衰、到賴。世人期盼一個多元化的國際貨幣體系。

2011年10月27日

CAGA 精英壇

民生篇

CAGAHK

抗疫丟掉幻想
立志「動態清零」

李毅立
（第二屆）

正當香港食肆恢復以往的人流，兩年未返鄉的市民希望就在眼前，在如此恢復正常通關最有可能的時候，國泰空少憑藉一己之力開啟第五波疫情，打破諸多香港人的期望，將可能變成不可能。在疫情如此嚴峻時刻，官商非公務的飯局卻又如此毫不避嫌，不僅讓市民看到「法不責官」，更讓人聯想到新的利益團體悄然興起。

香港在自己的舒適區裏抗疫兩年，特區政府經常洋洋得意自詡為抗疫先進地區。不過，別忘記香港的實際情況，還有相當一部分人要為當局的表現「埋單」。特區政府抗疫存有問題，致使反反覆覆出現漏洞，最終陷入死胡同之內。

首先，「安心出行」起不到快速溯源追蹤的功能。坦白來說，實名制已是迫在眉睫，而技術上不是不能做到，實施後將對場所及公交的出入管理有實質幫助。若然沒有實名制，數據也僅僅停留在使用者的手機之中，使隱瞞「密切接觸者」的身份變得容易。如果「安心出行」形同虛設，意味着「港康碼」也必如是。如此重大的漏洞已被第五波疫情放大，相信定必成為復常通關的阻力之一。

再者，特區政府制訂的豁免安排漏洞百出，幾輪抗疫幾近功虧一簣。對於收緊或取消豁免安排，特區政府一直說「做不到」。然而，不要忘記抗疫兩年來的經驗，從要求酒店隔離，到要求集中轉運，特區政府每每打從開始就說「做不到」，而最後卻不知

怎的又會「做得到」。「豁免隔離居家檢測」的龐大漏洞，制定相關政策的官員又應如何問責？若無妥當的問責制度，全香港定必再為全面控關「埋單」，一場低效的社會「拉布」不會自行了斷。

最後，特區政府應該有更多「以目的為導向」的防疫方案。政府開庫派錢紓困，消耗的是諸多納稅人的公帑。坦白來說，派錢的目的不免令人感到防疫為次，討好民眾才是真正的原因。目的有錯，效果自然不行。有否認真想過，若不「動態清零」，談何復常通關？既不能復常通關，又對國外航班嚴防死守，港人定必不能與外界輕易往來。香港社會尚可能自給自足，但束縛大家日常生活，更長更久的社會「埋單」已擺在眼前。

「知民莫若父母官」，政府應能「貼地」地舉一反三，知道什麼樣的措施能鼓勵民眾接受實名制，什麼樣的做法能讓人接受居家隔離。若要措施有效，就需認真執行罰到痛處，充分實現復常通關的必要條件，不應再抱有任何不切實際的幻想。

2022年2月15日

抓住時機
做好復常通關準備

距離 2020 年 2 月香港關閉多個口岸，已經 20 個月，旅遊及相關行業接近冰封，無不叫苦連天，在特區政府有限度的支援下，目前只有盡力勉強經營，苦苦支撐。目的是要等待到與內地及海外恢復正常通關（尤其內地）。無奈本地疫情幾次反覆，海外變種病毒引發新一波感染潮，政府從公共衛生安全角度出發，採取嚴謹的防疫措施及實行旅遊限制，業界雖然理解，但長此以往，不是辦法。筆者認為香港防控工作已見成效，疫情漸趨穩定，實際已具備與內地恢復正常通關的條件。

目前香港在疫情防控機制下已有一套行之有效的做法，包括嚴格的外防輸入檢疫措施，堵截輸入個案在社區爆發的系統。一有輸入個案，馬上進行區域性的隔離檢測，進行全員排查。在不影響市民生活、出行的情況下，徹底切斷輸入病例的傳播鏈。最近期的一個本地個案已經是 8 月中，本地個案清零多時。

有見及此，在內地的支持下，特區政府由 9 月 15 日開始實行「來港易」計劃，符合條件的廣東省和澳門的非香港居民，來港時可獲豁免強制檢疫安排。「來港易」計劃可以順利進行，某程度表示內地認可香港目前疫情的防控水平，為未來達到雙向通關打下一定的基礎。特區政府應該順水推舟，繼續積極向內地爭取早日通關，但事前要做好準備工作：

首先要得到中央支持。做好疫情防控工作是內地頭等的大事，要與香港復常通關各省市應無決定權，一定要得到中央首肯。

近日行政長官林鄭月娥在深圳向國務院副總理韓正匯報工作時，提及香港期望早日通關，當中亦反映了兩地防疫專家正準備進行對接通關事宜，得到了韓正副總理即場指示內地相關部門跟進。中央領導人的積極態度，肯定有助兩地恢復正常通關工作的順利展開，特區政府應積極推動兩地防疫專家的工作進度，盡早就通關問題有實質的建議。

其次要做好與內地「健康碼」的對接軌工作。「安心出行」在香港已開始普及，不少市民已經習慣掃描二維碼進入各種處所，內地也有非常成熟的「健康碼」系統，但要與內地通關不可能使用不同的追蹤系統。因此政府有需要研究如何與內地「健康碼」系統互相配合，以達至追蹤確診病例的效果。例如兩地政府可考慮推出兩地互認的港版「健康碼」，即在「安心出行」基礎上加入紅、黃、綠碼，以分辨用戶風險程度。市民和遊客在進入內地及香港的公眾或消費場所時必須出示綠色的「健康碼」，以示無到過高風險地方，否則就不可進入。如果內地和香港採用同一準則，相信中央及內地的省市就可以放心兩地民眾交往。

最近，香港的經濟雖然有復甦的跡象，但只是依靠本地消費為主，要達至真正復甦，一定要復常通關。希望行政長官及特區政府各政策局一定要抓住時機，在做好防控的同時積極與內地部門協商通關安排及落實時間表。

2021年10月1日

待到重陽日，還來就菊花

李毅立
（第二屆）

　　早在 2019 年修例風波期間，社會動盪的現狀讓香港餐飲業失業率上升，2020 年以來受政府防疫情政策影響下，香港的餐飲業遭受重創，2,000 多家餐廳倒閉，大量員工失業，面臨生存壓力。根據香港特區政府統計處公布的資料顯示，餐飲服務業的失業率升至 13.8%。香港餐飲業正面臨生存危機。

　　從目前形勢看，香港疫情暫時看不到盡頭，如不採取有效應對措施，香港餐飲業失業率可能進一步惡化，不僅影響經濟民生，還可能造成民怨上升，社會動盪加劇，香港國安法實施以來好不容易積累的向好局面恐將受衝擊。

　　香港餐飲業非常成熟，香港美食聞名世界，很多從業者都積累了豐富的經驗。在香港餐飲業遭遇寒冬之際，特區政府應該請內地組織大型餐飲企業面向香港的餐飲業失業者招聘，並向國家相關部門提出建議，懇請內地出台有效措施鼓勵香港餐飲業者，尤其到臨近香港的廣東省、福建省發展，對於招聘一名香港籍員工且簽訂一年以上合同，特區政府給予相應獎勵，並提供配套人才服務政策；同時商務部門盡快組織內地城市對在香港有餐飲投資經歷的企業開展專項招商，給予土地、稅費、專業服務等相關扶持政策，尤其鼓勵香港近期經營困難的餐飲企業到內地發展。這樣可緩解香港餐飲業者面臨的生存危機。

　　香港市場雖然也有 Foodpanda、「戶戶送」等餐飲配送平台，但一些經常在內地、香港間來往的人士表示，跟「美團」、「餓

了麼」等企業相比，香港本地餐飲配送企業還是有較大差距，體驗感不是很理想。建議特區政府推動「美團」、「餓了麼」等企業進入香港，加盟現有餐飲配送企業，提升餐飲配送水平，吸引更多餐飲企業通過網上模式維持運營，通過改變商業模式，以另一種方式挽救香港餐飲業。

餐飲業目前成為特區政府抗疫效果不夠理想的「代罪羔羊」，呼聲最高的是取消晚市堂食禁令。從內地抗疫措施來看，餐廳禁令並不是最重要的選擇。建議特區政府邀請國家疫情防控部門與香港衛生部門進一步商討對策，提供更科學合理的建議，研究如何在做好安全措施基礎上適當放寬餐飲業禁令，如對進入餐廳的人數比例、食客體溫檢測、強制使用「安心出行」App、非進食過程須嚴格佩戴口罩等進行嚴格把關，讓餐廳能一定程度營業，既緩解餐飲業生存危機，也安撫民眾情緒。

「待到重陽日，還來就菊花」。相信香港很快能戰勝疫情，還我們一片藍天。

2021年2月5日

把握時機，
增加護老院舍床位

陳兆周
（第十八屆）

隨着香港社會老齡化的速度加劇，現 65 歲或以上人口佔總人口比例已達到 18%，即有 142 萬人。而本港公私營護老院最近 10 年的院舍床位增加不到 2,000 個，即平均每年增加數量不到 200 個，可謂杯水車薪。

以往舍位數量增加慢是因為可經營護老院的處所都用於經營酒樓，但隨着疫情發展，大批酒樓倒閉，現全港有超一百處在出售或招租處所可用於經營院舍，總舍位可增加超 15,000 個。政府應把握時機，增加院舍床位，改變床位嚴重不足的局面。

政府增加公立護老院數量

政府可購買允許經營護老院的處所，增加合約院舍的數量，擴大公營院舍所佔比例，提高護老院的質素。

增加私人院舍買位計劃的誘因

簡化私人院舍買位計劃的流程，只要院舍規劃圖合乎政府要求，就可啟動買位計劃，同時買位的比例可由 40% 提高至 60%，降低買位經營者的風險，增加私人院舍買位誘因。

增加護理員勞工輸入比例

由於護理是厭惡性行業，業界勞工短缺，政府應採用特別措施，提高護理員勞工的輸入比例由 30% 到 60%，幫業界解決人

手不足的問題，提高服務質素。

鼓勵業主出租物業予護老院

對出租給經營護老院的物業業主提高免稅額，增加業主出租給護老院的誘因，令業界有多種選擇，加強競爭，提高服務質素。

鼓勵私人土地經營護老院

對私人土地經營護老院的處所，提供完善配套，簡化審批流程。環境優美的大型綜合性的護老院，是提供大量床位，提高服務質素的不二選擇。

完善港人廣東省養老計劃

中大、港大深圳醫院的落成，方便港人看病治療，政府應鼓勵業界到深圳經營的護老中心參觀，安排願意到深圳生活或有親人在深圳的老人家入住，延伸在港的私人護老院買位計劃。此舉不但可減少香港土地及護理人員的壓力，而且其居住環境也會較香港為佳。隨着大灣區的融合，港人到灣區居住將更普遍，政府應及早規劃。

在香港養老的老問題能否得到解決，就考驗政府的決心與魄力了。

2020年12月4日

新冠疫情常態化
互認檢測現曙光

姚思榮
（第一屆）

新型冠狀病毒疫情在香港爆發至今已超過 7 個月，經濟及民生飽受打擊，各行各業無一倖免，旅遊業更是受創最深的行業。香港入境旅客人數從 2019 年下半年反修例事件開始下跌，今年 7 月更按年暴挫 99.6%；2020 年 2 月至 7 月出、入境及本地遊集體冰封，香港超過 1,700 間旅行社、約 17,000 名全職及近萬名兼職從業員，正陷入史無前例的困境。

然而最令業界擔憂的是看不到前景，國際上有很多航空公司及郵輪公司已將復航日期延後到明年第二季或以後，國際航空運輸協會（IATA）更預期客運量在 2023 年後方能重回疫前水平。

因應疫情造成的衰退，各國政府紛紛推出紓困措施，特區政府早前已經推出兩輪「防疫抗疫基金」津貼，為旅遊業界帶來及時雨，但只能解決燃眉之急，只是避免即時倒閉，即使能推出第三輪「防疫抗疫基金」計劃，但若無法開源恢復經濟活動，大多數行業將難逃萎縮甚至倒閉的命運。

新型冠狀病毒疫情常態化，全面隔離的防疫措施難以長期執行，隨着病毒檢測的普及，全民檢測能夠篩選出社區中的隱形感染者，幫助控制本地疫情，配合對外來人員的檢測要求，為香港恢復正常經濟活動創造條件。目前，內地和澳門疫情已經受控，澳門與大灣區城市已經通過互認健康碼安排，逐步恢復人員往來和經濟、旅遊活動。特區政府應設法創造條件，盡快解決與內地及澳門互認健康碼及通關安排。

開通「旅遊氣泡」助旅業復甦

　　今年 6 月，香港疫情趨向緩和之際，特區政府開始與泰國、日本探討旅遊氣泡的具體安排，然而 7 月中爆發第三波疫情，令美好憧憬化為泡影。隨着第三波疫情緩和，全民檢測正在進行，特區政府亦應準備重啟與疫情受控的國家及地區開通旅遊氣泡的可能性。

　　政府透露目前有 8 至 10 個國家及地區提出開通「旅遊氣泡」的意向，希望政府吸取外國及內地已開通旅遊氣泡經驗，幫助旅遊業盡快復甦，令香港經濟重現曙光。

2020年9月4日

期待社會
抗疫堅持、團結、同心

　　香港經歷去年修例風波，今年又面臨全球疫情影響，新型冠狀病毒肺炎確診個案一個月內激增十倍，這場突發性的全球性災難，無人得知何時方可擺脫陰霾。這次疫情與一般自然災害和公共突發事件相比，具有以下特徵：第一，發展的全球性。截至 4 月 10 日，全球已有多達 211 個國家或地區出現新冠肺炎病例，確診人數超過 160 萬。第二，影響的全面性。這次疫情對各國經濟的衝擊罕有地同時體現在供給端和需求端，各國實施封鎖措施以防止疫情持續擴散，致使全球各類經濟活動幾乎停擺。第三，持續的不確定性。從爆發開始到現在，疫情已經持續了兩個多月。疫情在今後的演變、將會持續的時間、受影響的範圍在目前都存在着巨大的不確定性。

政策果斷執行　計劃能收能放

　　這次疫情對本港實體經濟產生最直接的影響是經濟活動的全面停擺，從需求面而言，居家隔離導致消費驟減，對零售、飲食和消費行業造成巨大的負面影響；從供給面而言，企業的生產又由於人流管制而被迫中斷，導致供應鏈和資金鏈出現斷裂，而更重要的是未來控制疫情的拐點至今仍然存在不確定性。為此，政府上周三（4 月 8 日）推出第二輪「防疫抗疫基金」，當中的「保就業」計劃擬動用 800 億港元向合資格僱主提供員工薪酬助就業，以企業不裁員為條件，保就業僱主發放員工薪酬的 50%，上

限按工資中位數 1.8 萬元釐定，年增每名員工薪酬的上限為 9,000 元，為期 6 個月。這一做法基本跟英國、新加坡和丹麥等國家直接給保就業僱主支薪一致，以運用政府公帑保障勞工就業，穩定經濟為基本原則。作為首輪經濟援助措施的補充及深化，雖然在細節及執行上仍然存在討論及調整空間，但力度和覆蓋範圍均比第一輪 300 億的「防疫抗疫基金」為大。在當前企業及個人面臨經濟壓力的嚴峻時刻，政府應該果斷爭取時間為社會播灑「及時雨」，加緊審批相關申請，盡快發放資助予合資格人士，以便減輕全港居民及企業尤其是中小企經濟壓力。同時，應該時刻保持彈性，因應疫情變化及評估社會最新情況後，靈活部署，例如政府可以考慮對失業人士或已經處於無薪假期的僱員，開辦就業市民化培訓課程，對培訓的學員直接提供津貼，以便適時紓解民困。

最後，僅引用清代詩人鄭板橋《竹石》一詩：「咬定青山不放鬆，立根原在破岩中。千磨萬擊還堅勁，任爾東西南北風。」期許港人可如竹子般保持堅韌的生命力和勇氣，齊心度過這段艱難的抗疫時期。

2020年4月17日

香港醫療制度改革
刻不容緩！

　　香港作為一個「以民為本」的國際大都會，價廉質優的公共醫療服務，一直為人所共知。上世紀九十年代以前，香港中上層家庭一般會選擇服務較好的私立醫院；到 1990 年隨着醫管局成立，香港逾八成病人都選擇入住公立醫院。

　　筆者個人看法，這樣「公私分立」的醫療體系首先就帶來第一個問題：全港公立醫院的資源有限，要最大限度內做到病者有其醫，就要付出巨大的時間成本。如果非急診，病人僅在等候公立醫院手術排期，動輒就要花好幾年。

　　排除上述時間成本，市民入住公立醫院，實際支付的費用仍是相當低廉。除首日 50 港元入院費外，其餘每日只需繳付 100 港元，即可獲得診症、藥物、診斷檢測、治療、住宿和膳食供應等全包配套。但事實上，每名病人平均每日實際產生的住院成本高達 3,290 港元。由此可見，政府投入在公共醫療的補貼程度，令人瞠目。

醫生不足　如何增加人手？

　　香港老齡化程度加速勢在必行，醫療成本上升也是顯而易見的。如果政府要繼續維持這種質優價廉的醫療服務，就勢必要大幅度推高醫療開支佔整體開支的比例。到了 2030 年，這個比重將上升到佔公共開支的 26.5%。但要建立起一個全面的醫療保障安全網，政府似乎忽略了一個關鍵因素，那就是資源有限的公立

醫院，如何才能支撐起全港逾 700 萬市民的基礎醫療需求？

今年 4 月，香港基金發表研究報告指出，目前香港每 1,000 名市民只配有 1.9 名醫生，相比之下新加坡有 2.4 名，經合組織國家則有 3.4 名。也就是說，如果香港要追上這些國家的醫生配額，則增加的醫生數量要在 3,400 名至 11,000 名；兩者取平均，也要增加超過 7,000 名醫生，即目前全港醫生數量要翻一倍。

但是，醫生流失率在攀升，每年或因退休或因不堪工作量重負而離職的公立醫院醫生在 300 人至 400 人之間，但入職的新醫生僅在 500 名左右，即每年公立醫院醫生淨增長平均僅有 100 名左右。要補上至少 7,000 名醫生的缺口，按照目前的增長速度，也需近 70 年才能追得上。

相比鄰近地區，新加坡在 2003 年只有 6,000 名醫生，而香港則有超過 1.1 萬名；但到 2017 年，兩者的差距已經縮窄到不足 1,000 名。從這個情況來看，筆者認為，一、香港本土的極度保護主義值得我們反思；二、新加坡在短期內大幅增加醫生的做法，實值得香港學習。

一再拖延　恐變「不可能的任務」

按照推算，如現行制度不變，本港 2004 年至 2033 年間的公共醫療開支將會增加 3.9 倍，實質金額將從 378 億元增加至 1,866 億元。長者人口比例不斷上升，相對地工作人口比例持續下降，這將會令下一代陷入沉重的人口負擔中。現時，正正是做深刻檢討、反思和為未來醫療制度綢繆的適當時機。

誠然，香港特區政府並非沒有研究過醫療改革和醫療融資的方法，但卻沒有任何一個方案能獲得全民支持。但假如不進行醫療改革，可以預見的是，對整個香港的負擔，只會愈來愈重；如本屆政府又將問題留待下屆政府處理，恐怕這永遠都只是「不可能的任務」。

2019年5月17日

一言九鼎之「一地兩檢」

10月1日，廣深港高鐵迎來開通後首個客流高峰，全線當天共發送旅客30萬人（包括前往香港及中途下車），其中前往香港的旅客逾6萬人。香港憑藉這26公里高鐵，可直達內地44個城市，從而與祖國的萬水千山緊密相連！隨着港珠澳大橋即將開通，將進一步推動粵港澳大灣區的深度融合，促進本港旅遊及商貿發展，進一步成為連接內地和世界的重要樞紐。

融入高鐵網絡　香港之福

26公里，距離雖短，意義深長！且不論高鐵建設過程中所遇到的種種地質和工程挑戰，也不論秉持綠色環保設計理念的西九龍高鐵總站所帶給我們的驚艷，僅僅「一地兩檢」所經歷的風風雨雨就足以讓我們港人深思！

首先，全國人大常委會「一言九鼎」，為高鐵「一地兩檢」釐清了法律上的困惑。「一國兩制」是一個全新的實踐，香港回歸祖國二十多年已經取得了舉世矚目的成就；另一方面，在實施基本法的過程中，隨着兩地政治、經濟、文化等快速發展，也會帶來新的問題和挑戰。例如，在關於西九龍高鐵總站「一地兩檢」的討論中，一部分人士試圖將議題政治化、頑固阻撓「一地兩檢」方案，還有一部分人士對基本法一知半解從而對方案感到困惑。

全國人大常委會的決定再次給全體港人普及了一次基本法常識。我們必須明白，在每一個制度下必會（也必須）有一個最高、

最終權力機關。在「一國兩制」下，香港特區依據基本法享有高度自治，但也必須尊重國家憲法和全國人大常委會在國家憲制中的地位和權力。

其次，在實施基本法的過程中，中央政府不僅繼續全面準確貫徹「一國兩制」、「港人治港」、高度自治的方針，嚴格依照憲法和基本法辦事。廣深港高鐵、港珠澳大橋等宏偉的基礎設施，都是支持香港進一步融入國家發展大局，深化內地與港澳地區交流合作，促進港澳與祖國共同繁榮發展的具體舉措。設想一下，如果西九龍高鐵站「一地兩檢」繼續被部分人士因反對而反對，又或者因部分人士的法律困惑而拖延，我們如何能在這秋高氣爽的國慶佳節以 20 分鐘之內車程輕鬆往返西九與福田？未來，我們又如何能依託全球領先的高鐵網絡，打造全球領先的市場發展機遇？須知，大約 200 多年前，英國就是靠着當時獨霸天下的鐵路網絡開啟了工業革命先河，並且長期領先世界。今天，香港融入祖國的高鐵網絡，或許正標誌着中華民族再次騰飛的開始！作為炎黃子孫，我們為之歡呼、為之驕傲！

互聯互通　細微差異互補

作為資深旅遊界人士，筆者在黃金周前後也親身體驗了廣深港高鐵網絡不同站點的基礎設施和服務水平。毋庸諱言，即使同一高鐵網絡，在細微之處也能發現兩地管理和服務理念的差異。例如，香港口岸區入境和出境櫃枱分別是 88 個和 61 個，而內地口岸區則劃一為 48 個。出於技術原因，香港西九龍站乘坐高鐵的行李限制問題讓部分客人止步，坐高鐵亦需提前 45 分鐘到高鐵站取票，內地則允許到高鐵站刷卡即可取票，提高了效率。

在互聯互通、深度融合的大背景下，兩地的細微差異，或許讓我們對「一國兩制」、優勢互補增加更多感性的認識！

2018年10月5日

香港安老事務新思路

據有關機構推算數據，2015 年香港長者 112 萬佔總人口 15.4%，2030 年長者 211 萬佔總人口 26.4%，2043 年長者 252 萬佔總人口 30.6%，2064 年長者 258 萬佔總人口 35.9%。勞動力人口佔總人口比例由 2014 年的 504 萬佔總人口的 73% 下降至 2064 年的 392 萬佔總人口的 54.6%。人口迅速老齡化，總人口增長速度緩慢，導致勞動人口比例嚴重下降。

院舍空間小　業界人手不足

根據安老事務委員會 2016 年 6 月資料，僅政府評估需資助長期護理的長者名額一項，2016 年需求 59,572 張床位，而供應只有 37,957 張床位，缺少 20,000 餘張床位。預計至 2026 年需求約 78,000 張床位，供應約 46,000 張床位，缺口 32,000 位。加上其他長者需要，可以說一床難求。安老院的人均面積只有 6.5 至 9.5 平方米，院舍空間窄小，環境有待改善。由於安老院是厭惡性行業，業界人手不足率達二至三成。

由於土地、房屋供應嚴重不足，全港自 2008 至 2017 年，十年間安老院宿位只增加 1,000 餘張床位，預計至 2030 年可增加 7,000 張床位。年輕人不願加入安老行業，業界從業人員老齡化，人手短缺只會越來越嚴重。

安老事務困難重重，一方面是大環境下的土地、房屋、人手短缺，但更主要是思想僵化不作為，很多政策只是停留在諮詢、

寫報告的階段。全社會需要新思維以突破安老困境，政府更應主動積極解決民困。

本人以為，短期而言，可活化大量的閒置校舍及政府物業，以彌補土地、房屋的嚴重不足。長遠規劃，政府在出讓土地時，應加入預留面積作院舍及日間中心的條款，以保證床位長期穩定供應。增加輸入護理業外勞比例是解決人手嚴重不足的唯一途徑。粵港澳大灣區的設立，令香港經濟融入內地的很多障礙逐漸消除，港人在大灣區生活更加便利。特區政府更應高瞻遠矚，與大灣區其他城市合作推出港人、特別是長者在大灣區生活、安老、養生的配套政策，包括醫療、福利、交通等方面，以完善有名無實的廣東省養老計劃。

與大灣區推養生配套

具體實施方案：

一、採用深圳灣模式，在大灣區租用土地，設立花園式安老、養生社區，保持香港的生活習慣，由香港社會福利署認可的香港持牌公司經營。由於香港很多長者移民自廣東省，在自己的家鄉養老，可以享受香港的醫療、福利，相信有一定吸引力。

二、與大灣區現有的安老、養生基地合作，設定服務標準、收費標準，讓香港長者入住，既可減少投資，又能起立竿見影的效果。

三、與當地社區合作，為在大灣區生活的香港長者，提供社區安老服務。

無論是在本港增加宿位、外勞，還是與大灣區合作，都是阻力重重，相當考驗政府的意志和智慧。

2018年9月21日

「一地兩檢」 法理情兼備

　　香港之所以要發展高鐵，就是要更好地融入內地騰飛的經濟，使我們往後的經貿發展不至於被邊緣化。坦白說，香港經濟發展需要連接內地高鐵網絡的迫切性，遠遠高於內地的需要，而「一地兩檢」才能發揮高鐵香港段的最高經濟效益。筆者嘗試以法、理、情三方面來探討這個城中熱題。

　　基本法第七條清楚列明：香港特別行政區境內的土地和自然資源屬於國家所有，由香港特別行政區政府負責管理、使用、開發、出租或批給個人、法人或團體使用或開發，其收入全歸香港特別行政區政府支配。此條文清楚列明土地的所有權屬於國家，我們只是管理者，所以把部分西九站的空間用於內地出入境部門執行出入境管制，完全沒有違反任何法律，目前的深圳灣口岸不就是實施「一地兩檢」嗎？

發展才是硬道理

　　發展才是硬道理！近十年，本地生產總值佔全國總值的比例越來越輕，支柱產業的比較優勢已經不復當年。要再創輝煌，就要懂得抓住機遇，隨着內地鐵路網絡的高速發展，中國正在向世界展現經濟實力，順應這個潮流才是發展之道。眾所周知，一切經濟活動的根本就是人流和物流，我們的發展必須建立在良好的對外交通網絡，使得物流、人流、資金流可以有效及快速流動，這個流動網絡越大，就代表我們的市場越大。高鐵時代的來臨，

改變人們原有的生活和工作方式，促進跨城市經濟一體化及二線城市的增長，實現區域資源共用，加快產業梯度轉移，有效推動區域內產業優化分工，形成比較優勢。高鐵似乎已經成為推動國家經濟社會發展的強大引擎，香港要持續發展，就是要更有效地連接這個發展引擎。立足香港、背靠祖國、放眼世界，這就是發展的硬道理！

即日來回閩湘鄂贛

記憶中，筆者第一次隨母親返鄉探親是 1976 年。當時天未亮就離開家往羅湖走，走過了「英界」，再到「華界」檢查，然後還要買火車票去廣州。在正常情況下，到達廣州時已天黑，第二天還要買車票奔波於下一段返鄉路。一個假期，扣除來回交通時間，能夠待在家鄉的天數也就是兩三天。筆者曾經問母親，為什麼要如此辛苦地從香港返鄉探親，當時得到的回覆很簡單：因為根在這兒，我們的親人都在這裏！這就是情之所在！

當時，根本沒有人可以想像今天內地的經濟發展會如此發達，當時能夠即日來回穗港簡直就是神話，但這一切今天都一一實現。與此同時，香港和內地的聯繫，也從以往偏向省內的往來，到今天幾乎是沒有省界可言。以交通工具的先進性和兩地通關的彈性安排而言，讓在港居住的閩、湘、鄂、贛籍市民當天來回家鄉已不是天方夜譚，技術上完全可以操作，但是人為的阻撓卻有可能讓這個夢想遙遙無期，這要普羅大眾情何以堪呢！

2017年9月15日

高鐵「一地兩檢」絕非洪水猛獸

易志明
（第一屆）

近年，世界各地均積極發展高速鐵路，一則是其載客量大；二則是因其屬環保的交通系統。為配合發展高鐵這個大趨勢，國家在《中長期鐵路網規劃》中訂定「八縱八橫」的高鐵主通道。廣深港高速鐵路（高鐵）香港段的興建，不但是為配合內地的高鐵新戰略，還有助進一步加強香港與內地的聯繫，促進香港的長遠發展。

當高鐵香港段通車，日後香港到廣州的車程將由現時的 3 小時大幅縮短七成至約 50 分鐘。但若要藉高鐵鞏固香港作為中國南大門的策略性地位，落實高鐵「一地兩檢」的安排是事在必行，以符合高鐵高速及省時的特點。旅客於西九龍總站一次過完成香港及內地的清關、出入境及檢疫程序後，便能登上連接國家高鐵網絡所有城市的列車。

七成認為對高鐵至為重要

事實上，「一地兩檢」並不是新鮮事，海外如英國、法國及美國、加拿大等地早有先例，香港的深圳灣口岸自 2007 年開通後亦是採用「一地兩檢」的安排，市民對「一地兩檢」的方便及快捷讚不絕口。現時高鐵西九龍總站與深圳灣口岸的「一地兩檢」主要分別是，前者在香港境內執行；後者則在內地境內執行。因此，有部分人士對在西九龍總站內建設「內地口岸區」以落實「一地兩檢」之安排有所疑慮，特別是關注內地執法人員日後如何在

西九龍總站執行內地法律的問題，但對於有關「一地兩檢」的安排是否如洪水猛獸般完全不被接受呢？

就此，自由黨於8月2日至7日期間進行了一項有關高鐵香港段採取「一地兩檢」安排的問卷調查。調查結果顯示，在1,262位成功受訪者中，有近七成認為「一地兩檢」的安排對體現高鐵的效率至為重要；超過六成受訪者贊同高鐵香港段採用「深圳灣一地兩檢」的模式，容許內地檢查人員在香港境內執行內地的出入境、清關、檢疫及刑事執法等相關法規。

但在問及特區政府現時提議的「一地兩檢」安排是否會對「一國兩制」造成觀感上的負面影響時，正反意見相若。但當追問如認為「一地兩檢」會對「一國兩制」造成負面影響，會否仍然接受高鐵香港段採用「一地兩檢」的模式時，亦有超過三成半人表示願意接受有關安排，可見，普羅市民並不是一面倒地反對政府現時提議的「一地兩檢」安排。

權衡利害　願意接受政府建議

而有近六成的受訪者認同高鐵香港段若配合「一地兩檢」的安排，除了為相關路段的交通帶來便利外，還為香港帶來經濟發展的新機遇。

從是次調查可以得知，市民認為「一地兩檢」的安排對體現高鐵的效率是十分重要，就算認為「一地兩檢」在觀感上會對「一國兩制」造成負面影響，在權衡高鐵帶來的方便及有利未來經濟的發展後，仍然有部分市民願意接受政府建議的「一地兩檢」安排。

我期望高鐵能盡快通車，政府亦應就高鐵「一地兩檢」的安排向市民多作解釋，以釋除市民的疑慮，務求「一地兩檢」的安排能得以順利落實，令高鐵能發揮其最大的運輸、社會及經濟效益。

2017年9月1日

港人需要「一地兩檢」

李耀新
（第二屆）

　　回歸 20 年來，香港背靠祖國、經濟持續發展，GDP 從回歸前的 1.37 萬億港元增長到去年的 2.49 萬億港元，財政儲備也增長了近 3 倍。這些成就確實有賴於祖國對香港的強大支持。過去 20 年香港分別經歷 1998 年亞洲金融風暴，2000 年科網股泡沫爆破，2003 年沙士事件及 2008 年全球金融海嘯。假若沒有國家支持，香港經濟早就一蹶不振。所以香港應該與國家在方方面面融合，把握好國家發展所帶來的機遇。

　　香港乘搭祖國經濟高速增長列車，取得豐碩成果。以最有代表性的香港金融業為例，過去 8 年中，香港有 5 年高居全球 IPO 集資額榜首，當中最大的功臣就是內地企業來港上市集資。港股總市值由 1997 年的 3.2 萬億增至去年底的 24.4 萬億，增長 7 倍。H 股加紅籌股總市值由 1997 年的 5,000 億急增至去年的 10 萬億，增幅近 20 倍。現時 H 股加紅籌股總市值已佔港股總市值四成。「滬港通」、「深港通」的推出，給兩地投資者提供互聯互通的橋樑。據港交所 7 月公布的現貨市場交易研究調查報告，目前內地已取代美國，成為外地投資者交易的第二大來源，佔外地投資者交易的 22% 及市場總成交金額的 9%。「債券通」及未來在「商品通」等更多的互聯互通繼續促進兩地金融業的合作發展及不斷壯大。

發展「一帶一路」機遇

人民幣國際化和「一帶一路」也是重要發展機遇。香港已成為全球離岸人民幣業務的世界樞紐,處理全球約七成人民幣支付交易。

根據國務院發展研究中心金融研究所估算,2016 至 2020 年「一帶一路」沿線國家基礎設施的投資需求至少在 10.6 萬億美元以上,可以預計香港在全球融資及離岸人民幣業務的角色更加重要。

綜上所述,香港加強與祖國融合是大勢所趨。國家以香港作為面向國際市場的窗口及試點,而香港更需要在經濟、民生等各方面得到祖國的強力支援。高鐵「一地兩檢」可令香港的發展獲得更大的便利。事實上,現時「一地兩檢」的安排是合乎基本法,是經過深思熟慮的安排,更重要的是合乎香港以及內地的經濟發展形勢,對香港的發展和兩地的融合是有百利而無一害的。

奈何現時部分政客以種種歪理及手段否定「一地兩檢」,並危言聳聽,將「一地兩檢」政治化及妖魔化。近日更有人不擇手段,懷疑用自殘自編自導自演的卑劣手段妄圖引起市民恐慌,來反對「一地兩檢」。回歸 20 年來這些抹黑手段已經屢見不鮮,但到頭來這種偏執、狹隘而缺乏政治素質及遠見的做法,只會阻礙香港發展,煽動社會分裂,受害的是港人自己,普通香港市民正為這些政客「埋單」。

所以,筆者真心誠意地希望大家能明白到「一地兩檢」是促進香港未來發展的重要基礎設施,是香港與內地融合和發展的契機。港人需要「一地兩檢」!

2017年8月18日

房屋土地問題不解決
慘劇不斷重現

近日本港接連發生令人心酸的慘劇。6月下旬九龍灣工廈迷你倉火警，致兩名消防員殉職；發生在荃灣石圍角邨及土瓜灣的兩宗倫常命案，雖然發生的原因有不同，但背後卻有一個共同的間接「兇手」，那就是本港的房屋問題；這亦是政府多年來被指處理不善的詬病。

迷你倉近年發展如雨後春筍，與本港居住環境狹窄有關。各區新盤單位面積不足 300 呎的比比皆是。為了方便使用者，迷你倉營運者不但會選擇與居民相鄰地點營業，更將工廈樓層盡可能間出最多的倉位數目，結果設有迷你倉的樓層相當擠擁，走廊通道極為狹窄。大部分舊工廈無法安裝灑水系統，火警發生時不但無灑水系統救火，連消防員的行動亦受阻，最終造成人命傷亡。

釘契仍可出租不愁客源

至於兩宗倫常慘劇的女死者，原來兩人已經與丈夫離婚，及正辦理離婚，但卻因住屋難仍與前夫同住，結果導致悲劇發生。事實上在香港生活，租金成為佔個人或家庭生活最大比重的開支。據網上資料顯示，在土瓜灣一個不足 300 呎單位，月租已達 7,500 元；據政府公布的數據，去年 5 至 6 月個人入息中位數為 15,500 元，而住戶入息中位數為 25,000 元，租金分別佔個人及家庭住戶收入約一半及三成。

香港地少人多，在需求遠遠高於供給時，高樓價是必然。增

加土地及住宅單位供應，不是透過舊樓重建兼提高地積比率，就是填海造地及發展新市鎮。可是不論是哪一種方法均需時，難在短期內增加供應。雖然政府數據指，可在未來 3 至 4 年新增 93,000 個單位，亦無法疏導市民對住房的需求，結果推高住宅單位租金及售價。

眼見住宅單位租金上揚，持有物業者便挖空心思以提高收入。將一個單位 500 呎間隔成 3 至 4 個「劏房」單位，又或者將物業的天台或平台僭建後再出租；部分無良業主甚至將工廈當「劏房」出租。劏房單位面積狹窄，同時業主往往需要改建地台等，令單位負重量增加，危及物業結構。而單位經改動間隔，原來的防火設備根本不能在火警時發揮應有作用。

巡查劏房僭建促還原

既然「劏房」及僭建物已讓香港市場處處陷入都市危機，為何業主們依然故我？既因為租金回報問題，亦因被揭發僭建的物業，只會在勒令清拆僭建物時被「釘契」，即不准買賣，但仍可以收取租金。業主們根本不愁客源，又怎會理會政府毫無阻嚇性的懲罰措施？

房屋問題屬長遠問題，政府要根治此問題實需要相當時間。但是這並不代表對現時出現「劏房」、僭建及迷你倉星羅棋布的問題，可以放輕打擊力度。相反，政府應該更嚴格巡查「劏房」及僭建，及要求違規的業主加快進行清拆及還原工程。此外政府亦要體恤住在「劏房」內的居民，如發展局局長陳茂波亦指出，若「劏房」戶有需要，在符合條件的情況下，如要搬離有關單位，關愛基金可以提供津貼，以減輕對相關居民在生活上的壓力。這才是既顧情，亦念法的做法。

2016年8月19日

中環擠塞　責不在電車

易志明
（第一屆）

　　早前有特區政府前規劃師認為電車佔用了不少路面的空間，是中環塞車的元兇，因此建議取消德輔道中、金鐘道的電車路段，以騰出路面，改善中區交通擠塞問題。對電車的指控及取締部分電車路段的建議，我並不苟同。

車速可達每小時五十公里

　　電車在香港有百年歷史，本人亦曾擔任電車公司的管理層多年，因此我與很多港人一樣對電車還有深深的情意結。不僅如此，當愈來愈多市民對路邊空氣污染問題關注，而電車是路面上最環保的集體運輸工具，理應大力推廣，以減少社會日後因空氣污染所需要承擔的醫療費用。因此，我對有建議取消電車服務，確實大惑不解。

　　除環保問題外，以下我列舉了一些數字，讓讀者們來判斷電車是否中環路段擠塞的元兇：

　　首先，電車的車速實際上可高達每小時 50 公里以上，中環塞車並不是電車車速慢所致，主因是往紅隧及銅鑼灣方向之車輛堵塞而引起，於繁忙時間情況尤為嚴重。根據政府之數據，中環路段之平均車速為 9 至 10 公里，這與電車行駛之速度又有何關係呢？事實上，電車也是受害者之一。

　　其次，電車車架之路面投影面積為 17.6 平方米，其法定最高載客人數為 115 人，即每平方米路面搭載 6.5 名乘客；但若以

一輛投影面積為 30 平方米的巴士估算，其法定最高載客人數為 130 人，即每平方米路面只搭載 4.3 人，較電車為少。再者，眾所周知，巴士的載客量往往不到半成，電車則經常逼爆，故電車之路面使用效率實質為巴士之 3 倍或以上。

第三，根據運輸署前年的資料，電車全年載客量為 7,200 多萬人次，而電車只有 160 輛，即每年每車之載客量約為 45 萬人次；港島之巴士乘客數字為 2.5 億人次，而港島巴士則約有 1,400 架，即每年每車之載客量約為 181,400 人次，電車之載客量實為巴士之 2.48 倍。

重組巴士路線更有效

由上述分析可見，電車不單不是中環路段擠塞的元兇，其載客量實際上還較巴士為高。因此，該名規劃師理應多向市民傳遞全面的資訊，鼓勵他們支持巴士路線重組，一則可有效紓緩路面擠塞的情況；二則提升巴士公司之營運效率。就算巴士公司未能因巴士路線重組後即時減票價惠及市民，最起碼能降低加價的壓力，若能維持一個較長的時間不作加價申請的提出，市民便可以較便宜的價格及較短之行車時間到達目的地，整體之社會效益定當有所提升。實質效益則有勞相關之政策局代為計算一下吧！

既然中環擠塞的問題責不在電車，取締部分電車路段無助解決中環擠塞的問題。現階段，政府可考慮透過加強對路邊違法停泊造成堵塞的車輛執法或限制區內上落客貨的時段，以紓緩中環的擠塞問題。中長期看，政府應從源頭着手，例如盡早實現中環灣仔繞道通車，才能有顯著的改善。

2015年10月2日

Uber現象的核心：
不合法的競爭是否公平？

近期，的士及 Uber 成為城中熱話。對於有指的士業界反對 Uber 是基於保護主義，扼殺科技的發展，我認為有關指責對的士業界有欠公允。作為立法會議員，對於公共交通服務，我所關注的事項有三：一是有關服務是否合法，二是公眾是否獲得保障，三是有關服務是否在公平競爭下進行。

業界針對白牌車

的士業界並不反對 Uber 或其他類似創新科技的營運模式，而且認同該模式有助增加車隊使用率、提高司機收入。現時的士業界亦有嘗試手機應用程式，並且正因應社會的訴求，研究開發一個中央召喚的士手機應用程式，以紓緩市民特別於繁忙時間截不到的士的問題。

的士業界目前針對的是非法「白牌車」，通過手機應用程式開發商招募沒有出租車證的車輛提供非法載客取酬服務，的士業界認為是製造不公平的競爭。的士是香港法定的交通工具，受香港法例監管，為保障乘客，的士司機須經考核、的士收費受政府監管、作為商用車的的士須每年進行兩次驗車、的士第三者保險的費用更遠較一般車輛為高。在嚴謹的監管下，的士經營成本高昂，發展空間受限制。假若允許沒有出租車證的非法「白牌車」提供載客取酬服務，而這些司機無須考核，車輛規格及所收取的車資均不受監管，不僅對乘客沒有保障，對的士業界而言明顯是

一個不公平的競爭。

雖然 Uber 聲稱會提供全球保險，但乘客是否獲得適當的、可行的保障確實不得而知。根據香港保險業聯會（保聯）就「私家車在沒有適當牌照下提供取酬載客服務與保險的關係」發出的聲明表示，「保險並不保障任何違反公共政策的非法／犯罪行為」，這意味着該非法載客取酬車輛的第三者保險將會自動失效。一旦意外發生，乘客及其他道路使用者將會因這些沒有出租車證的非法「白牌車」而失去保障。

考慮推出豪華的士服務

事實上，Uber 的存在清楚顯示有部分市民並不滿足於現有的公共交通服務，他們願意多付車資換取更優質的服務。因此的士業界正積極考慮推出豪華的士服務。為回應市民對改善的士服務的訴求，除研究開發的士業界所屬的手機定位與召喚應用程式外，業界會考慮在應用程式內加設對司機的評分機制，並透過賞罰制度以鼓勵司機提供更優質的服務。

至於目前規管交通的法例，我認為是有檢討的必要。當年制定法例時，智能手機並不普及；正因如此，「一車十三機」的出現就是法例的漏洞所衍生，威脅道路使用者的安全。我曾於立法會交通事務委員會提出「促請政府研究立法規管的士司機在駕駛時使用智能電話的危險情況」，但政府卻遲遲沒有任何回應。我希望政府能就一些不合時宜的道路法例進行檢討，促使法例與時並進，配合社會的發展。

的士業界有約 5 萬名現職司機，良莠不齊，但今日普遍市民認為的士服務未如理想，雖然當中是因一小撮害群之馬所造成，但業界不能不正視市民的聲音，積極落實改善方案，在現時合法的框架下，致力提供優質服務，挽回市民對乘坐的士的信心。

2015年9月18日

分流規劃　刻不容緩

姚思榮
（第一屆）

　　這個春節假期前，新界各區比往年更加熱鬧，不少內地人專程來香港辦年貨、採購生活日用品。香港是免稅港，進口商品選擇多、價格相宜，藥品、食物品質可靠，大受內地消費者歡迎。香港鄰近珠三角，交通方便，當地居民來香港採購及消費已經是他們生活的一部分，情況就像多年來香港人經常北上深圳、東莞、廣州消費一樣。

　　大批內地客來香港採購自然會造成不少社區問題，首當其衝當然是臨近邊境的民居，一些原本是服務居民的傳統商舖因租金飆升而難以維持，改由藥房、批發式的雜貨店及連鎖店所取代，居民難買到或需要較高的價格才能購買到所需的生活用品。公共巴士、地鐵乘搭人流增加，再加上水貨集團在邊境各區活動，令不少新界居民怨聲載道是事實。有政治目的團體利用這些民怨挑起兩地民眾之間的矛盾，歸咎於開放內地居民來港「個人遊」及深圳戶籍居民「一簽多行」政策，建議取消「一簽多行」。可問題真的如此簡單嗎？

半數水貨客為港人

　　根據去年我取得的資料，每天通過「一簽多行」來訪兩次或以上約有4萬人左右，入境處統計，去年拘捕水貨客人數約兩萬，其中香港人佔超過一半，可想而知，每天數以萬計的水貨客估計有一半是香港人，他們集中在幾個近邊境的民居活動，滋擾程度

可想而知，所以關鍵在於如何解決購物者滋擾的問題。

兩地物品有差價在全世界是十分正常，所以不少國家的民眾都會利用兩地的稅務、匯率、產地品質、價格的差異跨境進行採購活動，以賺取差價，由於對活躍兩地經濟及就業有利，一般情況下政府以打擊走私為主，不會隨意限制有關活動。內地遊客來港購物的情況與其他國家或地區面對的問題別無兩樣，只不過規模較大而已。在外國不少的 Outlet，一樣人頭湧湧，但甚少擾民，原因這些大型購物中心多遠離民居，居民和購物者分開，井水不犯河水。上水、元朗等地區設施本來不是為遊客而建，受利益驅使，業主及經營者眼見有利可圖，改變以往經營模式，無形中影響居民生活。「個人遊」開放已經超過十年，政府又未有作出全面檢討，如果將問題歸咎於「個人遊」政策及內地旅客，是不公平的，目前只好亡羊補牢。

邊境購物城助疏導

據聞，落馬洲有邊境購物城將於年底開幕，預計每日可接待 3 萬人次，年接待量為 1,000 萬人次，肯定對分流消費者及水貨客有幫助。這個邊境購物城由民間發起，但用地有限制，建築物亦屬臨時性質。建議政府現即就邊境購物城問題作出規劃，研究在羅湖、落馬洲、深圳灣、港珠澳大橋人工島、蓮塘等口岸附近批出用地，建造有規模、正規的邊境購物商場，同時完善交通配套，以解決兩地民眾往返購物問題。

受惠於旅遊業的行業甚廣，包括零售、飲食、交通、景點、酒店等，為基層市民提供不少的就業機會，估計旅遊業為香港直接、間接創造的就業機會高達 60 萬人。旅遊發展局預計，未來一年過夜遊客的增長持續放緩，如果政府現時推出限制內地人來訪的任何政策，定會令市場認為香港不歡迎內地旅客，相比世界各地正張開雙手歡迎他們會有明顯反差，造成政策影響不了走水貨行為，但卻影響來港一群高消費的中產及商務內地客，結果將會適得其反。希望政府不要再反應緩慢，應盡快制定分流措施，以免問題惡化。

2015年3月6日

全民退休保障應量力而行

吳亮星
（第三屆）

　　期望長者皆能安享天年，乃是中華文明的傳統價值觀。我國古代經典《禮運大同篇》便揭櫫「使老有所終」的社會目標。香港自上世紀六十年代已開始有退休保障的討論，七十年代起陸續推出一系列措施；至今，以世界銀行在 2005 年提出的五根支柱計，香港已覆蓋了四根（長者入息保障、強制性職業或個人的退休保障計劃、自願性儲蓄及家庭和其他非參與的支援），而現階段有待落實第一根支柱，即公共退休保障金，便成了當前社會各界人士爭論的焦點。

　　香港不是沒有考慮過設置第一根支柱。回歸前的 1993 年，港英政府曾意圖推出屬於此類性質的「老人金」計劃，但次年受到多名經濟學者聯署反對，原因是香港的低出生率及居民趨於長壽，以至納稅人口減少，享受「老人金」的長者增加，在財政上無法維持下去。此計劃在提交當時立法局審議時，未能獲得通過。在特區政府成立後，民間要求成立全民退休保障的呼聲持續。前年的《施政報告》對此有正式回應：「我們注意到有意見要求實施全民退休保障。另一些意見則認為香港奉行低稅率政策，全民退休保障會大大加重長遠公共財政負擔，不加稅難以成事。」這裏點出了問題的本質：錢從何來，不易解決。

　　受特區政府委託，周永新教授在去年發表了《香港退休保障的未來發展》，建議發放「隨收隨支」形式的老年金，金額為每月 3,000 元，資金來源一半由政府負責，另外引入薪俸老年稅。

計劃啟動時，政府一次過注資 500 億元。不過，按周教授所作的 2013 至 2014 年的推算，到 2026 年，便會有 8 億元的年度赤字，到 2041 年期末結餘便減至 135 億元，2042 年即會出現赤字。問題是到時老年金已成了長者賴以為生的重要部分，政府除繼續注資外相信別無他途。2041 年的老年金預計支出 921 億元是按每月 3,000 元測算的。按過去經驗，社會福利加易減難，如果老年金在期內往上調，「乾塘」的日子只會更早來臨。

今年的《施政報告》認同應改善有需要的市民在退休後的生活保障，並預留 500 億元，但未有就具體方案作出定案，而是安排下半年作公眾諮詢。筆者認為，《施政報告》的審慎取態仍算合理。根據經濟發達國家的經驗，「隨收隨支」的全民退休保障往往造成公共財政的沉重負擔，最後只得採用延後領取退休金等方法作為應對，多次引發大規模的不滿及示威，箇中的教訓，應該汲取。

根據世界銀行提出的架構，老年生活保障並非依賴單一的財政來源，而且必須是足夠的、可負擔的、可持續的、穩定的。筆者認為，特區政府可在現階段完善現有的各根支柱，如剛通過的低收入在職家庭津貼及《施政報告》提出的延長公務員退休年齡，便可起一定作用。特區政府也可加大針對確實有需要的長者的援助，予以配合。筆者期待特區政府能慎重研究及考慮其可行性，而社會亦宜作客觀深入討論，在量力而行的原則上凝聚共識。

2015年2月6日

平機會諮詢惹爭議

周鳳儀
（第十二屆）

最近平機會就歧視條例的公眾諮詢剛剛完結，引入很多非歧視概念，有些具有爭議性，如事實婚姻、同性事實婚姻，甚至趁機提出擴大平機會權力。其實這些議題均超出平機會的職能範圍。

現時平機會負責執行四條歧視法例：性別歧視條例、殘疾歧視條例、家庭崗位歧視條例及種族歧視條例。除上述四條法例外，平機會從未獲任何其他條例賦權，在其他範圍執行任務或從事工作。換言之，平機會只被賦予權力去處理性別歧視、殘疾歧視、家庭崗位歧視及種族歧視。平機會提出把歧視條例中的婚姻狀況修訂為「伴侶關係狀況」，即是引入了「事實婚姻」的概念。婚姻狀況乃指：未婚、已婚、已婚但與配偶分開居住、已離婚或已喪偶。但平機會只有權處理基於婚姻狀況的歧視，為此平機會引入事實婚姻，改變婚姻的定義，無異超出了本身職權。

另外，就事實婚姻可延展包含同性婚姻，這是屬於性傾向歧視的範疇，性傾向條例尚未制定，平機會為此進行諮詢，實屬越權。

衝擊福利津貼制度

引入事實婚姻，會引致僱主面對員工多重及／或虛假的關係，這些關係難以核證，容易引致濫用以求得到額外或騙取福利。平機會認為大型及跨國公司及機構有為未婚員工的同性或異性伴侶

提供福利及津貼，但是這只是個別公司的做法。倘若成為香港法律，則無異強迫所有僱主必須遵行，增加不必要的程序及成本，實在是擾民之法。現時香港法律的定義，婚姻是一男一女的結合，而就平機會此次所提出的事實婚姻關係，是對現有社會道德及法律制度的衝擊。以香港現況，結婚與否以及締結任何形式的親密關係，從來都是個人選擇，並不涉及歧視。法律並無禁止人民選擇如何與他人生活、同居、或進行親密的性行為關係。若將婚姻延伸至同居以及同性關係，將混淆所有涉及婚姻、親屬、生殖、財產繼承、保險撫恤之定義及相關法律、道德。

擴大執法權力

若細閱平機會的諮詢文件，平機會也趁機擴大其執法權力，對所有法例及政策有監察權，又可對「歧視性的做法」展開法律程序。倘若上述權力被確立，平機會日後引入不同具爭議性的議題，如事實婚姻，將來便可對歧視性的做法作出訴訟，並可監察修改其他法例以切合平機會的越權構想，且平機會獨立自主而不受左右。

總括而言，平機會似藉檢討之名，實擴大其職權。又藉反歧視，引入衝擊社會道德、法律制度的保障。這些具重大爭議性的議題，實在需要充分徵集整體社會的意見及討論上述範圍所衍生出來對社會、制度及其他法律的影響。

2014年12月19日

香港航空樞紐的近憂遠慮

李毅立
（第二屆）

今年 8 月，國務院正式批准設立上海自貿區，香港各界對其關注倍增，更有不少企業已有意在區內發展。雖有專家評論上海自貿區暫時不會影響香港發展，但不少人士仍擔心，一旦上海自貿區重點發展的產業與香港現有支柱產業重疊，並且得到長足發展，那麼未來香港的國際金融中心、航運中心地位恐難保。

不僅如此，作為香港四大經濟支柱之一的旅遊界，也將面臨危機。實際上，作為香港旅遊業重要基礎設施的香港航空樞紐，近年亦危機暗湧。

人手短缺　配套設施不足

香港國際機場曾被 Skytrax 評為五星級機場，且在年客運量逾 4,000 萬人次的機場類別中，獲得國際機場協會推選為全球最佳。但是這樣一座名聲顯赫的國際航空樞紐，卻也面臨着員工流失率逐日增高的嚴峻現實。近年，與機場服務相關公司的員工流失率由單位數急升至雙位數，有些甚至倍升至 20%。其原因何在？

首先，由前年 5 月開始，政府實施最低工資，員工在考慮工作時多了選擇，既然工資是相若的，何需要往交通不便、耗時耗力的機場呢？何不就在家附近尋找一份穩定的工作？

其次，則由香港機場特殊的地理位置造成——位於大嶼山的機場，從市區往返每天最少要耗二至三小時的車程，再加上營辦

商的車資不斷上調。即使社會各界多方呼籲，至今仍未見任何明顯改善措施，奈何機場員工仍是每天站在擠迫的巴士上返工放工。

因此，往返機場交通費用昂貴與交通配套不足，是造成機場員工身心疲勞，且逐漸流失的其中兩個重要原因。

第三，香港機場人手短缺，而為員工提供的服務設施明顯不足。例如，在香港機場機坪就缺少飲用水設施，機坪、等候區缺少灑水器或風扇等降溫設施，無法完全滿足機坪工作的同事大量飲水、降溫與防止中暑的需求。同時，在機坪範圍，每日約有近萬人工作，但機坪洗手間設施不足，尤以貨運區最為缺乏。這兩個因素逐漸在香港機場中演變成為惡性循環——機場工作量日漸繁多，包括客運量及貨物運輸量，尤其夜班航機愈見增加。在員工短缺情況下，他們需要加班工作，在長期超時工作環境下，會使員工倍感疲憊。員工的精神狀態無法保障，更何來良好工作狀態與優質服務？

調整中尋求改善

最後，機場配套設施承辦商的營運成本日漸急升，亦是造成機場員工流失的因素之一——營運成本包括租金、水電等等。成本的提高在一定程度上影響了員工薪酬。試問在此環境下，又何來在薪酬福利上作更積極的改善以挽留員工？

目前來自香港周邊地區，如新加坡、台灣、內地等同行業夥伴優質服務的競爭日趨激烈，因此看似芝麻小事，若不能盡快得到實質上的改善，香港航空樞紐的整體服務水平、員工的工作熱情與態度，又怎能在根本上得到解決？如世界旅客都不能在香港機場體驗到香港人的熱情與質素，那麼香港地區的旅遊界形象與前途將岌岌可危了。

為此，建議香港國際機場在自身盈利的同時，適當按比例撥出資金，以增設、完善機場相應的配套設施，同時與機場技術性服務公司相互協調、扶持，在調整中尋求新的改善。維護好、發展好香港國際航空樞紐，以及旅遊界多年來的高水平形象，贏回主動、尋求突破！

2013年9月26日

推行自願醫保計劃
聆聽社會需要

「醫保計劃，由我抉擇」是政府於 2010 年擬推自願醫保計劃時的口號，原意是提供可持續發展、有助紓解公營醫療系統壓力的方案。多年來，保險業界透過香港保險業聯會，以及其他委員會，一直積極與政府及其顧問聯繫，並提供專業意見，就建議的大方向進行多方面的討論，務求制訂高透明度、又能為市民提供更多選擇的計劃。可是，當局在今年 6 月初提出了極具「新意」的新方案，卻偏離了這個重要原則。

保障消費者選擇權

現時全港有超過 360 萬人受醫療保險保障，每年新增的投保人約 20 萬，可見醫保越來越受重視，也反映了他們對醫療保險的信心。

新方案規定日後保險公司只能推出承保內容完全一樣的醫保計劃，對消費者來說，等於沒有選擇。試想想，假如市場上只得一種產品，而其保費較現時的醫保為高，對於財政資源較緊絀的消費者，可能會因此而無法購買私人醫療保險。他們最終不但缺少了醫保保障和選擇其他醫療方式的機會，更糟的是，這批病人倒頭來會轉投公立醫院，令公營醫療體系的負擔不減反增，這個局面實在與醫保計劃的原意背道而馳。

此外，建議指團體保單也應採用單一的標準計劃，預期醫保計劃較現有醫療保險保費高出最少一成，這將會對中小企影響尤

甚，除了令經營成本增加，部分僱主更可能被迫削減或取消團體醫保福利，令僱員頓失基本的保障。

我們深信，消費者的選擇權不應被剝奪。況且，假如消費者覺得醫保計劃可取，就自然會轉投，無須強制轉移；否則，只會適得其反。

高透明度收費乃關鍵

最初政府建議推出的「症候族群分類」套餐式收費（Diagnosis-related groups，DRG），可確保保險公司、醫生及醫院的收費保持高透明度，讓市民了解收費水平，這正是成功的關鍵。缺少了這個元素，醫保計劃也只不過是政府自創的新保險產品而已。

話說回來，「症候族群分類」套餐式收費是醫院、醫生和保險公司一直進行討論的依據，好處是讓市民掌握預算開支。然而，政府卻撤回建議，更突然要求保險商與醫生或醫院自行商討及制訂套餐收費。對於此等「新意」，業界實在百思不得其解。

確保收費具透明度是醫保計劃的核心，而「症候族群分類」套餐式收費更是其「賣點」。奇怪的是，政府本末倒置，放棄推銷其賣點，反而讓保險公司與私家醫院逐一制訂「免繳付套餐」和「定額套餐」，這不單存在技術上的困難；「套餐」訂價不一，更會令消費者混淆。

任何改革都必須從根本性的問題入手，並收集各持份者的意見，以提供優質的選擇。假如改革者只捨難取易，猶如隔靴搔癢。如果不敢觸碰最核心的根本問題，即使再次推出不同建議，也只會徒勞無功，浪費資源。

保險業積極支持改善醫保產品，建議必須包括：訂定標準保單條款和保障項目、終身續保、透過管理風險保證承保和容許轉換承保商，以及加強及改善現行的解決索償糾紛機制，令消費者更感滿意。在過程中，不應阻礙保險公司透過競爭改善產品質素，以及提供切合不同需要的保險產品，達至改革的真正目的和滿足市民的需要。

2013年7月4日

居安思危：
香港旅遊經濟的
遠慮和應對策略

從九七回歸到 2003 年沙士降臨，香港旅遊業似乎一直不斷經歷着曲折和磨難。然而香港旅遊卻像是一部傳奇一般，總是能夠在重創之時作出最快反應，衝破一道道難關，由危轉安並迅速蓬勃發展。香港一次次地讓諸多的不可能變為了現實。回歸祖國十五年來，中國內地訪港旅客成為最主要的上升推動力。入境旅遊的增加價值在 2010 年為 592 億港元，與 2005 年比較，每年平均上升一成二。在短時間內，成為亞太區最著名的旅遊地區之一和購物天堂，其旅遊產業與金融服務、貿易及物流和工商業支援及專業服務，一併成為香港四大支柱產業。

世界景點複製港獨有特色

香港的東方傳統與西方文化共冶一爐，新舊事物相互交融，締造出香港獨特的都會文化，風貌多樣的名勝景點、郊野景致、購物及美食，每年吸引數以千萬計的世界各地遊客到訪。

近年來，不少地區旅遊景點的開發都幾乎在複製着香港一直以來吸引遊客的「中西結合、免稅購物、大型遊樂場、美味食品」等理念。例如，澳門、新加坡、韓國的華麗變身，最近的海南免稅政策，上海即將竣工的迪士尼樂園等等。這些地區旅遊業的飛速發展使香港的獨有特色被同質化了。於是，有識之士說：香港旅遊危矣！

當遊客在別地都可以享受到與香港同樣繁華的物質生活時，

還有什麼能夠吸引他們再次來港？

那只有傳說中的香港精神了。以踏實苦幹、勇敢奮鬥、堅持自由、追求法治精神等為代表的香港精神，每年吸引着大量的海內外移民來港發展，每天吸引着大量的海外資金來港尋找商機。國人對香港這個彈丸之地，懷着非常特殊的情感，特別是改革開放之初，許多「下海」的勇者就是學着香港經驗一步一步發展成今天的成功人士。而今，內地高舉法制、反貪的大旗，尋求更進一步的改革，更是需要從香港學習。

如何讓遊客在短短幾天時間能夠了解香港的精髓，從而能夠長期吸引世界的注意力，是擺在香港旅遊業者面前的一道考題，更是新一屆政府必須解決的課題。一本好書，可以改變一個人的觀念；一場好戲，可以告訴你香港的發展、奮鬥、成長、繁榮所依賴的香港精神。

島嶼作舞台演繹香江精神

我們可以再從香港眾多的小島選出一個合適的島嶼，以自然為景，以大地為台，化沙灘為坐席，製造一個舉世無雙的表演場地。以大量本地居民為群眾演員（遊客也可以成為演員），用本土自創音樂，運用現代的聲光電技術，演繹香港百年歷史變遷，從歷史、經濟、政治等多個角度，全方位地將一個完整的香港呈現給遊客。表演的結束，並不是遊覽隨之結束，而是剛剛開始。剛才的本港群眾演員，現在是熱情的主人，代表香港和遊客共進盛宴，席上，賓主相互交流，無論是民俗，還是法規，都可以輕輕鬆鬆地相互了解。小島的另一邊，可以是遊客趨之若鶩的各色商品，可以購郵一條龍服務；上島的交通，無論是直升飛機還是豪華遊艇，抑或是大眾渡輪，都是可以的選擇；世界品牌酒店、青年度假村、兒童暫託服務應有盡有。

重要的，是不能把小島變成樂園式的高消費度假地；更重要的，是不要再以此等建設會打擾魚兒睡覺而讓香港又陷入一場口水戰。

2012年12月20日

空氣污染嚴重
必須「推陳出新」

上星期，審計署向立法會提交改善香港空氣質素的審查報告，指本港空氣質素 25 年來從未達標，並批評環保署在取代高污染車輛的資助計劃成效不大，先後推出兩個計劃的參與率均未如理想。2007 年的更換歐盟前期及一期商用柴油車輛資助計劃，參與率不足三成；至於 2010 年的更換歐盟二期商用柴油車輛計劃，截至今年 9 月的參與率也只有一成半。

一刀切淘汰舊車致失業

政府資助車主換車，理應是好事，但運輸業對資助計劃並不踴躍，怨聲載道。歸根究柢，政府沒有聆聽業界的意見，不知民間疾苦，計劃欠完善，資助金額無吸引力。如貨運業，購置一輛貨車，往往動輒數十萬至逾百萬元，但一成八的資助仍餘下八成需閣下自理。以現時的經營環境，成本升、貨量少、銀根缺，更換一部貨車，資金上的負擔，已令中小企的車主感到非常吃力，如需更換多部老舊車輛，只會令處於水深火熱之中的業界百上加斤。誘因不足，反增加經濟負擔，難怪運輸業界冷對兩個資助計劃，導致現時仍有 5 萬多部歐盟二期及前期的商用柴油車輛在路上行走，佔所有柴油車輛的四成。

就淘汰老舊車輛的問題，環境局局長早前表示會參考內地設退役時限，車齡 15 年以上的商業柴油車輛將不獲續牌，有關建議隨即引來業界強烈的反對聲音，因這等同把改善空氣的責任全

推在運輸業身上。毫無疑問，新車的廢氣排放一定較舊車少，但如一刀切限定車齡
15 年的柴油車輛不獲續牌，將對運輸業界產生巨大的影響。

內地的車輛多以國產為主，如內地的退役時限設定 15 年車齡，本港的退役時
限應更長，因本港的車輛主要來自日本及歐洲，不但需要定期維修保養，還要每年
通過檢驗才能獲得續牌，令車輛普遍均能用上 18 至 20 年。新要求使部分車主在
短時間內沒有能力更換車輛，最終只會導致部分業界步向結業之路，製造更多失業
的問題。

人命經濟損失年增一成

就加快淘汰老舊車輛，除考慮增加現有更換柴油車輛的資助金額，政府應推陳
出新，增加誘因鼓勵車主提早換車或註銷車輛；以現金券形式簽發資助金額，不設
時限，讓車主在購買新車的時候，更具彈性，亦不會因車輛在短期內需求大增，而
推高車價；甚至提供免息或低息貸款供車主更換車輛等。倘若政府增撥資源後，有
效地淘汰舊車輛，空氣質素得以改善，本港在醫療費用的開支將隨之而減少；市民
健康，生產力提升，有利增加社會成本效益，何樂而不為？

歐盟今年 9 月公布的調查報告表示，空氣污染令歐盟人均壽命最高減少兩年，
經濟代價包括醫療費用就高達每年一萬億歐元。

香港大學一項因應本港空氣污染而引致公共衛生受損的經濟成本統計「達理指
數」，香港在 2011 年因空氣污染而提早死亡的人數及造成經濟損失分別是 3,500
人及 450 億元，較前一年增加 13% 及 15%，因此政府改善空氣質素的工作刻不容
緩。

所謂「知己知彼，百戰百勝」，既然當局銳意盡快淘汰老舊車輛，藉以改善路
邊空氣質素，便應多聽業界意見，了解業界的困難，針對問題所在，推出相應措施，
增加車主更換老舊車輛的意慾，這樣才能有效地盡早淘汰老舊車輛，達至改善空氣
質素的目標，並進一步提升整體社會成本效益。

2012年11月22日

長者生活津貼與貧窮長者

李耀新
（第二屆）

近日長者生活津貼（前稱特惠生果金），全城鬧得沸沸揚揚，爭論的焦點在於由 1,090 元增加到 2,200 元，是否需要經過資產及入息審查。若目的是敬老，當然不需任何審查；但若目的是扶貧，那是另一回事。因為社會福利資源有限，要用得其所，審查是少不了。談到貧窮長者，很多時會聽見一句話：「鬼叫佢後生時唔識儲蓄。」這句話雖然不是主流意見，但亦反映了部分人的看法，就是「種瓜得瓜」：你年輕時不儲蓄，到年老時「捱窮」是合理的。

事實上，長者沒有儲蓄可能不單是為了消費而沒有儲蓄，亦有可能是收入較低不夠儲蓄，或是為了子女教育等其他因素。進一步，當「後生」踏入長者階段後，就算有一筆儲蓄或退休金，亦會因收入及資產縮水，物價上漲及醫療開支增加等，導致長者「傍身」的儲蓄日漸減少。隨着年齡的增長，這種效應只會愈來愈強，令長者愈見「貧窮」。

補足赤字開支減輕負擔

貧窮長者其實是一種普遍現象，在英國、加拿大及德國等發達國家亦備受關注。在德國，預計有大批低收入人士進入長者階段後會變成貧窮長者（因低收入令退休金不足以應付日常生活開支），國會現正在討論如何改善退休金制度。

可能你會問香港的長者是不是真的貧窮？根據經濟合作與發

展組織（OECD）的定義，以每個國家的人均收入中位數的一半定為「貧窮線」。

據此，香港社會服務聯會於 2011 年上半年貧窮報告顯示，香港貧窮人口達 120 萬，當中長者的貧窮情況最為嚴重，現時約有 29 萬貧窮戶（約佔總數的 24.2%），即每四位貧窮人士中便有一位是長者，而貧窮率達 33.4%，即每三位長者中便有一位是貧窮的。那麼長者貧窮到哪一程度呢？樂施會於 2010 年有一調查，長者的每月平均收入為 3,359 元（港元，下同），主要來自政府的生果金、子女供養以及自身的儲蓄收入，而長者的每月平均支出則為 3,904 元，主要為食物及膳食、房租及管理費、水電煤以及交通和醫療費用，這樣長者的每月平均赤字便是 545 元。

如果計及現時的通脹（甲類消費物價指數）上升一成二，則在開支增加而收入無變化下，赤字將進一步增至 1,013 元。所以如果長者可獲得長者生活津貼後，則可補足這赤字而過得輕鬆一點。

倡優化措施善用資源

貧窮長者在香港為數不少，但他們是自食其力的一群。如仍有能力，他們亦不希望拖累子女及社會。所以你會看見一些長者在街上流連、撿紙箱和汽水罐等。當前，社會最底層的「綜援」並不能協助到大部分有需要的長者；因此需要其他援助方式，而長者生活津貼正是其中一種較好的援助方式。

所以由「特惠生果金」改為「長者生活津貼」，其目的是表明由敬老轉為扶老，但為求善用資源，審批仍是需要的，惟在資產上限則可有上調的空間，兼且申請手續不宜繁複。事實上，長者生活津貼加上長者乘車優惠，以及早前醫療券的加碼，顯示了政策方向是正確的。

特區政府需要進一步優化長者生活津貼、以及食物銀行和醫療保健等綜合福利措施。

墨子說：「有力者疾以助人，有財者勉以分人，有道者勸以教人。」如果政府及每個人都能根據自己的條件和能力去幫助有需要的人士，這才是一個優質宜居的社會。

2012年10月25日

CAGA 精英壇

文化創科及其他

CAGAHK

攜手港故宮館
傳揚中華文化

　　故宮館春秋，歲月崢嶸。北京故宮，舊稱紫禁城，是我國明清兩朝 24 位皇帝的皇宮，1925 年在原紫禁城的基礎上成立故宮博物院。1931 年「九一八」事變後，日本侵略者鯨吞東北，虎視華北，故宮文物危如累卵。為保護故宮百萬件國寶免遭戰火洗劫，從 1933 年開始故宮文物南遷。筆者任職企業的前輩，以深植血液之中的報國情懷，承接故宮國寶秘密南送任務。先輩們在隆隆炮聲、硝煙彌漫中風雨兼程，不懼流血犧牲，不為青史留名，捨身護寶，是為世界文物史上的「傳奇之行」。新中國成立後，位於北京的故宮博物院被確定為國家一級博物館，國家 5A 級旅遊景區。

　　香港故宮文化博物館，與北京故宮博物院一脈相承。中華文化源遠流長，博大精深，北京故宮是傑出代表，博物院的藏品是中華文化的菁華，人類文明的瑰寶，享譽中外。在內地和特區政府的多方支持下，經過多年籌建，坐落在西九文化區的香港故宮文化博物館，將於今年 7 月對外開放，成為中華文化的新名片。香港故宮館一旦落成，兩地都能共享共賞歷史珍藏，特別是香港市民，能夠有機會更直觀、深入了解我國的優良傳統和歷史文化。同時，作為一個嶄新獨特、國家級的文化載體，香港故宮館還肩負着新時代的新使命，即發揮香港文化多元、開放包容、中西交融的優勢，對外講好中國故事，推動中國文化走向世界，助力香港成為中外文化藝術交流中心。

　　香港文化旅遊的新機遇。香港故宮館開業後，預計每年接待遊客 200 萬人次。如何借勢借力，給香港文化旅遊創造生機和活力？筆者建議，政府、香港故宮館和香港旅遊業要同心同向，共同發力。特區政府部門要積極有為，無論是醞釀中將新成立的文化體育及旅遊局，還是現有的香港旅遊發展局，都不能「躺平」，要有效制訂政策，強力推動海內外宣傳；要運用世界各大洲熟悉的語言宣傳和推廣故宮館，促進中華優秀文化與世界文明深度對話。香港故宮館除展覽國寶精品外，要精心策劃豐富多彩的節慶主題活動，提高遊客參與性和互動性；要採用全新的科技手段和新生代喜聞樂見的方式，導引年輕人認識傳統中國與當代香港都市文化；要加強與東南亞國家、粵港澳大灣區各城市的聯繫，牽頭搭建文化旅遊溝通、交流平台。香港旅遊業界則承擔組織遊客的使命，要牽手西九，協同故宮館，研發常規、特色、定製、研學等系列產品，豐富文化遊種類；相信業界定會配合香港旅遊發展局和香港故宮館，立足香港，聚焦大灣區，輻射海外特別是東南亞市場，做好精準行銷，開掘遊客潛力，做大業務規模。

　　中華文化流光溢彩，時代精神照耀香江！

2022年3月15日

「躺平」與中華民族偉大復興

陳應國
（第十六屆）

　　習近平總書記 2012 年提出實現中華民族偉大復興的中國夢。這個夢是實現「兩個一百年」奮鬥目標。但偉大的事不可能一帆風順，障礙在所難免。近來在內地流行的「躺平」問題需要我們馬上妥為處理，這條新的長征路才好走。本文將會介紹中華民族偉大復興、國內生產總值 GDP 及「躺平」概念，並為解決「躺平」問題提出一些建議。

　　中華民族偉大復興是指包括經濟、政治、思想文化、科學技術等領域的改革開放，當復興得到實現，中國夢就能展現在眼前，它就是國家富強、民族振興、人民幸福。

　　要實現中國夢，就得走中國特色社會主義道路，它是從改革開放實踐中走出來的，並會隨着形勢的變化向前發展。鄧小平說過，社會主義的本質就是解放和發展生產力以實現共同富裕。中國特色就是堅持改革開放、堅持自我完善和發展。要把這條路走得暢順，充裕的財力不可或缺，一個高又有增長的 GDP 是必須的了。

　　GDP 是一個時期內一個區域的經濟活動所產生出的產品和勞務的市場價值。從生產面看，它包括漁農業、輕重工業、商業、零售及旅遊業，這些產業都能創造出很多行業及萬千個工種。GDP 是由工資、地租、利息及利潤組成的。換句話說，勞務是一個很大的生產要素。當 GDP 出現高增長，國民的收入及消費力增強，生活也好了。高的增長率顯示勞動生產率提高，成本降低，競爭力亦會提升。所以，高的經濟增長率是支撐民族復興的支持，亦

意味需要極大量的勞務；低效率的勞務就會降低經濟增長率，亦會拖慢發展的步伐。

內地近來流行「躺平」的生活哲學，提倡以低成本來生活，捨棄傳統奮鬥價值。它得到廣泛認同，估計支持者數以千萬計，如果任由蔓延，人數過億亦不足為奇。「躺平」能阻慢 GDP 增長。它的主要成因是房價高、生活費高昂、過度競爭、難向上流、人民不堪負荷而作出的消極行動。雖然當局視「躺平」為歪風而全面抨擊，卻沒有實質對策。現在國家已扭轉國運，步向昌盛，怎可以讓這嬉皮士式的生活態度滋長？「躺平」問題香港同樣存在，本文現列出一些對策來根治。

一、建立積極人生

「躺平」者的自尊心、自豪感及自信比較弱，教育可幫他們建立正確觀念。他們需要認識什麼是正確的人生觀、世界觀及價值觀。無規矩難以成方圓，儒家學說可幫他們修身。教導他們必須愛國，國家是身體，國民是血肉，國家好，國民好。只有愛國才能培養民族精神，從而實現民族振興。教育局正在設立價值觀課程，它影響發展重大，特首宜親自審查，不容出錯。

二、分好蛋糕

社會主義的本質是消除貧困，改善民生。「躺平」者苦無出路，上面提及的產業能創造大量工種，勞工處可將它們詳盡分類，引領「躺平」者入行。政府建立體制機制讓他們通過辛勤勞動，創新創業。利用市場經濟制度，提升經濟發展效率。通過技能進修，提升人的質量及專業技能。為特定行業（如傳統文化）創造市場環境，啟動內需，釋放就業機會。

三、提供輔導

通過研究調查，識別某些「躺平」者需要輔助。訓練一些社工成為心理輔導員來提供精準輔導，設立熱線電話加強服務。

海不辭水，故能成其大。我們有責任轉化「躺平」者的心智，提供機會，共同努力去實現中國夢。

2022年3月1日

攜手粵澳打造世界人才高地

陳健文
（第四屆）

2021 年，香港由亂到治，香港特區選舉委員會和新一屆立法會順利產生，「愛國者治港」在香港落地生根，良政善治新局面已經開啟。在這種情況下，需要籌劃由治及興的新跨越。

在 2021 年中央人才工作會議上，習近平總書記強調，「加快建設世界重要人才中心和創新高地，需要進行戰略布局。綜合考慮，可以在北京、上海、粵港澳大灣區建設高水平人才高地」。在粵港澳大灣區建設世界人才高地，對國家發展具有重大意義和深遠影響。香港作為大灣區中心城市和核心引擎，積極響應國家人才戰略責無旁貸，也是在服務國家所需成就自身發展的絕佳機會。

香港是高度外向型的市場經濟體，在全球產業鏈分工中佔據重要地位，按照市場經濟專業化分工的法則，培養了一大批各行各業的專業人才，人才素養有口皆碑。香港基礎性科研實力雄厚，擁有位居世界前列的高等學府，兼具中國文化根基和歐美國家教育理念，還誕生了諾貝爾獎得主、「光纖之父」高錕這種學界泰斗。香港作為亞洲國際都會，素以自由開放、法治健全、低稅率、高效率見稱，也是連接內地超大市場的最佳橋樑，在吸引世界各地人才方面具有很大優勢。過去一年，有部分中產專業人士選擇向外謀求發展，這也是特區政府重新審視人才戰略的好時機，敞開胸懷，迎接全球各地的精英人才。

目前香港在人才建設方面已有不少重要舉措，比如「科技人

才入境計劃」、「香港青年發展計劃」，香港的大學紛紛到內地開設分校、校區，與內地聯合開展「香江學者計劃」等等。然而長久以來，香港的人才結構以商貿、金融、法律、航運和零售業為主，產業人才結構不均衡，尤其是高新科技人才缺口巨大，與建設國際創新科技中心的宏偉目標對人才的需求相比差距極大。

人才強國是國家發展的重大戰略。筆者認為，當前香港也需要一套系統的人才規劃和戰略，由此，我們才能確保各項具體工作圍繞着目標進行安排，每一步積累都不會白費。就具體工作而言，坊間已有很多建議，比如，深入挖掘香港高校和科研機構人才集聚的潛力，吸收全球優秀留學生，吸引全球頂尖學者來港工作；精簡程序，鼓勵全球優秀醫生、律師等專業人士來港執業；加速國際化科技研究機構建設和引入；試點對海外華人免簽政策；實施粵港澳三地人才流動計劃等等。

百年大計，人才為本。人才發展是社會經濟發展的基石，也是支撐着香港長期可持續發展的重要基礎。筆者相信，把香港建設成大灣區的國際人才核心區是結合自身稟賦和國家所需的現實選擇，香港在人才強國戰略中理當承擔關鍵角色。

2022年1月18日

從教育看M+博物館

陳陸安
（第七屆）

　　坐落於西九龍的 M+ 博物館，是香港一個新地標，我們期待能夠將香港及內地的藝術文化精粹向世界展示，當筆者參觀完後，發現 M+ 博物館有很多令人驚喜的展品，亦有部分令人不安，希望西九及 M+ 管治團隊有所改善。

M+ 博物館的意義

　　M+ 博物館主要展出視覺藝術，涵蓋素描、圖片、流動影像、設計及建築等範疇來傳遞知識及資訊，策展人安排特定展品詮釋創作者特定時期的思想和人生價值觀，包含政治宗教、生活體驗、願望期許，藝術藏品都是一段歷史時期的印記，參觀者透過藝術作品來窺探創作者的心路歷程，亦可作思想的交流溝通。

M+ 博物館不應該作為西方政治宣傳

　　M+ 博物館是中華人民共和國香港特別行政區花費巨資而建成的，館內的藏品必須符合國家利益及表現國家文明的發展，但M+ 部分藏品是從西方文化的角度看中國文化，而對中國文化產生偏見及誤解，亦有部分展品是策展人刻意扭曲中國政治體制、矮化中國歷史人物，企圖製造東西文化衝突，甚至建立西方藝術霸權，維持西方藝術世界話語權。

藝術文化可以包容但不等於縱容

任何博物館都是集教育、休閒娛樂及旅遊於一身，是大眾市民及學生經常到訪的地方，所以我們必須要合乎正向價值觀、民族自強、正確歷史觀、道德底線等基本原則。任何藏品企圖以藝術之名來包裝，刻意要求我們要包容這些劣質化及污名化的藏品，都是妄想！

正視藝術教育——重奪話語權

香港回歸以來，我們的教育體制都視西方為正宗及榜樣，例如一個人的誠實就以華盛頓斬斷櫻桃樹的故事為標準，但在「黑人的命也是命」的運動中，很多人就質疑他擁有 300 多名黑奴，是一個忽視人權的專制者。就以繪畫天才梵高為例，他一生潦倒，無人欣賞，死後作品才被認識，可見西方藝術的後知後覺，金錢為本的藝術標準，淪為富人及貴族特權階層的炫富工具，並未有真正以藝術作為人類精神文明發展初衷。

堅定前行發揚中華文化

我們應該當家作主，從國家利益出發，尋找國家藝術文化的寶藏，重新訂立我們獨有中國藝術文化的標準，不再依賴西方訂下準則，為了讓中華文化發揚光大，我們必須堅定不移地勇往直前，將中華文化的光芒展示給全世界，這才是 M+ 博物館的真正意義！

2021年12月17日

去除崇洋心魔，
才能融入國家

　　前段時間看到報道，說特區政府已經讓專家與內地對接，第一時間感到非常高興，因為只有專家對接才能搞清楚兩地防疫政策、措施是否能夠銜接，那豈不是恢復正常通關在望了？轉瞬間頓覺憤怒異常：疫情發生至今已超過一年半，為何到現在才想到和開始讓兩地專家對接呢？為何澳門早就與內地順暢通關，兩地商務交流和民生互訪幾乎與內地間省市相若？

　　去年疫情開始以後，香港迅速對內地控關；在內地疫情得到很好的控制，英美疫情非常嚴重時，香港仍然對英美國家敞開大門，而對內地仍舊控關；再到後來，內地基本上本地新冠病例很少，而美國病例和死亡人數高企，香港卻一度把美國和內地同列為中風險地區！

　　前不久，美國明星妮可‧基德曼一行來香港，居然免隔離，到香港市井各處招搖，而奧運功臣卻不能享受此等待遇。凡此種種，說明香港特區政府一些官員可能內心深處存在崇洋貶內情節，把英美當成高高在上的主子，把內地還當成當初的窮親戚。

　　崇洋貶內的危害十分嚴重！內地是公認的防疫優等生，如果像澳門一樣，一早就主動與內地緊密交流、務實措施、統一政策，香港也應早就與內地恢復了比較正常的往來，香港的經濟也可能更早得到較好的恢復。

　　崇洋貶內要不得！有人說，香港是國際都市，要以維繫國際交往為優先。但是請切記，香港的貿易、投資、金融的原動力最

主要是來自內地，如果與內地斷了來往，外國人來香港還能做生意嗎？日不落帝國的殖民地遍布全世界，有幾個香港？為什麼香港可以成為東方之珠，還不是因為有祖國內地龐大的經濟在支撐嗎？

前兩日在西貢出席《習近平談治國理政（第三卷）》贈書儀式，各姓宗親扶老攜幼來領取習近平總書記著作。奏國歌時，我旁邊的 73 歲的石氏武威堂宗親會榮譽會長石健華從頭到尾唱出聲來，並且非常準。我心裏十分感動，香港基層市民其實是非常愛國的。石健華說，他以前做生意經常跑內地，現在控關快兩年了，生意也差不多丟完了！

香港，尤其是特區政府的官員，只有去除崇洋貶內的思維，才能真正融入國家。

2021年11月5日

簡評《施政報告》
的青年政策

楊田田
（第十五屆）

特首林鄭月娥在 10 月 6 日發表的任內第五份《施政報告》中，培育人才及青年發展是其中一個重要主題，全文提及「青年」有 25 處。我認為，《施政報告》提出與青年相關的系列措施，反映了特區政府在近兩年香港經歷大破大立、實現由亂到治的過程中，對青年問題較為系統的思考和回應。

第一是進一步強調國民教育及價值觀教育，明確指出教育應協助學生從小就正確認識國家歷史、中華文化和人民生活，包括香港特區的憲制制度；加強了政府角色，突出由教育局負起監察功能。我認為，這將有助促進教育局彌補往日工作的缺失，肩負起在教育方面的指導性、監督性作用。

第二是在政制政策上突出對青年的關注和重視。包括提出重組民政事務局為「青年及地區事務局」，加強以地區為本的方法解決市民日常關心的地區問題，為促進及支持青年發展提供一站式平台。我認為，這將使得政府對民意、尤其是對青年的意見建議回應更及時，施政更接地氣，也能以地區為網絡加強對青年問題的研究。此外，有利於青年議政措施，例如「青年委員自薦計劃」恒常化，這也有利於吸引青年政治人才有序進入建制體系。

第三是繼續支持青年到內地發展，促進大灣區內人才流動。其實過往一段時間，中央已經推出多項具體的支持政策，比如惠港青年八條、粵港澳大灣區律師執業考試、四部門聯合發出的《關於支持港澳青年在粵港澳大灣區就業創業的實施意見》等等。當

然，眼下最實際的是香港盡快配合內地控制疫情的嚴格標準，盡快恢復兩地通關。

第四是吸引人才，本次提到擴大優才配額至 4,000 人，並豐富了人才清單，相信這些舉措在一定程度上能恢復外地人才因修例風波對香港減弱的興趣，有利於通過維持香港對人才的吸引力，保持香港的競爭力。

其實，《施政報告》內，即使是沒有出現「青年」字眼的內容，也多與青年息息相關，青年能從中找到方向和機會。比如全文一大亮點「北部都會區」，具有規劃層次高、面積大、人口多、基建配套規劃齊全的特點，體現了下一階段香港通過新界北全面對接深圳、融入粵港澳大灣區發展的大局和整體性。對青年來說，無論是把「北部都會區」當作一個新的生活圈，還是關注區內的工作、買樓機會，都是有意義的。

青年強則國家強。這幾年，修例風波耽誤了不少青年的時間，各人的學業、工作、家庭都受到不同程度的影響。所幸現在都翻篇了。這次《施政報告》體現了的特區政府對青年重視和支持，很誠懇、也接地氣。青年們也應該奮發自強，在國家和香港的新時代中尋找新機遇。

2021年10月15日

李妍梅
（第二十屆）

把握機遇，走科創路

《粵港澳大灣區發展規劃綱要》首次提出將粵港澳大灣區建設成為「具有全球影響力的國際科技創新中心」。國家「十四五」宣講團來港，明確展現了國家對香港科技創新建設的重視和支持。香港應該抓住契機，積極作為。

科技創新中心是產學研高度融合，協同發展，實現科研成果產品化、市場化的中心，將科技創新的各個要點結合，實現從研發到市場到產品的全過程。粵港澳大灣區作為世界上佔地面積最大、人口最多、增速最快的灣區，深港核心區更是人口密度最高、資金密度最高、國際專利密度最高的區域，具備科創每一個所需的節點，是最佳的科創熱土。

香港在科創方面的資源多種多樣，要找準定位、發揮錯位發展的優勢，才能突圍而出。作為國際金融中心，香港強大的金融服務業可以提供豐富的融資管道，2020年香港新股上市融資總額接近 4,000 億港元，有一半以上是資訊技術、媒體、醫療保健及生命科學等與科創密切相關的企業。香港早已成為大型科創企業重要的融資管道和競爭市場。

香港高度成熟健全的司法體系，是中國唯一的普通法司法管轄區，擁有嚴謹完善的商業法和財產法，對知識產權保護、合約法、公司、財務及競爭法例有良好覆蓋。香港更是全球稅率最低的地區之一，資金可以自由進出，是亞洲最大的私募基金中心，與國內及國際許多交易夥伴已建有雙重徵稅協定網絡，是科創人

員成立新公司的理想地點。香港有多家大學躋身全球大學排行榜百強，人才輩出，兼具東西方文化融合的優勢，具有良好的全球視野與國際形象，可以匯集和利用全球頂尖技術、資訊、設備等，有着聚焦內地和國際創新要素的天然優勢。

海闊憑魚躍，天高任鳥飛。香港的發展空間從來就沒有邊界，內地、國際的大循環，雙環交匯，資金、人才、技術、設備、產品的流動，充滿各種發展機遇。科技創新在香港的前景廣闊，空間無限。香港政府應該考慮加大力度，「請進來，走出去」，吸引內地、國際人才落戶，加大產學研人員的交流與合作；在前期研發和專利保護方面，利用香港健全的法制體系，建立粵港澳大灣區知識產權中心，為大灣區的知識產權建立強有力的保護和監管框架；借助深圳應用科技和製造業能力，與國外先進技術、設備相結合，先行先試推進重點科創試點項目，突破跨境的限制，孵化先進的科研成果引入內地、輸出國際。

「同舟共濟，無畏無懼，攜手踏平崎嶇」是香港在過去取得成功的最好寫照。作為國家創新體系的中堅力量，香港應當發揮自身條件優勢，更好地服務於國家建設科技強國的偉大目標，凝聚更加廣泛的力量，啟動科技創新的強大引擎，為將粵港澳大灣區建設成為國際創新科技中心發揮獨特的作用。未來，在科技創新的道路上，香港一定可以用艱辛努力，再寫那不朽的香江名句。

2021年9月3日

「孤狼」恐襲亮起警號
社會更須回歸理性

勞玉儀
（第十屆）

　　香港近日發生多宗駭人聽聞的事件，包括「孤狼」7月1日於銅鑼灣刺警後自殺，之後警方搗破了一個「港獨」組織，指該組織目標針對公共設施，企圖發動炸彈襲擊，多宗事件都反映，香港有極端思想的人，潛伏在社會各個角落。

　　雖然早前被視為偏頗、煽動的《蘋果日報》結刊，但極端思想早就播在不少反對派心中，認為要用暴力的方法，才能夠成功改變現狀；因此在刺警事件發生後，網上有不少同情該名施襲者的言論，再加上較早前開始實施的香港國安法，讓不少極端組織轉為地下活動。要香港重歸正途，不是結束一份《蘋果日報》就能做到的事情。

　　越多這些「孤狼」和極端組織出現，政府就當然會加大力度打擊，但這會引申出另一風險，就是用力過度，最終物極必反，變成另一類攬炒的局面，不利於香港長遠穩定發展的目標。早前有些全球最大的社交媒體及科技巨頭擔心香港設立「反起底法」，而傳出會撤出香港的消息，雖然後來政府表示會與這些企業溝通，那些巨頭也表示未有計劃撤出香港，但這亦反映不少企業都擔心政府出手太重。因此香港要穩定，必須重回理性中立之路。

　　香港要回歸理性之道，首當其衝是媒體要發揮作用。香港需要更多中立的媒體出現，作為抵制極端思想的橋頭堡，讓更多人清楚明白，不能用極端暴力的手段去迫使政府就範，顛倒是非，美化暴力行為，勾結外國勢力，歪曲事實，扭曲人的價值觀，把

殘暴殺人視為偉大的犧牲。我們作為第四權柄也應發揮我們應當的作用，就是讓政府知道民間疾苦，從而改善施政。

部分反對派媒體要改變一貫「煽動」風格，作為媒體，本該就是要中立持平地報道事實，但香港近來政治風波不斷，讓不少人感性蓋過理性，結果漸走偏激，最終走上一條不歸路。不然就會有很多像「8．31太子站警員打死人」的虛構故事，及銅鑼灣擊警和自殺案不斷發生！

香港現時需更多中立理性的媒體出現，「亡羊補牢」去壓制一些走歪了的媒體，要記住兩個「不」：不要盲反、也不要盲從。香港不需要「盲反」政府的煽動刊物，也不要事事對政府「盲從」「聽話」的媒體。要有少少自己的立場！

香港社會依然問題眾多，樓價高企、失業嚴重、產業單一，青少年感到沒前途，及被社會忽略了，這些問題不會因為解決了《蘋果日報》或完全沒有反對派就消失，政府依然要聽取民間的聲音，而傳媒就應該好好發揮自己的角色，將社會真實的問題呈現，讓政府可以參考，從而改善施政，及政府利用一些市民相信的媒體向社會傳遞聲音和積極回應市民訴求，而鼓勵社會回歸中立理性，也能減少社會出現很多「孤狼」。不要讓這個得來不易的安全和法治的香港社會再次變成恐怖分子的溫床！

2021年7月16日

做好研學旅行
助力「愛國者治港」

辛聰金
（第二屆）

「愛國者治港」是當下的熱門話題，這是鄧小平先生上世紀八十年代提出的。筆者認為治港的愛國者，必須是「胸懷國之大者」。歷史告訴我們，事關國家富強、民族振興、百姓幸福的時與勢、人與事、情與理，都屬於「國之大者」。天下興因憂天下者眾，國家強因思國家者廣。因此，只有胸懷天下、矢志服務香港的人才能託付香港、治理香港。

十年樹木，百年樹人。落實「愛國者治港」，關鍵是樹人。但香港回歸至今，樹人教育嚴重缺失。從 2019 年的修例風波中看到，反對派污名化國家意識、妖魔化家國情懷，香港一些年輕人被誤導，思想偏激，缺乏國家觀念。被污染的講台、被異化的教育，難辭其咎。教育是構建未來的事業，教育改革課題留給教育界。筆者長期從事文化旅遊工作，建議做好研學旅行，通過快樂於行，研學於心，潛移默化，培養香港青少年的國家意識。

中國人自古說要「讀萬卷書，行萬里路」，因為「紙上得來終覺淺，絕知此事要躬行」。從讀中獲取知識，豐富內涵；從行中開闊視野，獲取新知。哲學家培根說，「對青年人來說，旅行是教育的一部分」。可見，研學旅行是行走的課堂，是學校教育與校外教育相結合的組成部分。很多國家早已把研學旅行作為學生的必修課，我們必須從「教育＋旅遊」的新視角，重視研學旅行。特別是赴內地，是香港青少年了解祖國、拓寬視野、增進認同的有效管道，要大力支持。

在研學旅行領域，內地已經走在前面，我們要快步跟上。首先，要加強與內地遊學聯盟的合作，充分運用和發揮好聯盟平台的重要作用，共同推動研學旅行健康發展，快速有效促進香港學生與內地廣泛交往、全面交流、深度交融。其次，要用好內地遊學基地，這些基地展示接待地獨具魅力的人文資源、自然資源、民俗、宗教、建築、園林和飲食文化等，是港澳學子來內地研學的場所，是一種潤物細無聲的方式，能夠使港澳青少年直接感受中華文化，深度體驗新中國日新月異的大變化，陶冶他們的情懷。第三，是要與內地共同開發適合香港的產品。聚焦人心回歸、培育文化認同，注重打造有針對性，符合香港青少年特色、寓教於遊的產品，產品盡可能系列化、精準化，這是有關學校和研學機構特別重視的，這樣才能發揮研學在國情教育方面的獨特作用。第四，是從大灣區發力，粵港澳地理相近、語言相通、文化相融、往來密切，在大灣區建設新時代，粵港澳文化、旅遊合作交流將更加頻繁、深入。一旦疫情緩和，大灣區的研學旅行將率先啟動、復甦和發展。

國之大者，天地胸懷廣；國之大者，山河歲月長。寄望通過研學旅行，經營好「教育＋旅遊」事業，培養越來越多的「胸懷國之大者」，助力「愛國者治港」。

2021年4月16日

創新科技與創新思維

陳應國
（第十六屆）

　　國家「十四五」規劃提出，堅持創新在中國現代化建設全局中的核心地位，把科技自立自強作為國家發展的戰略支撐。要提升此力量，便需要加強企業的技術創新能力及人才創新活力。

　　為配合國家的發展大戰略，香港特區政府對創科推出不同的政策，包括發展廣深創科園幫助港深兩地在創科方面優勢互補。在再工業化方面，科技園發展微電子中心、數據技術中心：整合人工智慧、機械人、物聯網、大數據技術來建設智能生產線。在研發方面，香港科學園建設一個醫療科技、一個智能及機械人科技平台，並建設 16 所國家重點實驗室，透過不同的培育計劃去支援不同的初創企業。擴建科學園及數碼港去支援科研基建，推出不同就業實習計劃去吸納人才，發展智慧城市去改善市民生活質素。政府推出以上的政策，有幾點需要思考。香港缺乏空間，成立深港科技創新合作區固然是對症下藥，但忽略了社會的創新氛圍。在這些項目上，政府對資源的投入有些過分；它可以減少初創企業開業及營運成本，但會令他們忽略市場需求及風險，政府須加強這方面的監察，以免浪費公帑。深圳巨企用大量的政策及資助搶科研人才，香港不宜惡性競爭，應該從海外引進人才，一來可充實人才庫，二來可擴闊國際視野。智慧城市雖然可提升市民生活質素，但大家對此認識不深，政府需加強推廣，減少阻力。

　　從上述的政策來看，政府只是建立一個新的創新科技行業，

從業的人數有局限性。要支撐創新戰略，最理想便是全民參與，推動創新思維可達到這一目的，這是一種創新。

創新，簡而言之，是推出新事物，或以現有的思維模式提出新見解來改進或創造新事物的方法從而能獲得有益效果的行為。它的特性是未經計劃且有一定風險，卻可以使事情辦得更好或得到更好的成果。

創新思維可廣泛應用於不同領域。在創新科技上，蘋果系列的成功不需細表了。在專業如會計，會計師的傳統工作是會計、核數。隨着資訊科技急速發展，從業員需掌握應用人工智慧、區塊鏈、雲端計算及大數據分析。把這些會計技能應用在數碼經濟中，這是專業與科技融合創新。在宗教如佛教，它的傳教方法極度保守。很多信眾推崇功德，其實福德也同樣重要，它是推廣佛教的一種有效方式。東華三院這個慈善組織十分成功，佛教團體可採用這模式成立慈航機構，使佛教更能深入民心及被接受，這是一個改變傳統的突破性創新。

在教育上，香港高等院校的科技研究是具有世界水平的，但卻缺乏把成果轉化為經濟效益的能力。團結香港基金指出本港大學研發開支佔香港研發一半，但收入慘不忍睹，不及英國牛津大學的七分一。政府應該優化本港大學校長及院長的評核框架，把創新能力與表現掛鈎，提高教育領導對創新的積極性，這是一個優化評核准則的漸進式創新。

現時中學通識科的內容尚未確定，加入創新思維內容可以啟發學生的思考能力，與時並進。如果標榜這思維源自一位美國哈佛大學奧地利政治經濟學家熊彼特，相信可減少很多反對聲音。以新內容應用於原科是再運用式創新。

建立創新思維，特區政府及市民既為國家新一輪改革開放作出新貢獻，為中華民族偉大復興出力；又能重振香港本地經濟，改善民生，何樂而不為？

2021年3月5日

深圳進步新體會

楊田田
（第十五屆）

　　因工作關係，本人 7 月底從香港回內地，從過深圳灣口岸開始直到今天，我幾乎每天都體會到深圳的進步，有很多新鮮事，特寫一篇小文和大家分享。

政府：防疫工作嚴謹　服務進步

　　進入深圳灣口岸的內地部分，即有穿着防護衣的工作人員指引入關人士掃二維碼申報，根據申報的在深住地分流到各區各街道辦，由各區防疫人員安排專車送達隔離酒店。到達隔離酒店獲分發隔離物資包，內含洗髮水、洗衣液、搓手液、口罩等等。在酒店隔離期間，每天早晚有醫護人員上門測溫 2 次，街道辦每天也發放免費水果 2 次。最讓我感動的，是街道辦防疫組為每個隔離人士拉微信群對接。微信群裏有街道辦防疫人員、社區醫院醫生、酒店前台、心理輔導醫生。在我結束隔離後，還有專人電話回訪。深圳政府防疫工作嚴謹、服務進步，由此可見一斑。

社會：科技融入生活　新鮮無處不在

　　隔離期間，我使用美團點餐、京東購物，體驗到極高的配送速度。隔離結束「出關」，我去深圳各大商場、旅遊景區遊玩，感受到商業的活力，年輕人朝氣蓬勃，健康時尚。我還到深圳「關外」的寶安與親友聚會，驚喜地發現寶安新建的白色摩天輪毫不遜色於中環的摩天輪。和深圳親友聚會，每次都感到大家的精氣

神很好（vs 在香港大家普遍憂心忡忡，人心不穩）。8 月底適逢深圳特區成立 40 周年，身邊的人紛紛觀賞、讚美無人機和燈光 show 等系列表演，城市一片繁榮喜悅。

過去的一年多，我在香港過得很「扭曲」，社會動盪、疫情持續、經濟下行等交織，每天都感到精神壓力。在香港和朋友聊天，無非是互相表達對社會事件的關切和對通關難求復常的嘆息。但這些聊天內容本身沒有什麼營養。在深圳，大家自然而談的是掙錢機會、資源對接、孩子教育和個人健身等等，不約而同地展現積極向上的面貌。

在深圳這段時間，我確實體會到政通人和。此外，內地幅員遼闊，經濟發展有縱深優勢，在一線城市成功的商業模式可以複製到二三四線，一線城市飽和的產業也可轉到內陸地區。如今國家提出「雙循環」，要求加快形成以內地大循環為主體、內地國際雙循環相互促進的新發展格局，相信內地經濟的活力會被進一步激發。以深圳為例，目前深圳擁有孵化載體近 500 個，深圳平均每 10 人就有 1 名創業者，創業密度穩居全國第一。而深圳市及各區有充裕創業支援資金、配套人才政策，像福田、南山等區還成立專項基金定向投往本區域內優質創科企業。站在深圳望香港，略有些唏噓。希望香港早日走出泥潭，重回發展軌道，在粵港澳大灣區的大格局中找到自己的位置。

2020年9月18日

執業會計師專業何價？

　　新冠肺炎疫情對香港營商環境帶來沉重打擊，政府先後加碼推出「防疫抗疫基金」救市，包括預期可惠及約 16,000 間餐飲業處所及其員工之第二輪防疫抗疫基金的餐飲處所（社交距離）資助計劃，但此措施出台後，竟然突顯了存在已久的會計界市場亂象。

　　該計劃按照餐飲業商戶的持牌處所面積，發放 25 萬至 220 萬元資助額。商戶申請時須提交由執業會計師簽發的 2020 年 3 月員工薪金總額及總人數證明書，並且在 5 月至 10 月期間每月提交會計師簽發之沒有裁員以及不少於八成的資助用於員工薪金證明書。此安排的原意是希望香港會計師，這些被公認具備國際頂尖專業水平的會計師，為大家把關，以加快資助批核效率，既可急商戶之所急，亦可以確保所有資助都惠及目標群體。

淪為散貨場平價品？

　　然而該計劃登記手續剛公布，市場隨即湧現大批以低廉價錢包辦此服務的公司，使 500 元至 700 元一份的執業會計師證明書充斥市場，更有 2,800 元全包價（共 7 份），甚至「寶芝林抗疫價 100 元」等，令執業會計師之專業服務淪為散貨場平價品，讓一眾正規會計師痛心不已。

　　須知道執業會計師提供專業服務要遵守專業質量、操守、香港法例等多方面規管及準則，如《香港質量控制準則第 1 號》

以及《打擊洗錢及恐怖分子資金籌集條例》等等，否則會計師與其客戶均可能承擔法律後果及風險。香港奉行自由價格機制，加上《反競爭條例》實施以後，並無所謂「最低消費」可供參考。但一份由執業會計師簽發的證明書並非只是一張紙，它背後代表了執業會計師已執行了根據多方面規管及準則要求實施之程序而得出的結論，其工作量可想而知，正規會計師又豈會為其工作成果制定一個未達法定最低工資水平的收費？

監管不力誰之過？

這些害群之馬收取遠低於專業服務應有之價格，不僅擾亂行業生態，打擊會計從業員生計，更讓人懷疑這些執業會計師會否將貨就價，未有執行必須之審計程序；甚至對申請商戶之資料閉目不審，亂發證明？

此會計界市場亂象主要源於會計界多年監管失效，致使小部分害群之馬無視專業操守，隨意運用執業會計師之名義簽署審計文件而無須面對任何懲處。香港會計師公會為專責監管會計專業之法定組織，對此有着不可推卸的責任，但公會對此似乎漫不經心，鮮有發揮應有的監察制衡功能。過往公會也因投訴門檻太高遭外界詬病，公會這種被動監管、依賴舉報的行徑造成了目前的困境。

是次資助計劃涉及公帑，執業會計師負責把關理應責無旁貸，假如有小部分害群之馬閉目不審，亂發證明，除損害會計師之公信力外，對會計界及社會之影響更難以估量。公會主動執行監管權力實在是刻不容緩，以避免此情況繼續惡化，激化業界及社會不滿情緒，誘發更大的矛盾。

2020年6月5日

香港：路在何方？

　　香港未來之路在何方？相信這是每一個以香港為家的人最近一直都在熱切思考的問題。本文嘗試從一個熱愛香港的市民角度提出一些觀察和思考。

　　毫無疑問，香港病了，得的還是「心」病，而且病得還很重。「心病」還需「心」藥醫。但尋找病因是治好病的關健：一）香港許多人本身缺乏安全感，加上生活壓力大，看問題較為短視、自私和現實，不容他人動他的「芝士」；二）許多人還沉醉於早日的成功而沒看到世界變了，而且變得很快很大，香港存在嚴重的產業空心化；三）從社會各界構成看，由於歷史的原因，港人對內地認識不深，一些人甚至存在誤解，加上過去幾十年形成的文化差異，特別是回歸後在教育中出現的對中國近現代史認識的偏差，對回歸後內地影響力越來越大心存反感；四）過去一直強調自由經濟而令政府沒有足夠的產業引導、就業規劃和社會保障措施，導致出現既得利益者在諸多行業中的壟斷或霸權、社會階層固化隔代貧窮、貧富懸殊加劇及對年輕人扶持措施關心不足；五）經過過去幾十年的財富積累，香港社會不少家庭相當富有，許多年輕人不了解以前的艱難日子，喪失艱苦奮鬥的精神，把一切看成理所當然，甚至乎不願先付出就要索取，不如人意就要攬炒。去年以來的許多事例表明，不滿相當多是來自那些出生並長期生活在香港、對內地和其他國家真正了解不多的人身上。加上現在複雜的國際形勢，一切均像是被啟動了似的。

　　但是，攬炒不是出路。當政治訴求變成付之於暴力，以各種方式去觸碰國家安全和「一國兩制」的紅線，危害國家安全利益，那就是沒有前途！

　　無論承認與否，今日香港的一切始終與內地的政策和發展息息相關。趁特區政府準備發放每個永久居民一萬元港幣，我建議有心之士捐出該筆現金並連同其他機構支持成立一個「從心出發基金」，專門用於支持香港 12 歲至 35 歲的年輕人以工作假期或交流的各種方式到內地甚至歐美國家短期生活體驗一段時間，了解內地、了解世界、了解歷史、了解現實、了解到外國生活的不容易！

　　其實，香港之美在於自由，匯集各種資源而又屬法治社會。只有這些成功因素得以保持，才有各路資金和人才匯聚於此，香港也才能發揮她獨特的作用。但這一切並非理所當然，需要用心呵護。香港所有的人都應該秉持「不同而和」的理念，反對走極端，要避免為一己私利貪圖一時之快而置香港人的根本福祉於不顧！正如許多有識之士提出，香港未來之路在於真正落實「一國兩制」，確保「一國兩制」不變形、不走樣，經濟上融入國家發展大局發揮香港所長（趁國家還有需要），政治上堅持基本法和絕對不做危害國家安全之事，司法上要堅持法治、反對人治，真正做到有法必依，違法必究，這才是真正愛香港，才能確保香港的長期繁榮穩定。

2020年5月15日

重塑區際法律和服務機制，助力大灣區發展

　　建設好大灣區是新時代的一個重要國家戰略。它的成功不僅有賴於中央政府在政策和法律等各方面的全力支持和粵港澳三地政府和各行各業的積極參與和貢獻，也有賴於三地政府如何在三地現有法律制度的基礎上參照《粵港澳大灣區發展規劃綱要》的要求重塑一個更有利於三地融合和更方便創業創新營商的法律和服務機制。

讓香港成爭議解決地

　　大家都知道，粵港澳三地現在的法律制度是不同的，因而存在着許許多多不同種類的法律衝突。在充分考慮三地法律制度的基礎上，更多地通過三地政府簽署協定的方式來創設一套能有效地減少法律衝突和有效地解決各種爭議和衝突的法律和服務機制，從而更有利大灣區之融合和發展就成為必須，也會是行之有效之方法。

　　具體地說，《粵港澳大灣區發展規劃綱要》中已對大灣區內各城市未來發展和定位作了分工安排。其中就特別提出了要將香港打造成亞太區國際法律和爭議解決中心。這對香港現時法律體制及其認受性等確實是更加成熟、廣泛及具有競爭力的認可，也確認了以此來推廣和加強大灣區的法治建設必然是更有利的。因此，我們應當給予香港在構建區際衝突法、法律的適用範圍以及法律服務業者的執業領域等各方面以更有力的支持，鼓勵香港在

此方面發揮更大作用。

應當說，國際上對香港的法治是認可和接受的。香港也幾乎集齊了國際上頂級的法律服務機構和專業人員。所以，我們建議應當容許將香港的法律作為管轄法律更廣泛地運用在大灣區內各種涉外的商事活動中，更加鼓勵使用香港作為爭議解決地。為了增加公信力，可以考慮充實和加強三地現有的仲裁機構尤其是香港國際仲裁中心的仲裁員名單，例如增加和引入其他亞太區國家的法律和爭議解決專家，讓其更具有廣泛性和代表性。這樣可以令區外的有影響力企業更加願意選擇區內仲裁機構來解決他們的法律爭議。這樣，香港必將更加有希望成為亞太區國際法律服務和爭議解決中心，也能夠帶領粵澳兩地在此方面的進步和獲得更廣泛的認可。

商事領域跨區執業

在具體的法律專業人員執業區域和領域上，我們建議在經過一定的認證程序後，允許三地律師在商事領域可以跨區執業。這樣，自然就能夠鼓勵和促使更多的法律業者特別是年輕業者前往大灣區執業和發展，更加能促進三地的法律等各方面的互動融合，形成更加有活力的創業創新便利營商的生態圈，從而能夠在總體上提升大灣區的國際認可度和競爭力。

我們相信，更多地通過粵港澳三地政府簽署協定的方式來盡快有效地重塑三地法律衝突解決和法律服務機制是可行的，也將能更加有效地保障和加快三地的融合發展和提升大灣區對區外企業尤其大型內地和國際創新企業的吸引力，從而助力大灣區的戰略目標得以盡快實現。

2019年4月19日

香港文化旅遊淺議

　　近年來，旅遊生態急劇變化，國際旅客不再只滿足於購物玩樂，旅遊業更加注重文化內涵，更加深度化和個性化。香港經濟發達，社會繁榮，是全球知名的大都市。盛名之下，香港又常被海內外批評是「文化沙漠」。其實，在獨特的歷史背景下，香港把中國傳統文化和西方文化兼收並蓄，融會古今，成就了多彩多姿的生活文化，擁有發展文化旅遊的特質，政府也下功夫想做文化旅遊，但效果還不理想。建議：

　　要致力開掘本地傳統文化。一方水土養一方人，越是民族的文化，就越有世界的價值。喜歡文化旅遊體驗的旅客主要來自美國、歐洲、澳大利亞及海外華僑，香港的東方民俗風情對他們極富魅力。香港處處有故事，比如，坐落在新界的客家村落，已經有幾百年歷史，是圍村文化的最好寫照。建於十九世紀中葉的文武廟，位處上環鬧市，與車水馬龍的商業街區相映成趣。廟內輕煙裊裊，長燃不熄的大型塔香，彰顯善信祈求健康、財富和快樂的中國傳統祭祀文化。如果我們深度挖掘這些元素，必定能豐富香港的文化旅遊，吸引更多的海外遊人訪港。

　　要把古蹟文物保護與旅遊緊密結合。香港文物古蹟眾多，但維修和保護文物古蹟的成本昂貴，如果不將文物古蹟商業化，則必須投入大量的社會資源。前些年，香港政府先後推出「活化歷史建築伙伴計劃」等措施，目的是想推動社區文化保育，傳承濃濃的香港情懷。一岸之隔的澳門，也效仿西方國家的成功做法，

把古蹟文物發展成博物館（展覽館），如澳門的文化會館、媽祖文化村、澳門藝術博物館、林則徐紀念堂等，無一不是一邊推動文化，一邊發展旅遊。希望香港特區政府加大力度，繼續把文物保護與旅遊結合起來，這是文化旅遊可持續發展的有效途徑。

要鼓勵業界多做產品研發。文化旅遊有別於傳統的大眾化旅遊，其行程特點是「慢」，客人多駐足停留，慢慢品讀、欣賞文化景觀，積極與導遊互動，交流知識，心智開啟，如此文化體驗才能直達心靈的深處。要發展香港文化旅遊，關鍵是我們要拿出什麼樣的作品呈現給遊客。香港中旅的「漫步讀中環」、「張看香港」（張愛玲眼中的香港）、「尋訪淺水灣的文學足跡」等產品，帶着遊人走進繁華大街、地道小巷，從熱鬧的市集，到經歷百年滄桑的寺廟古蹟，邊走邊閱讀香港故事，體驗獨特的本真文化，復古與時尚對比的行程，帶給旅客一份喜悅和浪漫心懷。但遺憾的是，像香港中旅這樣願意設計行程，堅持做文化旅遊的寥寥無幾，對本地歷史、文化、古蹟等深入認識的旅遊從業員也寥若晨星。因此，政府應重新審視文化旅遊的發展模式，千方百計鼓勵業界研發產品，並強化對文化旅遊導遊的培訓。

2019年2月15日

陳健文
（第四屆）

粵港澳大灣區
香港青年大舞台

　　粵港澳大灣區既是中國準確把握國際競爭新焦點的前瞻性戰略，也是中國經濟增長的新動能和接軌全球經濟的新支點，為香港重建產業結構創造了歷史性機會，也為港澳青年在灣區就業搭建了舞台。

　　儘管關於大灣區各方面工作已經如火如荼展開，中央與特區政府傾力推廣，大灣區似乎仍未能在香港青年心中留下深刻印象，對灣區概念仍是懵懵懂懂，到大灣區其他城市就業則更加遙遠。

就業思路一片廣闊天地

　　在粵港澳大灣區作為一個整體參與世界經濟競爭的過程中，香港未來的產業勢必更加專注於發展金融、貿易、航運、科研等優勢產業和環節，向「高精尖」方向延伸，從單個城市而言顯然產業結構不夠多元豐富，無法滿足青年才俊多樣化的訴求和偏好。如果所學專業與就業崗位無法很好地匹配，勢必導致個人事業發展受挫，上升空間有限。比如計算機專業畢業生到深圳和廣州就業會比較對口，機械製造、電子專業到廣州、東莞會如魚得水。將就業思路拓寬至大灣區各大城市，從局促一隅轉到了廣闊天地，赫然間柳暗花明，「潮平兩岸闊，風正一帆懸」。

　　展望未來十至十五年，在中國經濟由高速增長轉向高質發展的進程中，將有一大批世界級企業誕生，特別是粵港澳大灣區這

一塊熱土上將凝聚一大批富有創造力的跨國企業，深圳南山一個區就匯集了近150家上市企業，能量巨大，像最近的國際新聞多次被華為刷屏，側面說明內地企業已經站到了世界舞台的中央。灣區部分企業正向一流全球領先企業進發，需要招募各類人才，香港學子從小在「兩文三語」環境中長大，有天然的語言優勢，加上耳濡目染跨國文化，相信非常有競爭力，灣區理應是香港莘莘學子貢獻才智的廣闊天地。

兩地學府合作實習計劃

雖然香港與粵省血脈相連、休戚與共，但畢竟中間分開了150多年，形成了一套與內地完全不同的制度、文化、經濟、法律以及生活方式，香港青年對內地感覺陌生，有些隔閡也在所難免，我們需要給予時間、理解和耐心。

為了讓香港大學生有所準備投入全球化市場及環境，開闊學生視野，中國國家行政學院（香港）工商專業同學會與香港理工大學合作推出「中國國家行政學院（香港）工商專業同學會實習計劃」，通過鼓勵學生暑假到內地及海外實習，讓學生發揮最大的潛能，並提升就業技能。筆者還主動聯合廣州番禺區人民政府、力合科創集團（清華大學深圳產業研究院）三家，在廣州大學城組建「粵港澳青年創業孵化器」，將於1月中旬簽約。

「南方有座山，一張青春的臉；山下有個灣，無數尋夢的眼。」我們呼籲香港特區政府、社會各界共同為香港青年營造灣區就業和生活的氛圍，出台各種激勵和配套措施，為他們到內地幹事創業創造有利條件，把大灣區建設成青年人的夢想舞台和青年人的「家園」！

2019年1月18日

高鐵・大灣區・我們的願景

　　備受矚目的廣深港高速鐵路香港段已於 2018 年 9 月 23 日正式通車。因為它在大灣區的發展佔有一個極其重要的戰略位置，又是中國向外展示國力的神器，所以，它的營運狀況需要加以關注。

　　2017 年 3 月，李克強總理提出研究制定粵港澳大灣區城市群發展規劃，同年 10 月份，習近平總書記親自謀劃大灣區建設，將建設粵港澳大灣區作為全面準確貫徹落實「一國兩制」、維護港澳長期繁榮穩定的重要策略。坊間預計粵港澳大灣區在 2030 年的 GDP 達 4.62 萬億美元，成為世界 GDP 總量第一的灣區。7 月出版的粵港澳大灣區獨角獸白皮書指出區內現有獨角獸企業估值總額達 1,063 億美元，在新經濟影響方面不容小覷。

　　發達的交通網絡對大灣區發展有着至關重要的作用。港珠澳大橋耗資千億港元，連接香港、澳門及珠海。香港國際機場「三跑」系統，耗資超過 1,400 億港元，預計可應付 2030 年的 1 億人次客運量及 900 萬公噸貨運量。

「巨龍」助推廣港品牌

　　若講最有效益來往中國各地的集體運輸系統，非高鐵莫屬了。它是一條超過 2,500 公里，直達內地 44 個站（無需轉車）的巨龍。有助推廣香港的「國際大都會」品牌到祖國各地。高鐵是一個車廂設備齊全的便捷跨境交通工具，可節省時間及交通成

本，可吸引更多港人到各地旅遊，欣賞風光之餘，耳濡目染華夏大地深厚文化。

有了高鐵及港珠澳大橋，「1小時生活圈」便可實現，有助港人在大灣區創業、求學、旅行、投資、消費及定居。而大批內地旅客亦可帶旺本港的旅遊、酒店、交通、服務、飲食及零售業。

高鐵通車之日運作大致順利，一些甩漏都是初期磨合問題，今後可逐步改善。由於「一地兩檢」，不同系統需要配合，希望有關部門盡快調校。旅遊界人士認為高鐵遊有新鮮感，未來一兩年會是高峰期。他們相信高鐵會吸引中、短程旅客，故此，旅遊界應作出相應部署以應付新機遇。在「十一」黃金周，乘客人次與原先估計略有偏差，港鐵的推廣部門應該努力。

畢竟，提高載客人次才是最重要的，管理人員從公司的立場去營運，未必能符合乘客所需，應設立有經常乘搭高鐵的人士參與的改善服務委員會，及定期進行乘客使用意見調查，相信會有幫助。

高鐵香港段為各國矚目，良好的營運有助於國家推銷高鐵系統至「一帶一路」沿線國家以及世界各地。現今祖國產能過剩，建設高鐵系統需要大量鋼鐵和水泥，對國家經濟發展有莫大裨益。習近平總書記去年視察香港時說「香港發展一直牽動着我的心」。高鐵香港段是對外展現國力的窗口，願特區政府多加留意，不負習近平總書記厚望。

2018年11月16日

勞玉儀
（第十屆）

香港人，該是時候醒了！

本月上旬，政府宣布推出「科技人才入境計劃」，預計每年最多可輸入 1,000 名科技人才。大約一周之後，國家主席習近平亦回應 24 位在港中國科學院院士、中國工程院院士的訴求，下達重要指示：支持香港成為「國際創新科技中心」。國家領導人及特區政府的大力推動，成為香港發展為「國際創科中心」的超級推進器。

正當各界期待香港如何重振旗鼓，收復在創科範疇遠遠落後的失地之際，本港民間卻出現「輸入人才會搶去更多人飯碗」「變相貶低香港青年能力和價值」等聲音。有團體更表示將發起一系列行動，反對輸入人才計劃。一時間，這些原本是利於推動未來香港與內地及全球範圍發展接軌的計劃，卻被部分人強行歪曲成矮化香港的「陽謀」。

仍緬懷「大香港主義」，實則可悲可笑

請容許筆者坦言，目前香港仍有一部分人存在「大香港主義」情結，他們仍緬懷二十多年前，香港不論在生活、環境、教育水平都超越亞洲多個國家和地區的優越感。有人至今仍懵然不知，這些年香港的優勢已差不多因為固步自封而消耗殆盡；若繼續自滿、自大，這是可悲！更有人其實深知本港的境況，但仍不願面對香港不能再「食老本」的事實，真是可笑！

香港發展創科領域才有出路，正如內地官方《人民日報》評

論文章指出,發展創新科技,香港有「燃眉之急」也有「切膚之痛」,其實香港在這時才發力已經是遲了。近年國家科技發展日新月異,其中深圳的創新發展更是一日千里,顯得香港相形見絀。

着力發展創科　足夠人才是根本

香港要成為「國際創科中心」就要突破現有格局,引進人才,走向更廣闊天地。但我們需要承認的是,香港多年來的教育制度,對培訓人才的整體規劃並不完善。雖然本港多間大學位於國際學術排名前列,但香港一直無法屹立於創科領域的最前沿。而更刻不容緩的是,目前全國各地為加快發展步伐都推出「搶奪人才」政策,除了高薪待遇、免費住房及直接落戶等條件,「搶奪人才」政策更是從「北上廣」等一線城市擴展到中西部地區。香港要成為「國際創科中心」,實施輸入科創方面人才的計劃迫在眉睫,如不推出更積極的吸引人才政策,不用五年香港恐被內地多個城市大幅拋離。

對於部分人憂慮造成本地人才和外來人才競爭的局面,筆者認為是杞人憂天,屬概念上的錯誤。因為只有人才匯聚,才能吸引到更多企業來香港投資,提高產業水平及容量,創造更大的市場規模。

香港人,是時候醒了!

2018年6月1日

文思怡
（第七屆）

國民待遇
助力港會計行業北上

　　中共十九大報告提出便利港澳居民在內地發展，國家亦積極宣介粵港澳大灣區，這個大環境無疑帶給香港無限機遇。而作為一個執業會計師，筆者更看重這些機遇如何影響會計界的未來發展。

　　回歸 20 年以來，香港和內地經濟融合高速發展，很多內地企業到香港設立公司，甚至在港上市，這些都為香港的會計師帶來了許多發展空間。根據香港貿易發展局於 2018 年 1 月 10 日發表的香港會計業概況的經貿研究文章指出，截至 2015 年，香港的會計、核數、簿記及稅務顧問服務輸出總值為 2.07 億美元，較 2014 年增加 6.2%，內地是香港會計服務輸出的最大市場。

　　但是目前香港會計界由國際「四大」會計師事務所主導，他們為大部分香港藍籌公司及在香港交易所上市的大型企業提供服務，其他會計師行主要服務對象為本地及內地的小型公司。對於這些中小型會計師事務所來說，北上發展業務可謂困難重重。

放寬港人內地設會計所

　　儘管香港會計專業人員可以在 CEPA 中得益，CEPA 補充協議六已加入兩地會計資格互認，但整體而言，CEPA 並沒有給予香港會計業重大的開放措施。

　　香港本土較小型的會計師事務所主要使用「臨時審計業務許可證」為內地市場服務。香港會計師如希望在內地設立會計師事

務所，首先要通過內地會計師部分科目的資格考試；即使通過考試，設立會計師事務所也有很多條件，包括在內地有固定居所，每年在內地居留超過 6 個月等。這些要求都令有一定執業經驗和客戶基礎的香港會計師對北上發展卻步，並且因不能設立會計師事務所，而只能設立辦事處，便不能宣傳和推廣自己的會計師事務所，使北上發展業務舉步維艱。

筆者作為一位少數同時持有香港及內地執業會計師資格的會計師，也曾計劃在自己的祖國開設會計師事務所，期待着成事後的榮光，可惜在各方面條件限制下，至今未能如願。

近日得知習近平總書記在十九大報告提出便利港澳居民在內地發展的政策措施，實在喜出望外。

大灣區成發展事業樂土

首先，根據基本法及《中國國籍法》，中國籍的港人應該是中國公民，因此，在「一國兩制」的前提下，可以打破舊有框框，在大灣區率先實行香港居民可獲國民待遇的安排，放寬部分港人在內地設立會計師事務所的條件，包括將在香港居留時間等同於相等時間的內地居留等，爭取容許港人在大灣區開設自己的會計師事務所，從而使大灣區成為香港會計師發展事業的樂土。

今天正值香港華人會計師公會舉辦「世界華人會計師大會：華人會計師在『一帶一路』的角色與機遇」開幕禮，內地及世界會計師共聚一堂，同商大事。

筆者相信香港會計師一定可以把握這個千載難逢的機會一展所長，為祖國繁榮富強貢獻一分力量。

2018年5月18日

居安思危
保持港長遠競爭力

謝曉東
（第十七屆）

　　相比過去的積極不干預政策，特區政府在回歸以來做了不少積極有為的工作。當前香港的經濟形勢不錯、失業率較低，財政盈餘更是相當巨大。但是，我們不能迴避香港當前整體的社會和經濟環境存在的若干突出問題。

「老錢」太多　冒險動力不足

　　首先，儘管存在相當嚴重的貧富懸殊，但香港整體是個非常富裕的社會。在過去幾十年間累積了驚人的財富。「老錢」太多，社會上相當多的家族和人士穩健有餘，冒險動力或創新精神不足。這進一步影響了社會各階層特別是諸多的年輕一代。在日本出現的所謂「日本病」已在香港出現並正急速擴展之中。近年來國際上加強合規監管趨勢以及租金人工高成本合力在一起，令香港營商環境特別是中小企的營商成本高企，難以生存。

　　事實上，某些銀行就有利用新的合規監管措施為藉口趕客，造成許多中小企業甚至連銀行賬戶也被取消或未能開立。中小企可能是最能創造和吸收基層市民就業的，特首林鄭月娥提出降低中小企利得稅措施。此外，建議跟隨國際的減稅趨勢，總體降低企業利得稅至一成半。吸引更多企業來香港營商、刺激中小企業的營商活動，長遠也有利於創造更多就業，減少基層市民對政府扶貧措施的依賴。

　　其次，針對社會缺乏創業、創新精神和向上流動的機會以致

年輕人怨氣較多的情況，考慮在適當的前提下開徵合理的資本利得稅。所得的資金專門用於設立一類似於新加坡政府投資公司的機構，用於鼓勵創業、創新和更主動地投資於創新型企業，鼓勵香港年輕人創業和走出去與別的地方的企業合作，從而為香港經濟帶來更多的活力。同時，也可以讓特區政府能有更穩定的資源用於扶貧和其他社會保障措施。

諮詢機構老面孔「世襲」

除了財富匯聚，香港也是人才聚集的地方。因此，建議特區政府更廣泛地吸引不同背景、不同專長的人才，讓他們參政議政，把各方面的積極性調動起來。過去相當長時間，從政府的若干法定機構、諮詢機構組成人員等看，不難看到來來去去均是那些老面孔甚至出現了不少「世襲」的情況。相信這些都不利於團結人心，難以匯聚人氣一起「撸起袖子加油幹」。我們相信若政府部門和各法定機構能本着更主動和開放的心態，與各有關業界更多交流和多聆聽不同意見，就應可減少內耗和創造勁往一塊使的良好社會氣氛。

最後，要適應和針對社會現在極速變化的大趨勢，化過去的相對被動為主動，提高效率，加快必要的立法和現有法律的修改。回歸後相關的工作較為滯後。現在香港在不同社會經濟和生活領域的諸多法律均落後於許多其他國家和內地，過多地依賴業界自律而無法定標準，以致業界也無動力或壓力去提升自己，形成既得利益集團，不利於香港社會整體的長遠競爭力。

我們相信，若特區政府能夠在以上方面作些更積極主動的規劃，將有利於香港長遠競爭力的保持和提升，有利於增強香港這個家的魅力。

2018年5月4日

成立粵港澳大灣區
管理研究中心

陳應國
（第十六屆）

今年 3 月李克強總理在政府工作報告中提出制定粵港澳大灣區規劃，社會各界人士暢所欲言。筆者擬就大灣區有關城市的定位、現在已浮現的部分問題，以及特區政府可扮演的獨特角色，拋磚引玉。

早在今年 2 月，廣東省政府已有意使廣州南沙成為國際航運、貿易及金融中心，並與港澳在多方面進行合作。深圳本身在創科方面已有優勢，其在今年 10 月的城市總體規劃中，計劃推進大灣區發展，與香港共同建設「一帶一路」沿線港口。

前任特首梁振英在今年 4 月率團考察大灣區部分城市，認為香港在現代服務業、金融、法律、會計及建築業等存在優勢。前不久，現任特首林鄭月娥提出要將創新科技產業融入大灣區的發展，與深圳成立新科技園。

由大學管理學院營運

香港融入大灣區是新的發展，但在實際的操作上產生很多問題。「大門開了，小門未開」，人流、物流、資金流和資訊流受制於不同的政治及法律制度。政策、法例、標準等存有差異。大量的人才進入大灣區產生就學、就業、醫療及退休等社會問題。

香港要積極扮演「超級聯絡人」角色，最好的方法就是成立一個大灣區管理研究中心。這個中心適宜由一間大學的管理學院營運。與政府機構相比，它有更大的靈活性和效率。第一，它能

423

檢視、解決問題及協調各區的運作。有足夠的人才及設施去研究任何課題，提供高水平的研究報告。除分析解決香港面對的一系列問題，更可承接其他大灣區的研究科目，自負盈虧，利己利人。

培育大量大灣區管理人才

第二，現今世界公認的大灣區，他們顯示的僅是豐碩的成果，但在發展的過程中，必然會遇到不少困難挫折。這個研究中心可以詳細研究這些灣區的特點、優點及缺點，派員去考察，學習，使到提出的政策更加落地。他山之石，可以攻玉，減少大灣區將會走的冤枉路。可以的話，利用這三個灣區構建出大灣區模式以資參考。

第三，培育大量的大灣區管理人才。這個角色最宜由香港大學擔任，它是一間國際知名的大學，可以聘請到外地頂尖專家授課，提升培訓水平。由於它具吸引力，能吸引世界各地更多的精英報讀，畢業後輻射大灣區，使它能成一個貿易服務發展高地。由於它有叫座力，舉行的論壇、講座、分享會及課程會有更多人參加，所提的建議更有認受性。

第四，由於香港熟悉大灣區各城市，又擁有不少國際視野的人才，執行工作時可達事事無礙，引領大灣區融入國際會有事半功倍的功效。

大灣區的規劃發展到如火如荼的階段，現在應盡快成立粵港澳大灣區管理研究中心，特區政府可借鑒該中心運籌帷幄、把握機遇！

2017年12月15日

推動創科　培訓地盤打理人

　　說起香港建造業，一般市民馬上聯想到慣性的工程超支和延誤。例如西九高鐵站、蓮塘口岸、海洋公園酒店等工程，超支、延誤皆成為常態。這種現象似乎與香港作為國際金融中心的高效運作形象背道而馳。原因何在？

　　我們進一步以鋼筋屈紮（俗稱紮鐵）業做例子，一葉知秋，來探討背後的深層次問題。

　　香港建造業由業主、建築師、測量師、土木工程師、質量檢測師、承建商、分判商、三沙、地盤打理人、工頭、工人（工會）、商會、資金提供方、用家等等持份者參與，當然還包括政府在內。一個工程涉及多方，理應很有協同效應；但正因人多意見亂、各自爭奪利益、逃避責任，反而使工程超支延誤成為常態。

分判缺資金　承判乏接班人

　　先由工人說起。現在已登記的鋼筋屈紮技術員（俗稱紮鐵工）超過一萬人，存在青黃不接、年長化的問題，平均50歲以上的接近四成五。近年建造業議會每年訓練超過 1,000 名新學員，先聘請後培訓工人（又稱中工）。雖然數字亮麗，但因為缺乏穩定的工程儲備、實質經驗、人脈關係，他們通常成為長期散工，也可能被迫流向其他行業，造成香港建造業長期缺乏人手假象，引致不知行業底蘊的社會人士總想引入外勞。

　　再來看地盤打理人。因為手下工人存在上述情況，打理人本

身亦只靠經驗，普遍缺乏學歷及管理經驗，故地盤打理人尚不能發揮管理應有的需求，造成地盤現場管理不當。

分判商普遍為中小企業。現時在建造業議會登記的有約 764 個，他們資金不足，不易向銀行貸款；分判商每月要發工資予工人，遇到工傷事故，分判商要墊付工人賠償；但保險由承判商投保。在這種制度下分判商更難投入資源改善自身不足問題。故此建造業最基本的三層均在此艱難困境中生存。也許，這是造成工程延誤超支常規性的主要原因。

承判商又如何呢？本地老牌的普遍缺乏接班人，國際性大型承判商把工程分判出去時間長、疏於管理；個別出售股權予基金經理人，造成外行管內行、官僚化；部分承判商批一筆工程款要超過十個人簽名才能開出支票予分判商。公營及政府工程皆是納稅人埋單，其負責人主要心思是找到責任推卸方法，並非用心於工程設計、監督管理及指導。

業主方面，私人企業追求利益最大化的同時，要考慮社會責任；政府坐擁萬億盈餘，應該善用，在建造業增加實務性投入。例如，推進建造業的創新科技應用，舉辦地盤打理人培訓，建立第三方有權威的質量測量師客觀檢測制度，減少爭議及加速工程款支付。

今年鋼筋屈紮業內已經自發和職業訓練局開辦鋼筋屈紮文憑課程，雖然自費報名，課程仍然受歡迎。希望香港建造業各持份者同心同力，為香港培養更多具有世界水平的工程師及項目管理師，配合粵港澳大灣區的發展，回應「一帶一路」倡議走向世界。也許，這才是香港建造業的發展空間！

2017年11月17日

從絲路古都
到「一帶一路」

　　現在坊間有不少「一帶一路」的論壇，也激起我對古老絲綢之路的興趣。前不久，我到訪古絲綢之路重要節點之一的甘肅省，沿途親眼所見帶給我很多感觸。

　　這段旅程讓我深入了解中國大西北過去幾千年前的歷史，以及對外商貿文化的交流歷程。甘肅省擁有很多世界文化遺產，當地的文化保育工作亦做得非常足夠，可見祖國對人類文化付出極大的貢獻！漢朝時的張騫通西域後，中原與西域各族人民的聯繫不斷加強，對中華民族的團結統一更具重要的歷史意義。甘肅省於各省份中，雖然數據上顯示人民生活水平在內地相對落後，但是當地實際情況並非外人想像中的那麼差。筆者所到之處，市民居住環境舒適，交通、治安、衛生、城市規劃等各方面都比內地很多城市優越。

甘肅發展一日千里

　　據說 20 年前的敦煌，滿街都是馬車泥屋。今天的敦煌，已然是一個文明先進的小城市。可見當地政府對未來發展的規劃，都以人民福祉為重！對比香港，雖然回歸祖國 20 周年，理應更迅速發展；可惜被一小撮人抱着歪曲的政治立場令香港發展停滯不前，錯失很多機遇，實在令人痛心。高鐵、港珠澳大橋等，延誤進度令香港經濟蒙受難以計算的損失，只會自食惡果！

　　還記得有一晚在蘭州和友人到正寧街夜市觀光，發覺夜市的

小街地上竟然連一張廢紙、一支竹籤或一點油污也沒有，整潔衛生程度可居世界其他城市之首。我更發現在一個小食攤位背後，原來是個小治安亭，執勤人員都在透過天眼，一直監察治安，保障市民安全。

甘肅人民給我的印象是能知足常樂，都做好自己本分，順天者昌！面對乾旱天氣，也不用模仿阿聯酋國家將本來的環境改為人造綠洲；反而利用這獨特的天然資源種植美味的水果和珍貴的藥材。擁有優越地理位置的酒泉發射站，更造就當地的高精密科技及工業材料的發展；而當地社區建設都能讓技術人員得到全面保障，令每個家庭都過着優質舒適的生活，這些配套都值得香港學習！

港專才做外資盲公竹

過去有很多有遠見的香港年輕人到內地學習，吸收大中華文化，接收祖國發展的正確訊息和理念；也有外資大企業透過香港專才在內地尋求商機。當晚我們更遇到一批香港城市大學遊學團的學生，他們利用整個月的暑期來考察絲綢之路！與學生交流中，得知他們對其旅程得到滿意的收穫。我非常羨慕他們能在年輕時期有機會深入理解祖國的發展，希望這批棟樑能為香港帶來正能量！

筆者建議時下香港年輕人，應該多走多看，不要從一些片面歪曲的傳媒接收錯誤訊息。在「一帶一路」倡議創造的眾多機遇中，找到自己的位置，為自己、為香港的未來發光發亮、為祖國的繁榮作出貢獻！

2017年10月6日

「北漂」港人的京港情懷

　　今年是香港回歸祖國 20 周年，筆者作為一名穿梭京港兩地近20年的資深「北漂」港人，回想多年來的經歷，不禁心潮澎湃。

　　改革開放之初，很多港人對內地政策不甚了解，感覺投資前景不清晰。在很多外資猶豫觀望情況下，其中部分港人懷着赤誠的愛國之心和敢為天下先的精神，率先大膽到內地投資建廠，從而在內地對外開放中創造了許多「第一」。我們就是當時第一批來到內地進行合作的先行者。隨後，香港發展成為內地最大的境外直接投資（FDI）來源地，也是最大的海外籌資中心，為國家改革開放和現代化建設作出了貢獻。香港也成為內地與國際市場聯繫的重要橋樑。

國家需要香港　港離不開國家

　　1997 年，香港回到祖國懷抱了。我與其他港人一樣心底無比激動。香港回歸標誌着中國人民雪洗香港被侵佔的百年國恥，同時也開創了香港和祖國共同發展的新紀元。在「一國兩制」、「港人治港」、高度自治的原則下，「香港因素」成為國家改革開放取得成功的重要原因之一，內地改革開放和祖國的堅強後盾則是香港成為「東方明珠」的基礎。香港背靠祖國，抓住改革開放的歷史機遇，借助國家經濟持續快速發展的契機，利用內地龐大的市場腹地，獲得了巨大商機，成功實現了製造業的北移升級和經濟轉型。國家的發展需要香港，香港的發展離不開國家。

回歸 20 年以來，中央一直高度重視香港的各方面發展，不僅在關鍵時刻給予毫無保留的支持，保障了繁榮穩定和港人安居樂業，而且不斷就香港發展、內地與香港合作等提出新理念、新思路。在經濟全球化、國際競爭日益激烈的時代，香港只有依託內地，充分利用好「一國兩制」的制度優勢，才能提高抗風險能力；只有加強與內地的合作，實現優勢互補，才能不斷拓展發展空間，才能鞏固和發揮既有優勢，不斷提高自身的競爭力。在努力維護香港的金融服務等優勢產業外，同時開拓打造創新中心、文化中心等新中心地位，使香港成為有綜合競爭力的國際大都市。

推動交流　促進青年合作

作為資深「北漂」，我寄語年輕一代的港人，希望他們不斷加深歸屬感和對國家的認知，並在這一過程中提升自己。同時，我也會盡自己的微薄之力，並創造條件，讓兩地的年輕人相互認識、相互交流、促進友誼。前不久，我主導了「同心同行京港生聯誼交流會」──香港回歸祖國 20 周年慶典暨香港專業人士（北京）協會第三屆專青會周年慶晚會，約 300 名在京就讀的香港、內地大學生參加這個活動。我將繼續推動兩地的交流，發揮橋樑作用，促進兩地青年人交流與合作，鼓勵香港的青年人到內地尋找更大的機遇和發展的空間，增加香港人的榮譽感和歸屬感。

展望未來，香港必將在深度參與國家改革開放的進程中，實現自身更大的發展，相信香港會在「一帶一路」、「粵港澳大灣區」戰略中扮演積極角色，尋求更多發展機會。

2017年6月16日

風雨多經志彌堅
關山初度路猶長

瑞猴辭舊歲，金雞迎新春。在這辭舊迎新之際，中國國家行政學院（香港）工商專業同學會（CAGA）祝願各界朋友在新的一年裏幸福安康！

過去的一年充滿風風雨雨。從年初一的旺角暴亂，到「港獨」分子的立法會宣誓風波，直到年底全國人大常委會的果斷釋法，以及香港高院和上訴庭先後頒布的清晰判詞。在此期間，港人或主動或被動地接受了一系列關於基本法的法律常識培訓，也不同程度地認識到「港獨」的本質極具違法性、危害性。

學校教育　培養民族認同

去年 10 月 12 日，「港獨」分子梁頌恆及游蕙楨等人在立法會宣誓過程中刻意侮辱祖國和中華民族、分裂國家、公然違反基本法。此等數典忘宗的違法行為引起公憤。聯想到部分極端民主派以及「港獨」分子在其他場合的所作所為，其實都有深刻的歷史和社會原因。所謂「冰凍三尺非一日之寒」，我們的確需要認真反思為什麼當今部分香港年輕一代對祖國認知存在巨大偏差、對家國情懷如此淡漠？

關鍵的問題可能在教育。自香港回歸以來，「中國歷史」在香港的高中教育階段始終是選修科目。近年來香港中學文憑試報考中國歷史科的人數屢創新低。去年中學文憑考試中，報考中國歷史科的人數只有 6,824 人，遠遠低於超過上萬人報考的經濟、

生物、化學等學科。

眾所周知，一個國家的歷史對於青年人樹立民族意識具有重大影響。正如國學大師錢穆先生所講，「欲其國民對國家有深厚之愛情，必先使其國民對國家以往歷史有深厚的認識，欲其國民對國家當前有真實之改進，必先使其國民對國家以往歷史有真實之了解。」學校需要重視年輕人的歷史教育，培養年輕人的民族認同感。

社會教育　理性迎接機遇

除了學校教育之外，社會教育也需要做出改進。媒體是社會思想傳播的重要途徑，媒體有責任和義務宣揚社會正能量。放眼現在的香港媒體，對於偏激政治立場的報道篇幅之大，已經遠遠超過其他內容。在這類媒體的推波助瀾下，所有有利於社會發展的改革及建設建議都被「泛政治化」，實際也嚴重拖累了香港的經濟發展。隨着媒體訊息的接收方式越來越多元化，青少年對於社會的認知、態度和行為也被潛移默化影響。為了下一代，香港社會需要宣揚更多的正能量、創造健康的輿論氛圍。

老一輩的香港人秉持「獅子山精神」，付出艱辛努力，已經建設出一個璀璨的東方明珠，香港的未來如何發展？我想，未來仍需年輕一代以愛國愛港、勤奮拚搏、理性包容的態度來迎接各種挑戰與機遇，建設更加美好的未來。

因此，CAGA 作為一個匯集香港工商各界精英的平台，將一如既往地發揮自身優勢，團結和推動社會的各個方面，進一步關心、提攜年輕人，為年輕人提供機會，增加他們的認同感和使命感。從這個意義上講，確是關山初度路猶長！

2017年1月20日

與其埋怨　不如自強

香港時下出現種種問題，一些不滿聲音都集中在某些報章上被借題發揮，更加深社會矛盾！這些報道成功煽動一些在社會未被重視、而自認為有能力去建立更美好社會的所謂熱血人士。這不良風氣的形成令人感到憂心。如此下去，下一代只能走向囧況！

一視同仁　減少爭拗

脫囧是每個人的事務！以正面態度去面對人和事，把眼光擴闊、心持平、包容！不論年紀、背景，對事不對人，社會一定更和諧！鑽進牛角尖，不從對方角度去想，是永遠解決不了問題的。舉些案例探討一下：

港鐵的行李問題，只要一視同仁，以行李大小的標準處理，嚴厲執行，便可減少爭拗！各種不同背景的文化、生活秩序等都在社會上產生矛盾和爭議。有禮的香港人應持包容態度去示範，給時間去磨合！將心比心，我們在外地也會被當地見識不多的一小撮人歧視，但當地亦有很多明理和喜歡文化交流的人士。為何要做不文明的一小撮人呢？過去幾年已融合很多，只是我們未夠深入了解，給個機會自己吧，香港人！

某些人整天在訴苦工作多累，亦有些精力充沛，一天 24 小時也不夠用！究竟每個人辛苦的定義在哪？這是個人對工作的熱誠度，找個喜歡的工作，如沒能力找到便增值自己！叫苦的年輕

人可以對着遊戲機一整天也不覺累，遊戲之餘，社會卻在進步，別人也在取代你了！不要把優勢變成優越感，更何況沒有絕對優勢之處，還是默默地工作吧！

與時並進　放眼世界

香港為國際金融中心，過去幾十年以英語為主流，現在普及以普通話交流，在餐廳、升降機、辦公室等隨處可聞；由上司到同事們，由旅客到商店的服務人員，甚至鄰居都在講普通話！為何四十年前香港人可以勤奮地學好英語投入社會，而這一代卻認為講普通話是被改變？

另一角度，為何不把握時機在這轉變中加緊努力融入大趨勢！過往香港人到外地工作的勤奮，令外國人埋怨我們改變了他們過着休閒的生活習慣。情況如今在香港也是一樣，進步了便出現競爭，有競爭才更進步。我們不如放眼中國，放眼世界，用香港最擅長的奮鬥精神到外面世界爭取更多機會，去建造幸福家庭、貢獻社會！

我是本土出生的香港人，但小時候對香港歷史認識不深。直至到澳大利亞留學，才有國家概念！澳大利亞同學眼中沒有香港，只有中國香港！聽我們的語言是Chinese！同學畢業後去投考空軍、陸軍都感自豪，為戰鬥機在上空飛過的震撼而激動！說實話，我當時難以有同感。畢業後離開，他們亦歡送我返回自己的國家！不久前去了北京一趟，當頭上再響起那震撼的聲音，才深深感受到自己國家的莊嚴！

香港人不可一方面埋怨強者取代我們，另一方面討厭弱勢佔用大家的資源，這不正是憎人富貴厭人窮！眼光擴闊些，脫囧在望，世界可以更美好！

2015年11月20日

後政改時代仍有出路

馮國佑
（第三屆）

　　香港關於行政長官（特首）選舉辦法的政改方案，於 6 月 19 日沒能在立法會取得三分之二多數票的支持，正式進入後政改時代。香港長期社會氣氛衝突，經歷多年的政治爭拗，社會未來仍需要凝聚更多的共識。

　　在後政改時代，香港仍然是有出路的。公眾盼香港各方人士互釋善意相互合作，先把政制發展放到一邊，放下政治分歧，聚焦經濟民生，為港人解憂。只要重視和發展經濟和社會民生，市場經濟下法制健全的香港，仍然是一個很有希望和競爭力的城市。

投放資源推動創科

　　在創新科技領域上，香港特區政府可制定政策配合推動，投放更多資源，再次出發。港人有創意和創新能力，香港也是有條件創造和創新的地方。十多年前，香港已出現八達通，讓香港成為全球最早推動電子貨幣的地區之一。八達通是當時世界上極成功、普及程度極高的電子貨幣。八達通與信用卡綁定自動增值功能，更讓香港電子貨幣發展領先全球。但這些年，香港的精力大多放在政改上，並無產生大型網絡科技企業。相反，其他地方在創新科技領域上飛速發展；內地在大力支持和推動移動互聯網，手機支付發展的步伐、方便程度和普及程度都已大大超越了香港。

教育產業也應重視。香港在國際上的大學排名一向名次靠前，擁有很大的競爭力。香港三間大學包括香港大學、香港科技大學和香港中文大學，在 QS 大學排名榜內均排在前 40 位之內。教育產業有不錯的發展潛力，綜觀不少國際名牌大學，也設有海外學院和分校吸引國際學生。香港的大學也可參考此法，發展教育產業為香港經濟注入動力。

青年人不做「鴕鳥」

青年人絕對是香港的未來，是我們最需要關注、重視和幫助的一群。青年人最需要的是機會，香港應要把握好國家發展的機遇，定位清晰，不斷拓寬各個經濟和社會發展範疇，讓香港青年人有更多機會和平台實現理想。我們亦要鼓勵香港青年人多去看看內地與世界發展，不能做「鴕鳥」，要多走、多聽、多交朋友，要勇於吃苦和吃虧，眼光更廣闊，因為內地與世界有更多的發展機會。

香港於後政改時代，望香港各方人士以港人整體利益大局為重，讓香港重新振作、重新出發。香港只有依靠自身努力、積極求變，使未來變得更具特色、更加國際化，香港定必可以繼續繁榮安定，700 萬居民繼續安居樂業。通過經濟發展和落實民生，重現我們昔日的輝煌！

2015年7月3日

人才是香港保險業的根本

　　香港保險業近年發展迅速，從 2003 年至 2013 年十年間，保險業佔本地生產總值由 8.3% 增加至 13%，毛保費亦由 1,020 億大幅增加至近 3,000 億。作為香港經濟的重要支柱之一，保險業現時僱用約 10 萬名從業員。但隨着行業高速發展的同時，業界正被越來越嚴重的專業人才短缺問題所困擾。較早前，金融發展局發表了一份金融服務業人力資源報告，指出業界幾乎所有業務和工種都出現人才短缺的情況，保險業的情況尤其嚴峻。香港保險業聯會亦於去年向會員公司進行人力資源調查，調查結果亦反映大部分會員公司都面對專業技術崗位人才短缺及人員青黃不接問題。

首與職訓局轄下合作

　　社會大眾對保險行業的認知並不全面，不少人誤解保險只涉及銷售工作。然而，保險卻是一門十分專業的學問，當中包含了核保、核賠、精算及風險管理等不同的專業崗位。隨着人口老化及入行人數減少，保險業對人才需求十分殷切，並急需大量具備專業知識及德才兼備的從業員來支持保險業的可持續發展。因此，香港保險業聯會於去年成立專責小組負責人才培訓工作，並首次與職業訓練局轄下的高峰進修學院合作推出「保險才雋計劃」（YIE），培育優秀人才，同時吸引新血投身這個充滿發展機會的行業。

437

「保險才雋計劃」的主要對象是大學畢業生或持有文憑及具備最少一年工作經驗的年輕人。計劃特點是結合了實用的在職培訓及系統的課堂教育。在為期最少一年的計劃中，學員每周在保險公司工作 4 天，另接受一天正規保險課程培訓。成功完成計劃的實習生，將獲發「保險業專業文憑」資格。相關課程費用由其僱主全額支付，而實習生每月更會獲發薪金，並享有員工福利。計劃的另一吸引之處是僱主所提供的並非保險銷售的職位，而是後勤部門的實習機會，如精算服務、核保、理賠、保單管理、法律及財務等等。完成課程的學員獲發的「保險業專業文憑」達資歷架構第四級，並獲澳大利亞及新西蘭保險與金融學會（ANZIIF）及英國特許保險學會（CII）認可。

政府撥款億元培訓

特區政府亦意識到人才短缺問題的嚴重性，在剛公布的 2015 至 2016 年度財政預算案中，政府將撥款 1 億元，透過與業界合作，推行一項為期 3 年有關職業發展及人才培訓的計劃，並聚焦於保險和資產財富管理兩個界別，致力通過培訓及發展人材，填補專業崗位空缺。保險業界現正與財經事務及庫務局緊密聯繫，就有關計劃擬定建議，並將合作推出各項活動和提供更多實習機會，以加深社會，特別是學生對保險業內不同工種性質和晉升前景的認識。

人才是保險業最重要的資產，只有通過不斷的宣傳及培訓，才能夠使社會大眾對保險行業有更深入的了解，從而吸納更多年輕人加入行業成為生力軍，為推動保險行業及促進本港金融服務業的長遠發展提供堅實的基礎。

2015年6月19日

網絡電視的發展前景

勞玉儀
（第十屆）

網絡電視，顧名思義，是將互聯網平台和電視傳媒結合起來的新型傳播方式。網絡電視的興起從來都伴隨技術的革新，引領多媒體傳播領域的重大變革。報紙行業已經被公認為是夕陽產業，我們也不斷聽到有國際很有名的報章出現經營困境甚至被賣盤的消息。而電視傳媒業逐漸式微，遭受多種新媒體的衝擊。我們相信，從 3G、4G 到 5G，甚至更遠的世代，以網絡電視為代表的網絡新媒體將成為多媒體發展的新趨勢。

滿足方便個性化追求

網絡電視之所以受寵，其原因是多方面的。排在首位的當然是它的便捷性。它很好地適應了現代人的生活節奏，通過每一個移動用戶端，給用戶帶來前所未有的方便。用戶可以拿着手機，在任何地方，通過網絡來接收想要收看的節目，這個是任何傳統的電視傳媒沒法做到的。

中國互聯網絡資訊中心發布的報告認為，在現階段和未來幾年內，帶動互聯網繼續高速成長的最重要因素，將是多媒體的應用。有專家指出，在未來的 5 年至 10 年，網絡電視將會很大程度上影響着和改變人們的生活。其實不用那麼長時間，網絡新媒體已經正在影響着我們每個人的生活。環顧周圍任何角落，每個人越來越成為「低頭族」。不論這種現象的好與壞，網絡視訊正引領新的生活潮流，成為現代快節奏生活發展的新趨勢。

除此之外，網絡電視還有傳統電視所不具備的智慧性，使用者可以根據個人喜好來設定和收看節目，也可以存儲和分享喜愛的節目。可以說，網絡電視完全滿足了現代人追求方便和個性化的表達方式。

當然，網絡電視還處於起步階段，其首要的問題就是內容的缺乏，網絡電視本身錄製原創節目並不多，很多時候是聯合傳統電視進行網絡直播，缺少獨立的節目內容。不過，網絡電視的缺點正正是現代的電視發展的方向。而現代的電視，正是由傳統電視走向手機電視，使用戶可以利用身邊的手機和其他移動設備隨時接收最新市場資訊，為自己的決策做出明智的選擇。

最強力媒體收入來源

另一方面，傳統傳媒的收入來源經歷了由平面廣告到傳統電視的轉變，而網站廣告和視訊新媒體的廣告收入正在取代前兩者，成為最強力的媒體收入來源。因此作為商業網絡，網絡電視正試圖抓緊新的潮流，利用新的經營模式力圖成為網絡新媒體的一枝獨秀。

未來的網絡電視市場份額，將是非常龐大的。中國內地發布的中國網絡行業廣告監測報告顯示，今年二季度的網絡品牌廣告的投放額達到 68.2 億元人民幣，增長龐大。有關調查亦顯示，門戶網站依然是廣告投放的首選平台，而視頻網站的廣告投放力度甚至錄得五成四的增長。

總結而言，網絡電視成為網絡時代新媒體的發展潮流，伴隨移動端的便捷走入個人的生活空間，並將引領這種風潮。目前電視領域的競爭已經白熱化，甚至出現所謂爭搶免費電視牌照的事情。

其實這種做法是完全沒有必要的。因為未來的潮流是，觀眾將習慣的不僅僅是不用付費看電視，而且是通過網絡來看電視，利用身邊的移動端來接收最新、最快的資訊。所以，現代的手機電視，正是將來電視發展的主流。

2013年10月10日

永葆中國心　實現中國夢

鄧雲
（第九屆）

坊間熱議「中國夢」的時候，難免會和「美國夢」進行比較。「美國夢」最通俗的說法是：住大屋、開好車、工作穩定再養條狗。其深層次的含義則包括每個人都可通過自己的奮鬥，無需依賴於特定社會階層或他人的協助來實現更美好的生活。那麼中國夢對於我們究竟意味着什麼呢？

毫無疑問，中華民族重新屹立於世界之林，中國能夠在世界舞台上發揮與其綜合國力相適應的作用，是無數仁人志士畢生追求的夢想。回顧近 300 年來中國近代史，閉關自守的大門被外國堅船利炮所打破，所謂國之不存，何以為家，當時普通人唯一的夢想就是國家強大起來、不再受人凌辱，也令國人認識到國家富強必為個人夢想之基石。

港成營商示範環境

新中國成立的頭 30 年，計劃經濟思想主導下，人們基本為政府的指揮棒所左右。隨後經過 30 多年的改革開放，中國已經成功地走向具有中國特色的市場經濟，經濟資源分配機制逐步從政府轉移到了市場。除了一些特別的軍事和科技領域為集中力量而實行「舉國體制」外，社會經濟體系的絕大部分已經形成開放競爭的格局。新任總理李克強提出深化行政審批改革，政府將進一步簡政放權，並確定政府從指導型向服務型的職能轉變。在這樣的背景下，個人完全可以自己獨到的眼光來發掘社會的需求，

發揮聰明才智來滿足這些需求，在促進社會進步的同時達成個人的夢想。

香港是市場經濟的典範，連續 19 年被評為全世界最自由經濟體。政府多年來努力維護公平公正的營商環境，讓每一個在這裏安居樂業的香港人，都有勇氣夢想着一個自己的成功故事。作為國際金融、貿易和航運中心，香港與內地經貿緊密合作。當我們相信會在獅子山下譜寫新的不朽香江名曲時，我們已成為整個中華民族夢的重要組成部分；每個香港人在實現自己夢想的同時也在為「中國夢」貢獻繽紛色彩。

團結一致支持發展

在傳統文化上，中國人向來推崇追求集體成功，甚至往往鼓勵犧牲個人以達到集體目的之最終實現。實際上，也正是過去幾代中國人的犧牲精神才換來目前的經濟成就和國際地位。中國目前仍處在高速發展的時期，經濟政治體制和社會結構快速變革，同時因為國力迅速崛起而引來不少強國的關注甚至敵視，國防、外交形勢不容樂觀，在此情形下要爭取穩定和平的發展環境，需要我們更加具有團結的精神。

對內，我們要建立一套制度保證公平公正的社會競爭環境，每個人的奮鬥成果都將得到社會的尊重和保護；對外，我們要團結一致支援國家，努力創造穩定和平的發展環境。

部分人士所蠱惑的「佔領中環」之舉，無疑是既損害了香港夢，也損害了中國夢。

「中國夢」是一幅美麗大拼圖，當然包括我、包括你、包括我們香港人。

2013年5月23日

CAGA 半日壇

CAGAHK

CAGA 半日壇綜述

　　中國國家行政學院（香港）工商專業同學會半日壇簡稱「CAGA 半日壇」，於 2017 年 11 月首次於香港開壇，截至 2022 年 6 月已累計舉行超過 70 場。CAGA 半日壇以較為自由、靈活的形式，邀請本會同學參與論壇主講及分享，為同學們搭建一個交流平台。CAGA 半日壇主要圍繞政治、經濟、民生、教育、文化等不同領域開展交流，包括學習和解讀中央政策及熱點時事、探討香港經濟發展趨勢、講解中國歷史文化等。從國家根本利益和香港整體利益出發，CAGA 半日壇充分發揮本會同學的專業優勢，廣泛凝聚共識，為國家、香港經濟建設貢獻智慧。眾人拾柴火焰高，眾人種樹樹成林。我們相信，千里之行始於足下，香港近年在經歷社會運動、疫情經濟凜冬之後，大家更亟需團結一致、抱團取暖、同心所向，以主人翁的精神和建設性的態度，共同來探討解決香港社會的深層次矛盾和問題，突破困局，攜手共渡時艱，為香港謀求一個更好的未來。

備註：根據出版社的建議，本書共匯總了過往 29 篇半日壇文章，文章中所有提及的嘉賓或同學職務均以當時日期為準。

「企業首席快樂官」分享暨
「會計法證先鋒：案例分享與心得」

　　2022年6月25日上午，中國國家行政學院（香港）工商專業同學會（簡稱CAGA）半日壇於香港線上線下舉行。本次半日壇圍繞主題「『企業首席快樂官』分享」和「會計法證先鋒：案例分享與心得」進行討論。由卓悅控股有限公司董事局主席、CAGA主席陳健文擔任榮譽主持，卓悅控股有限公司執行董事、滬港專業人士聯會會長趙麗娟擔任主持。

　　本次活動誠邀CHO協會始創人兼執行主席孫美妮擔任主題一「企業首席快樂官」分享嘉賓，誠邀財務法證專家、致同中國法證調查服務主管合夥人、特許詐騙審查師學會香港分會會長、香港證券及投資學會董事、香港會計師公會專業行為委員會、專業資格監督委員會成員湯飈，電腦法證專家、致同諮詢服務有限公司總監、特許詐騙審查師學會香港分會技術及會籍董事、資深會計師林肇基擔任主題二「會計法證先鋒：案例分享與心得」分享嘉賓。

主題一「『企業首席快樂官』分享」

　　孫美妮女士表示企業文化是成功商業戰略之一，職場的快樂感已成為員工和管理層熱切關注的企業元素。「隱形領導」將是未來的領導趨勢，通過賦予員工發揮才能的能力，並自我激勵地朝着公司的目標努力，能夠有效驅動團隊在競爭激烈的市場中積極迎接和跨越挑戰。首席快樂官協會的願景是為各持份者搭建平台，共同創造快樂與健康的環境，促進企業文化昇華，燃亮企業生

圖為CHO協會始創人兼執行主席孫美妮

命力，提升香港競爭力。同時，首席快樂官協會的使命是推廣可持續發展於企業快樂文化及員工心靈健康的認識及項目，促進企業對員工身心健康問題的關注，實踐具目標和真誠的溝通，達至實現最佳健康目標，促進成員及社會之間積極的知識交流。孫美妮認為員工快樂有助促進額外工作效能，同時員工亦會將快樂傳播到家庭及社區。因此，透過結合商界的力量來倡導企業文化變革是至關重要的。

主題二「會計法證先鋒：案例分享與心得」

湯飈先生為參會同學分析香港上市公司面臨的欺詐指控情況和趨勢，當中包括審計師擔憂資產的誇大，股東和管理層擔心資產挪用、董事的行為不端以及未經授權的借貸擔保、監管機構和執法部門的聯合行動有所增加。要有效回應當中的指控並保留公司最大價值，公司可以通過成立獨立董事委員會、尋求律師和財務顧問的建議、聘用法務會計師進行

（圖左至右）
1. 卓悅控股有限公司董事局主席、CAGA 主席陳健文
2. 電腦法證專家、致同諮詢服務有限公司總監、特許詐騙審查師學會香港分會技術及會籍董事、資深會計師林肇基
3. 財務法證專家、致同中國法證調查服務主管合夥人、特許詐騙審查師學會香港分會會長、香港證券及投資學會董事、香港會計師公會專業行為委員會、專業資格監督委員會成員湯飈
4. 卓悅控股有限公司執行董事、滬港專業人士聯會會長趙麗娟

獨立審查等方法來解決企業審計問題和顧慮。

林肇基先生為參會同學分享電腦法證的方法。電腦法證被定義為可供法院適用的計算機證據的保存、識別、提取和記錄過程。它是一門從電腦、手機、服務器或網絡等數字媒體中尋找證據的科學。它為取證團隊提供解決複雜數字相關案件的最佳技術和工具。透過電腦法證，可以對文檔、圖像、電子郵件、部分已刪除的數據等進行材料檢索和調查。數字取證的方法是對法務會計師調查結果互相補足，從而為企業提供更深入的見解和有效的解決方案。

「數字金融指數及應用」暨
「推廣中國文化是香港的歷史使命」

2022年6月18日上午，中國國家行政學院（香港）工商專業同學會（簡稱CAGA）半日壇於香港線上線下舉行。本次半日壇圍繞兩個主題「數字金融指數及應用」與「推廣中國文化是香港的歷史使命」進行討論。由卓悅控股有限公司董事局主席、CAGA主席陳健文擔任榮譽主持，Tomo Holding Ltd副主席、富匯國際集團執行董事、CAGA秘書長王俊文擔任主持。本次活動誠邀信昇亞洲指數有限公司行政總裁黃愛玲擔任主題一「數字金融指數及應用」分享嘉賓，誠邀中國文化基金會主席、CAGA副主席石柱擔任主題二「推廣中國文化是香港的歷史使命」分享嘉賓。

主題一「數字金融指數及應用」

黃愛玲女士表示指數是一種透過集合一組資產，採取特定計算編制後的動向

圖為信昇亞洲指數有限公司行政總裁黃愛玲

指標，投資人需要通過 ETF、期貨等交易工具進行投資。目前明晟（MSCL）、標普全球（S&P Global）、富時羅素（FTSE Russell）是全球重要的指數公司。在金融市場中，指數扮演着重要的角色，它能讓投資者更好地了解到投資市場的動向或趨勢。創辦指數公司要求較高，其配套的基礎設施較為複雜及困難，需要採用持續和及時的方式計算指數，確保指數數據傳輸穩定。同時也需要結合行業領先的專業知識，與本地市場的廣泛網絡及交易所合作，真正為投資者提供了解市場全面動態的視角。

主題二「推廣中國文化：香港的歷史使命」

石柱先生表示推廣中國文化是香港的重要歷史使命。香港受英國殖民統治 156 年，回歸以後全盤接收、並未去殖民化，甚至在中國歷史、國情教育方面出現倒退，別有用心的勢力在教育等領域起反作用。香港青年普遍中文普通話語言能力較弱，對國家、民族的歷史和文化知之甚少，有的甚至是偏頗的理解。香港回歸祖國已經 25 周年，國安法的實施及「愛國者治港」原則的實行都為推廣中國文化創造了良好環境。建設中外文化藝術交流中心是國家「十四五」規劃對香港的重要定位之一，香港具有「一國兩制」的政治優勢及「兩文三語」的語言

圖為中國文化基金會主席、CAGA 副主席石柱

優勢，充分利用香港的天然優勢推廣中國文化，講好中國故事及香港故事，有助於增進其他民族對中國的理解，有助於對沖反華勢力對中國的抹黑、消除外部誤解、消弭中外分歧，為「一帶一路」倡議的實施和中華民族的和平崛起創造良好環境。

「該如何讓我們的中、小學生認識國家」暨「淺談香港愛國教育」

2022年4月2日上午，中國國家行政學院（香港）工商專業同學會（簡稱CAGA）半日壇於香港荃灣舉行。本次半日壇圍繞兩個主題「該如何讓我們的中、小學生認識國家」、「淺談

香港愛國教育」進行討論。由卓悅控股有限公司董事局主席、CAGA主席陳健文擔任榮譽主持，卓悅控股有限公司執行董事、滬港專業人士聯會會長趙麗娟擔任主持。

本次活動誠邀震旦顧問有限公司董事總經理、中華研究所創辦人兼召集人、加拿大多倫多大學哲學博士、香港大學文學士、哲學碩士、於香港特區政府中央政策組、香港政策研究所等機構參與並主持多項國情、公共政策，以及兩岸兼港台關係研究計劃及活動的陸人龍博士擔任主題一「該如何讓我們的中、小學生認識國家」分享嘉賓，誠邀香港教育工作者聯會主席、香港特別行政區銅紫荊星章、香港教育工作者聯會黃楚標學校校長、第六屆選舉委員會（教育界）委員、政協貴州省委員會委員、教育統籌委員會委員、香港科技創新教育聯盟副主席、港區省級政協委員聯席會專業委員會副主任黃錦良擔任主題二「淺談香港愛國教育」分享嘉賓。

主題一「該如何讓我們的中、小學生認識國家」

陸人龍先生為參會同學們簡單介紹了中國的歷史、地理、傳統文化以及香港國民教育的情況。他指出現今香港學校教學中缺少國旗、國歌的國家感情及意識培養，

圖為震旦顧問有限公司董事總經理、中華研究所創辦人兼召集人、加拿大多倫多大學哲學博士、香港大學文學士、哲學碩士,參與並主持多項國情、公共政策,以及兩岸兼港台關係研究計劃和活動,相關機構包括香港特區政府中央政策組、香港政策研究所陸人龍博士

圖為香港教育工作者聯會主席、香港特別行政區銅紫荊星章、香港教育工作者聯會黃楚標學校校長、第六屆選舉委員會(教育界)委員、政協貴州省委員會委員、教育統籌委員會委員、香港科技創新教育聯盟副主席、港區省級政協委員聯席會專業委員會副主任黃錦良

在中史教育、中國語文科方面弱化中華文化內容。國民教育科深刻影響教育界、文化界、傳媒及新一代。現今香港的課程亟需改革,應從小培養學生正確的價值觀,普及中華文化,學習傳統美德,讓學生正確認識國家及國情。中國是一個文明古國,地大人多、歷史悠久、複雜多元。「認識中國」系列作為中、小學校輔助讀物,與歷史科、中文科、公民科、常識科等息息相關,有助於學生從小學習中國的山川地理、歷史文化、民俗等。

主題二「淺談香港愛國教育」

黃錦良先生指出,香港自國教風波後,學校受社會氣氛影響,推行國民教育舉步維艱。近年社會充斥着濃厚的政治氛圍,香港青年對政府不信任,出現嚴重的政治對立與撕裂。其背後的原因主要是因為基本法教育集中談「兩制」,但卻忽略了「一國」的原則,令學生對國家的概念模糊,削弱他們對國民身份的認同。通識教科書質素良莠不齊,部分內容容易誤導師生錯誤理解有關情況。同時個別教師更將政治立場帶入課堂。近年香港教育出現的種種亂象,引起了中央高度重視香港教育的根本問題。香港教育應重回正軌,逐步加強學生的價值觀和國家安全教育,教聯會將會主動承擔推動學生的愛國教育工作。

拓展香港澳門國際光環

2022年3月26日上午，中國國家行政學院（香港）工商專業同學會（簡稱CAGA）半日壇於香港在線舉行。本次半日壇圍繞主題「拓展香港澳門國際光環」進行討論，藉由香港澳門經驗，探討將現有印尼巴丹民丹免稅區提升為伊斯蘭金融經貿特區之可行性。由卓悅控股有限公司董事局主席、CAGA主席陳健文擔任榮譽主持，大同有恒家族研究院有限公司創始人兼董事、香港恒生大學校務委員、CAGA副秘書長、廣東省粵港澳合作促進會金融專業委員會副主任張江亭擔任主持。

本次活動邀請了新加坡 Shancorp Holding Private Limited 董事、印尼協會 IBA 第一屆會長曾珊珊為開場致辭及作印尼巴丹民丹特區介紹，由大同有恒家族研究院有限公司創始人兼董事、香港恒生大學校務委員、CAGA副秘書長、廣東省粵港澳合作促進會金融專業委員會副主任張江亭擔任主題「香港金融業結構功能與展望」分享嘉賓，邀請香港物流商會主席、CAGA副秘書長鍾鴻興擔任主題「香港貿易物流業現狀與發展」分享嘉賓，邀請偉景設計室（問道堂）董事長、家族基金助理總監李家華教授擔任主題「成功城市開發經驗分享——澳門及橫琴島」分享嘉賓，同時由印尼廖內群島省省議員 Harlianto 先生，新加坡 Pure Group 董事、澳大利亞項目管理協會（AIPM）會員、建築學學士 Peter Coney 先生及新名集團董事長黃文仁先生為參會同學介紹印尼民丹項目，由上宗下仰法師為本次活動做總結。

「開場致辭及作印尼巴丹民丹特區介紹」

曾珊珊女士分享了金剛山短中長期規劃，短期內發展民丹經貿中心印尼30省展館，中期發展巴丹生技醫療園區，長期則是為了發展巴丹民丹經濟。民丹島北部開發為特別行政區，是一個特殊的旅遊中心，命名為民丹島度假村中心，提供壯觀

的海景和海灘生活體驗。希望未來能夠結合香港的金融優勢以及香港先進的產業發展經驗，結合民丹當地的資源，更好地促進民丹的產業和經濟發展。

圖為新加坡 Shancorp Holding Private Limited 董事、印尼協會 IBA 第一屆會長曾珊珊

主題「香港金融業結構功能與展望」

張江亭先生簡單介紹了香港的城市概況、香港金融市場的展望以及大灣區未來的發展機遇。目前香港約有 740 萬人口，具有穩定的法律體系。作為世界第三大金融中心，香港金融機構包括商業銀行、投行、私人銀行、保險公司、證券經紀公司、持牌貸款人等。未來在有限合夥基金（LPF）、SPAC、家族辦公室、債券市場（包

圖為大同有恒家族研究院有限公司創始人兼董事、香港恒生大學校務委員、CAGA副秘書長、廣東省粵港澳合作促進會金融專業委員會副主任張江亭

括伊斯蘭債券）等金融領域可以發揮更大的作用。同時，粵港澳大灣區城市群發展規劃提出「9+2」的構建模式，其有關的政策能夠進一步便利港澳同胞在大灣區內地城市的發展，香港在金融市場、專業服務和教育等方面可以發揮更大的優勢。

主題「香港貿易物流業現狀與發展」

鍾鴻興先生指出，由於疫情、地緣政治、物流延遲、原材料短缺等原因導致全球供應鏈中斷。中國穩步推進貿易強國建設，着力優化營商環境，加快實施自由貿易區戰略，加強與東盟國家的貿易合作，更好利用亞洲國家的自由貿易協定和貿易便利化。香港是大灣區最大的海運和空運物流樞紐，具備中國原材料和產品的巨大市場需求，由於區域貿易便利化，未來國家會加大對東盟和大灣區的貿易

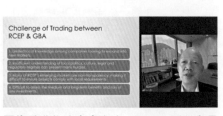

圖為香港物流商會主席、CAGA 副秘書長鍾鴻興

投資。此外，他還通過案例分析了香港和印尼之間的物流和貿易合作機會以及跨境物流帶來的挑戰及解決方法。

主題「成功城市開發經驗分享──澳門及橫琴島」

李家華教授分享了澳門及橫琴島在城市開發方面的成功經驗。李家華教授從人口、人力資源、土地面積、交通等方面分析了當年澳門的困局以及帶來的機遇與突破點。澳門通過制定了城市社會經濟可持續發展戰略和目標、分析城

圖為偉景設計室（問道堂）董事長、家族基金助理總監李家華教授

市人口與用地規模、制定和實施規劃的建議和藍圖等多方面政策支持，幫助澳門在產業上實現多樣化並完善其在城市空間發展的總體規劃，與時俱進滿足其區域性的發展需求。

「印尼民丹項目介紹」

Harlianto 先生、Peter Coney 先生重點介紹了金剛山在民丹島的發展現狀。民丹經貿中心因以印尼為腹地、鄰近新加坡，其旅遊業發達，每年國際觀光客突破千萬人次，具備經貿中心的優勢。在民丹島設立經貿中心，有助於配合印尼政府的政策，推動觀光旅遊，引進外資、促進產業發展，也能幫助中小企業通過經貿中心走向國際舞台。

「活動總結」

圖為上宗下仰法師為本次活動做總結

大家談「2022兩會精神」暨
俄烏衝突對我們的啟示

2022年3月12日上午，中國國家行政學院（香港）工商專業同學會（簡稱CAGA）半日壇於香港荃灣舉行。本次半日壇由CAGA陳健文主席、許慕韓副主席擔任主持，邀請了CAGA石柱副主席、王俊文秘書長、張江亭副秘書長（線上）、鍾鴻興副秘書長（線上）與參會的同學一同討論主題「大家談『2022兩會精神』暨俄烏衝突對我們的啟示」。

圖為 CAGA 陳健文主席

主題「大家談『2022兩會精神』暨俄烏危機對我們的啟示」

陳健文主席與參會同學分享其對兩會政府報告的理解及俄烏衝突對中國的啟發。今年的政府工作報告中可以看出國家仍然在綠色低碳發展、生態環境保護等方面

部署了不少工作。投資、消費和出口被譽為拉動 GPD 增長的三駕馬車，但近年受疫情和俄烏衝突的影響，投資及出口兩駕馬車受到衝擊。民營企業未來的發展需要國家政策的扶持。俄烏衝突爆發後，歐美國家對俄羅斯進行一系列的經濟制裁，一股（美股）功成萬骨枯，俄烏衝突讓我們理解資本主義市場，中國應做最壞的打算，最好的準備。

圖為 CAGA 石柱副主席

石柱副主席為參會同學解讀 2022 年兩會政策重點內容。在疫情及俄烏衝突國際複雜形勢的影響下，全球供應鏈及經濟發展無疑受到極大影響。政府工作報告設定 5.5% 左右的經濟增速預期目標，並將失業率全年計劃控制在 5.5% 以內。就業率與經濟發展息息相關，在當前內外部環境都不利的情況下，穩住就是進步，亦需要付出艱苦努力才能實現。其次就是擴大內需，增加消費。積極鼓勵和吸引外資，落實正負面外商投資清單，給予正面的外商投資企業優惠待遇，鼓勵產業發展。同時亦實施積極的財政政策，支持地方企業減稅退稅政策支持。

許慕韓副主席從軍事角度談了他對俄羅斯及烏克蘭衝突的推測。他說，戰爭是政治的延續，有時也是經濟的延續。從本次衝突中可以看到，美國的戰略思維和地緣政治意識是深謀遠慮的，有人甚至認為全世界的經濟都是美國的計劃經濟。本次俄羅斯出兵，其戰略目的

圖為 CAGA 許慕韓副主席

是阻止北約進一步東擴，公開宣稱的目標是去烏克蘭軍事化和納粹化。他認為，俄羅斯具體的目標應該是在軍事壓力下，改組烏克蘭最高領導機構，逼迫烏克蘭承諾永遠保持中立，不加入北約；摧毀烏克蘭防禦能力，爭取烏克蘭承認三個共和國獨立；摧毀亞速營武裝力量，打通克里米亞和兩個新獨立共和國與俄羅斯本土之間的南部陸上通道。但此次衝突，其戰略目標與實現手段不能完全匹配，軍事動機與經濟實力不相協調，兵力部署和火力準備亦不充足，導致其政治和軍事目標未必能夠

圖為 CAGA 王俊文秘書長

全部實現，只能退而求其次。

王俊文秘書長回顧 2021 年政府工作報告，表示國家的 GDP 約有 8.1% 的增長。不少中小民營企業在疫情下發展困難，尤其是服務型及消費型企業。中國政府過去兩年在防控疫情、科研開發、扶持中小企業等方面做了大量工作。今年政府工作報告中可以看出國家在綠色經濟、ESG、碳中和、排污節能環保等方面做了重大部署。俄烏衝突後俄羅斯不少貿易開始採用人民幣結算。香港作為國際金融中心，要在數字人民幣、金融、貿易及數字科技等領域發揮作用，希望有關的部門亦能夠開闊思維，把握新的發展機遇。

張江亭副秘書長表示俄羅斯遭到美國及其盟友實施的一系列制裁，金融戰爭背後均有不少利益集團在操控。目前香港仍在艱難抗疫，政府抗疫消極，市民枉死，怨氣沖天。俄烏衝突引發人們思考美元資產的安全性，香港在未來經濟方面要進行轉型，應該繼續推動人

圖為 CAGA 張江亭副秘書長

民幣國際化、債券市場，包括發行伊斯蘭債券、家族辦公室及資產管理等方面的業務，融入大灣區發展。

圖為 CAGA 鍾鴻興副秘書長

鍾鴻興副秘書長指出政府工作報告中顯示的指標任務均已完成。今年在疫情及複雜的世界格局下政府設定 GDP 增量 5.5% 的指標是有一定的實現難度。中國疫苗接種率超過80%，「動態清零」政策對中國控制疫情發揮重要作用。國家加大對中小企業的扶持力度，實施減稅政策，提高就業率。但目前複雜的國際形勢會使國家陷入供應鏈中斷，能源的短缺會致使物價的上漲，未來國家在能源行業要不斷進行升級轉型，發展新能源和清潔能源代替傳統能源。

孫雯理事認為國家在過去十年搭建的互聯網基礎設施為數字經濟的發展提供堅實的基礎，未來國家亦會鼓勵大眾創業萬眾創新，依託互聯網平台做更多的應用創新。各大互聯網公司會積極響應政府的號召為互聯網生態裏面的企業技術賦能，幫助企業實現數字化轉型。政府實行積極的財政政策，為中小企業減稅，降低商戶交易手續費，有助於促進交易規模。俄烏危機對俄羅斯聯邦儲蓄銀行衝擊很大，是美國對俄羅斯策劃的一場金融

圖為 CAGA 孫雯理事

圍獵，央行數字貨幣（CBDC/DCEP）在跨境支付體系將會扮演更大的角色。

倫婉霞同學指出疫情下許多中資企業出錢出力抗疫，如全民檢測、捐贈物資等。

圖為 CAGA21 班倫婉霞同學

但不少企業也都面臨着物流方面的難題，香港未能夠充分利用港口、機場等基礎物流設施。從大灣區運輸貨物入港，中間有許多協調工作未能解決，希望同學會能夠在運輸物資的前線幫助協調。

溫凡同學表示疫情和俄烏衝突一定程度上降低了市民的消費慾，內地的消費需求會有所降低，亦可能會導致通貨膨脹。國家制定 5.5% 的預期經濟目標，實現起來會有一些壓力，需要國家出台更多的降準降息的政策支持。過往許多高淨值人士普遍認為美元有避險作用，因此配置大量美元資產。但本次俄烏衝突後無疑啟發大家思考美元資產的

圖為 CAGA22 班溫凡同學

安全性，各國亦會考慮去美元化，這對香港來說可能是一個利好的機會。作為人民幣最大離岸市場，香港可在新發展格局中積極助推人民幣國際化。

「香港的前世今生——香港考古」暨
「假戲真做——烏克蘭危機的前因與推演」

2022 年 3 月 5 日上午，中國國家行政學院（香港）工商專業同學會（簡稱 CAGA）半日壇於香港荃灣舉行。本次半日壇圍繞兩個主題「香港的前世今生——香港考古」、「假戲真做——烏克蘭危機的前因

與推演」進行討論。由卓悅控股有限公司董事局主席、CAGA 主席陳健文擔任榮譽主持，次元文化有限公司創辦人、中國文化基金會執行主席、人間佛教應用研習中心管理委員會聯席主席、CAGA 常務理事兼副秘書長張江亭擔任主持。

本次活動邀請了復旦大學考古學博士、香港信報副刊和《AM730》專欄作家、上海光華教育集團香港首席代表、豪傑文化遺產顧問有限公司 CEO、上海市普陀區海聯會理事、上海市徐匯區海聯會理事、上海市普陀區中華職業教育社委員、上海江門商會理事、香港四邑會所會董黃家豪博士擔任主題一「香港的前世今生——香港考古」分享嘉賓，邀請了民眾聯席理事、從事政策研究和時事評論員（專門研究「顏色革命」和民主理論）、澳大利亞新南威爾斯大學國際事務全球化系畢業、清華大學高級公共管理碩士（在讀）林勁放擔任主題二「假戲真做——烏克蘭危機的前因與推演」。

主題一「香港的前世今生——香港考古」

黃家豪博士介紹了從 1928 年至 1998 年的香港考古史及香港考古遺址地貌。

圖為復旦大學考古學博士、香港信報副刊和《AM730》專欄作家、上海光華教育集團香港首席代表、豪傑文化遺產顧問有限公司 CEO、上海市普陀區海聯會理事、上海市徐匯區海聯會理事、上海市普陀區中華職業教育社委員、上海江門商會理事、香港四邑會所會董黃家豪博士

香港設有文物保育機構，如由發展局成立的文物保育專員辦事處，古物古蹟辦事處、古物諮詢委員會等，《古物及古蹟條例》於1976年1月開始實施，按「古蹟」的定義可以分為三類，包括古蹟、歷史建築物、考古或古生物地點或構築物。黃家豪博士亦分享了兩個考古遊學實地考察與體驗教育案例，如尋訪鹿頸村遺址、東龍島宋代南佛堂遺址。

主題二「假戲真做——烏克蘭危機的前因與推演」

林勁放先生分享了關於烏克蘭與俄羅斯的背景關係、冷戰後俄德美的歐洲戰略、烏克蘭戰前的美俄政治以及預測未來的發展局勢。俄羅斯發動烏克蘭戰爭，希望通過戰爭以換取重新談判，阻止北約繼續擴張。從美國角度而言，烏克蘭危機能讓資金避險回流美國，某種程度上能推高石油能源價格，也有利於軍火商通過銷售軍火增加軍費，亦以制裁形式迫使俄羅斯人民推翻普京。俄烏衝突緊張局勢加劇，衝突的背後也是美國對俄羅斯發起的一場金融戰。

圖為民眾聯席理事、從事政策研究和時事評論員（專門研究「顏色革命」和民主理論）、澳大利亞新南威爾斯大學國際事務全球化系畢業、清華大學高級公共管理碩士（在讀）林勁放

「建立樞紐優勢，帶動創科協同」暨
「工業4.0時代科技創新的理解與探索」

　　2022 年 2 月 12 日上午，中國國家行政學院（香港）工商專業同學會（簡稱 CAGA）半日壇於香港在線舉行。本次半日壇圍繞兩個主題「建立樞紐優勢，帶動創科協同」、「工業 4.0 時代科技創新的理解與探索」進行討論。由 CAGA 主席陳健文擔任榮譽主持，Tomo Holding Ltd 副主席、富匯國際集團執行董事、CAGA 秘書長王俊文擔任主持。

　　本次活動邀請了香港科技園公司業務發展總監、香港科技青年聯合會創會會長胡盛龍先生擔任主題一「建立樞紐優勢，帶動創科協同」分享嘉賓，邀請了卓悅控股首席創新總裁兼卓悅科技行政總裁、粵港澳青年創業孵化器聯席行政總裁郭冠鴻先生擔任主題二「工業 4.0 時代科技創新的理解與探索」。

主題一「建立樞紐優勢，帶動創科協同」

　　胡盛龍先生分享了香港科技園公司在過去 20 年中所建立的創科培育體系及為創科企業提供全面的支援服務，在元朗、大埔、將軍澳的創科園提供的產業配套環

香港科技園公司業務發展總監、香港科技青年聯合會創會會長胡盛龍先生

境，以及為園區企業提供的融資服務和創投基金，透過全方位的服務和分布在全港的研發辦公基礎設施，培育本地及來自內地和海外的科技初創企業，帶動本地專才投身科創產業，推動香港的創科投資生態圈。香港科學園在福田及廣州分別設有深圳分園及南沙孵化基地，協助香港初創企業到大灣區發展，同時也幫助內地企業借助香港的優勢開拓國際市場，攜手打造大灣區成為國際科技創新中心。

主題二「工業 4.0 時代科技創新的理解與探索」

郭冠鴻先生認為，新興技術能夠為工業 4.0 賦能，新技術是指 A(AI), B(Blockchain), C(Cloud Computing), D(Big Data), E(Edge Computing), FG(5G)。疫情加速數字化進程，數字化成為經濟增長的引擎，數字技術能夠幫助全行業進行節能減排。如今新基建如 5G 基建、數據中心、城際高鐵及軌道交通、人工智能、新能源企業充電站、工業互聯網、特高壓等能夠支撐數字經濟的發展。數字化轉型以國家、城市、企業、行業為載體，幫助實現經濟價值、社會價值、商業價值及產業價值。

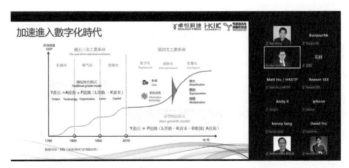

卓悅控股首席創新總裁兼卓悅科技行政總裁、粵港澳青年創業孵化器聯席行政總裁郭冠鴻先生

香港自覺把握歷史機遇
融入國家發展大局

2022 年 1 月 29 日上午，中國國家行政學院（香港）工商專業同學會（簡稱 CAGA）半日壇於香港荃灣舉行。本次半日壇組織 CAGA 同學學習、討論香港中聯辦駱惠寧主任新年致辭內容，並圍繞

兩個主題「支援中小企發展，實現普惠金融」、「供應鏈失衡推高全球運費何時了」進行討論。由 CAGA 主席陳健文擔任榮譽主持，中遠海運物流公司總監、CAGA 副秘書長兼常務理事鍾鴻興擔任主持。

本次活動邀請了平安壹賬通銀行 CEO 馮鈺龍先生及平安壹賬通銀行（PAOB）創新策略及大灣區業務主管周肇俊先生擔任主題一「支援中小企發展，實現普惠金融」分享嘉賓，邀請了中遠海運物流總監、CAGA 副秘書長兼常務理事鍾鴻興先生擔任主題二「供應鏈失衡推高全球運費何時了」以及全體參會同學共同學習、討論香港中聯辦駱惠寧主任新年致辭。

「大家學習、討論香港中聯辦駱惠寧主任新年致辭」

陳健文主席指出，香港中聯辦駱惠寧主任的新年致辭分外鼓舞人心，生動地闡述了對香港社會政治及未來發展的期盼，清晰、堅定地釋放出香港的發展前景更加

光明的信號，讓香港同胞及愛國愛港人士更有底氣和信心在新發展格局之下建設香港，擁抱機遇。CAGA 作為香港工商界專業人士，應思考如何凝聚資源為同學們搭建平台，為同學的發展賦能，以及思考如何發展 CAGA 智庫的功能，為國家及香港特區政府施政提出可行性行業意見，真正為香港良政善治貢獻一份力量。

圖為 CAGA 主席陳健文

石柱副主席表示駱惠寧主任的新春致辭闡述了其對香港「一國兩制」、發展前景及實現良政善治的總結和看法。香港在過去的一年突破重重困難，在政治方面取得較大成就，完善香港選舉制度，落實「愛國者治港」，都具有劃時代意義。駱主任新春致辭中亦對香港的未來發展表示充滿希望，香港需要堅定不移地融入國家發展大局。香港國安法出台及完善新選制後，特區政府在國家的領導下，仍需要用革命的精神去

圖為中國文化基金會主席、CAGA 副主席石柱

圖為 CAGA 副主席許慕韓

關注和解決香港的經濟民生問題，從而真正實現改革的目標。

圖為 CAGA 孫雯理事

許慕韓副主席談了學習中聯辦駱惠寧主任的新年致辭的體會，表示要深入領會講話精神，珍惜「兩法」為香港帶來的安全穩定的環境，充分發揮 CAGA 作為在港愛國力量的積極作用，堅持「一國兩制」，抓住重要的發展機遇，找準自身的定位，融入國家發展建設大局，加入雙循環體系，打造共建「一帶一路」功能平台，助力國家全面深化改革和對外開放。其次，要看到香港實現良政善治還有很長的路要走，大家應齊心協力，當好

助手，不搞內卷、不搞內鬥，為香港民生和經濟發展做出我們的努力。

王俊文秘書長指出，駱惠寧主任線上發表新春致辭認為香港的未來是充滿希望的。過去一年多，香港經歷了疫情、社會動盪，經濟疲軟。過去一年在中央的領導下出台香港國安法、完善新選制，「愛國者治港」原則得以落實，香港進入良政善治新時代，終於迎來勝利的曙光。同學會匯集來自不同行業的專業人士，應該在經濟方面積極為特區政府提出專業意見，以實際行動助力香港經濟發展，這也是在疫情下對香港和國家發展的大力支持。

圖為 CAGA 副秘書長兼常務理事鍾鴻興

鍾鴻興副秘書長表示，駱主任的新年致辭表達了新一年對香港同胞深切的關懷和祝福。在這不確定的世界局勢裏，香港應把握當前國家取得的第一個百年奮鬥目標成果，發揮國家賦予前所未有的「一國兩制」獨特優勢，以香港國安法為定海神針，穩住社會大局。在發展過程當中，我們作為工商界的專業人士，亦要時刻警惕那些曾唱衰香港、破壞香港發展的壞分子，必須要堅定自身意志和團結身邊的朋友同行，抓緊國家百年難得的發展機遇，並全力配合新一屆以「愛國者治港」原則選舉出來的立法會議員，相信在香港特區政府良政善治和高效管理施政下，「東方之珠」必會再放光芒！

李子楓理事表示，駱主任的新春致辭給廣大香港市民帶來了一份信心。國家去年踏入「兩個一百年」的奮鬥目標交匯點，說明了從「站起來」、「富起來」及「強起來」已經有目共睹，國家與民族的強盛只會與日俱增。香港亦在這個過程中打開了「一國兩制」的新局面，不論是香港國安法、完善選舉制度、教育改革、民生發展、經濟挑戰等，國家與中聯辦都看在眼裏，放在心裏。現今的香港已經打破了過去漫長的黑暗長夜，步入了二次回歸的正軌，國家的戰略發展大局一直歡迎香港同胞的參與，並提醒大家自覺把握前所未有的優勢及條件乘風而行，不要妄圖抱着「躺贏」或「繞道」的心態僥倖避過問題，誤以為能自然解決。只有用心團結，抗疫之餘做好實事，發揮良政善治，才能不負眾望經營好香港這個家。

主題一「支援中小企發展，實現普惠金融」

周肇俊先生介紹了虛擬銀行支援中小企發展、實現普惠金融的寶貴經驗。PAOB 主要服務中小企最為集中的進出口貿易行業，運用本港最大電子報關機構貿易通的數據構建獨有風控模型，極大地提升了客戶盡職調查、貸款審批與信用監控、反洗錢監控、交易監控等核心貿易融資環節的準確度與效率。截至 2021 年年底，PAOB 的「壹易貸」產品最快貸款申

圖為平安壹賬通銀行創新策略及大灣區業務主管周肇俊先生

請至放款時間僅為 2.5 個工作日，所有獲批貸款客戶中 26% 未從其他銀行獲取過貸款。

主題二「供應鏈失衡推高全球運費何時了」

近年全球資源短缺、供應鏈失衡，出現「電荒」「晶片荒」「汽油荒」「糧食荒」等現象。鍾鴻興副秘書長詳細介紹了造成當前供給端短缺的原因，如貿易保護主義、市場壟斷、「碳中和」目標下的全球能源結構轉型、人口老齡化帶來的勞動力短缺等。世界已經進入了新的「匱乏時代」，三缺已經成為製造業者的新常態，信息革命、新能源、人工智能所帶動的新一輪產業技術革命正在突破之中。鍾鴻興先生預期，全球疫情仍然嚴峻，天價航運費或延至 2022 年下半年才有望紓緩，但仍未能即時回調。建議長遠解決方案，包括避開歐美等遠洋市場，加大內循環，出口轉內銷，開拓國內市場。同時促進外循環，多開發東盟和 RCEP 市場（RCEP 協定），企業進行供應鏈數字化升級，從而敏捷響應市場需求。

圖為中遠海運物流總監、CAGA 副秘書長兼常務理事鍾鴻興先生

CAGA選委與選委會界別候選人交流

　　2021年12月4日下午，中國國家行政學院（香港）工商專業同學會（簡稱「CAGA」）於香港灣仔舉行「2021年立法會選舉委員會界別候選人」見面會，邀請51位報名參選2021年立法會選舉委員會界別的候選人出席，最終有43名候選人參加，各位候選人在現場簡述自己的選舉政綱和治港理念，並就香港未來的

圖為 CAGA 陳健文主席致辭

發展以及房屋、土地、創科等議題，與在場的嘉賓展開交流。

　　CAGA 陳健文主席、閻峰榮譽顧問、李耀新名譽主席、李細燕名譽副主席、沈華副主席、石柱副主席、王俊文秘書長、陳浩華副秘書長、陳國盛常務理事、馬煜文常務理事、鄧子平常務理事、林至穎理事、唐玉玲理

事、李子楓理事、鄧聲興理事、CAGA 同學及選委、選舉委員會界別候選人線上、線下先後約百人參加本次見面會。香港大公文匯傳媒集團副總經理姜增和先生應邀出席，大會由 CAGA 秘書長王俊文擔任主持。

本次見面會共有 43 位選舉委員會界別候選人出席，CAGA52 位選委大部分於現場出席，小部分於線上出席，名單如下：

43 位選舉委員會界別候選人出席名單

序號	候選人姓名	候選人編號	序號	候選人姓名	候選人編號	序號	候選人姓名	候選人編號
1	屠海鳴	23	16	謝偉俊	7	31	容海恩	30
2	李浩然	17	17	馮煒光	15	32	林順潮	28
3	陳仲尼	29	18	譚岳衡	24	33	郭玲麗	37
4	林筱魯	12	19	陳凱榮	41	34	何君堯	40
5	曾瀞漪	9	20	張國鈞	46	35	陸瀚民	35
6	簡慧敏	33	21	陳凱欣	4	36	黃元山	44
7	林振昇	49	22	葛珮帆	36	37	陳曼琪	20
8	刁勝洪	8	23	林智遠	10	38	蘇長榮	21
9	盛智文	48	24	周文港	13	39	陳紹雄	26
10	黃梓謙	19	25	盧維思	6	40	梁毓偉	47
11	吳宏偉	50	26	李鎮強	45	41	鄧 飛	5
12	林 琳	34	27	江玉歡	14	42	陳家珮	18
13	孫 東	22	28	洪 雯	27	43	梁美芬	39
14	吳傑莊	25	29	劉智鵬	32			
15	馬逢國	2	30	陳月明	16			

陳健文主席在致辭中表示，本次見面會為同學會選委及各位候選人提供寶貴的面對面交流機會，讓本會選委及同學更加充分了解各位候選人的履歷、政綱和競選承諾，履行好選委的職責使命，投出負責任的一票，為香港選出真正有能力、做實事的治港人才，從而為市民解決問題，謀福祉，為國家和香港服務。期待候選人未

圖為 CAGA 石柱副主席作總結發言

圖為 CAGA 王俊文秘書長

來能夠將基層和社區、專業和社團等社會各界的不同聲音帶入立法會，為香港社會解難紓困，提升特區政府政策實施效能，推動香港社會的發展。

整場見面會長達兩個半小時，現場氣氛熱烈，各候選人提出許多創新的建議和解決問題的方案，在場的所有嘉賓及選委格外認真聆聽。新選制破舊立新，向世界展現了全新的、具有香港特色的民主選舉制度。在過去幾年裏香港面對不少挑戰，相信新思維、新力量、新團隊能為香港帶來嶄新的發展局面。

石柱副主席在總結發言中表示，本次見面會有 43 位選委界別候選人出席和演講。各位候選人非常熱情，非常投入，提出了水平很高的施政理念和政綱。CAGA 各位選委聽得都很認真，完全被候選人的分享所吸引。整個活動十分精彩和成功，是香港選舉制度完善之後優質民主的完美體現，讓我們對香港民主發展更加充滿信心，也讓我們對於香港未來更加充滿希望。

圖為參會現場

探討ESG如何配合國策
在香港組成企業聯盟，定立國際標準

　　2021年12月4日上午，中國國家行政學院（香港）工商專業同學會（簡稱CAGA）半日壇於香港灣仔舉行。本次半日壇圍繞「ESG與個人及企業持續發展的關係」「香港企業如何發展ESG配合國家政策」和「人間佛教與ESG」三個主題開展。由卓悅控股有限公司董事局主席、CAGA主席陳健文擔任榮譽主持，由次元文化有限公司創辦人、中國文化基金會執行主席、人間佛教應用研習中心管理委員會聯席主席、CAGA常務理事兼副秘書長張江亭擔任主持。

　　本次活動邀請了SocietyNext基金會ESG辦公室專員、RAGFP扶輪社和平行動義務會計師、RYLA 1988年度澳大利亞扶輪社青年領袖獎香港代表、杜葉錫恩教育基金會聯合創始人、雲創科學藝術文化促進會會長陳庇昌擔任主題一「ESG與個人及企業持續發展的關係」分享嘉賓，邀請潤維創坊業務發展主管賴嘉文擔任主題二「香港企業如何發展ESG配合國家政策」分享嘉賓，邀請次元文化有限公司創辦人、中國文化基金會執行主席、人間佛教應用研習中心管理委員會聯席主席、CAGA常務理事兼副秘書長張江亭擔任主題三「人間佛教與ESG」分享嘉賓。

圖為卓悅控股有限公司董事局主席、CAGA 主席陳健文致辭

「主席致辭」

陳健文先生表示同學會堅持於每周六上午舉辦半日壇，今次半日壇是今年第 33 場半日壇。半日壇以香港政治、經濟、社會、文化等方面為主題，組織同學討論香港事務，為同學們搭建交流平台。CAGA 凝聚超過 600 位來自香港各行業工商界人士，今年有 52 位同學擔任 15 個界別的選委，同學們可以在半日壇分享自身所處的行業信息及未來發展趨勢，引領經濟和產業轉型，也積極為香港政府建言獻策。

圖為 SocietyNext 基金會 ESG 辦公室專員、RAGFP 扶輪社和平行動義務會計師、RYLA 1988 年度澳大利亞扶輪社青年領袖獎香港代表、杜葉錫恩教育基金會聯合創始人、雲創科學藝術文化促進會會長陳庇昌

主題一「ESG 與個人及企業持續發展的關係」

陳庇昌先生認為，在未來的兩年，將會有越來越多的上市公司及相關機構重視 ESG 因素影響，港交所亦要求上市公司需要披露 ESG 報告，衡量的指標也會不斷地完善。聯合國推出 17 項可持續發展目標（SDGs），企業通過改善 ESG，優化企業產品及服務，有助企業提升其商譽，為企業利益相關者帶來價值，促進企業內部健康發展。

主題二「香港企業如何發展 ESG 配合國家政策」

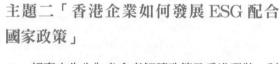

賴嘉文先生為參會者解讀政策及香港現狀，討論香港企業應如何配合國家政策發展 ESG，表示目前外國的評級機構不適用於評審香港的企業，香港需要制定符合自身發展的市場準則，透過大企業、中小企和高校的相互合作，建立數據庫，為香港企

圖為潤維創坊業務發展主管賴嘉文

業服務。香港作為國際金融中心，利用香港優勢發展形成符合國情的 ESG 系統並輻射灣區，響應港交所於 2030 年前要求所有上市公司披露 ESG 報告的任務。

主題三「人間佛教與 ESG」

圖為次元文化有限公司創辦人、中國文化基金會執行主席、人間佛教應用研習中心管理委員會聯席主席、CAGA 常務理事兼副秘書長張江亭

張江亭先生介紹了人間佛教研習中心（簡稱「中心」）的工作、發展目標及與 ESG 的關係。「中心」的願景是以博學篤行的精神，在大灣區中推動「人間佛教」應用與實踐的平台，以促進世界和平，社會和諧，家庭和順，人我和敬，自心和悅為任務。「中心」是以文化弘揚佛法，以教育培養人才，以慈善福利社會，以共修淨化人心，時刻踐行環境、社會與治理（ESG）理念。

「嘉賓分享」

華潤電力控股有限公司高級副總裁王小彬女士表示，華潤電力積極配合國家應對氣候變化，大力發展可再生能源。國家提出在 2030 年前實現碳達峰，在 2060 年前實現碳中和政策後，從中央、地方政府及企業統籌有序地制定具體的行動計劃，實施能源綠色低碳轉型，充分體現了國家對實現碳中和的決心。華潤電力在發展過程中結合環保事業，

圖為華潤電力控股有限公司高級副總裁王小彬

幫助工業處理廢物，為居民做生活垃圾處理，同時也為社會創造就業崗位，將 ESG 及社會責任緊密融入到企業發展理念當中。

香港恒生大學校長何順文於線上分享表示，企業在發展過程中需要關注其利益相關者的權益。過去由於資本主義的快速發展，社會出現許多不平等、不和諧的問題。當今企業扮演着一個重要的社會角色，企業可以透過管治為持份者創造價值，找到相互之間的共贏點，企業方能長遠發展。ESG 中的 S 可以翻譯為利益相關者

（Stakeholder），該方面涉獵的範圍較廣，如人權、股東權益、員工培訓、防止貪污、產品的安全等，對企業來說較難衡量。何順文校長表示，企業應關注公司的價值文化，發揚負責任的管理精神以及合作共贏的效應。

圖為香港陽光洗衣集團創辦人及執行董事、香港特許經營協進會主席黃達強

香港陽光洗衣集團創辦人及執行董事、香港特許經營協進會主席黃達強介紹了其集團的框架、企業品牌和公司使命，通過個人及公司發展的經歷講述如何運用 SDG 框架配對運營策略，將 ESG 融入到企業日常運作當中。企業致力於以專業精神，秉持利他之心，為客戶、員工、夥伴及社會創造價值，帶來幸福，創造和諧社會。

從行政管理學的角度
看中國政治體制

　　2021年11月6日上午，中國國家行政學院（香港）工商專業同學會（簡稱CAGA）半日壇於香港荃灣舉行。本次半日壇以「不是你想像的中國政治體制——從行政管理學的角度看中國政治體制」為主題開展。由卓悅控股有限公司董事局主席、CAGA主席陳健文擔任榮譽主持，由Tomo Holding Ltd副主席、富匯國際集團執行董事、CAGA秘書長王俊文擔任主持。

　　本次活動邀請了將軍澳香島中學校長、重慶市政協委員、全國港澳研究會理事、香港教育工作者聯會副主席、香港特別行政區榮譽勳章獲得者鄧飛擔任主題「不是你想像的中國政治體制——從行政管理學的角度看中國政治體制」分享嘉賓。

主題「不是你想像的中國政治體制——從行政管理學的角度看中國政治體制」

　　鄧飛先生從行政管理學角度為參會同學解讀當代中國政治體制，分享中國政治

圖為將軍澳香島中學校長、重慶市政協委員、全國港澳研究會理事、香港教育工作者聯會副主席、香港特別行政區榮譽勳章獲得者鄧飛

體制的重要理論來源及發展歷程、政績評估方法和財政體制,以及中國共產黨作為執政黨,如何發揮執政黨的作用。黨的全國代表大會每五年舉行一次,由中央委員會召集,民主集中制是黨的根本組織原則和領導制度。2013年始,國家將把民生改善、社會進步、生態效益等指標和實績作為政績評估,不再簡單地以國內生產總值增長率來作為衡量標準。

「自由討論」

圖為卓悅控股有限公司董事局主席、CAGA 主席陳健文

圖 為 Tomo Holding Ltd 副主席、富匯國際集團執行董事、CAGA 秘書長王俊文

圖為 CAGA 李子楓理事

圖為 CAGA22 班何光鴻同學

圖為 CAGA22 班蔡啟康同學

「如何理解中國經濟發展的內在邏輯」暨 「大家談香港經濟新動態發展」

2021年10月23日上午，中國國家行政學院（香港）工商專業同學會（簡稱 CAGA）半日壇於香港荃灣舉行。本次半日壇圍繞「如何理解中國經濟發展的內在邏輯」和「大家談香港經濟新動態發展」兩個主題開展。由卓悅控股有限公司董事局主席、CAGA主席陳健文擔任榮譽主持，Tomo Holding Ltd副主席、富匯國際集團執行董事、CAGA秘書長王俊文擔任主持。

本次活動邀請了CAGA副主席許慕韓擔任主題一「如何理解中國經濟發展的內在邏輯」分享嘉賓，由全體CAGA同學共同探討主題二「香港經濟新動態發展」。

主題一「如何理解中國經濟發展的內在邏輯」

許慕韓副主席為參會同學分享在百年未有之大變局環境中如何解讀中國經濟發展的內在邏輯。中國共產黨以人民為中心，實行改革開放政策，發展以公有制為主體的中國特色社會主義基本經濟制度。改革開放政策解放和發展生產力，通過先富

圖為 CAGA 副主席許慕韓

帶動後富，從而促進共同富裕，為中國脫貧攻堅和全面建成小康社會創造了良好條件。今年是中共建黨百年， 經過全國各族人民持續奮鬥，中國歷史性地解決了絕對貧困問題，實現了第一個百年奮鬥目標，並力爭在 2050 年建成富強、民主、文明、和諧的社會主義現代化國家，進而向實現中華民族偉大復興的第二個百年奮鬥目標邁進。許慕韓副主席從共同富裕、保障民生、全面深化改革（供應側）、全面依法治國、國家安全、清風正氣等六大方面為參會同學解讀中國經濟下半場發展趨勢和邏輯，希望香港能夠緊抓機遇，積極融入國家發展大局。

主題二「大家談香港經濟新動態發展」

圖為卓悅控股有限公司董事局主席、CAGA 主席陳健文

圖為 Tomo Holding Ltd 副主席、富匯國際集團執行董事、CAGA 秘書長王俊文

圖為 CAGA22 班溫凡同學

圖為 CAGA22 班何光鴻同學

「疫情之下產業創新轉型研討及卓悅轉型分享」暨「香港如何緊抓前海擴區擴容新機」

　　2021 年 9 月 11 日上午，中國國家行政學院（香港）工商專業同學會（簡稱CAGA）半日壇於香港荃灣舉行。本次半日壇圍繞「疫情之下產業創新轉型研討及卓悅轉型分享」和「香港如何緊抓前海擴區擴容新機遇？」兩個主題開展。由卓悅控股有限公司董事局主席、CAGA 主席陳健文擔任榮譽主持，Tomo Holding Ltd 副主席、富匯國際集團執行董事、CAGA 秘書長王俊文擔任主持。

　　本次活動邀請了卓悅控股有限公司董事局主席、CAGA 主席陳健文，Tomo Holding Ltd 副主席、富匯國際集團執行董事、CAGA 秘書長王俊文，次元文化有限公司創辦人、中國文化基金會執行主席、CAGA 常務理事兼副秘書長張江亭，亞洲創效投資有限公司主席、CAGA 副秘書長陳浩華，香港人壽保險從業員協會會長、CAGA 常務理事李冠群擔任主題一「疫情之下產業創新轉型研討及卓悅轉型分享」分享嘉賓，同時由線下線上參會同學共同討論主題二「香港如何緊抓前海擴區擴容新機遇？」。

主題一「疫情之下產業創新轉型研討及卓悅轉型分享」

　　陳健文先生分享了香港卓悅在疫情衝擊下的轉型歷程及經驗。疫情對香港各行各業衝擊很大，不少企業都面臨着企業生存和履行社會責任的問題。卓悅在逆境下

圖為卓悅控股有限公司董事局主席、CAGA 主席陳健文

堅持不裁員，積極探索轉型尋求發展新出路。卓悅通過整合資金流、物流、數據流，打造「三流」電商，從 KOL 直播、培訓、境內境外直播電商模式學習，打通香港內地兩地支付方式等方面從香港往國際化方向發展，實現從信息化到數據化到數字化升級。如今卓悅藉着新技術，打造公共電商平台為有意願進行轉型的企業服務，共同推動香港傳統企業數字化轉型。

　　王俊文先生分享了橫琴、前海合作區的總體發展規劃及國家賦予港澳的使命。橫琴合作區澳門具有管治權，將重點推動以中醫藥研發製造為切入點的大健康產業、現代金融、高新技術、會展商貿和文化體育等產業發展。香港在前海合作區的定位很重要，目前前海合作區是由廣東省政府及深圳進行管治，擴區後深港產業合作有了更大的施展空間，香港要積極把握機會，做好自身的定位。

圖 為 Tomo Holding Ltd 副主席、富匯國際集團執行董事、CAGA 秘書長王俊文

圖為次元文化有限公司創辦人、中國文化基金會執行主席、CAGA 常務理事兼副秘書長張江亭

　　張江亭先生指出，中國現今發展速度極快，隨着人民物質生活水平的提高，普遍更加追求文明環保的生活方式和健康綠色的飲食習慣。今年致力於搭建西交利物浦家族治理中心及與香港恒生大學合辦人間佛教應用研究中心，為學生開設樂活碩士課程，傳授綠色耕種、暢談人間生老病死的知識，倡導快樂積極的生活方式，未來希望能夠與更多同學和大灣區企業進行合作及共享資源。

陳浩華先生分享了後疫情時代新零售的轉型契機。疫情加速了宅經濟的發展，擾動了消費者的原有消費需求和方式。隨着國家宏觀政策紅利扶持，行業態勢持續革新，消費服務需求升級，新興技術蓬勃發展等推動，催生了以行業與市場變化為基準，消費者服務體驗為中心，差異化定位為原則，「全鏈路、全管道、全業務、全周期、全治理」的「新零售」業態

圖為亞洲創效投資有限公司主席、CAGA 副秘書長陳浩華

需求。零售業與物聯網設備、大數據 BI 分析、AI 驅動助手、智能互動設備、5G 傳輸網絡、區塊鏈等結合有助推動新零售發展。零售業要積極創新，把握機遇。

圖為香港人壽保險從業員協會會長、CAGA 常務理事李冠群

李冠群先生分享了疫情下保險業的現狀及保險業如何進行創新轉型。截至 2021 年 8 月 24 日，香港共有 165 間獲授權保險公司，其中 91 間經營一般業務，54 間經營長期業務，其餘 19 間則經營綜合業務，足可見香港是全亞洲最大的保險中心。受封關措施的影響，內地客來港投保已近乎絕跡，香港保險業的續保率及投保率都有所下降，主打本地市場的網上保險公司業務在逆市中較為樂觀。保險業監管局（保監局）推出遙距投保數碼平台及系列便利措施，為私人理財及特選優先理財客戶，提供視像遙距投保服務。

主題二「大家談香港如何緊抓前海擴區擴容新機遇？」

圖為香港股票分析協會會長、CAGA 理事鄧聲興

「從傳統金融到數字金融」暨
「中國生物科技──醫療行業投資前景」

　　2021 年 7 月 24 日上午，中國國家行政學院（香港）工商專業同學會（簡稱 CAGA）半日壇於香港荃灣舉行。本次半日壇圍繞「從傳統金融到數字金融」和「中國生物科技──醫療行業投資前景」兩個主題開展。由卓悅控股有限公司董事局主席、CAGA 主席陳健文擔任榮譽主持，香港物流商會主席、CAGA 常務理事兼副秘書長鍾鴻興擔任主持。

　　本次活動邀請了互通金融科技集團行政總裁、信昇亞洲指數有限公司指數委員會主席黃愛玲擔任主題一「從傳統金融到數字金融」分享嘉賓，誠邀香港股票分析師協會主席、CAGA 理事鄧聲興擔任主題二「中國生物科技──醫療行業投資前景」分享嘉賓。

圖為互通金融科技集團行政總裁、信昇亞洲指數有限公司指數委員會主席黃愛玲

主題一「從傳統金融到數字金融」

　　黃愛玲女士從自身工作經歷分享傳統金融向數字金融發展的歷程。對沖基金是由金融期貨、金融期權等金融衍生工具與金融組織結合後，能夠利用長短倉、市場

中性等方法實現套期保值、規避風險。隨着信息技術、大數據的迅猛發展，金融生態和金融體系已明顯改變。在此背景下，風險、信用、金融監管等傳統金融領域的基本概念都可能被重新定義。

主題二「中國生物科技——醫療行業投資前景」

鄧聲興先生認為，由於人口老齡化、居民經濟實力持續提升、國家醫療體制改革推動創新等因素影響，醫療健康行業方興未艾，會成為未來最具發展潛力的行業之一。他從港股醫療健康行業表現進行分析，強調未來要把握醫療健康四大革新機

遇，分別是：創新藥、醫藥外包、創新器械及互聯網醫療。創新藥是行業發展的原動力，醫藥外包是創新藥產業鏈上的常青樹，創新器械是國產替代迎來黃金十年的關鍵，互聯網醫療是數字化下的新興產業。推薦大家了解ETF投資，跨越知識壁壘，分散迭代風險。

圖為香港股票分析師協會主席、CAGA 理事鄧聲興

「自由討論」

圖為卓悅控股有限公司董事局主席、CAGA主席陳健文

圖為香港物流商會主席、CAGA常務理事兼副秘書長鍾鴻興

圖為前水務署署長、環保科技研究中心創辦人兼總裁高贊覺博士

圖為卓悅控股有限公司執行董事兼運營總裁趙麗娟

「新時代投資」暨
「建黨百年慶祝活動分享」

　　2021 年 7 月 17 日上午，中國國家行政學院（香港）工商專業同學會（簡稱 CAGA）半日壇於香港荃灣舉行。本次半日壇圍繞兩個主題開展，「在新時代下如何投資？」和「大家分享近期參與『建黨百年慶祝活動』感受」。由卓悅控股有限公司董事局主席、CAGA 主席陳健文擔任榮譽主持，次元文化有限公司創辦人、中國文化基金會執行主席、CAGA 常務理事兼副秘書長張江亭擔任主持。

　　本次活動邀請了次元文化有限公司創辦人、中國文化基金會執行主席、CAGA 常務理事兼副秘書長張江亭先生，貝羅斯資本亞洲有限公司行政總裁王向桑先生，中匯安達會計師事務所管理合夥人及創辦人、專業投資者協會（PI 協會）發起人施連燈先生擔任主題一「在新時代下如何投資？」分享嘉賓，CAGA 與會同學們一同分享主題二「近期參與建黨百年慶祝活動」感受。

主題一「在新時代下如何投資？」

　　施連燈先生分享了他的投資理論、投資原則、投資標的及經驗教訓。他認為投

圖為中匯安達會計師事務所管理合夥人及創辦人、專業投資者協會（PI 協會）發起人施連燈

資成功的關鍵在於信息優勢，而找到市場錯價是獲利的重要條件。在進行投資時切勿讓投資影響自己生活素質，要獨立思考，先求知且做好適當的分散投資。

王向燊先生分享了他的個人股票投資經驗，其表示股票的價格是圍繞價值上下波動，要以低的價格買入高價值的公司並長期持有。與時間做朋友，可以享受時間帶來的複利機制。個人股票具有以下

投資弱點：道聽途說、迷信專家和股評家、借錢買股票、追高殺跌、無法獨立思考等，建議在投資時，要努力學習及建立自己的能力圈，時刻保持理性及復盤反省，總結經驗教訓。

圖為貝羅斯資本亞洲有限公司行政總裁王向燊

圖為次元文化有限公司創辦人、中國文化基金會執行主席、CAGA 常務理事兼副秘書長張江亭

張江亭先生為與會同學講解猶太人致富的十條金律及金錢的概念，表示要能用自己的智慧、智力、體力，以高貴的方式去創造善財，同時在慈善事業上多付出，作息時間勞逸結合，永不言休，直至永生。

主題二「大家分享近期參與『建黨百年慶祝活動』感受」

圖為卓悅控股有限公司董事局主席、CAGA 主席陳健文

陳健文先生對近期 CAGA 舉行系列慶黨百年華誕活動表示深有感觸，中國現今所取得的成就離不開過去每一代人的努力，如電影《革命者》的李大釗，作為中國共產黨早期領導人，為了實現國家復興，不惜犧牲自身的性命、幸福和家庭。無論是殉國將領、眾多英雄群體，還是普通民眾，當中華民族處於重大危難關頭時，團結奮起抗爭，用熱血鑄就的愛國情懷和

民族氣節構成了一個民族的精神坐標。陳健文主席表示，當今香港青年亦要了解和銘記中華民族的歷史，增強對內地的認識和國家的認同，積極參與中華民族的偉大復興事業。

中國文化基金會主席、CAGA副主席石柱回顧黨史，中共從上海、嘉興寥寥數人開始，作為執政黨，幫助國家實現國富民強，走向自主道路，一系列經歷挫折跌宕起伏，卻始終保持一顆為人民服務的初心。中國軍隊憑藉自己的血性和毅力取得抗美援朝勝利，使中國人在國際社會中的地位和威望大大提高，逐步有了世界話語權。歷史再一次證明，中國共產黨有能力靠自己的力量糾正錯誤，勇於自我革命的品格，是在百年黨建實踐中不斷形成的。他強調國人要重新正確認識中國博大精深的文化，推動國家發展建設。

香港股票分析師協會主席、CAGA理事鄧聲興為與會同學分享了其在互聯網科技投資的心得體會，表示互聯網時代來臨，跨界發展已是銳不可擋的趨勢，互聯網企業的用戶忠誠度高，可以為企業發展帶來巨大估值，亦建議大家在投資時可以採取分散投資，不一定局限於股票上。互聯網使傳統企業價值鏈的活動方式發生了變化，促使企業積極更新思想，應對新的挑戰。

卓悅控股有限公司執行董事兼運營總裁趙麗娟表示青年強則國家強，中國青年對祖國的熱愛，推動國家不斷向更高的層次邁進。希望香港能夠為青年搭建良好的教育平台，讓香港青年認識國家的發展，了解國情，助力香港青年融入粵港澳大灣區建設。

圖為中國文化基金會主席、CAGA副主席石柱

圖為香港股票分析師協會主席、CAGA理事鄧聲興

圖為CAGA18班陳兆周同學

圖為卓悅控股有限公司執行董事兼運營總裁趙麗娟

區塊鏈助中小企數字轉型

圖為香港華為雲業務總監何啟祥

2021年6月19日上午，中國國家行政學院（香港）工商專業同學會（簡稱CAGA）半日壇於香港恒生大學何善衡教學大樓舉行。本次半日壇圍繞三個環節開展，主題一「企業構建全方位區塊鏈服務與大數據的機遇及策略」、主題二「區塊鏈技術在數字化轉型中擔任的角色，區塊鏈在香港和大灣區的發展機遇」及專題討論「區塊鏈的應用實踐——如何改變香港社會和商業」。

研討會邀請了香港恒生大學何順文校長為活動致歡迎辭，誠邀香港華為雲業務總監何啟祥擔任主題一「企業構建全方位區塊鏈服務與大數據的機遇及策略」分享嘉賓，誠邀香港區塊鏈產業協會會長、CAGA秘書長王俊文擔任主題二「區塊鏈技術在數字化轉型中擔任的角色，區塊鏈在香港和大灣區的發展機遇」分享嘉賓。由香港華為雲業務總監何啟祥、香港物流商會主席鍾鴻興及BC科技集團執行董事刁家駿參與專題討論「區塊鏈的應用實踐——如何改變香港社會和商業」，分享區塊鏈技術在數字化轉型中的角色，在大灣區及本港的發展機遇，以及該技術如何整合應用在技術創新及產業當中等多項議題。

主題一「企業構建全方位區塊鏈服務與大數據的機遇及策略」

何啟祥先生指出，集團旗下的華為雲業務在內地高速發展，內地現有四五十個行業，如醫療、零售及保險、服裝等應用區塊鏈，區塊鏈的去中心化特性，加快了

企業轉型，他期望隨着本港推動區塊鏈產業，很快就會出現應用行業的示範單位，讓各行業借鏡其轉型成功的經驗，成為本港經濟發展的新動力。

主題二「區塊鏈技術在數字化轉型中擔任的角色，區塊鏈在香港和大灣區的發展機遇」

圖為香港區塊鏈產業協會創會會長王俊文

王俊文表示，該會成立至今一直致力向公眾介紹及推介區塊鏈及相關技術，鼓勵技術創新，更積極推動區塊鏈技術與官、研、商與產業等多方協作。他指出，隨着區塊鏈技術近年發展成熟，結合人工智能、大數據及物聯網等，有助企業轉型與創新。他分析指，在本港，區塊鏈應用於金融、物流、虛擬貨幣，及 NFT 區塊鏈認證服務如加密數位藝術品等，相信未來市場充滿着無限的商機。

專題討論「區塊鏈的應用實踐如何改變香港社會和商業」

圖右一為香港物流商會主席鍾鴻興，右二為 BC 科技集團執行董事刁家駿

物流業是本港應用區塊鏈的先導行業之一，鍾鴻興先生提及，新冠疫情影響各行各業，對物流業而言卻有意外的增長，增長主要來自醫療消毒物品、電商、超市

等業務需求。他表示，業界利用區塊鏈技術，可即時掌握各個流程，提升物流效率。

刁家駿先生表示，區塊鏈近年逐步應用於金融業當中，除衍生虛擬貨幣外，更締造數字資產生態圈，及創新金融與傳統金融領域進行對接；他指出，本港作為國際金融中心，扮演中外金融交流重要平台，集團冀助企業在大灣區合規開拓及對接金融市場。

圖為香港恒生大學何順文校長為活動致歡迎辭

圖為香港區塊鏈產業協會主辦方為 CAGA 作為支持機構授予感謝狀

新常態下科技賦能金融領域

2021 年 6 月 5 日上午，中國國家行政學院（香港）工商專業同學會（簡稱 CAGA）半日壇於香港荃灣舉行。本次半日壇圍繞三個主題開展，「香港金融交易的過去與將來」、「網上支付新常態」、「以數據驅動綠色金融」。由卓悅控股有限公司董事局主席、CAGA 主席陳健文擔任榮譽主持，香港區塊鏈產業協會會長、CAGA 秘書長王俊文擔任主持。

本次活動邀請了互通金融科技集團行政總裁、信昇亞洲指數有限公司指數委員會主席黃愛玲擔任主題一「香港金融交易的過去與將來」分享嘉賓，

圖為互通金融科技集團行政總裁、信昇亞洲指數有限公司指數委員會主席黃愛玲

Vcan Global Limited CEO 龔倚澄擔任主題二「網上支付新常態」分享嘉賓，誠邀益思智綠色金融科技有限公司創始團隊 ESG 業務經理魏嘉怡擔任主題三「以數據驅動綠色金融」分享嘉賓。

主題一「香港金融交易的過去與將來」

黃愛玲女士為與會同學介紹了香港金融交易的過去情況，從金融科技、加密貨幣、電子資產和錢包等方面展望香港未來金融市場的發展。中美貿易戰對全世界的企業活動構成衝擊，金融將會成為主要戰場。通過發展電子資產、反洗黑錢方案去打造更加公平透明的金融生態系統，增加貿易機會，促進中國香港在「一帶一路」的發展。

主題二「網上支付新常態」

龔倚澄女士為與會同學介紹了現今比較熱門的網店收款工具，講解了每種收款工具的優缺點、商家應如何選擇合適的收款方式以及為與會同學拓展海外銷售的回款工具。本地最常使用的支付方式有：信用卡、銀行轉賬、PayMe 和轉數快，從成本、使用限制、功能性和客戶體驗詳細解說了每種支付方式的特性，表示未來社會預期電子支付市場將會不斷擴大和發展。

圖為 Vcan Global Limited CEO 龔倚澄

圖為益思智綠色金融科技有限公司創始團隊 ESG 業務經理魏嘉怡

主題三「以數據驅動綠色金融」

魏嘉怡女士表示數據能夠幫助推進綠色金融的發展。綠色金融是指在投資決策中，把環境條件相關的信息、風險和成本都融合進金融的日常業務中，通過一系列政策和制度安排來吸引民間資本對環保、能源等綠色產業的資本投資。面對氣候變化，為更好實現碳中和與碳達峰的要求，致力於推動各大投資機構在

決策過程中納入 ESG 原則，但目前政府的政策與激勵機制、ESG 的表現及數據的素質等方面對 ESG 的發展仍存在挑戰。

「自由討論」

圖為卓悅控股有限公司董事局主席、CAGA 主席陳健文

圖為香港區塊鏈產業協會會長、CAGA 秘書長王俊文

圖為香港股票分析師協會會長、CAGA 理事鄧聲興

「旅遊業何去何從」暨
「探索建立香港新青年文化和價值觀」

　　2021 年 5 月 15 日上午，中國國家行政學院（香港）工商專業同學會（簡稱 CAGA）半日壇於香港荃灣舉行。本次半日壇圍繞兩個主題開展，「旅遊業何去何從」暨「探索建立香港新青年文化和價值觀」。由卓悅控股有限公司董事局主席、CAGA 主席陳健文擔任榮譽主持，香港區塊鏈產業協會會長、CAGA 秘書長王俊文擔任主持。

圖為香港中國旅行社副董事長、香港旅行社解困大聯盟召集人姚柏良

　　本次活動邀請了香港中國旅行社副董事長、香港旅行社解困大聯盟召集人姚柏良，寶信國際旅遊有限公司董事總經理、香港外遊旅行團代理商協會主席蘇子楊擔任主題一「旅遊業何去何從」分享嘉賓，立橋銀行市場宣傳及公共關係部總監、CAGA 理事裴定安擔任主題二「探索建立香港新青年文化和價值觀」分享嘉賓。

主題一「旅遊業何去何從」

姚柏良先生為與會同學分享了現今旅遊業界的狀況，表示香港旅遊業受疫情影響已長期處於停擺狀態。旅遊業是香港四大支柱行業之一，影響着數以萬計基層勞工家庭生存及生活，需要政府及相關部門與業界一同為疫後做好規劃，提出針對性紓困措施幫助旅遊業渡過寒冬，盡快走出困境。各旅遊企業亦要為疫後積極做好經營恢復準備工作，提高競爭力，把握疫後復甦的機遇。

蘇子楊先生就旅遊業問題，分享應該如何面對及解決疫情帶來的困境及為與會同學帶來最新的旅遊資訊。他表示，香港政府早前推出多項措施振興本地旅遊，如綠色生態遊及旅遊氣泡等，如不與大灣區及內地城市通關，這些措施對旅遊業復甦的幫助極為有限。同時，旅遊業屬於接近冰封狀態，旅遊業者生計受到影響，導致人才流失，希望政府及相關部門能夠

圖為寶信國際旅遊有限公司董事總經理、香港外遊旅行團代理商協會主席蘇子楊

重視，學習和借鑒新加坡的方式，盡快恢復兩地正常通關，恢復正常的生活。

主題二「探索建立香港新青年文化和價值觀」

裴定安先生表示，香港是國際金融中心，是國家雙向開放的「橋頭堡」，也是東西方文化薈萃之地，香港的繁榮穩定，對於國家的發展有着重要作用，香港青年亦在這發展大局中扮演重要角色。內地青年與香港青年由於成長的土壤不同而在文化和價值觀方面也存在一定差異，香港新青年，需要在清楚認識和發揚自身原有優勢的前提下，增強對國家認同、民族認同和文化認同，積極主動地了解內地的發展及社會制

圖為立橋銀行市場宣傳及公共關係部總監、CAGA 理事裴定安

度，了解國家的未來。他認為，建立香港新青年文化和價值觀具有重要意義。

「自由討論」

圖為卓悅控股有限公司董事局主席、CAGA 主席陳健文

圖為中國文化基金會主席、CAGA 副主席石柱

圖為國聯假期有限公司行政總裁、CAGA 副主席謝淦廷

圖為香港區塊鏈產業協會會長、CAGA 秘書長王俊文

圖為香港股票分析師協會主席、CAGA 理事鄧聲興

圖為 CAGA14 班同學張綺媚

圖為 CAGA19 班同學李淑華

圖為 CAGA19 班同學陳秀金

「五四及新文化運動對當代香港青年的啟思」暨「疫情下數碼轉型與綠色經濟」

2021 年 5 月 8 日上午，中國國家行政學院（香港）工商專業同學會（簡稱 CAGA）半日壇於香港荃灣舉行。本次半日壇圍繞兩個主題開展，「五四及新文化運動對當代香港青年的啟思」暨「疫情下經濟轉型：數碼轉型與綠色經濟」。由卓悅控股有限公司董事局主席、CAGA 主席陳健文擔任榮譽主持，香港區塊鏈產業協會會長、CAGA 秘書長王俊文擔任主持。

圖為貴州省政協委員、中華文化傳承交流聯合會會長、澳門愛國教育青年協會理事長、CAGA 理事簡浩賢

本次活動邀請了貴州省政協委員、中華文化傳承交流聯合會會長、澳門愛國教育青年協會理事長、CAGA 理事簡浩賢，現實教育創始人、勵志教育青年基金創辦人兼主席 、CAGA 理事李子楓，CAGA22 班同學劉曉莉擔任主題一「五四及新文化運動對當代

香港青年的啟思」分享嘉賓,人才管理發展學院首席顧問、香港理工大學專業進修學院高級顧問鄒兆鵬博士擔任主題二「疫情下經濟轉型:數碼轉型與綠色經濟」分享嘉賓。

主題一「五四及新文化運動對當代香港青年的啟思」

簡浩賢先生為與會同學介紹了關於五四運動及新文化運動的歷史背景,表示五四精神對當代有以下的啟示:①再次證明弱國沒有外交,國家必須強大才有話語權;②當代青年難以理解國家站起來的艱辛,我們今天都享受了中國富起來的成果,未來更需要為中華民族強起來作貢獻;③未來全球很多國家對中國的圍堵將越來越激烈,打壓與抹黑更不會停止。所以香港青年需要為國家發展敢於貢獻力量,在香港未來敢於發聲,亦在香港經濟治理上敢於擔當。

圖為現實教育創始人、勵志教育青年基金創辦人兼主席、CAGA 理事李子楓

李子楓先生表示,五四運動是一群青年維護國家權益的青年愛國運動。反觀近兩年來香港青年破壞國家安全的行為,充分反映當代香港青年對國家的歷史認識不夠,對中國內地的發展及國情了解不深。在新冠肺炎疫情襲來之際,中國內地青年一代主動提出「新冠肺炎請戰書」加入抗疫前線,在國家人民需要之際,自覺肩負青年重任,履行青年使命。如今中國在綜合國力及軍事方面逐步發展壯大,希望香港青年一代能夠了解國家發展並參與其中。

劉曉莉女士表示五四運動對中國歷史影響深遠,五四精神亦具有其時代價值,是當代中國青年成長的行動指南。①從鴉片戰爭至五四運動前夕,中國從泱泱大國淪落至任人宰割的羔羊,讓國人明白落後就要挨打的教訓。但挨打不等於被打倒,落後也不等於一直要挨打,這要求弱者要不斷尋求自我革新,自守、自立和自強。②五四運動是挽回民族尊嚴的一場愛國

圖為 CAGA22 班同學劉曉莉

主義運動，作為青年一代，要飲水思源，感恩國家和社會，隨着時代的進步要對自身能力和素質提出更高的要求，把握時代的潮流和國家需要，服務社會。

主題二「疫情下經濟轉型：數碼轉型與綠色經濟」

鄒兆鵬博士為與會同學從企業數碼化轉型及綠色經濟議題進行分享，表示疫情使大家生活秩序和經營生態發展大逆轉，現時香港面對社會和經濟挑戰，數碼轉型及綠色經濟可作為未來香港經濟轉型目標，幫助企業構建生態圈走出疫境。疫情新常態下，人類開始適應低碳綠色的經濟運行模式，如遙距工作、無接觸服務、減少出行等，充分證明全新的低碳路徑是可行的。政府、社會、企業團體都有責任共同面對全球暖化問題，重新構建一個公正、友善且可持續的新經濟環境。

圖為人才管理發展學院首席顧問、香港理工大學專業進修學院高級顧問鄒兆鵬博士

「自由討論」

圖為卓悅控股有限公司董事局主席、CAGA主席陳健文

圖為中國文化基金會主席、CAGA副主席石柱

圖為香港區塊鏈產業協會會長、CAGA秘書長王俊文

圖為香港股票分析師協會會長、CAGA理事鄧聲興

「香港債券市場簡介與綠色債券機會」暨 「新常態下提煉職業生涯的跨能技藝」

2021年4月24日上午，中國國家行政學院（香港）工商專業同學會（簡稱 CAGA）半日壇於香港荃灣舉行。本次半日壇圍繞兩個主題開展，「香港債券市場簡介與綠色債券機會」暨「新常態下提煉職業生涯的跨能技藝」。由卓悅控股有限公司董事局主席、CAGA 主席陳健文擔任榮譽主持，香港區塊鏈產業協會會長、CAGA 秘書長王俊文擔任主持。

本次活動邀請了十大傑出新香港青年、時和資產固定收益主管溫凡擔任主題一「香港債券市場簡介與綠色債券機會」分享嘉賓，邀請 Allivision Partners Ltd 投資董事、香港特許分析師學會副會長、AngelHub 等基金投委會成員、清華大學 EMBA、倫敦商學院金融碩士何敏先生（筆名：艾雲豪）擔任主題二「新常態下提煉職業生涯的跨能技藝」分享嘉賓。

主題一「香港債券市場簡介與綠色債券機會」

溫凡先生為與會同學介紹目前香港債券市場概況，表示香港作為離岸人民幣業務中心，在人民幣國際化、「一帶一路」及粵港澳大灣區的戰略規劃下，香港金融市場在連接國內和國際投資者以及服務企業等方面可以發揮更大作用。同時，溫凡為與會同學介紹了綠色資產及 ESG 投資發展理念。綠色投資的需求日益增加，對發行人、投資者及認證機構來說，都是大有裨益。香港擁有極具競爭力的金融體系及專業水平，大有條件發展成亞洲的綠色金融中心，滿足相關

圖為十大傑出新香港青年、時和資產固定收益主管溫凡

投資需求。

主題二「新常態下提煉職業生涯的跨能技藝」

何敏先生（筆名：艾雲豪）為與會同學拆解著名的公式「成就＝運氣＋技藝」，以諾貝爾經濟學獎得主的研究以及體育和娛樂界巨星的業績，把成就方程式逐格分解。以足球或運動作為場景，透視背後的行為邏輯；借 C 朗拿度、老虎活士、費達拿等的故事，透視天王巨星怎樣憑天賦努力，鍛煉超凡技藝，做到名利雙收；而從行為科學和複雜網絡科學中，窺探「我們」如何能以想像做到絕處逢生。艾雲豪同時以流行歌曲、電影、百老匯經典歌劇，來引導大家進入一個眩目但陰暗的世界。

圖為 Allivision Partners Ltd 投資董事、香港特許分析師學會副會長、AngelHub 等基金投委會成員、清華大學 EMBA、倫敦商學院金融碩士何敏先生（筆名：艾雲豪）

「自由討論」

圖為卓悅控股有限公司董事局主席、CAGA 主席陳健文

圖為香港區塊鏈產業協會會長、CAGA 秘書長王俊文

圖為於荃灣現場參會的同學

「後疫情時代香港青年人的困局與機遇」暨
「如何利用數字化幫助傳統企業升級轉型」

　　2021 年 4 月 17 日上午，中國國家行政學院（香港）工商專業同學會（簡稱 CAGA）半日壇於香港荃灣舉行。本次半日壇圍繞兩個主題開展，「後疫情時代香港青年人的困局與機遇」、「如何利用數字化幫助傳統企業升級轉型」。由卓悅控股有限公司董事局主席、CAGA 主席陳健文擔任榮譽主持，香港區塊鏈產業協會會長、CAGA 秘書長王俊文擔任主持。

　　誠邀香港大學學術聯絡部總監、CAGA 理事黎慧霞，香港大學信興學院導師李津霆及五位香港大學學生代表參與主題一分享「後疫情時代香港青年人的困局與機遇」，誠邀國信會計師事務所有限公司董事總經理、CAGA 義務會計師郭志成，OpenCertHub 主席、數家初創首席顧問、香港中文大學商學院副教授湛家揚博士，亞洲金融科技師學會副主席辛建國擔任主題二「如何利用數字化幫助傳統企業升級轉型」分享嘉賓。

圖為卓悅控股有限公司董事局主席、CAGA 主席陳健文

　　陳健文先生鼓勵青年人應該發揚刻苦的精神，享受付出後帶來的幸福感。其次，表示未來 20 年，各行業產業在數字化及科技的發展下會產生較大的轉變，數字化將會被引入不同的行業從而幫助商家進行精細化的分配。

　　王俊文先生表示每個年代都有不同的發展機遇及時代挑戰，也會造就不同的人才出現。作為前輩，可以為年輕人提供些許成功的經驗和失敗的教訓以供借鑒；青年一輩目前所處

圖為香港區塊鏈產業協會會長、CAGA 秘書長王俊文

的時代日新月異，也可以多與老一輩分享新想法、新思想。亦表示希望在座的各位優秀青年代表可以為同輩及社會未來做更大的貢獻。

主題一「後疫情時代香港青年人的困局與機遇」

　　黎慧霞女士從青年人的目標、未來的發展方向及規劃、目前所遇到的挑戰向與會的五位香港大學學生提問，傾聽學生們的心聲。近兩三年，香港在社會運動及疫情的影響下，部分大學生會感到迷茫，但也不是每位青年學生都是只有負面的情緒。黎慧霞女士表示，社會仍然要對青年人充滿希望，多給青年人機會參與社會事務，通過溝通解決矛盾，也希望更多的青年人可以為社會做出貢獻。

圖為香港大學學術聯絡部總監、CAGA 理事黎慧霞

　　李津霆導師表示，香港本地學生、內地學生及國際學生均會碰到不同的問題，大部分學生一開始

圖為香港大學信興學院導師李津霆

入學都會感到迷茫、存在文化差異問題等。但來自不同區域的學生可以通過相互的溝通、交流分享及參與學校活動，增進彼此的互相認識及了解，慢慢亦能夠求同存異、融入其中。他鼓勵在校學生走出自己的舒適圈，從多方面看待世界，也希望社會能夠多給機會讓青年人去發展。

　　香港大學學生代表黎伯韜為與會 CAGA 會員分享自身的專業及未來的發展規劃。黎伯韜同學認為現今很多學生到企業實習，所做的工作層次不高，不能夠很好地讓實習學生了解公司的運作及整個大行業的環境及發展前景。希望社會未來可以多給實習的學生機會去參與管理層方面的會議，讓學生可以接觸管理層決策的過程及資訊，為未來的就業更好地裝備自己。

圖為香港大學學生代表黎伯韜

香港大學學生代表楊曉雯從自身所修讀的三個專業進行分享，分別是心理學、犯罪學及藝術，表示未來也會考慮回到祖國發展，並參與國家的建設，但目前國家對藝術、心理學等產業的支持力度不夠，希望國家及社會能夠為青年人提供多些發展的機會。

圖為香港大學學生代表楊曉雯

香港大學學生代表張智傑目前已於中資企業就業，當下疫情對目前的工作會產生一定的影響，減少了自己與內地客戶見面及交流的機會。張智傑同學為與會者分享在中資企業的工作感悟，認為在中資企業工作，有為學生提供很多機會去參與不同國家的實習及交流活動，有助於打開學生的國際化視

圖為香港大學學生代表張智傑

野，也為學生發展提供了很多的契機，對中資機構未來在港的發展前景表示肯定。

香港大學學生代表胡中瑜於港大修讀計算機專業，亦在讀書期間參與不同機構及企業的實習。胡中瑜同學為與會者分享其目前的學業及就業的規劃，疫情對計算

圖為香港大學學生代表胡中瑜

圖為香港大學學生代表李梓成

機及金融科技方面的發展有推動作用，表示目前對自身未來的發展還是有比較清晰的規劃。

香港大學學生代表李梓成在大學讀書期間，亦擔任不少的社會公職及參與社會事務的服務。李梓成認為，作為一個青年人，應該要思考如何在香港這樣的一個大都市下去幫助更多有需要的人。年輕人需要有夢想，社會也需要去幫助更多青年人實現他們的夢想。李梓成同學在校修讀中國文化及音樂專業，希望能夠在疫情後多參與中國文化的交流項目，從而加深自己對中國文化的理解。

主題二「如何利用數字化幫助傳統企業升級轉型」

郭志成先生為與會者分享如何利用數字化幫助傳統企業升級轉型。在疫情下，不少傳統企業利用數字化不斷改變企業的管理及生產方式，零售業是受到新技術影響最大的行業。推動數字化的發展，並不是技術的問題，而是人的問題。同時，用自身過往的經歷，鼓勵在座青年大學生在未來的發展中，要用自己的最大熱情去投入和擁抱工作和生活。

圖為國信會計師事務所有限公司董事總經理、CAGA 義務會計師郭志成

湛家揚博士表示數字化轉型涉及到每個傳統行業，如金融、物流等。科技迎合市場的需求變化幫助客戶解決痛點問題。目前需要中小企業在疫情下進行數字化轉型，但是對於轉型的投入及前期的付出是否能夠堅持下去成為轉型成功的關鍵。

辛建國表示，疫情改變了大家的日常生活。在數字化科技的幫助下，如 AI、大數據等能夠有效提升精準度。辛建國重點從零售業方面為與會者分享，目前越來越多的實體零售店與生產企業合作，藉助數字化工具實現引流客戶，重構大數據場景。在生產領域，傳統製造業要實現從製造大國走向製造強國，離不開智能製造、工業互聯網促使製造業自動化改造升級。數字化轉型對醫療行業、教育領域的發展亦有很大的促進作用。

圖為 OpenCertHub 主席、數家初創首席顧問、香港中文大學商學院副教授湛家揚

「滴灌通系統與百萬生態投資機會」暨學習、討論人大3·11決定和「愛國者治港」

2021年3月20日上午，中國國家行政學院（香港）工商專業同學會（簡稱CAGA）半日壇於香港荃灣舉行。本次活動圍繞兩個主題開展：「滴灌通系統與百萬生態投資機會」與「學習、討論人大3·11決定和『愛國者治港』」。由卓悅控股有限公司董事局主席、CAGA主席陳健文擔任榮譽主持，香港區塊鏈產業協會會長、CAGA秘書長王俊文擔任主持。

本次活動誠邀了牛碼新市聯合創辦人、東英金融集團創辦合夥人、行政總裁張高波擔任主題一分享嘉賓，CAGA陳健文主席、石柱副主席、謝淦廷副主席、王俊文秘書長、鍾鴻興副秘書長、陳浩華副秘書長、項慈恩副秘書長、李冠群常務理事、蘇英常務理事擔任主題二分享嘉賓。

主題一：滴灌通系統與百萬生態投資機會

張高波先生表示，滴灌通的概念靈感來源於以色列，以色列從一個嚴重缺乏水資源的國家，利用精準灌溉的技術成為了農業大國。張高波總裁為與會同學講解了滴灌通創立的初心及未來發展的運作模式，主要從兩大需求及香港定位進行闡釋。兩大需求是指國

圖為牛碼新市聯合創辦人、東英金融集團創辦合夥人、行政總裁張高波

際資本需求及中國真正底層實體經濟的需求，定位是指香港作為國際資本橋樑。國際資本現正尋求有回報的投資機會，同時隨着中國數字化經濟的發展，中國市場有很多中小企業發展前景光明，但缺乏資金的加持。香港可以扮演國際資本橋樑的作用，構建一個系統精準地把傳統金融機構的資金注入中國千千萬萬中小實體當中，幫助其成長。

主題二：學習、討論人大 3‧11 決定和「愛國者治港」

圖為卓悅控股有限公司董事局主席、CAGA 主席陳健文

陳健文先生表示全國人大高票通過《關於完善香港特別行政區選舉制度的決定》，人大 3‧11 的決定規定選委會人數從 1,200 人增加至 1,500 人，立法會議席從 70 席增至 90 席；同時增加選委會職能。陳健文主席表示 CAGA 同學們可以認真了解、學習人大 3‧11 決定，對修改基本法附件一、附件二提出意見和建議。「愛國者治港」體現了兩個層面的問題，一是治理者要愛國，二是愛國者要有治理能力。鼓勵大家不僅可以為香港的發展建言獻策，亦可以以愛國者身份積極參與「愛國者治港」，承擔應有的社會責任。

石柱先生表示，中央對港政策的調整，時機很關鍵。縱向來看，香港自回歸以來，積累了很多嚴重的政治、經濟、社會問題，靠內部機制已經難以自救。橫向來看，世界面臨百年未有之大變局，國際政治格局正在發生急劇變化，中國崛起面臨以美國為首的西方國家嚴重的挑戰，而香港卻不幸成為了他們對付我們的「萬能劫材」。只有國家的果斷應變，才能解救

圖為中國文化基金會主席、CAGA 副主席石柱

香港困局，才能讓香港不會淪為西方阻撓中國發展的工具，讓香港為國家發展戰略發揮更大作用。香港主流社會也許存在凡事崇尚西方的傾向，大家應該要重新認識我們的國家和文化。CAGA 是典型的愛國愛港群體，大家可以多思考如何為香港、為國家出一份力，歡迎大家提出建議。

圖為國聯假期有限公司 CEO、CAGA 副主席謝淦廷

謝淦廷先生表示，過往的「黑暴」、「攬炒」導致香港經濟下挫，法治受損，不惜把香港毀掉，以此來要挾和癱瘓香港特區政府。他對香港區國安法及人大常委會 3‧11 決定表示堅定的支持，此舉有助於香

港由亂到治，重回發展的正軌，香港應珍惜法治社會秩序恢復的良好勢頭。「愛國者治港」是理所當然、天經地義的安排。只有在「一國」之下，「兩制」才能發展；香港要不受國外勢力操縱或利用，才有持續發展的空間，才能真正為香港謀福利。

王俊文先生表示學習、討論人大3‧11決定和「愛國者治港」對香港未來的發展意義重大。3‧11決定對於「愛國者治港」及如何改善選舉制度需要大家充分討論，香港社會各界人士亦紛紛對此提出意見，如同學們對此有何建議可以向秘書處提出，由CAGA秘書處統一歸納匯總。

圖為香港區塊鏈產業協會會長、CAGA 秘書長王俊文

鍾鴻興先生表示過去許多行業由於制度的限制發展一直受阻，例如基建行業，完善選舉制度有助於落實「愛國者治港」。鄧小平曾指出，「港人治港有個界線和標準，就是必須由以愛國者為主體的港人來治理香港」，指出愛國者必須「尊重自己民族，誠心誠意擁護祖國恢復行使對香港的主權，不損害香港的繁榮和穩定」。如在新一屆立法會選舉及特首選舉上加入「愛國者治港」元素，將有助於全面提升香港的管治效率。

圖為香港物流商會主席、CAGA 常務理事兼副秘書長鍾鴻興

陳浩華先生為與會同學簡單介紹了關於新一屆立法會選舉及選委人數及功能界別的劃分，其建議在未來立法會及選委人數比例上可以適當增加青年人的參政機會，讓青年團體能夠在參與過程中提出可行性的落地方案，聆聽青年人的聲音，反映出青年團體的立場。同時，司法機構上建議也能增加青年人才的比例，多與青年人互動、協作。

圖為亞洲創效投資有限公司主席、CAGA 常務理事兼副秘書長陳浩華

圖為 CAGA 理事兼副
秘書長項慈恩

圖為香港人壽保險從業員
協會會長兼行業部主席、
CAGA 常務理事李冠群

圖為洲明科技（香港）
有限公司總裁、CAGA
常務理事蘇英

項慈恩先生表示，香港國安法的頒布如同定海神針，維護了國家安全，護香港有穩定的發展環境。「愛國者治港」的理念和標準，是「港人治港」的升級版，也是治港理念的全新昇華。他表示香港大部分的理念及法律制度是港英時期遺留下來的，其近年在大中華區整體的經濟地位有所下降，部分制度已經過時及可能有影響國家安全的漏洞。

李冠群先生表示對香港未來的發展仍是保持樂觀的態度，現今的改革是圍繞基本法去進行完善，讓大家更清楚了解何為「愛國者治港」。建議未來香港法官可以有香港和內地兩地的法律背景，了解兩地的法律制度。此外，CAGA 作為一個愛國愛港的群體，亦是作為工商各界優秀代表的團體，可以鼓勵多些不同背景的學員去參與政府的有關政策的討論。只有在國家安全、政治穩定的環境下，經濟才能更好地繁榮發展。

蘇英女士表示，全國人大的決定對提升未來香港的行政、立法、司法三方面的運轉效率將產生積極作用，對香港經濟的發展起到很好的促進作用，對香港青年融入大灣區起到很大的鼓舞作用。「愛國者治港」，實際上一切是為香港好，是為了保證香港繁榮穩定和「一國兩制」能夠行穩致遠。相信「愛國者治港」能為香港帶來更美好的未來！

「自由討論」

圖為香港股票分析師協會主席、CAGA 理事鄧聲興

圖為秦覺忠律師行主席、簡家驄律師行合夥人、德和衡前海聯營所香港律師、香港理工大學金融科技博士研究生、CAGA 理事秦覺忠

圖為 CAGA18 班同學楊文達

傳達學習全國兩會精神
堅決支持落實「愛國者治港」

2021 年 3 月 13 日上午，中國國家行政學院（香港）工商專業同學會（簡稱 CAGA）半日壇於香港荃灣舉行。本次活動圍繞兩個主題「傳達學習全國兩會精神，堅決支持落實愛國者治港」及「SPAC 的投資策略」開展。由卓悅控股有限公司董事局主席、CAGA 主席陳健文擔任榮譽主持，香港區塊鏈產業協會會長、CAGA 秘書長王俊文擔任主持。

本次活動誠邀 CAGA 陳健文主席、沈華副主席（線上）、石柱副主席（線上）、王俊文秘書長、張江亨副秘書長擔任主題一「傳達學習全國兩會精神，堅決支持落實愛國者治港」分享嘉賓，誠邀元庫證券有限公司執行董事、HHG Capital Corp 主席兼 CEO 史健，Model Performance Acquisition Corp 主席兼 CEO 曾思維擔任主題二「SPAC 的投資策略」分享嘉賓。

主題一：傳達學習全國兩會精神——堅決支持落實「愛國者治港」

陳健文先生表示，全國人大審議通過完善香港特區選舉制度的決定是確保「愛國者治港」得以落實的制度性安排，這一決定是非常及時和必要的。陳健文主席表示，愛國者的標準很寬泛，愛國與否，歸根到底要看他是否有一顆愛國之心。愛國者只是最低標準，要治港還要有能力、敢擔當，有關人士須站得高、看得遠，了解國際形勢、香港問題，並須積極推動發展。「愛國者治港，亂港者出局」，香港才有美好的未來，才能為下一代奠定良好的發展基礎。

圖為卓悅控股有限公司董事局主席、CAGA 主席陳健文

沈華先生對人大的決定表示堅決擁護。目前已經出台了香港國安法，再完善選舉制度，亂港分子就很難再搞亂，香港能夠慢慢恢復。繼制定實施香港國安法後，中央進一步完善香港法律和政治體制，從制度機制上全面貫徹、體現和落實「愛國者治港」的原則，必將確保實現以愛國者為主體的「港人治港」，有力保障香港「一國兩制」實踐行穩致遠，是香港長治久

圖為中銀香港資產管理有限公司行政總裁、CAGA 副主席沈華

安的定海神針，有助於彌合香港社會上的撕裂，讓管治者逐步將重心關注到解決香港深層次矛盾問題上，如住房及貧富懸殊等。

圖為中國文化基金會主席、CAGA 副主席石柱

石柱先生表示，「香港 50 年不變」，並非是指中央／國家對香港 50 年完全撒手不管。完善選舉制度、落實「愛國者治港」，從立法層面對重要官員的任命做出規定，是對過去政策上的糾偏和及時調整，為香港解困，確保香港管治權牢牢握在愛國愛港者手中，此舉對香港社會未來發展十分重要。同時，CAGA 是愛國愛港群體，應該更加積極去思考如何在落實「愛國者治港」方面發揮作用，如何為香港未來的發展提供更大的貢獻。

王俊文先生為與會同學從香港現階段議會的功能界別及組成團體進行分析，表示中央完善選舉制度、落實「愛國者治港」決定有助於堵塞選舉漏洞，優化制度。人大將香港特首選委增至 1,500 人，此舉有助於增加愛國愛港者成分，將會更加關注和重視中下層市民的利益、解決過去深層次的矛盾問題。確保「愛國者治港」，有助於更好地融入國家發展大局，香港人的福祉將更有保障，前景將會更加美好、和諧。

圖為香港區塊鏈產業協會會長、CAGA 秘書長王俊文

張江亭先生從「愛」的角度闡釋了「愛國者治港」原則，其表示香港管治者如果愛香港，應該真正把香港社會發展好，而非利用現行的法律制度破壞香港，製造

事端，致使香港變成亂局。治港者應該重視道德，其次是才能。CAGA 亦可以發揮同學會的優勢，培養愛國愛港的政治、法律、管理人才，推送人才入校學習並於畢業後服務社會及組織。

主題二：SPAC 的投資策略

史健先生為與會同學講解了關於 SPAC 在不同時間、不同階段投資時的投資方法。其表示，從投資人角度參與 SPAC 投資，風險是可控的。SPAC 通常由投資、財務領域的資深人士或商界精英作為發起人（管理團隊），由專業投資機構募資而組建上市，目的是通過上市融得資金，在某些行業或地域中併購不特定的企業。同時也詳細專業地介紹了 SPAC 的運營程序、如何分離 Unit、如何執行 Warrant 等內容。如同學們仍有疑問，亦歡迎大家加入 CAGA SPAC 交流群組諮詢。

曾思維先生為與會同學講解 SPAC 投資與傳統企業 IPO 上市的區別，認為 SPAC 是一種創新融資方式，但其不同在於不需要自己買一個上市的殼，而是自己造殼。SPAC 的募資金額有可能會比傳統的 IPO 大得多，也比創科板企業更容易上市。同時，SPAC 對投資者亦有保護機制，個人投資者有權利享有從私募市場到公開市場的投資套利，也可以靈活決定退出，資金會存放在信託賬戶，合併通過後才能使用，清盤時能夠收回大部分投資。

圖為次元文化有限公司創辦人、CAGA 常務理事兼副秘書長張江亭

圖為元庫證券有限公司執行董事、HHG Capital Corp 主席兼 CEO 史健

圖為 Model Performance Acquisition Corp 主席兼 CEO 曾思維

「自由討論」

圖為香港小輪（集團）有限公司集團總經理、CAGA 常務理事何志盛

圖為秦覺忠律師行主席、簡家驄律師行合夥人、德和衡前海聯營所香港律師、香港理工大學金融科技博士研究生、CAGA 理事秦覺忠

圖為 CAGA8 班同學史理生

圖左為陳國斌先生，圖右為 CAGA14 班同學張綺媚

圖為 CAGA20 班同學凌永山

CAGA半日壇暨2021年
新春線上團拜舉行

2021年2月20日（農曆大年初九）上午，中國國家行政學院（香港）工商專業同學會（簡稱CAGA）半日壇暨2021年新春線上團拜圓滿舉行。本次半日壇圍繞三個主題為與會同學分享——「香港今年的經濟有機會扭轉乾坤嗎」、「創新集資上市——美市SPAC的大熱對香港第二十一章的啟示」、「香港的綠色金融與ESG投資發展概況」。

商務及經濟發展局陳百里副局長、CAGA陳健文主席、沈華副主席、石柱副主席、謝淦廷副主席、許慕韓副主席、王俊文秘書長、張江亭副秘書長、鍾鴻興副秘書長、陳浩華副秘書長、項慈恩副秘書長、甄灼寧義務法律顧問、郭志成義務會計師（線上）、李冠群常務理事（線上）、林至穎理事（線上）、馬琳琳理事（線上）、唐玉玲理事、李子楓理事、鄧聲興理事、林溢東理事（線上）、裴定安理事（線上）、孫雯理事（線上）、秦覺忠理事、胡百浠理事（線上）、線上線下同學及同學親友約80人參與本次活動。

圖為商務及經濟發展局陳百里副局長

主題一：香港今年的經濟有機會扭轉乾坤嗎？

商務及經濟發展局陳百里副局長表示，香港經濟近一年來主要受到三個因素的影響，分別是中美貿易戰、香港社會事件及疫情的衝擊。香港作為外向型經濟體及國際化、多元化大都市，其在中西交匯、聯通世界具有獨特的優勢。香港各大商會及企業對香港未來的發展充滿信心，並認為在香港的投資環境會愈發變好。其次，香港可從三個方面利用其獨特優勢發展經濟，扭轉經濟乾坤。第一，針對疫情受影響的行業推出政策幫助中小企業解決資金困境，針對性精準進行支援。第二，香港要積極成為國內大循環參與者和國際循環促成者，充分利用好「一國兩制」的優勢。貿發局推出系列大灣區及企業商會優惠資訊，幫助企業進行項目對接。第三，通過與東盟等不同經濟體簽訂自由貿易協議及投資保障協定等，幫助企業做好對外聯繫，尋求發展機遇。

圖從左到右分別為：秦覺忠律師行主席、CAGA 理事秦覺忠；柯伍陳律師事務所主管合夥人、CAGA 義務法律顧問甄灼寧；元庫證券有限公司執行董事、CAGA17 班同學史健；Measurable AI 另類數據創辦人黃何

主題二：創新集資上市——美市 SPAC 的大熱對香港第二十一章的啟示

四位嘉賓為參與同學簡單講解 SPAC 創新集資上市的概念及結合商業實踐多角度進行分析。元庫證券有限公司執行董事史健從 SPAC 的發展角度表示 SPAC 自身並沒有實體業務，其核心價值實質反映了收購的目標公司價值。Measurable AI 另類數據創辦人黃何從創科公司角度講解 SPAC 對創科企業存在的影響及如何利用SPAC 幫助創科企業進行集資。秦覺忠律師行主席、CAGA 理事秦覺忠從如何改良

香港二十一章以助於發揮 SPAC 功能，助力香港在集資市場發揮作用。由柯伍陳律師事務所主管合夥人、CAGA 義務法律顧問甄灼寧擔任此主題主持。

主題三：香港的綠色金融與 ESG 投資發展概況

陳浩華先生為與會同學從綠色金融、綠色債券及 ESG 投資實施的角度講解。

圖為亞洲創效投資有限公司主席、CAGA 副秘書長陳浩華

現今一些亞洲國家已經開始將綠色金融付諸實踐，香港作為亞洲重要的金融中心，在完善資本市場及打造可持續發展綠色金融生態系統中扮演着重要的戰略角色。香港在綠色金融核心領域的發展，不僅僅要確立區域性、並且是全球性的領導地位，這對香港來說，既是機遇也是挑戰。

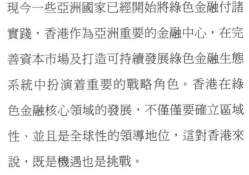

圖為卓悅控股有限公司董事局主席、CAGA 主席陳健文

CAGA 新春線上團拜

金牛納福，百福具臻。CAGA 線上線下同學們紛紛互道新春祝福，共度新春團拜會喜慶時光。在這辭舊迎新之際，祝願每一位同學及同學親友新年進步、如意安康、牛年大吉！

圖為 CAGA 洪小蓮名譽副主席

圖為 CAGA 沈華副主席

圖為 CAGA 石柱副主席

圖為 CAGA 謝淦廷副主席

圖為 CAGA 許慕韓副主席

圖為 CAGA 王俊文秘書長

圖為 CAGA 張江亭副秘書長

圖為 CAGA 鍾鴻興副秘書長

圖為 CAGA 項慈恩副秘書長

圖為 CAGA 李子楓理事

圖為 CAGA 鄧聲興理事

圖為 CAGA8 班史理生同學

圖為 CAGA14 班張綺媚同學

圖為 CAGA18 班楊文達同學

港交所建議提升主板上市盈利新規的影響

　　2021年2月6日周六上午，中國國家行政學院（香港）工商專業同學會（簡稱 CAGA）半日壇於香港開壇。港交所早前擬調高主板新上市公司最低盈利要求引起社會關注，上市盈利要求提高容易削弱企業赴港上市的吸引力及扼殺中小企融資及發展，基於此背景，本次半日壇圍繞「港交所早前提議大幅提升主板上市盈利要求，會否影響大量質素良好的中小企上市集資無門，以及企業長遠的業務發展」進行探討，此外，亦邀請了香港玩具廠商會有限公司常務副會長、全利集團（控股）有限公司執行董事張綺媚女士（CAGA14班同學）作主題二「香港工業 X 創新數碼時代」分享，為與會同學講解香港工業的發展趨勢。

　　本次活動邀請柯伍陳律師事務所主管合夥人、CAGA 義務法律顧問甄灼寧先生擔任主題一主持，邀請國信會計師事務所有限公司董事總經理及 CAGA 義務會計師郭志成先生、秦覺忠律師行主席、簡家驄律師行合夥人、德和衡前海聯營所香港律

師、香港理工大學金融科技博士研究生、CAGA 理事秦覺忠先生擔任主題一討論嘉賓。邀請張綺媚女士擔任主題二「香港工業 X 創新數碼時代」分享嘉賓。

主題一：港交所早前提議大幅提升主板上市盈利要求，會否影響大量質素良好的中小企上市集資無門，以及企業長遠的業務發展

甄灼寧先生表示港交所提升上市盈利門檻新規將會減少中小型企業上市集資的機會，日後只有大型企業才有能力赴港上市。此外，香港的經濟在疫情下受到重創，目前並不是太多企業能夠滿足港交所所提的上市新規要求。甄律師建議延遲此新規的實施或作過渡性安排，推出有條件的寬限，讓受疫情影響的高素質公司仍有機會獲得上市融資。

圖為柯伍陳律師事務所主管合夥人、CAGA 義務法律顧問甄灼寧先生

郭志成先生表示近幾年來，港股主板市場中頻繁出現以低市值發行人為了上市而上市，導致上市後股價大跌，對港股市場的聲譽、發展都產生了嚴重的影響，其次也對散戶及部分機構券商造成利益的損失，表示此次提高主板上市盈利要求，有助於完善整個金融市場環境，保護中小投資者利益及有助於港股市場的健康發展。

圖左為勤豐證券有限公司資產管理部董事總經理連敬涵先生，圖右為國信會計師事務所有限公司董事總經理及 CAGA 義務會計師郭志成先生

勤豐證券有限公司資產管理部董事總經理連敬涵先生表示，上市規則改革，從源頭上對企業做了一定的篩選，有助於進一步完善港股市場，為投資者挑選一批優質企業，進一步增強港股市場的吸引力。他亦表示現時大多投資者更青睞於投資大型優質企業，大型企業的投資回報率相對較高且穩定。提高盈利要求能夠提高香港市場整體素質，從而鞏固香港作為亞洲首屈一指的國際金融中心。

秦覺忠先生表示提高主板新上市公司盈利門檻並不能有效地解決「清殼」問題，

圖為秦覺忠律師行主席、簡家聰律師行合夥人、德和衡前海聯營所香港律師、香港理工大學金融科技博士研究生、CAGA 理事秦覺忠先生

反而有可能造成殼價上漲，給機會主義者謀取更多的營收。其次，秦律師亦表示此上市新規具有一定的排他性，缺乏包容性，在完善整體素質來促進資本市場健康化的同時，可能會削弱企業赴港上市的吸引力，致使期望在香港上市且有發展前景的中小企業望而卻步。

鄧聲興表示提升主板上市盈利新規旨在提高上市要求，來增加

圖為香港股票分析師協會主席、CAGA 理事鄧聲興先生

買賣殼的成本，以達到監管的目的。但其認為此新規使企業上市門檻大幅增加，現時香港經濟低迷，較少企業能夠符合要求。上市為企業孕育着更大的發展空間及機會，過去不少中小型公司通過上市逐步發展壯大，如美團、騰訊、阿里等，如提高盈利門檻，中小企難以獲得融資。鄧聲興理事表示可以從其它的方面提出限制以達到監管目的，如增長新股東入資轉手時間等。

圖為 CAGA14 班張綺媚同學

主題二：香港工業╳創新數碼時代

張綺媚女士表示香港工業是具有創意及全球品質保證的，港商生產的玩具銷往全球各地，是香港重要的傳統工業之一，其為與會同學分享玩具的發展趨勢。時移世易，現今玩具產業結合教育、科技、環保、遊戲、互聯網商業等進行轉型，玩具覆蓋的年齡段亦不相同。玩具行業的發展及轉型需要資金支持打造品牌，同時，亦要了解中國內地市場及緊抓大灣區發展機遇。

主席發言

CAGA 陳健文主席表示，CAGA 凝聚眾多行業的精英翹楚，同學會為同學搭建半日壇作為一個交流資訊的平台，在疫情經濟低迷下互幫互助、抱團取暖。半日壇定於每周六以線下線上形式為同學們開放，歡迎同學們報名參加，歡迎同學們擔任分享嘉賓，可提前發送分享主題至秘書處登記。半日壇上將會結合理論與實踐開展，開壇前 20 分鐘進行行業專業理論解說，其餘時間

圖為 CAGA 陳健文主席

圖為 CAGA 石柱副主席

為行業經驗分享，大家可從自身專業的角度、產業的角度、投資的角度為與會同學分享資訊，一同打造一個共建共商共享的平台。

圖為 CAGA 王俊文秘書長

自由討論環節

CAGA 石柱副主席表示 CAGA 半日壇為同學們提供一個交流的平台，提議秘書處可以作為一個中樞樞紐，如同學們需要同學會作哪方面的支持或願意提供哪方面資源服務同學，可以提交需求予於秘書處匯總。

圖為 CAGA 裴定安理事

CAGA 王俊文秘書長針對港交所早前提議大幅提升

圖為 CAGA6 班陳詠雅同學

主板上市盈利要求發表了相關意見，並為與會同學解答了關於科創板及主板企業上市的條件詳情及交易安排。

CAGA 裴定安理事表示平台的運營、品牌的經驗及融資模式對香港傳統工業的轉型發展至關重要。其從美國、日本的文化、動漫產品舉例，表示如今大多數品牌的塑造需要結合故事作為鋪墊進入人們的視野，包括銀行眾多理財產品，亦以文化方式打造產品 IP 及形象，如香港工業的轉型能夠與文化故事相結合，更容易讓消費者識別 IP 及理解產品。

國家行政學院在港兩大同學會，
聯袂舉辦「國家發展論壇」

　　2018 年 8 月 18 日上午，由國家行政學院香港同學會與中國國家行政學院（香港）工商專業同學會（簡稱「CAGA」）聯合舉辦的「國家發展論壇」在香港科學館演講廳舉行。兩大同學會會員師出同門——國家行政學院，分別由香港政府公務員和香港高級工商專業界人士構成。本次論壇是國家行政學院在港兩大同學會首次合作如此高規格、大規模的論壇。

　　國家行政學院香港同學會主席胡明峰先生、副主席郭挽甯先生、副主席程明威先生、秘書長阮敬豪先生、副秘書長賴震暉先生、副秘書長賴美珠女士、副秘書長李方沖先生、名譽顧問蘇平治先生、孫名峰先生，CAGA 主席陳健文先生 JP、副主席朱永耀先生、副主席沈華先生、秘書長杜勁松先生、副秘書長石柱先生、副秘書

長王俊文先生與特邀嘉賓及兩大同學
會會員合計約 230 餘人出席了論壇。
論壇還邀請到番禺區政協黎偉棠副主
席、王永達主任以及隨同的番禺區政
協委員、香港番禺鄉親聯合會、歷屆
港區番禺政協聯誼會的領導。北大數
字中國研究院華南分院李鷹副院長也
應邀參加了本次論壇。

圖左為 CAGA 主席陳健文，圖右為國家行政
學院香港同學會主席胡明鋒

　　論壇由國家行政學院香港同學
會主席胡明峰先生致開幕詞、CAGA 主席陳健文 JP 先生介紹演講嘉賓及特邀嘉賓、
並作論壇總結，由 CAGA 秘書長杜勁松先生主持。

　　港區全國政協委員、CAGA 首席經濟學家李
山博士發表了題為《中美貿易戰淺析》的演講。他
從特朗普為何在美國國內受到歡迎而被選上總統角
度入手，分析了其施政思路和外交特點，並明確指
出特朗普挑起貿易戰的本質是中美兩國政治模式之
爭，意識形態之爭，中西方文化背景之爭。同時，

圖為港區全國政協委員、
CAGA 首席經濟學家李山博士

李山博士也講述了在這場貿易戰中中國的機遇，即從後發優勢進而轉化為充分學習
符合中國國情的歐美優秀經驗，將其轉化為巨大的
國家發展動能，他充滿信心地表示，香港特殊的市
場位置將對於未來中國發揮更大的作用。

　　暨南大學教授、博士生導師陳海權發表了題為
《世界發展三大潮流與中國變革》的演講。他指出，
中美貿易戰是在全球價值鏈分工基本形成的背景下
產生，其根源來自美國人認為中國崛起已經威脅美

圖為暨南大學教授、博士生導
師陳海權

國的霸主地位，不是簡單的民粹主義，這也是為何特朗普獲得美國國內高支持率的
原因。陳教授分別從全球三大潮流（全球化、新資訊集成革命、消費革命）及其變

化特質、中國的巨大挑戰、中美貿易摩擦下第三條發展道路的探索、新時代的展望等角度對於中國未來經濟發展方式、中國企業家努力的方向提出了觀點。

兩位演講嘉賓對歷史旁徵博引，對經濟資料和地緣政治深入分析，嚴謹之餘亦不乏詼諧。同學們表示，此次演講切合時政，內容極具感染力，引人深思。

CAGA舉辦慶祝香港回歸祖國
二十一周年暨第七屆紫荊論壇

　　2018年6月30日，為紀念香港回歸祖國21周年、習近平總書記視察香港一周年，中國國家行政學院（香港）工商專業同學會（簡稱CAGA）舉辦了題為「大事·大勢·大平台　同心·同行·同發展」的第七屆紫荊論壇。中聯辦經濟部部長孫湘一、副部長金萍，國務院參事、原中聯辦研究部部長曹二寶，國家行政學院培訓中心主任劉宏毅、培訓中心涉外培訓部副主任邱輝、培訓中心副局級班主任江方杰等出席，超過150位CAGA同學參加。

圖為中聯辦經濟部部長孫湘一

　　中聯辦經濟部部長孫湘一致開幕詞。他感謝方方面面為順利召開紫荊論壇所作出的努力，預祝論壇取得圓滿成功。他表示，CAGA集聚了諸多英才，兼具思想和實踐經驗，希望同學們在論壇期間可以互相交流，互相啟發，今後可以更加緊密地合作，在促進國家和香港發展的同時成就自己，共同努力

圖為國家行政學院培訓中心主任劉宏毅

圖為 CAGA 主席陳健文

打造CAGA大平台，充分發揮「香港所長，國家所需」，對接國家發展戰略。

國家行政學院培訓中心主任劉宏毅發表講話。他表示，CAGA 成立七年來，始終秉持「服務學員、溝通各方、服務兩地」的宗旨，在團結業界、服務社會、支援特區政府依法施政方面做了大量卓有成效的工作，傳遞了正能量，為維護國家和香港的發展做出了傑出貢獻。

本次論壇設圓桌論壇一場、專題講座一場、主題論壇四場和分論壇四場以及圓桌討論一場，邀請CAGA同學、知名對沖基金經理季衛東先生和私募基金經理劉壽先生等發表演講，內容涵蓋「大灣區」、「獨角獸」、投資機遇、FinTech、區塊鏈、直接投資等熱點話題，受到與會者的熱烈歡迎。

專題講座：「『一帶一路』戰略與粵港澳大灣區發展」

圖為國務院參事、原中聯辦研究部部長曹二寶

國務院參事、原中聯辦研究部部長曹二寶發表了「『一帶一路』戰略與粵港澳大灣區發展」專題講座。他表示，港澳在國家大局中有全域性地位。他介紹了香港回歸祖國的背景情況，解讀了習近平總書記的涉港經典論述，指出了香港回歸祖國之後影響國家的三個重大變化：一是 1997 年香港回歸祖國，二是 2001 年中國加入了 WTO，三是 2014 年開始中國從資本輸入國向資本輸入和輸出並行的階段。在此過程中，香港作為中國對外開放招商引資主管道的地位會滑落，在經濟總量和三大中心方面不再具有絕對優勢，但第三點重大變化為香港帶來了空前機遇，香港可以在國家全面對外開放新格局中探索和發揮任何內地城市都不具備的無法比擬的優勢。他還強調了香港應承擔的歷史責任，尊重國家對於香港問題是不容觸碰的底線。

圓桌論壇：

「親切關懷與無限活力——習主席視察香港一周年回顧與展望」

圖為重慶市政協委員、香港證券協會會長李細燕 JP

圖為 CAGA 主席陳健文 JP

圖為 CAGA 理事、吉林省政協委員馬煜文先生

圖為 CAGA 理事、國聯假期有限公司行政總裁謝淦廷先生

圖為香港物流商會主席、恒基（中國）投資有限公司物流董事鍾鴻興先生

主題論壇一：

大灣區機遇

主題論壇二：

比較優勢與「後發」制人：粵港澳大灣區的 FinTech 紅利

圖為 CAGA 副主席、中銀國際英國保誠資產管理有限公司董事長謝湧海 BBS

圖為 CAGA 首席經濟學家、全國政協委員、絲路金融有限公司總裁李山先生

主題論壇三：
獨角獸經濟的投資哲學

圖為知名新經濟私募投資基金
經理季衛東先生

CAGA 分論壇一：
區塊鏈展望

圖為 CAGA 副秘書長、香港
區塊鏈產業協會會長、普縉集
團有限公司合夥人王俊文先生

CAGA 分論壇三：
中國經濟與投資展望

圖為 CAGA 副秘書長石柱先
生

主題論壇四：
波動市況下的投資機遇

圖為知名對沖基金經理、方圓
基金董事長劉騫先生

CAGA 分論壇二：
Fin-tech 誘惑

圖為 CAGA 義務會計師、亞
洲金融科技師學會創辦人、國
信會計師事務所有限公司董事
郭志成先生

CAGA 分論壇四：
創新物流金融科技的商機

圖為 CACA 理事、香港物流
商會主席、恒基（中國）投資
有限公司物流董事鍾鴻興先生

圓桌討論「我們相愛了──金融科技跨界所產生的火花」

圖為主持人 CAGA 主席陳健文 JP（中），CAGA 義務會計師、亞洲金融科技師學會創辦人郭志成先生（左一），CAGA 理事，恒生管理學院校務委員會主任委員張江亭先生（左二），CAGA 副主席、中銀香港資產管理有限公司總經理沈華先生（左三），CAGA 理事、香港物流商會主席、恒基（中國）投資有限公司物流董事鍾鴻興先生（右三），CAGA 秘書長、海通國際董事總經理杜勁松先生（右二）及 CAGA 副秘書長、香港區塊鏈產業協會會長王俊文先生（右一）

圖為部分出席人員在主席台合影留念

　　2018年7月1日是香港回歸祖國21周年，也是習近平總書記視察香港1周年。回歸21年來，在中央的真誠關心和內地的大力支持下，特區政府帶領全體香港民眾，戮力同心，奮發有為，譜寫出動人的發展樂章。特別是最近這一年來，香港捷報頻傳，發展步入快車道，是對習近平總書記「香港發展一直牽動着我的心」的有力回應。CAGA以特殊的方式，紀念香港回歸祖國21周年，CAGA全體同學祝願祖國更加繁榮富強，祝願香港更加燦爛輝煌。

　　在論壇結束之際，陳健文主席代表第三屆理事會，向國家行政學院培訓中心、中聯辦經濟部各位領導對本次周年大會暨紫荊論壇成功舉行所給予的精心指導、大力支持表示衷心感謝。陳健文主席也代表理事會向各位演講嘉賓、向積極參會的各位同學、向慷慨解囊熱心贊助的各位同學、向勤勤懇懇組織安排各項流程的各位義工，致以誠摯的謝意。

　　最後，陳健文主席率領出席的理事會成員向在座的各位領導、嘉賓、同學們深深鞠躬致意！全體人員在主席台合影留念，讓這美好的瞬間永存！精彩的大會與熱烈的論壇雖然短暫，美好的記憶與真誠的友誼仍將繼續！在新的一年，讓我們攜手同心同行同發展！來年再聚！

35位港區人大代表參選人
與CAGA選委交流

圖為出席「半日壇」的嘉賓與 CAGA 選委同學及第三屆理事會成員合影留念

　　2017 年 12 月 9 日 10:00，CAGA「半日壇」在金鐘統一中心四樓如期開壇。是次「半日壇」邀請到中聯辦協調部沈沖部長、法律部王振民部長、經濟部孫湘一部長出席並發言。

今日論壇主題有：

論壇一：「新時代，新機遇」　　論壇二：「什麼叫全面管治權」

主講人：中聯辦協調部沈沖部長　　主講人：中聯辦法律部王振民部長

圖為中聯辦協調部沈沖部長發表
「新時代，新機遇」主題演說

圖為中聯辦法律部王振民部長發表
「什麼叫全面管治權」主題演說

圖為中聯辦經濟部孫湘一部長
為「半日壇」活動致辭

圖為 CAGA 第三屆主席陳健
文 JP 選委介紹到場嘉賓

霍震寰 SBS, JP，第十二屆
全國人大代表、香港中華總
商會永遠榮譽會長、霍英東
集團行政總裁於 CAGA「半
日壇」發言

廖長江 SBS, JP，特區行政
會議成員、第十二屆全國人
大代表、本屆立法會議員、
大律師於 CAGA「半日壇」
發言

馬逢國 SBS, JP，第十二屆
全國人大代表、本屆立法會
議員於 CAGA「半日壇」發
言

鄭耀棠 GBS, SBS, JP，第
十二屆全國人大代表、香港
工會聯合會榮譽會長、前特
區行政會議成員於 CAGA
「半日壇」發言

盧瑞安 BBS, JP，第十二屆
全國人大代表、香港中國旅
行社榮譽董事長於 CAGA
「半日壇」發言

顏寶鈴 BBS, JP，第十二屆
全國人大代表、飛達帽業控
股有限公司董事總經理於
CAGA「半日壇」發言

譚志源 GBS, JP，政制
及內地事務局前局長於
CAGA「半日壇」發言

吳亮星 SBS, JP，第十二屆全
國人大代表、中銀香港信託
有限公司董事長及中銀慈善
基金董事、CAGA 名譽副主
席於 CAGA「半日壇」發言

李引泉，第十二屆全國人
大代表、招商局資本董事
長於 CAGA「半日壇」發
言

李君豪 BBS，金融發展局成員、東泰集團主席 於 CAGA「半日壇」發言

王庭聰 BBS, JP，第十二屆全國人大代表、香港工商總會主席、南旋集團主席兼行政總裁 於 CAGA「半日壇」發言

譚耀宗 GBM, GBS, JP，全國政協委員、民建聯前主席 於 CAGA「半日壇」發言

馬豪輝 GBS, SBS, JP，第十二屆全國人大代表、雲南省政協委員、大律師於 CAGA「半日壇」發言

陳振彬 GBS, SBS, BBS, JP，第十二屆全國人大代表、觀塘區議會主席、寶的集團有限公司主席於 CAGA「半日壇」發言

林龍安 JP，中華出入口商會名譽會長、禹洲集團（香港）有限公司董事長於 CAGA「半日壇」發言

陳勇 BBS, JP，第十二屆全國人大代表、新界社團聯會理事長、民建聯副主席於 CAGA「半日壇」發言

蔡毅 JP，第十二屆全國人大代表、香港島各界聯合會理事長、興祥集團控股有限公司董事長於 CAGA「半日壇」發言

蔡素玉 BBS, JP，第十二屆全國人大代表、民建聯區議員於 CAGA「半日壇」發言

黃友嘉 GBS, SBS, JP，第十二屆全國人大代表、積金局主席、聯僑遠東有限公司董事總經理於 CAGA「半日壇」發言

朱葉玉如教授 BBS, MH, JP，香港科技大學副校長於 CAGA「半日壇」發言

陳曼琪 MH, JP，中小型律師行協會創會會長、黃大仙民選區議員、律師於 CAGA「半日壇」發言

陳曉峰 MH，香港與内地法律專業聯合會會長、香港律師會「一帶一路」事務委員會主席、香港律師會創科委員會副主席於 CAGA「半日壇」發言

吳秋北，第十二屆全國人大代表、香港工會聯合會理事長、廈門市政協常務委員於 CAGA「半日壇」發言

胡曉明 SBS, JP，第十二屆全國人大代表、香港城市大學校董會主席、香港山西商會會長於 CAGA「半日壇」發言

田北辰 BBS, JP，第十二屆全國人大代表、本屆立法會議員於 CAGA「半日壇」發言

陳亨利 BBS, JP，香港紡織業聯會副會長、保良局歷屆主席會主席、聯泰國際集團行政總裁於 CAGA「半日壇」發言

黃玉山 BBS, JP，第十二屆全國人大代表、香港公開大學校長、香港消費者委員會主席於 CAGA「半日壇」發言

王敏剛 BBS, JP，第十二屆
全國人大代表、香港中華總
商會永遠榮譽會長、香港小
輪（集團）有限公司董事於
CAGA「半日壇」發言

何建宗 BBS，教授、香港
公開大學科技學院院長於
CAGA「半日壇」發言

龐維仁，香港傭主聯合會總
裁、中國工商業聯合會執
委、時尚聯盟有限公司主席
於 CAGA「半日壇」發言

張俊勇 MH，經民聯青委會
顧問、江西省政協委員、中
華海外聯誼會理事於 CAGA
「半日壇」發言

李應生 BBS, MH, JP，中華
總商會副會長、雲南省政協
委員暨港區召集人、百成堂
集團主席於 CAGA「半日
壇」發言

雷添良 SBS, BBS, JP，第
十二屆全國人大代表、香港
會計師公會會長、羅兵咸永
道會計師事務所高級顧問於
CAGA「半日壇」發言

鄺美雲，江西省政協委員、
珠海社團總會會長於 CAGA
「半日壇」發言

洪为民 JP，前海管理局香
港事務首席聯絡官、互聯網
專業協會會長、偉仕控股
有限公司獨立非執行董事於
CAGA「半日壇」發言

黃均瑜 BBS, MH, JP，教
聯會會長、嶺南大學校董於
CAGA「半日壇」發言

本次的CAGA「半日壇」有超過210多位嘉賓、同學、朋友報名參加,與會同學認真聽取中聯辦協調部沈沖部長、法律部王振民部長、經濟部孫湘一部長的發言,場內座無虛席。

本次「半日壇」活動,眾多現屆行政會議成員、立法會議員、全國人大代表、全國政協委員,及35位已獲提名參選第十三屆港區人大代表的參選人出席。CAGA的62位選委中的大部分選委到場與嘉賓交流。

嘉賓出席名單:

中聯辦協調部沈沖部長

中聯辦法律部王振民部長

中聯辦經濟部孫湘一部長

中聯辦協調部李文慎處長

中聯辦經濟部林榕生處長

中聯辦協調部沈泉副處長

中聯辦經濟部詹坤木副處長

中聯辦經濟部孫琳

廖長江 SBS, JP,特區行政會議成員、第十二屆全國人大代表、
　　　　本屆立法會議員、大律師

馬逢國 SBS, JP,第十二屆全國人大代表、本屆立法會議員

陳健波 GBS, BBS, JP,本屆立法會議員、財委會主席

陳振英 本屆立法會議員、中銀香港有限公司顧問、CAGA名譽副主席

鄭耀棠 GBS, SBS, JP,第十二屆全國人大代表、
　　　　香港工會聯合會榮譽會長、前特區行政會議成員

盧瑞安 BBS, JP,第十二屆全國人大代表、香港中國旅行社榮譽董事長

譚耀宗 GBM, GBS, JP,全國政協委員、民建聯前主席

霍震寰 SBS, JP,第十二屆全國人大代表、
　　　　香港中華總商會永遠榮譽會長、霍英東集團行政總裁

陳振彬 GBS, SBS, BBS, JP，第十二屆全國人大代表、
觀塘區議會主席、寶的集團有限公司主席

譚志源 GBS, JP，政制及內地事務局前局長

顏寶鈴 BBS, JP，第十二屆全國人大代表、飛達帽業控股有限公司董事總經理

吳亮星 SBS, JP，第十二屆全國人大代表、
中銀香港信託有限公司董事長及中銀慈善基金董事、CAGA名譽副主席

李引泉 第十二屆全國人大代表、招商局資本董事長

李君豪 BBS，金融發展局成員、東泰集團主席

王庭聰 BBS, JP，第十二屆全國人大代表、香港工商總會主席、
南旋集團主席兼行政總裁

林龍安 JP，中華出入口商會名譽會長、禹洲集團（香港）有限公司董事長

吳秋北 第十二屆全國人大代表、香港工會聯合會理事長、廈門市政協常務委員

田北辰 BBS, JP，第十二屆全國人大代表、本屆立法會議員

蔡　毅 JP，第十二屆全國人大代表、香港島各界聯合會理事長、
興祥集團控股有限公司董事長

王敏剛 BBS, JP，第十二屆全國人大代表、香港中華總商會永遠榮譽會長、
香港小輪（集團）有限公司董事

陳亨利 BBS, JP，香港紡織業聯會副會長、保良局歷屆主席會主席、
聯泰國際集團行政總裁

黃友嘉 GBS, SBS, JP，第十二屆全國人大代表、積金局主席、
聯僑遠東有限公司董事總經理

黃玉山 BBS, JP，第十二屆全國人大代表、香港公開大學校長、
香港消費者委員會主席

雷添良 SBS, BBS, JP，第十二屆全國人大代表、香港會計師公會會長、
羅兵咸永道會計師事務所高級顧問

馬豪輝 GBS, SBS, JP，第十二屆全國人大代表、雲南省政協委員、大律師

蔡素玉 BBS, JP，第十二屆全國人大代表、民建聯區議員

胡曉明　SBS, JP，第十二屆全國人大代表、香港城市大學校董會主席、
　　　　香港山西商會會長

朱葉玉如教授　BBS, MH, JP，香港科技大學副校長

李應生　BBS, MH, JP，中華總商會副會長、雲南省政協委員暨港區召集人、
　　　　百成堂集團主席

張俊勇　MH，經民聯青委會顧問、江西省政協委員、中華海外聯誼會理事

陳曉峰　MH，香港與內地法律專業聯合會會長、
　　　　香港律師會「一帶一路」事務委員會主席、香港律師會創科委員會副主席

陳曼琪　MH, JP，中小型律師行協會創會會長、黃大仙民選區議員、律師

龐維仁　香港僱主聯合會總裁、中國工商業聯合會執委、時尚聯盟有限公司主席

洪為民　JP，前海管理局香港事務首席聯絡官、互聯網專業協會會長、
　　　　偉仕控股有限公司獨立非執行董事

黃均瑜　BBS, MH, JP，教聯會會長、嶺南大學校董

酈美雲　江西省政協委委員、珠海社團總會會長

陳　勇　BBS, JP，第十二屆全國人大代表、新界社團聯會理事長、民建聯副主席

何建宗　BBS，教授，香港公開大學科技學院院長

李大壯　SBS, JP，第十一屆全國人大代表、港台經濟文化合作協進會主席

部分 CAGA 同學選委及理事出席名單：

陳健文　JP　選委　主席	謝湧海　BBS　選委　副主席
朱永耀　選委　副主席	沈　華　副主席
張寬年　副主席	唐子恩　秘書長
袁妙齡　副秘書長	何志盛　JP　選委　常委
陳國盛　選委　常委	王國安　選委　理事
陳沛良　選委　理事	鄧子平　選委　理事
李耀新　選委　名譽主席	李毅立　選委　名譽主席
吳亮星　SBS, JP，第十二屆全國人大代表　選委　名譽副主席	

范家輝　名譽副主席　　　　　　陳振英　現任立法會議員　選委　名譽副主席

丘應樺　選委　18班班長　　　　范佐浩　SBS, BBS, JP　選委　1班

繆英源　選委　1班　　　　　　　陳銘潤　選委　2班

辛聰金　選委　2班　　　　　　　李細燕　JP　選委　3班

黃貴泉　選委　3班　　　　　　　李佐雄　BBS　選委　6班

閻　峰　JP　選委　7班　　　　　賴永明　選委　7班

吳錦鴻　選委　7班　　　　　　　方智輝　選委　8班

楊　靜　選委　13班　　　　　　　黃火欽　選委　16班

馬陳志　選委　16班　　　　　　　徐聯安　JP　選委　17班

唐偉邦　選委　17班　　　　　　　鄧聲興　選委　17班

文思怡　司庫　　　　　　　　　　石　柱　常委

李冠群　理事　　　　　　　　　　陳致偉　理事

陳詠雅　理事　　　　　　　　　　潘偉駿　理事

CAGA主辦十九大專題分享會
近130位同學及嘉賓到場參與

圖為出席「半日壇」的嘉賓與 CAGA 選委同學及第三屆理事會成員合影留念

　　2017 年 11 月 18 日 10:00 至 13:00，CAGA「半日壇」之十九大專題分享會於名都酒樓成功舉辦，近 130 位嘉賓及同學到場參與。包括中聯辦經濟部領導、行政會議成員、本屆立法會議員、第十二屆全國人大代表等嘉賓出席。

圖為中聯辦經濟部金萍
副部長及 CAGA 陳健文
主席為醒獅點睛

圖為（左起）廖長江 SBS,
JP，行政會議成員、第十二
屆全國人大代表、本屆立法
會議員、大律師；李引泉,
第十二屆全國人大代表、
招商局集團董事；李君豪
BBS，選委、東泰集團主席；
蔡毅 JP，第十二屆全國人
大代表、興祥集團控股有限
公司董事長；易志明 SBS,
JP，本屆立法會議員、九龍
倉有限公司董事、CAGA 名
譽副主席，為醒獅簪花掛紅

圖為（左起）吳亮星 SBS,
JP，第十二屆全國人大代
表、中銀香港信託有限公司
董事長、CAGA 名譽副主席；
林龍安 JP，選委、禹洲集
團（香港）有限公司董事長；
姚思榮 BBS，香港立法會議
員、香港中國旅行社副董事
長、CAGA 名譽副主席；蔡
毅 JP，第十二屆全國人大代
表、興祥集團控股有限公司
董事長；馬逢國 SBS, JP,
第十二屆全國人大代表、香
港立法會議員，為醒獅簪花
掛紅

在論壇開始之前，
兩頭舞獅前來
CAGA「半日壇」
助興。這個特別
的安排給所有參
與論壇的同學及
嘉賓帶來驚喜，
而「國泰民安 心
想事成」的祝福
也是 CAGA 對國
家及對同學最真
誠的祝願。

精彩的舞獅表演過後，CAGA 第三屆主席陳健文先生宣布今日的「半日壇」正式開壇。

圖為 CAGA 第三屆主席陳健文 JP 選委

今日的論壇主題有：

主題一：「十九大報告中『一國兩制』的理解與認識」

主講人：中聯辦經濟部副部長　金萍

主題二：「從經濟角度解讀十九大報告」

主講人：選委、CAGA第三屆副主席、

　　　　中銀國際英國保誠資產管理有限公司董事長　謝湧海BBS

主題三：「以中國文化的角度解讀十九大報告」

主講人：選委、CAGA第三屆常委、CAGA國學班老師、

　　　　信德中旅船務投資有限公司董事及執行委員　陳國盛

圖為中聯辦經濟部金萍副部長作「十九大報告中『一國兩制』的理解與認識」主題分享

圖為 CAGA 副主席謝湧海先生作「從經濟角度解讀十九大報告」主題分享

圖為 CAGA 常委、CAGA 國學班老師陳國盛先生作「以中國文化的角度解讀十九大報告」主題分享

精彩的論壇結束後，CAGA 主席陳健文先生、副主席朱永耀先生向三位壇主送出感謝信，感謝主講人對 CAGA 的付出和支持。

　　部分參與論壇的嘉賓發表了關於十九大的體會，也表示會積極參加香港的社會奉獻工作，同時表示有意參加第十三屆全國人大代表的競選。

圖為李引泉，第十二屆全國人大代表、招商局集團董事發表演講

圖為李君豪 BBS，選委、東泰集團主席發表演講

圖為黃均瑜 BBS, MH, JP，教聯會會長、嶺南大學校董發表演講

圖為陳曉峰 MH，香港與內地法律專業聯合會會長、香港律師會「一帶一路」事務委員會主席、香港律師會創科委員會副主席發表演講

圖為 CAGA 第三屆理事會部分成員與演講嘉賓合照

　　嘉賓演講結束後，在中聯辦經濟部金萍副部長的陪同下，CAGA 陳健文主席、朱永耀副主席、謝湧海副主席向李引泉第十二屆全國人大代表、招商局集團董事，李君豪 BBS 選委、東泰集團主席，黃均瑜 BBS MH JP 教聯會會長、嶺南大學校董，陳曉峰 MH 香港與內地法律專業聯合會會長、香港律師會「一帶一路」事務委員會主席、香港律師會創科委員會副主席送出感謝信，感謝嘉賓們出席支持 CAGA 跨界共享交流平台「半日壇」活動。

嘉賓出席名單：

中聯辦經濟部金萍副部長

中聯辦經濟部林榕生處長

中聯辦經濟部詹坤木副處長

廖長江　SBS, JP，行政會議成員、第十二屆全國人大代表、
　　　　本屆立法會議員、大律師

馬逢國　SBS, JP，第十二屆全國人大代表、本屆立法會議員

易志明　SBS, JP，本屆立法會議員、九龍倉有限公司董事、CAGA名譽副主席

姚思榮　BBS，本屆立法會議員、香港中國旅行社副董事長、CAGA名譽副主席

陳振英　本屆立法會議員、中銀（香港）有限公司顧問、CAGA名譽副主席

盧瑞安　BBS, JP，第十二屆全國人大代表、香港中旅國際投資有限公司副主席

吳亮星　SBS, JP，第十二屆全國人大代表、中銀香港信託有限公司董事長、
　　　　CAGA名譽副主席

李引泉　第十二屆全國人大代表、招商局集團董事

蔡　毅　JP，第十二屆全國人大代表、興祥集團控股有限公司董事長

李君豪　BBS，選委、東泰集團主席

林龍安　JP，選委、禹洲集團（香港）有限公司董事長

黃均瑜　BBS, MH, JP，教聯會會長、嶺南大學校董

陳曉峰　MH，香港與內地法律專業聯合會會長

部分 CAGA 選委、理事、班長出席名單：

陳健文　JP　選委　主席

朱永耀　選委　副主席

謝湧海　BBS　選委　副主席

楊志宏　副主席

沈　華　副主席

程婉雯　副秘書長

杜勁松　副秘書長

陳國盛　選委　常委

文思怡　司庫

楊培林　常委

石　柱　常委

王國安　選委　理事

陳沛良　選委　理事

馬煜文　選委　理事

鄧子平　選委　理事

李毅立　選委　名譽主席

閻　峰　JP　選委　第二屆常委　7班班長

鍾慧敏　選委　第二屆理事

丘應樺　選委　18班班長

王美倫　選委　1班

賴永明　選委　7班

楊　靜　選委　13班

范家輝　名譽副主席

陳致偉　理事

陳詠雅　理事

勞玉儀　理事

謝淦廷　理事

書　　名：《愛國愛港精英壇》

作　　者：中國國家行政學院（香港）工商專業同學會

責任編輯：嚴中則　劉慧華

裝幀設計：馮自培　曾嘉敏

出　　版：大公報出版有限公司
　　　　　香港仔田灣海旁道七號興偉中心 29 樓
電　　話：2873 8288

發　　行：聯合新零售（香港）有限公司
　　　　　香港新界荃灣德士古道 220-248 號荃灣工業中心 16 樓
電　　話：2150 2100

印　　刷：高科技印刷集團有限公司
　　　　　香港葵涌和宜合道 109 號長榮工業大廈 6 樓

版　　次：2022 年 11 月初版

國際書號：ISBN 978-962-582-085-9

定　　價：港幣 100 元